学术名家文丛

学术名家文丛

# 朱惠荣学术文选

朱惠荣　著

云南大学出版社

云南人民出版社

# 作者简介

朱惠荣，1936年9月生于贵州兴义。云南大学人文学院历史系教授、博士生导师、云南省文史研究馆馆员。享受国务院特殊津贴专家，被表彰为全国优秀教师、云南省有突出贡献的社科老专家，获伍达观教育基金最高奖项杰出奖、红云园丁教育功勋奖。

1959年云南大学历史系毕业留校，长期从事中国古代史和历史地理的教学与研究。曾任中国古代史教研室主任、云南大学出版社首任总编、云南大学校务委员。

长期参加《中国历史地图集》的编绘工作，1982年至1987年由地图出版社出版。主编《中华人民共和国地名词典·云南省》，1994年由商务印书馆出版。参编的《中国地名语源词典》，1995年由上海辞书出版社出版；《中国历史地名大辞典》，2005年由中国社会科学出版社出版。担任副主编的《肇域志》整理，2004年由上海古籍出版社出版。主编《云南通史》第二卷，2011年由中国社会科学出版社出版。

有关《徐霞客游记》整理和徐学研究的著作有：1985年由云南人民出版社出版的《徐霞客游记校注》，1997年由贵州人民出版社出版的《徐霞客游记全译》，2002年由台湾古籍出版公司出版的繁体字直排本《徐霞客游记》，2003 年由中华书局出版的《徐霞客与〈徐霞客游记〉》，2009 年中华书局同时推出的白文普及本和精选本《徐霞客游记》。

以上为主要著作，曾多次获奖。发表学术文章 200 多篇。

社会兼职有中国徐霞客研究会副会长、云南徐霞客研究会会长、云南省郑和研究会副会长。曾任云南省历史文化名城名镇评审专家、昆明城市规划建设委员会专家委员会委员、云南省旅游局咨询专家。近年担任的有云南省文物局专家组成员、云南省非物质文化遗产保护专家委员会委员、云南省古籍保护工作专家委员会委员、云南省商务厅老字号认定专家委员会委员、云南省区划地名咨询专家、昆明市地名工作顾问组成员等。

# 总　序

中共云南省委书记　李纪恒

　　"盖文章，经国之大业，不朽之盛事。"一部承载责任与使命的好作品，必将是一部千古不朽的立言典范，也必将是一部历久弥新的传世教科书。千百年来特别是明代以来，许多贤人君子和名人大家在广袤的云岭大地耕耘、思考和写作，留下了闪光的足迹和丰厚的作品，足以飨及后进，启迪晚辈。在搜集、遴选和整理云南明代以来学术大家、学术名家著作的基础上，由云南宣传部门牵头推出了《云南文库》，这一丛书的面世诚为云南学术研究和出版界之盛事。

　　编纂《云南文库》是传承云南地域文明、提高云南文化自觉的有益尝试。"七彩云南"这片神奇的土地孕育了对中国乃至世界文明都有重要影响的古人类，造就了云南文化的丰厚积淀，从而构成了博大精深的云南文化艺术宝库。作为中华文化圈、印度文化圈和东南亚文化圈的交汇地，云南自古以来都不缺乏学贯中西的大师和博古通今的大家，从来都不缺乏魅力四射的光辉著作和壮美奇绝的文化遗存。其中，许多学术作品都凝聚了深邃的思想和超凡的智慧，体现了鲜明的地域特色和民族特色，彰显了有云南自身特点的知识谱系和学术传统。今天，我们将历史长河中的明珠拾起，用心记载云南学术史上的灿烂篇章，正是为了守护云南优秀的地域文化，为了汲取进一步繁荣发展云南哲学社会科学的养分和动力，进而筑牢云南文化自信的根基。

编纂《云南文库》是树立云南文化品牌、增强云南文化影响力的重要举措。云南文化是中华文化的有机组成部分，其悠久的历史文化、多彩的民族文化、独特的生态文化、包容的宗教文化，已经成为文化百花园中一枝流光溢彩、香飘四海的奇葩。千百年来，云南学者中英奇瑰伟之士以及众多寓居云南的外省学者念兹在兹，深植于云南沃土，扎根于传统文化，不懈探索、勤奋撰述，留下了一批经得住历史和实践检验的珍贵成果。特别是抗战时期，随着西南联合大学和相关研究机构的到来，昆明一时风云际会，云集了大批我国现代学术史上开宗立派的学术大师和著名专家，云南成为当时中国学术中心之一，诞生了大批学术经典。新中国成立后，云南学术研究取得很大进展，研究队伍空前壮大，学科建设卓有成效，学术成果日益丰硕，推出了一批享誉国内外的学术精品。近年来，《云南史料丛刊》《云南丛书》等一批历史文献和地方文献丛书相继刊印，云南文化的影响力和竞争力不断增强。今天，我们隆重推出《云南文库》，就是要为更多的人了解云南、熟悉云南、研究云南搭建一个平台和载体，为云南的经济社会发展、文化建设、文史学术研究等提供有益的历史借鉴，为在更广领域传播云南文化、打造云南品牌、增强云南软实力创造更好条件。

编纂《云南文库》是保障人民群众的基本文化权益的有效途径。文化建设的根本就是要用健康高雅的艺术、用智慧明辨的思想、用善良温厚的德行启迪人、引导人。编纂《云南文库》一个重要目的是丰富人民群众的精神文化生活、增进人民群众的幸福感。此次收入《云南文库》的著作，涉及哲学、历史、文学、语言、艺术、民族、宗教、政治、军事、外交等诸多方面，包含着丰富的自然、社会和人生哲理知识，体现了高度的人文关怀。阅读这些著作，有助于培育读者自尊自信、理性平和、积极向上的心态，有助于引导人们去发现、享用、珍惜世界和人生之美，能使大众的精神世界得以滋养和美化、人格得以陶冶和熏陶、心灵得以安顿和抚慰、情感得以丰富和升华，从而更好地满足人民群众多层次、多方面、多样性的审美需求。

　　编纂《云南文库》是推动云南跨越发展的必然要求。云南早在 1996 年就提出了建设"民族文化大省"的目标，是全国最早提出建设民族文化大省的省份之一。2000 年，我省正式确立了"建设绿色经济强省、民族文化大省和中国连接东南亚南亚的国际大通道"的三大目标，把文化事业和文化产业的发展纳入了全省经济社会发展战略的范畴。2009 年召开的中共云南省委八届八次全委会，作出了把云南建设成为"绿色经济强省、民族文化强省、中国面向西南开放的桥头堡"的重大决策，把云南文化建设推向了一个新的阶段。2011 年 11 月，云南省第九次党代会进一步明确了科学发展、和谐发展、跨越发展的发展主题，要求更加自觉、更加主动地推动文化大发展大繁荣。当前，云南人民正豪情满怀地沿着建设民族文化强省的道路阔步前行，具有云南特色的文化模式已经也必将进一步焕发动人而耀眼的光芒。我们将以打造《云南文库》等一批社科品牌和文化精品为契机，继承优良传统，发挥优势，突出特色，以面向现代化、面向世界、面向未来的宏大眼光，锐意进

云南文库·学术名家文丛

取，积极开展学术研究，努力创造出无愧于时代、无愧于人民、无愧于历史的优秀学术成果和文化产品，更好地弘扬以高远、开放、包容的高原情怀和坚定、担当、务实的大山品质为主要内容的云南精神。

《云南文库》最终得以发行，首先是众位先贤心血和智慧的结晶。在此，我们要对创造了云南学术精品并因此而为中华文化做出杰出贡献的学者们表示崇高的敬意！在《云南文库》的编纂过程中，相关编纂单位、出版单位和参加整理的学者，以高度的责任感和使命感，兢兢业业地做好编校和出版工作，正是有了他们的辛勤劳动和精心工作，才有如今的翰墨流芳。在此，我要诚恳地道一声，大家辛苦了！《云南文库》从构想走向现实，离不开众多读者和社会各界人士的支持，我也一并向你们表示诚挚的谢意！同时，衷心希望同志们一如既往地为云南文化建设献智献策，欢迎更多的同仁志士参与到云南文化建设的伟大事业中来！

谨为序。

云南文库·学术名家文丛

# 目 录
## Contents

云南文库·学术名家文丛

云南文库·学术名家文丛

# 汉晋时期西南边疆的地理分区

## 一

我国历史上的西南边疆，有别于现今的西南地区。以巴、蜀为代表的四川盆地，地理条件与经济发展与之有较大的差异，向来被视为内地的一部分。而吐蕃活动的青藏高原，由于自然状况独特，历史上又自成一个地区。至于广西，向来与广东自成一区，习称"岭南"或"两粤"，且与交趾相近，习称"交广"，也与西南无涉。

对于西南边疆范围的认识，古人早有述及。《史记·西南夷列传》载："西南夷君长以什数，夜郎最大；其西靡莫之属以什数，滇最大；自滇以北君长以什数，邛都最大：此皆魋结，耕田，有邑聚。其外西自同师以东，北至楪榆，名为嶲、昆明，皆编发，随畜迁徙，毋常处，毋君长，地方可数千里。自嶲以东北，君长以什数，徙、筰都最大；自筰以东北，君长以什数，冉駹最大。其俗或土著，或移徙，在蜀之西。自冉駹以东北，君长以什数，白马最大，皆氐类也。此皆巴蜀西南外蛮夷也。"司马迁的记载，从宏观上向我们展示了一幅绝妙的西南夷各族地理分布图，不但反映了各族分布的方位，还概括了他们各自的特征和区域差异，为后世诸书引用。秦汉时期的西南夷最初是以巴蜀为坐标而得名的，它有别于巴蜀也是很明显的，"此皆巴蜀西南外蛮夷也"。按其位置，它又分为西夷和南夷，汉王朝在此基础上建立了犍为、牂柯、越嶲、益州、武都、沈犁、汶山七郡。然而，经过历史的沧桑，西南夷的地理形象发生了变化。武都地近天水，其郡后来即属凉州。沈犁郡置于元鼎六年（公元前111年），但天汉三年（公元前97年）即合并于蜀郡，改设两都尉。同为元鼎六年设置的汶山郡，地节三年（公元前67年）也并入蜀郡，后设都尉。此后的西南夷，从全国更广阔的视角来观察，即主要指沫水（今大渡河）以南地区了。所以，刘向"域分"和朱赣"风俗"就已为之区别，指出"秦地""又西南有牂柯、越巂、益州"，"而武都近天水，俗颇似焉"。后来，《史记·司马相如列传·索隐》引晋灼也说："南夷谓犍为、牂柯也，西夷谓越巂、益州。"

三国蜀汉以巴、蜀为根据地，对其所辖巴、蜀以南地区又称南中。《三国志·诸葛亮传》载：建兴元年（223年）"南中诸郡，并皆叛乱"，"三年春，亮率众南征，其秋悉平"。《华阳国志·后主传》又载："三年春三月，丞相亮南征四郡，四郡皆平。"对四郡的解释，卢弼《三国志集解》谓，"益州、永昌、牂柯、越巂四郡也，有今四川西部及云南、贵州二省地"，所说可从。当然南中还应该包括朱提郡，因为朱提是蜀汉经营南中的基地，不存在南征朱提，所以只提四郡。两晋仍沿用南中之名，《华阳国志》有《南中志》即可为证。但《华阳国志》将越巂郡系于《蜀志》中，这是因东晋时越巂郡属益州，常璩用当时的政区表套解蜀汉情况所致。其实，常氏也认为越巂应属南中，《华阳国志·先贤士女总赞·杨竦》传谓："元初中，越巂、永昌夷反，残破郡县，众十余万。刺史张乔以竦勇猛，授从事，任平南中。""南中清平。"

对汉晋时期西南边疆的政区设置，特别应该注意庲降都督和宁州。建安十九年（214年），刘备初设庲降都督，系掌管军旅，但往往兼郡的太守，也管民政。平定南中后，乃以庲降都督统领各郡。《三国志·李恢传》裴松之注说："讯之蜀人，云：庲降，地名，去蜀二千余里。时未有宁州，号为南中，立此职以总摄之。"庲降都督统南中七郡，加强了对西南边疆的统一管理和一体化进程。泰始七年（271年）西晋设宁州，完成了这个一体化的过渡，西南边疆被容纳为一个单一的一级政区，与梁、益、交、广诸州并列，直至南朝刘宋、萧齐相沿未变。

西南夷、南中等地域名的长期流行与使用，反映了西南边疆作为单一的区域早已被人们认同，延续的时间长，指称的范围稳定；但界线比较模糊。庲降都督和宁州等政区的设置，等于是对西南夷、南中的图解，界线清晰具体；但由于国家干预，范围分合伸缩、变化频繁。参酌二者，我们就可以获得汉晋时期西南边疆的范围界线，对西南边疆有深层的认识。西南边疆大体包括今云南、贵州两省，四川省大渡河以南一片，及今境外部分地区，面积约七十万平方公里。它包括云贵高原和横断山地两大部分，处于青藏高原向低山丘陵过渡的第二级阶梯，自成一个完整的地理单元。它周围低矮或平坦，居高临下，势若踞虎，雄踞在祖国的西南边陲，战略地位十分重要。它也处于亚洲南部及东南部几个自然地理区域的结合位置，正是这些区域连接过渡的表现。这就是我们讨论的作为大区的地理分区的范围。

## 二

西南边疆这片崇山峻岭中的广袤土地，充溢着千姿百态的自然景观和人文景观。在不同的历史时期，诸多地理条件又不停地变化和发展。秦汉到南北朝刚好构成一个完整的历史阶段，这里主要论述研究这一阶段西南边疆地理分区思考的问题。

首先，西南边疆在地貌学上、气象学上不但地区差异十分明显，不同时代的历史特征也很突出。当时的气候比现今热得多。石寨山和李家山出土的器物中，有孔雀、鹦鹉、犀鸟、鳄鱼、巨蟒、蜥蜴等在湿热环境中生活的动物的形象，证明滇池周围地区当时的气候比今西双版纳还要湿热。云南郡也比今天热，但温度稍逊于滇池地区，所以产桐华布，"孔雀二月来翔，月余而去"，变成了候鸟。永昌郡适于大象、犀牛、翡翠、孔雀等动物生活，是西南边疆最湿热的地区。汉晋时期西南边疆各坝子中水陆比例与今天也不同。那时丛山中镶嵌着大大小小的湖泊，现在人们活动的很多肥沃坝子当时还未成陆，有的坝子边缘虽然已有邑聚，但水面比现在大得多。滇池、洱海都比现在大，保山坝子、鹤庆坝子、建水坝子、曲靖坝子、会泽坝子当时都有湖泊，陆良坝子的中涎泽、嵩明坝子的嘉丽泽等大湖消失得更晚。对以上两方面，笔者将另文申述。由于西南边疆山高谷深，往往形成山地垂直地带的自然景观，立体气候、立体农业古已有之。

然而，深的河谷和特殊高山的情况不具有代表性和典型性，不能作为地理单元的代表。如史载，泸水"两峰有杀气，暑月旧不行，故武侯以夏渡为艰"，泸津"多瘴气，鲜有行者"，会无县"土地特产犀牛"。这应该是金沙江河谷的局部情况，不能据以作为反映整个越嶲郡或朱提郡的标尺，就像今天不能用元谋、元江干热河谷来概括楚雄、玉溪等地区的气候与物产一样。对汉晋时期西南边疆地理分区的认识，应区别哪些是带有普遍性的表征，哪些是特例，只能看自然基带的一般状况，才具有普遍意义。

就经济地理来说，由于自然条件、资源状况、生产方式等的不同，汉晋时期西南边疆的生产力布局已有明显的地区分异，并且形成了几个经济发展中心区。它们多位于较为宽广的坝子或河谷，土地肥沃，水利条件好，农业生产比较先进；附近矿产资源丰富，便于矿业和手工业开发；地处交通要道，为商品流通提供了方便；又是内地移民聚居和扩散的中心，成为内地生产技术传播和推广的基地。这些中心区是带动该地区经济发展的领头羊，也是今天我们认识该地区经济发展程度的代表。西南边疆由于自然环境复杂，宜农、宜牧的条件杂陈，汉晋时期农业区和畜牧区交错布列。一些地区已形成农业区，并不等于没有畜牧业；或主要仍是畜牧业的地区，又已形成农业定居的居民点。因此，我们只能从总体上把握农牧业分区的状况，不必强行厘定地区内农业与畜牧业的分异。时下学术界对西南边疆农牧业分区问题争论较大，也有人对《史记·西南夷列传》提出质疑。其实，自古以来西南边疆内部经济发展的差异性一直很突出，重要的是处理全局和局部的关系，依其主流定性。从秦汉到南北朝，西南边疆的经济处于动态发展的过程中，有很大变化。如叶榆泽一带，西汉时"随畜迁徙，毋常处，毋君长"，到东晋时"有稻田、畜牧，但不蚕桑"，从畜牧业发展到农牧并存，以农为主。秦至西汉，在滇池区发展了民族特色突出的高度的青铜文化；到东汉，以汉式器物为代表的堂琅洗在朱提郡发展起来，在国内独树一帜。对矿产的发现和利用也在逐步扩大。据《汉书·地理志》，西汉时的矿产有俞元的铜，律高的锡、银、铅，贲古的锡、银、铅，来唯的铜，朱提的银，邛都的铜，另外，会无出碧，定筰出盐，万寿出盐，在连然设有盐官。到东汉，据《续汉书·郡国志》，新增了滇池县的铁，双柏的银，夜郎的雄黄、雌黄，谈指的丹砂，贲古又发现铜，会无、台登、不韦皆出铁，博南出金。到东晋，据《华阳国志·南中志》，发现梁水、会无出铜，堂琅又出银、铅，在南广、青岭皆设了盐官。然而，从秦汉至南北朝，经济的发展还没有突破旧的区域框架，生产力分布的格局始终未变。因此，我们决定把这一阶段作为一个完整的历史时期进行探讨，但对各区生产水平的变化却不容忽视。

西南边疆的族系自古就很复杂。据《史记·西南夷列传》，主要为滇、夜郎、邛都、筰都、嶲、昆明，但用了六个"君长以什数"，其族系之繁杂可想而知。又如哀牢，包括闽濮、鸠僚、骠越、裸濮等，共七十七王，"散在溪谷，绝域荒外"，是包括众多族系的族群。汉代在西南边疆设置郡县，基本上是以原先的族或国为基础，大者为郡，小者为县，"以其故俗治"。因此，各区域间的民风民俗和文化差异就得以保存下来。后来，虽然民族有融合、迁徙，但地区间文化的差异，社会习尚的不同，仍被传承下来。据《后汉书·西南夷列传》，益州郡"人俗豪忕"，牂柯郡"俗好巫鬼禁忌"，越嶲郡"俗多游荡，而喜讴歌，略与牂柯相类。豪帅放纵，难得制御"。《华阳国志·南中志》记载更详：晋宁郡"俗奢豪，难抚御，惟文齐、王阜、景毅、李颙及南郡董和为之防检，后遂为善"。味县"有明月社，夷晋不奉官，则官与共盟于此社也"。牂柯郡"俗好鬼巫，多禁忌"，"颇尚学书，少威棱，多儒怯"。夜郎县"有竹王三郎祠，甚有灵响"。越嶲郡"郡夷刚很，皆鸥视"，会无县"今有濮人冢，冢不闭户，其穴多有碧珠，人不可取，取之不祥"，"河中有铜胎，今以羊祀之，可取，河中见存"。三缝县"有长谷，石猪坪中有石猪，子母数千头。长者传言，夷昔牧猪于此，一朝猪化为石，迄今夷不敢牧于此"。朱提郡"其民好学，滨犍为，号多人士，为宁州冠冕"。南广"俗妖巫，惑禁忌，多神祠"。《永昌郡传》也多记民族情况及习俗，即葬俗亦为之叙及。建宁郡"葬夷置之积薪之上，以火播之"。兴古郡"死人有棺，其葬竖棺埋之"。西南边疆诸郡接受内地的汉文化以牂柯、益州最突出。东汉元和中，王阜为益州太守，"始兴起学校，渐迁其俗"，这是在西南边疆兴学之始。牂柯郡人利用地理位置的优势，多到内地求学并为官，以名德著称，如毋敛的尹珍、平夷的傅宝、夜郎的尹贡。《后汉书·西南夷列传》载："郡人尹珍自以生于荒裔，不知礼义，乃从汝南许慎、应奉受经书图纬，学成，还乡里教授，于是南域始有学焉。珍官至荆州刺史。"尹珍"善书"，还是一位书法家。这些都反映出汉晋时期西南边疆内部的文化差异，文化地理的分异也是明显的。

从秦汉到南北朝，西南边疆的行政区域变化很大。这种变化主要有两方面，一是政区设置从粗到细，越分越小；二是对郡的辖境常有调整，郡的范围有伸缩，一些县的隶属关系发生变化。西汉王朝在西南边疆设置了牂柯、越嶲、益州三郡，滇东北和黔西北属犍为郡。益州郡辖二十四县，并不全是滇国的范围，还包括"后数年，复并昆明地"而设的云南、叶榆、比苏、邪龙等县，也包括"渡兰仓水以取哀牢地"而置的嶲唐、不韦。《后汉书·西南夷列传》载："元封二年武帝平之，以其地为益州，割牂柯、越嶲各数县配之。后数年，复并昆明地，皆以属之此郡。"因"疆壤益广"，故名益州郡。但由于幅员过分宽广，不便管理，郡内的地区差异也很突出。到东汉永平十二年（69 年）哀牢内属，于是"割益州郡西部都尉所领六县，合为永昌郡"。蜀汉时，首先完成了犍为郡南部设置太守的过程。建安二十年（215 年），"蜀既定，（邓方）为犍为属国都尉，因易郡名，为朱提太守"。诸葛亮南征后，在西南边疆又分出云南郡和兴古郡。《三国志·后主传》说：建兴三年（225 年）"丞相亮南征四郡，四郡皆平，改益州郡为建宁郡，分建宁、永昌郡为云南郡，又分建宁、牂柯为兴古郡"。南中七郡的设置后被西晋承袭。南中七郡存在的时间虽不足80 年，但意义重大，在当时和后世都被称道。《三国志·谯周传》载："或以为南中七郡，阻险斗绝，易以自守，宜可奔南。"《华阳国志·南中志》载太安元年（302 年）永昌从事江阳孙辨上书谈南中形势，也说"七郡斗绝，晋弱夷强"。以后，郡县分割细碎，旧的格局又被打乱。从太安二年（303 年）惠帝"分建宁以西七县别立为益州郡"，到西晋末，宁州共辖十三郡，后以越嶲还属益州，东晋末宁州共为十六郡。南朝宋的情况，《宋书·州郡志》载宁州领郡十五，但见于记载者达二十一郡。南朝齐愈加混乱，《南齐书·州郡志》杂抄南齐一代不同时期的设治，宁州所设达三十郡，有的甚至"有名无民，曰空荒不立"。

揆之上列各代在西南边疆的政区，两汉设郡辖境过宽，涵盖了多个的自然地理单元，如牂柯郡从北纬22°附近到北纬28°，北部和南部自然状况相差甚大，益州郡跨越了横断山地和滇东高原，东部和西部也不一样。从东晋到南北朝，郡县孳分越来越多，郡县辖境越来越小，有些郡的范围几乎只等于当今的县域，政区界线已失去标示自然地理分区的价值。我们把汉晋时期各部门地理的分区图与蜀汉在南中设郡的行政区划图叠置起来，惊人地发现它们的划分非常一致。南中七郡的设置不仅是行政管理区划，也科学地反映了当时的自然地理分区、民族分布范围、生产力布局、文化区域特点，大小适度，分区范围合理，地理特征突出。这应该是我国古代行政区域划分的成功范例。

至于第三级地理分区，由于历史资料缺乏，当时郡县设置稀疏，经济、文化发展分异不明显等原因，没有划分的意义，也无法强为划分。

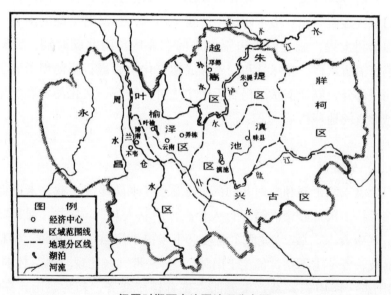

汉晋时期西南边疆地理分布图

三

以下拟对汉晋时期西南边疆内部的综合地理分区逐一介绍。

### （一）滇池区

秦汉中原王朝设治以前的滇国，大体包括今滇中和滇东，其中心区就在滇池坝子。据《史记·西南夷列传》，滇"魋结，耕田，有邑聚"。《后汉书·西南夷列传》载："河土平敞，多出鹦鹉、孔雀，有盐池、田渔之饶，金银、畜产之富。人俗豪忕，居官者皆富及累世。"《华阳国志·南中志》也载："郡土大平敞，有原田，多长松，皋有鹦鹉、孔雀、盐池、田渔之饶，金银、畜产之富。俗奢豪，难抚御。"这是汉晋时期西南边疆经济发展最先进的地区。气候湿热，山不太高，湖面宽阔，土地平敞，特产滇马，牛也很多，自然条件优越，便于农、牧、渔、猎各业全面发展。金、银、铜、铁、盐齐备，具有得天独厚的自然资源，古滇国的青铜文化在我国古代独树一帜。由于内地生产技术传入，东汉时滇池周围有了较大规模的水利工程，成为西南边疆先进的农业区。南北朝时期，诸爨氏恃强，宁州治所东移，在味县和同乐形成爨文化中心区；滇池坝子成了爨文化区的一部分，但经济状况仍居于南中之首，经济、文化的发展仍未突破原来已形成的地理格局。

### （二）朱提区

即今滇东北全部和黔西北的部分地区。《永昌郡传》载，朱提郡"与僰道接，特多猿，群聚鸣啸于行人径次，声聒人耳"。左思《蜀都赋》刘逵注引《南裔志》载，"龙眼、荔枝，生朱提南广县"，"邛竹、菌桂、龙眼、荔枝，皆冬生不枯，郁茂于山林"。这一带气候比现今热，林木茂密。《华阳国志·南中志》载，朱提郡"先有梓潼文齐，初为属国，穿龙池，溉稻田，为民兴利"。南广"土地无稻田、蚕桑，多蛇蛭虎狼，俗妖巫，惑禁忌，多神祠"。《永昌郡传》也说，朱提郡"又有龙池以灌溉种稻"，"夷分布山谷间，食肉衣皮"。坝区以农业为主，山区以畜牧业为主。今昭通坝子是五尺道上条件最好的农业区，东汉时已使用牛耕，周围的山区则比较落后。盛产铜银，朱提银、堂琅洗皆著称于世。《汉书·食货志》载："朱提银重八两为一流，直一千五百八十。它银一流直千。是为银货二品。"颜师古注：朱提"出善银"。东汉时的堂琅洗主要行销内地，传世不少，近年在四川、湖北、陕西、山东等省皆有发现。

### （三）牂柯区

即今贵州省的大片地区。《永昌郡传》载，牂柯郡"处所险峻，率皆高山而少平地"。《后汉书·西南夷列传》载："地多雨潦，俗好巫鬼禁忌，寡畜生，又无蚕桑，故其郡最贫。"《华阳国志·南中志》载："郡上值天井，故多雨潦。俗好鬼巫，多禁忌。畬山为田，无蚕桑。颇尚学书，少威棱，多懦怯。寡畜产，虽有僮仆，方诸郡为贫。"多雨潦，山多地少，自然条件差。农业还停留在刀耕火种阶段，放火烧荒，然后翻土种上庄稼，草木灰即为肥料。不知种桑养蚕，饲养的牲畜也少。但秦汉时期的夜郎，"皆魋结，耕田，有邑聚"，农业比较先进，已成为西南夷中势力最大者。且兰和夜郎都是当地民族早已形成的农业区，又控扼着水运干道沅水和牂柯江的水陆转运码头，被中原王朝设为郡治或都尉治。在二者之间今清镇、平坝、安顺，地势平坦，自然条件较好，又可东西呼应，控扼入滇大道，是两汉以后内地移民集中开发的农业区，近年在这一带发现的大量汉墓可以为证。

### （四）兴古区

即今南盘江以南滇东南全部和粤西的部分地区。《后汉书·西南夷列传》载："句町县有桄榔木，可以为面，百姓资之。"《永昌郡传》载，兴古郡"经千里皆有瘴气，菽、谷、鸡、豚、鱼、酒不可食，食皆病害人"。《南中八郡志》载："莎树大四五围，长十余丈。树皮能出面，大者百斛，色黄。鸠民部落而就食之。"《华阳国志·南中志》载："特有瘴气。自梁水、兴古、西平三郡少谷。有桄榔木，可以作面，以牛酥酪食之，人民资以为粮。欲取其木，先当祠祀。"《水经·叶榆河注》亦载："盘水又东逸汉兴县。山溪之中多生邛竹、桄榔树，树出面，而夷人资以自给。"这一带为喀斯特山原，气候炎热，当地民族善潜水，能鼻饮。土地瘠薄，农业生产条件较差，农产品少，畜牧和采集经济占有重要地位，民多流徙就食。特产桄榔木，其面可当粮食。桄榔木为热带常绿乔木，至今在文山州南部还偶有发现。

### （五）越嶲区

即今四川大渡河以南地区。据《史记·西南夷列传》，"自滇以北君长以什数，邛都最大，此皆魋结，耕田，有邑聚"。这是西南边疆纬度最北的一片。其中的孙水（今安宁河）河谷土地平坦，气候温和，水源充足，成为西南夷中开发较早、较先进的农业区。后来的情况，《后汉书·西南夷列传》载，越嶲郡"其土地平原，有稻田"。《永昌郡传》也有描述，"自建宁高山相连，至川中平地，东西南北八十余里，特好桑蚕，宜黍、稷、麻、麦、稻、粱"，物产几与内地相同。两侧多高山深谷，矿产、林产、畜产丰富，而且都有一定程度的开发。《三国志·张嶷传》载，"定筰、台登、卑水三县，去郡三百余里，旧出盐、铁及漆，而夷久自锢食。嶷率所领夺取，署长吏焉"。《华阳国志·蜀志》也载，台登县"又有漆，汉末夷皆有之，张嶷取焉"。

### （六）叶榆泽区

以今洱海为中心，包括滇西北的大部地区。《史记·西南夷列传》载，"西自同师以东北至叶榆，名为嶲、昆明，皆编发，随畜迁徙，毋常处，毋君长，地方可数千里"。秦汉时期，这一带畜牧业占主要地位。据《新唐书·南蛮传》载，昆明蛮"以西洱河为境"，"随水草畜牧，夏处高山，冬入深谷"，直到唐代还有随畜迁徙的情况。但是，这片地区族系繁杂，考古发掘证明，早在汉以前，已有农业定居、饲养家畜的例子。《华阳国志·南中志》载，云南郡"本云川地。有熊仓山，上有神鹿，一身两头，食毒草。有上方、下方夷。亦出桐华布。孔雀常以二月来翔，月余而去。土地有稻田、畜牧，但不蚕桑"。当时气温应比滇池地区稍低，又比现今洱海地区高，农牧业都有，但农业已占主导。该区的经济发展中心区集中在蜀—身毒道沿线。蜀汉初设云南郡，治弄栋县，这是汉族移民较多的地方；西晋迁治云南县，那里土地平敞，水利条件比现在好得多；东晋增设河阳郡，治所达叶榆泽南岸，南齐又在叶榆泽西北析置了西河阳郡。就这样，随着洱海水域退缩，洱海周围开发加速，郡治逐步往洱海靠近，洱海周围的设治也越来越密。

## （七）永昌区

包括澜沧江以西、哀牢山以南的广阔地区。《后汉书·西南夷列传》载，永昌郡"土地沃美，宜五谷、蚕桑。知染采文绣、罽毲、帛叠、兰干细布，织成文章如绫锦。有梧桐木华，绩以为布，幅广五尺，洁白不受垢污。先以覆亡人，然后服之。其竹节相去一丈，名曰濮竹。出铜、铁、铅、锡、金、银、光珠、虎魄、水晶、琉璃、轲虫、蚌珠、孔雀、翡翠、犀、象、猩猩、貊兽"。《华阳国志·南中志》所载略同。这是西南边疆范围最广的一片，特产猩猩、大熊猫、翡翠、孔雀、濮竹、桐华木、帛叠等动植物，适于大象、犀牛等生活，也是西南边疆纬度最低、海拔最低、最湿热的地区。由于气候和地理条件优越，具有多种资源优势，"土地沃腴，宜五谷、蚕桑"，并出产多种纺织品和多种有色金属，多奇珍异宝，农业、畜牧业、渔业、狩猎、手工业都有特色。作为经营哀牢的桥头堡和基地，其经济发展的中心区仍在蜀—身毒道的节点上。一是澜沧江东岸的博南，有黄金、光珠、虎魄、珊瑚等，除本地所产，还有大量从外地运来的珍奇商品；一是澜沧江以西的永昌坝子，土肥水饱，饶灌溉之利，近年曾发现蜀汉墓葬多座及"延熙"年号的纪年砖，至迟三国时已形成具有一定规模的农业区。

（该文为 2000 年国际中国历史地理学术讨论会大会报告的论文，载《面向新世纪的中国历史地理学——2000 年国际中国历史地理学术讨论会论文集》，齐鲁书社 2001 年版）

# 澄江古代文明与地理环境的关系

在云南，有一批历史之谜值得探讨，澄江就是其中之一。帽天山古生物群的发现，地质时期澄江的情况引起人们极大的兴趣。其实，自有人类以来历史时期澄江的情况也值得关注。近半个世纪，先后在晋宁石寨山、江川李家山、安宁太极山、官渡羊甫头等地出土了一批古滇文化遗物，内容丰富，器形复杂，工艺精湛，多次震撼国内外，叹为观止。澄江与晋宁、江川接壤，处滇中湖泊群周围的重要坝子，坝子中小河纵列，缘山边的龙潭涌泉星布，土肥水饱，方便人们的生活和灌溉，生态环境与上列各地相似，给人类提供的生存条件相同，应该是滇文化的发祥地之一，但迄今却无反映古滇文化的重大考古发现。

澄江在汉晋时期设俞元县，是汉武帝所设益州郡 24 个县之一，还是这些县中文化发展较早、水平较高的地区。李恢是三国时俞元人，被蜀重用，曾任庲降都督，参加诸葛亮南征，"南土平定，恢军功居多，封汉兴亭侯，加安汉将军"，后又"领建宁太守，以还居本郡"①。至今还有关于李恢的传说及与李恢有关的地名。然而，俞元县治在哪里？明清人已不甚了了，只能含糊地说"澂江府，汉置俞元县"。今本《华阳国志》无俞元县，但《续汉书·郡国志》俞元县注文所引有《华阳国志》的内容，顾广圻校记认为：新定县"当作俞元县"，近人任乃强、刘琳据此作了增补②。《宋书·州郡志》亦无俞元县，成孺《宋州郡志校勘记》提出，疑原缺处即俞元县。是《华阳国志》和《宋书·州郡志》脱缺，抑或东晋、

---

① 《三国志·蜀书·李恢传》。
② 任乃强：《华阳国志校补图注》，上海古籍出版社 1987 年版，第 273 页；刘琳：《华阳国志校注》，巴蜀书社 1984 年版，第 412 页。

刘宋的一个半世纪左右不存在俞元县？

南诏在今澄江置河阳郡，仍处抚仙湖之北，因名河阳。元澄江路、明清澄江府的附郭县袭用旧名亦称河阳。大理时为罗伽部驻地，元代当地人仍习称罗伽甸，明代抚仙湖也称罗伽湖。然而，河阳郡和罗伽部的治所却不明确。《寰宇通志》、《明一统志》记载府境各州县古城十余座，唯河阳县境未列。《嘉庆重修一统志》载："黑柏城，在河阳县东，一名输纳龙城，蛮所筑也。"然《寰宇通志》谓："黑柏城，在阳宗县东，一名输纳笼，久废。"不识黑柏城在今何处？《元史·兀良合台传》载，兀良合台攻下善阐后，至乾德哥，"委军事于阿术，环城立炮，以草填堑，众军始集，阿术已率所部搏战城上，城遂破"。冯承钧译《马可·波罗行纪》注："乾德哥城，应即今之澄江府。"方国瑜亦指认乾德哥城在今澄江①。乾德哥即大理所辖的罗伽城，当时已筑有城、掘有濠。但乾德哥城在今何处？

相传元代在澄江筑了五座土城。今旧街子原名大西城或西古城。今小西城村为元小西城。但康熙《澄江府附郭河阳县志》谓："西古城，在城西四里。筑时无考。四塞甚固，遗址尚存。"该书又说："庙学，旧在金莲山麓，元大德年间魁纳建。"魁纳为澄江路总管，蒙古人。建庙学处是否即元代的澄江路治所？

明代的澄江府治曾在近距离内多次搬迁。《明一统志》卷86载："金莲山，一名龟山，高圆平正，若莲花然，府治、学校皆建其上。"《读史方舆纪要》卷115谓："《志》云，府城旧建于绣球山，弘治中迁于金莲山，正德中迁旸溥山麓，嘉靖中复迁金莲山南，隆庆四年与县同迁于舞凤山。"诸书虽多有记载，但记载也多混乱。官署曾在金莲山巅、山半、山麓转移，又涉及绣球山、旸溥山。正德十三年（1518年）知府童玺修建了土城，"周匝四里许，为五门，各券以石"。但是，嘉靖二十年（1541年）知府周朝俛又"复迁金莲山"。隆庆五年（1571年）知府徐可久改迁于舞凤山麓，建砖城，周五里三分，开四门。从此，治所才稳定下来，即今澄江县城。今人指认金莲山麓的旧城村为隆庆五年前的府城。为什么明代前期近两百年（1382—1571年）澄江府治所要频繁迁徙？

---

① 方国瑜：《中国西南历史地理考释》，中华书局1987年版，第793页。

　　这些问题，使我们不禁想到澄江的地理环境。汉代就有记载说："俞元，池在南。"抚仙湖和澄江坝子密不可分，它既是澄江古代文明的摇篮，又可能是澄江古代文明受到摧残的因素。自古以来，人类就在作"水"的文章。人们既离不开水，又怕水，既要获水利，又要防水患。在历史时期，抚仙湖及其周围演变的因素十分复杂。

　　抚仙湖南岸有一个南北狭长的小坝子，就是原属华宁、现属江川的路居坝子。坝子南侧的甘棠箐，曾发现龟甲、贝壳、鹿角及其他动物化石，为湖沼相地层，是古湖边山前的凹陷地带。往北今路居村南半里的山腰，名官坟头（又作光坟头），曾发现锛、纺轮、弹丸、网坠等大量石器，大量陶片、骨针、骨镞，天然铜矿孔雀石及铜渣等，还有厚达250厘米的螺壳堆积，面积约2150平方米，为铜石并用时期的贝丘遗址①。遗址现海拔1891米，山脚至遗址高差约120米。光坟头原临湖边，这是抚仙湖南半逐步抬升的遗迹。甸心系元末建村，现海拔1755米②。大概明代湖岸线达甸尾、张营，下坝应该是清代成陆的，当时集市在湖边的老街。由于湖岸线往北移，现在，东海边、西海边等村距湖已有一段距离。这些仍然是抚仙湖南岸逐步抬升的证明。所以，抚仙湖南半部湖底较浅，今后还会越来越浅。

　　抚仙湖作为地层断裂陷落湖泊，其主体部分的北半部却是处于逐步沉降的过程中。当地流传着一个故事，说从前有一位高僧来化缘，只有一对老夫妇招待他，高僧让夫妇俩注意府门前的石狮子，说石狮子若眼红，必有大难。一天，石狮子的眼睛果然红了，洪水也铺天盖地而来，老夫妇只来得及赶着一头猪逃命。奇怪的是，洪水每淹至猪腿附近都会自行退下。后来人们将这猪叫做定海神猪，老夫妇安营扎寨的地方取名镇海营③。今镇海营处于抚仙湖北岸的平地，无法想象避水的事。故事的背景约当南诏，当时镇海营应是抚仙湖北岸的一处高地，在缓慢的陆沉过程中，人们带着牲畜逐步避居高处，没有发生危险。这反映了抚仙湖北岸逐步沉降的

---

　　① 《云南文物古迹大全》，云南人民出版社1992年版，第309页；《云南地州市县概况·玉溪地区分册》，云南人民出版社1987年版，第63页；《江川县地名志》，第81页。

　　② 《江川县地名志》，第32页。

　　③ 李跃云：《抚仙湖八大悬念》，载《春城晚报》2001年6月2日第15版。

事实。《水经·温水注》载:"(桥)水上承俞元之南池,县治龙池洲,周四十七里,一名河水。"《续汉书·郡国志》俞元县注引《华阳国志》又载:"装山在河中洲上。"汉晋时期的抚仙湖仅四十七里,比现在小得多,湖北岸的坝子中还散列着一些低山,装山是其中之一。随着陆地的逐步下沉,人们多聚居到小山麓或低丘上,便于往高处搬迁。然而,澄江坝子也经历着东大河、梁王河等河流堆积的过程。河流的泥沙被各个低丘拦截,堆积起来。经过若干次下沉、堆积的反复作用,坝子中的低山逐渐消失,今镇海营及元代建城的旧街子、小西城等都变为平地。坝子南部缺乏小山支撑阻挡,逐渐陷入湖底,湖面随之扩大。这就是在澄江坝子找不到贝丘遗址和古城遗址的原因。它们可能被沉到水底,或被填埋到土里了。

明代前期对抚仙湖的特点已有了准确的认识。景泰七年(1456年)成书的《寰宇通志》载:"在府城南,周二百余里,一名罗伽湖,又名青鱼戏月湖,渟滀清澈。其中多石,鱼难网。东流入于盘江。"《明一统志》所载略同。抚仙湖以出产大青鱼著称,所谓"青鱼戏月湖",人们已掌握了大青鱼晚上活动的习性。而"其中多石,鱼难网",水下众多的石头在当时已经引起人们的注意。这正是至今当地群众的说法,今日人们关注的抚仙湖水下之谜①。据此也可以肯定这些石头与元、明澂江路、府的治所无涉。明代前期湖岸线在右所、大营、洋潦营、许士营、高七营、曹官营、万家营、镇海营、广南营、龙王庙一线,成锯齿形。以上诸"营"皆明初军屯在湖边形成的聚落。那时东大河在新河口与肖咀间的湖湾摆动,其下游至右所与大营间呈喇叭状,河面较宽,可以航行。康熙《澂江府附郭河阳县志》载:"河泊所,旧在金莲山右麓,久裁。"也证明明代前期湖岸线距金莲山甚近,河泊所既是抚仙湖航运的终点,又是距旧城最近的码头。澄江坝子的陆沉仍在缓慢地继续着,不仅大片农田被淹,还危及旧城的官署和民居。然而,人们尚不明瞭是陆沉,"湖水泛滥"、"湖水害稼"②等连篇累牍的记载,仍把根源归咎于抚仙湖水涨。既要利用湖河交汇附近的优越条件,便利交通,发展贸易,则衙署只得往金莲山顶或山腰退让;

---

① 中央电视台第一套"东方时空"栏目2001年6月3日8:00 - 10:45抚仙湖水下考古现场直播。

② 康熙《澂江府附郭河阳县志》,灾祥。

但山上逼窄，又不便生活。所以晁必登《澂江府改建府治记》说："澂江郡治旧在金莲山之巅，又逼儒学，余三面临虚，仅足以容官署，而官吏之居室咸无地焉，则散处于街巷，与民居参错。山高十数丈，每衙时上下甚劳，长吏惮之，就邸视事，官署若虚设然。"① 童玺在金莲山下建城便于守卫，把衙署迁到山下与民居在一起；但时过不久周朝俍又迁回金莲山，想也是因水漫城郭所致。徐可久终下决心摆脱抚仙湖，把府治迁到坝子北端距湖较远的舞凤山麓，从此不再遭受水患，但却增加了运输粮食物资的困难。为了解决这个难题，他从新城边修了一条运河，"环城为壕，引东西泉水会入壕中，复达于抚仙湖"②。"商货自临安来者，舟行由江川海门桥直抵南门，由是集商旅，聚货财，民多称便。"③

　　经济条件发展到一定程度，大规模的治水工程提到议事日程，明末开始了治理抚仙湖的篇章。康熙《澂江府附郭河阳县志》载："明崇祯年间，海水泛溢，山行石压二里有余，近海之田，悉皆淹没。明御史姜思睿亲临开浚载余，筑石为坝，如城郭之高。每岁孟冬起海湖田夫，同宁州、江川二州县委官疏浚，以防水患。民甚感之，立祠以祀。"从此，通过人工疏浚抚仙湖出水口海口河的方式，干预抚仙湖水位，对抚仙湖的治理进入了一个新阶段。自此以后，多次疏挖海口河，通过降低水位来解决陆沉水淹的危机，还扩大了耕地面积，总体说，抚仙湖水位逐步下降，湖岸线基本得到控制。所以，《读史方舆纪要》、《嘉庆重修一统志》、民国《澂江县地志资料清册》都说："周三百余里。"康熙《澂江府附郭河阳县志》载："荷花池，在城南八里。夏秋之交池莲盛开，红绿相间，驾小舟鼓荡其中，香风袭人，顿使心地清凉，虽广不逾十里，自觉烟波无际。"清初，城南八华里就是大片的荷池浅水区，湖北岸沼泽化严重。雍正九年（1731年）再次大修海口河，"河阳田新涸出三千余亩，旧田遍种"④。1923年又大修海口河，浚深三至五尺，由此湖水低二尺余，涸出田四千五百余亩⑤。这

---

① 正德《云南志》卷32"文章"十。
② 《读史方舆纪要》卷115。"达"原作"建"，因形近而误。
③ 陈善：《新建澂江府城记》。
④ 鄂尔泰：《兴修水利疏》。
⑤ 《疏浚抚仙星云两湖口碑记》。

样才逐步形成今天抚仙湖北部平直的湖岸线，距县城 5 公里。澄江坝子的沉降，还可以从近年的钻孔资料中得到印证。根据对澄江附近几个钻孔中泥炭层的分布看，如果把钻孔最上部的第一个泥炭层与澄江窑厂泥炭层作对比计算，则今澄江县城一带相对下沉幅度达 25～30 米，湖北岸鲁溪营一带下沉幅度达 85～90 米。20 世纪 80 年代测得该湖的最大水深为 155 米，2000 年 8 月测得的最大水深为 157 米①。而"文化大革命"前的资料竟只有 151.5 米。参考这些数字，可以大体认识澄江坝子和抚仙湖下沉的幅度。

澄江坝子也经历着缓慢的堆积过程。坝子中的多股溪河皆流程短、水流急。这些河流的危害早已存在，明代，相应的治理工程逐渐出现。《嘉庆重修一统志》澂江府载："立马闸，在河阳县西北一里，防龙箐冲决。又太平闸在太平桥下，疏梁王冲溪水入新河，俱明隆庆间建。"但是，坝子中沉降仍是主要的。清代以来，有关抚仙湖水泛溢的记录甚少，而澄江坝子里河水的灾害越加突出。康熙《澂江府附郭河阳县志》载："东大河，原为玕扎溪，自宝鼎山群谷发源。考旧志，经玕扎山下至青云桥入抚仙湖。每值时雨暴涨，潦岸冲决，多为民患。隆庆三年，知府蒋弘德锐意开筑，邑民田亩获受灌溉之利。至今历年已远，水不由道而行，时降大雨，沿溪泛涨，拥沙排石，滚滚奔下，两岸田亩多遭冲压。且桥梁倾圮，往来多阻，有搴衣涉水之险。沙壅渐高，则水无定向。今从西南近逼中所、营上，其为田亩村居之害甚大。由梨花村、鲁溪营直入仙湖，是东畔田亩固赖此水，而惜其不为全利，患亦居半焉。""西大河，旧为罗藏溪，自罗藏山发源。一经梁王冲由塔浮山麓从东南而折至棕树村后，时值暴雨横流，莫御泛涨之势，历年冲没田亩，为害颇烈。一由旧街子、水碾团营入于湖；一由十里亭山后至立马溪、左所入于湖；一由龙青庙下东折至瓦窑村太平桥，出四均桥、马房村入于湖。考此水来自罗藏，非出有源。当大雨时行，会群山涧谷汹涌而泻，虽分为三道，惟中流奔急浩散，近岸田亩半为沙埋石压。东西两河泛滥无准，诚为邑中大患，附近田亩更为深虑也。"澄江坝子有东、西两条大河，东大河经常左右摆动，几乎漫溢到坝子东

---

① 李杰森：《澄江古遗址沉没原因试析》，载《云南日报》2001 年 4 月 25 日第 3 版。

半。河床偏东时沿东山脚往南流淌；偏西时达中所、东大河村、梨花村、沙河村、鲁溪营（即今吉花）、新河口一线。西大河出龙青庙下，过棕树村（今作忠恕村）后，经高楼房、旧街子、水碾团营、大河埂、大河口入抚仙湖，为主流；西支从十里亭山后夺立马溪（明代称龙泉溪），经已乐村、左所入湖；东支从龙青庙下东折，经瓦窑村、马房村入湖。西大河遍布澄江坝子的西半。整个坝子河水横流，冲毁田亩，"拥沙排石"、"沙埋石压"、"沙壅渐高"的景象，触目惊心。《澄江县地名志》又载：新河口，据说从前无河口，东大河到这一带遍地横流，为消除水患，新开此河口，引水入抚仙湖，故名。鲁溪营，明初军屯头目姓鲁，又因村子位于玗扎溪（东大河）旁，故名。高楼房，位于原梁王河（即罗藏溪）河床上，因河床高而民房也显得较高，故名。已乐村，原名矣落村，彝语，含义是坐落在小河边的村庄，后讹为已乐村。如此等等，地名也留下了溪河沧桑的历史痕迹。1919年编《澂江县地志资料清册》载："境内童山濯濯，林业衰落。""林木多被害虫及野火所摧残。""适于造林之荒地甚多，如治城东西北三面之荒地，土质俱沃，现尚荒弃。"林毁山秃，护坡固沙的条件减弱，河流的冲刷和沙石的堆积在近百年来最为突出，相比之下，长期延续的缓慢的沉降已被抵消，人们对湖的威胁早已淡忘。

自古以来，澄江还摆脱不了另一个自然灾害的侵袭，这就是地震。澄江处小江地震带的南段，地震频繁发生。据道光《澂江府志》"灾祥"统计，明清时期发生地震16次。弘治十二年（1499年）二月初四日，"河阳地震，官民庐舍倾坏，人多压死，月余乃止"。乾隆五十四年（1789年）五月十四日，"地大震，城垣、庐舍倾坏，压伤人畜无算。至二十八日大雨乃止。江川、新兴、路南地震"。道光十三年（1833年）七月二十三日"巳刻，河阳、江川地震，午未又震，至夜又震数次，坍塌房屋、压毙男妇无算。至八月初一日大风乃止。新兴、路南同时亦震，间有损伤房屋人口"。近年地震部门统计，从明代到1990年，在澄江发生的有感地震24次，在澄江和江川的路居都发生过4.7级以上的强震。上述资料说明，地震往往伴有大风或大雨。抚仙湖作为断层陷落湖，地震和湖水的作用结合，风雨交加，波涌海啸，加重了灾情，往往出现滑坡、崩塌、陷落等严重自然灾害。传说湖中原有两个小岛，名大孤山和小孤山，后因发生强烈地震，一夕风雷，小孤山倾入湖中，仅大孤山留存至今①。这终究是传说。但陆地因地震陷入湖中的历史记载确实存在。在抚仙湖东岸今华宁县海关（矣渡村）普渡庵内，有一方嘉庆四年（1799 年）立的《矣渡常住记》②碑载："先年建有普渡庵，居山之麓，关圣宫居水之浒。乾隆五十四年五月十四日，大营与关圣宫皆沉入海内。"当地群众世代相传，指认原湖岸线在今湖内 500 多米，其中还有一条小河，都是 1789 年地震陷入湖中的。抚仙湖西岸原有秦家营，清乾隆年间地震沉落，后迁至秦家头山边建村，因名秦家山③。经过核查，明代以来抚仙湖地区的地震记录仍有脱漏，明以前的地震缺载，地震给抚仙湖及沿湖各县带来怎样的后果，现在还难以全面评估。大概抚仙湖东岸北段垮塌陷入湖中的面积最大，约当今鱼户村、象鼻岭—海关西部山嘴一线以东部分。其次为西岸南段秦家山一带，约当小马沟—隔河东南山嘴一线以西部分，隔河的出现也是后来的事。我的老师谭其骧先生在三十多年前早已深虑及此，指出："今星云湖与抚仙湖之间有水通流，但《汉志》、《郦注》皆言俞元之南池东流为桥水入温，胜休之河水东南入桥（南桥），不言'池'与'河'之间通流。滇南自古以来多地震，地形多变，疑二湖间之通流实始于汉晋之后。""星云湖东南至曲江间，今日已不通流，古代则湖水东出，东南流循今婆兮江入曲江，即所谓东至毋棳入桥也。"④

　　当然，抚仙湖周围的情况不能一概而论。位于东岸南段的海镜，海拔1730 米，经 1984 年及 1987 年两次调查，在村中发现新石器时代的贝丘遗址，面积约 1000 平方米，文化堆积厚 0.5～1 米，内含螺壳及泥质红陶、夹砂黑陶残片⑤。这一段是抚仙湖岸线比较稳定的部分，可以视为新石器时代水位和湖岸线的标尺。

　　在历史时期，经过升降起伏，地震和湖水的反复震荡，不停地折腾，

---

　　① 民国《江川县地志征集录》古迹小金山："饮虹桥久失所在，相传跨于小孤山，一夕风雨暴作，桥与小孤山失所在。"另见《澂江县地名志》，1984 年编印，第 101 页。

　　② 《中国文物地图集·云南分册》以碑额的四个字称为《于万斯年碑》，见云南科技出版社 2001 年版，第 138 页。

　　③ 《江川县地名志》，1989 年编印，第 18 页。

　　④ 谭其骧先生 1971 年 6 月《西汉益州南部图校记》手稿。

　　⑤ 《中国文物地图集·云南分册》，云南科技出版社 2001 年版，第 137 页。

才塑造出今日抚仙湖的形象。澄江古代文明的发展，付出了多少我们想象不到的代价。在云南，具有以上复杂因素的典型地区不多，澄江古代文明与地理环境的关系是一个很有价值的研究课题。探讨并总结这方面的经验和教训，可以为民族文化大省建设和防灾减灾、可持续发展提供借鉴。

（原载《李埏教授九十华诞纪念文集》，云南大学出版社 2003 年版）

# 物华天宝彩云南

## ——《云南古代物产大系》序

我们伟大的祖国，地大物博，物产富饶，可谓"物华天宝，人杰地灵"。自古以来，各种物产养育着我国各族人民的先民，记录物产也成为中华传统文化中的重要内容。一大批各具特色的动物、植物、矿物，既寿之于梓，又蕃之于土，生生不息。

在古老的《尚书·禹贡》中，分别记录了九州的贡物。冀州"大陆既作，鸟夷皮服"。兖州"厥贡漆丝，厥篚织文"，产漆，产丝。东方的青州，兼具山海之利，"厥贡盐、绤、海物维错，岱畎、丝、枲、铅、松、怪石；莱夷作牧，厥篚檿丝"，农、牧、渔兼具，海产品特别丰富。徐州"厥贡惟土五色，羽畎夏翟，峄阳孤桐，泗滨浮磬，淮夷蠙珠暨鱼，厥篚玄纤缟"。产谷和雉，产珠及鱼，特产孤桐、浮磬及丝绸。南方的扬州土地广阔，"厥贡惟金三品，瑶、琨、筱簜、齿、革、羽、毛、惟木，岛夷卉服；厥篚织贝；厥包橘、柚锡贡"，产金属和美玉，动植物兼具，有织物，亦特产水果。荆州的物产也很丰富，"厥贡羽、毛、齿、革，惟金三品，杶、幹、栝、柏，砺、砥、砮、丹，惟箘、簵、楛。三邦底贡厥名，包匦菁茅，厥篚玄纁、玑组，九江纳锡大龟"。豫州"厥贡漆、枲、绤、纻，厥篚纤纩，锡贡磬错"，有漆，有丝，有麻，还有砺石之类。西南的梁州，"厥贡璆、铁、银、镂、砮、磬、熊、罴、狐、狸、织皮"，以多种矿物及野兽著称。西北的雍州，"厥贡惟球、琳、琅玕"，"织皮"，也贡献各种美玉和野兽的皮毛。这是一份我国先秦时期的物产名录，涵盖了植物、动物、金属矿产、非金属矿产、各种织物、供祭祀的青茅、美味的水果，都是不同地理环境下的特产，琳琅满目。

汉代更加重视重要物产的记载和管理。以《汉书·地理志》所载为例，俞元县"怀山出铜"，律高县"西石空山出锡，东南监町山出银、铅"，贲古县"北采山出锡，西羊山出银、铅，南乌山出锡"，来唯县"从陕山出铜"，连然县"有盐官"，邛都县"南山出铜"，会无县"东山出碧"，定莋县"出盐"，记载了一批西南边疆的矿产资源。汉代所设的县名，有的也用物产来命名。如朱提县的命名，《汉书·地理志》说："朱提，山出银。"《水经·若水注》说："朱提，山名也，应劭曰在县西南，县以氏焉。"朱提县是以产银的朱提山命名。为什么称朱提山呢？苏林注："朱音铢，提音时。北方人名匕曰匙。"大概朱提山形似匙，因名。堂琅县又作堂螂县，《华阳国志·南中志》说："堂螂县，因山名也。出银、铅、白铜、杂药，有堂螂附子。"《续汉书·郡国志》朱提县下刘昭注引《南中志》曰："西南二百里有堂狼山，多毒草，盛夏之月，飞鸟过之，不能得去。"堂螂山出矿物、药材，尤以白铜和堂螂附子著称。该山大概多螳螂，因以为名。弄栋县又作梇栋县，《说文解字》说："梇，木也，从木弄声，益州有梇栋县。"该县因产梇栋木得名。青蛉县有青蛉水，《水经·若水注》说："（青蛉）水出青蛉县西，东迳其县下，县以氏焉。"西安汉城出土有王莽时"越归义蜻蛉长印"，见陈直《汉书新证》。隋代称此为蜻蛉川。至今流过大姚，从西往东流入金沙江的河还称蜻蛉河，县与河当因蜻蛉得名。牧靡县，《汉书·地理志》李奇注："靡音麻，即升麻，杀毒药所出也。"以产升麻著称，唐代直写作"升麻县"。叶榆县又作"楪榆县"，《十钟山房印举》有"楪榆长印"，楪榆可能是一种特产树木，因此在盛产此树的地方命名了楪榆河（今弥苴佉江）、楪榆泽（今洱海）及楪榆县。汉代施行盐铁专卖，在各地设了盐官和铁官，管理盐、铁的开采和运销。在一些重要物资集中进行生产的地方，国家也设官署进行管理，见于《汉书·地理志》的还有铜官、工官、木官、橘官、圃羞官、羞官、沮浦官、家马官、牧师官、牧师菀官、服官、均输官、候官等，涉及的种类十分广泛，有矿业、工器、服饰、树木、水果、蔬圃食品，有的涉水，有的涉牧，有的虽不直接组织某种物资的生产和储运，也与备办物资有关。它们的设置，反映了汉代一些重要物产的生产布局和消费状况。

我国古代的地理总志，也有关心、记录方物的传统，它们的篇幅和内容远比正史地理志多。《元和郡县图志》专列贡赋一门，所记各地的贡赋十分具体，不但记名称，还有上贡的数量。《太平寰宇记》、《方舆胜览》则有一门称为土产，所列皆各地的特产、方物。《元一统志》是我国古代地理总志中规模最大的一种。该书从元世祖至元二十三年（1286 年）开始纂修，至元二十八年（1291 年）成书，共 755 卷，后又续修，于成宗大德七年（1303 年）完成，达 1300 卷，惠宗至正六年（1346 年）刊刻于杭州。编纂出版延续的时间，几与元祚接近，其卷帙的规模，为我国古代地理总志之最。但原书明代已散佚，至今人们已不得其详。仅流传至今的部分残卷，也成为我们研究元代云南物产的吉光片羽。该书丽江路军民宣抚司土产载：

> 金，出金沙江。淘沙得之。
>
> 马、猎犬、纸、降真香、氈、布、木瓜、石达、茨子、虎皮、熊皮、麝香、野猪、鹰鹘、猴。（出通安州）
>
> 滑石，出巨津州东一百里小山内。
>
> 朴硝，出巨津州一百里畔列沧邑神外龙山临江崖中，冬月取硝煎成。
>
> 粳、糯、麦、粟、马、羊、猎犬、鹿茸、野豕、鹰鹘、赤山白鸡、猴、飞鼠、熊皮、麝，巨津州及临西县并出。
>
> 鱼、蜜蜡、氈、麻布、绵紬、木耳、摩菰、桃、李、胡桃、松子、林檎、桂皮、天仙子。（出巨津州）

《元一统志》把搜集资料的工作放到了州县，而且尽量搜集现时资料，可贵的是没有走抄袭前人记录的捷径，丽江路军民宣抚司的土产记录，看不出引自他书的痕迹，应该都是当时的调查成果。由于按州县表达，突出了山原、山区、河谷的物产差异。这些都为后世提供了有益的借鉴。

明清以降，修志的风气甚浓，云南省志的修纂逐步成为制度，各府州县志的编纂得到提倡。诸志发挥了中华传统文化中"格物"、"求实"的传统，对物产的记载越来越多，记录的内容越来越详细。万历《云南通志》"物产"共列 25 属，道光《云南通志稿》"物产"占 4 卷，《新纂云

云南文库·学术名家文丛

南通志》"物产考"达 8 卷。私家修志也重视物产，谢肇淛《滇略》有"产略"，师范《滇系》有"赋产系"。私家所修的物产专志更颖耀而出，明代兰茂的《滇南本草》，清代檀萃的《滇海虞衡志》，道光年间宦滇的吴其浚的《植物名实图考》都泽被后世。经过历代无数学者的关注和积累，古代云南物产的记录可谓丰厚，但却存在历史和时代的局限性，散在各处，重复分散，查找翻检甚为困难，汇总、梳理、编整这份庞杂的资料工程浩大。江燕、毕先弟两位同志举数年之力，完成了 100 多万字的《云南古代物产大系》，汇聚了古代直至民国年间有关云南物产的记录，第一次摸清了云南古代物产的家底。近日，我捧读他们厚厚的两大本成果，惊讶、感叹、羡慕的心情涌上心头，他们为学术界做了一件大事。

对古代物产的整理研究，具有重大的科学价值。竺可桢研究我国五千年以来的气候变化，根据所用研究手段的不同，将其分为考古时期、物候时期、方志时期和仪器观测时期。用现代仪器观测和记录气象资料，十分精确科学，但时间却太短。物候时期和方志时期都主要靠历史文献记录。我国历史上对动植物资源的记载很多，特别是一些对气候条件反应敏感的动植物，它们分布的变迁，成了说明古代气候变迁的测试剂。历史时期物候的研究表明，历史上气候总的趋势是逐渐变冷，但速度很慢，而且有起伏，冷暖交替有一定周期，暖中有小寒，寒后有小暖。历史时期也有从潮湿逐步变干的趋势，公元前以潮湿为主，近 500 年干旱更加突出。竺可桢的《中国近五千年来气候变迁的初步研究》发表在《考古学报》1972 年第 1 期，后收入《竺可桢文集》；《物候学》曾多次重印，1980 年由科学出版社出版增订本，皆受到学术界的重视。文焕然更毕其一生研究历史气候的变迁，他的《中国历史时期冬半年气候冷暖变迁》一书 1996 年由科学出版社出版。谭其骧先生在该书的序中说：

人类用科学仪器对较大范围的气候变化进行观测记录不过百余年的历史（在个别地点进行的观测记录有更长的时间），且范围一般都很小。由于气候变化的周期往往要数十年、数百年，甚至更长的阶段，仅仅依靠这些资料来进行研究显然是远远不够的。因此要探索和揭示气候变化的长期规律，就不得不借助于前

人对气候变化直接或间接的记载，并且根据科学原理，结合实地
考察，进行鉴别和分析。从甲骨文开始，中国拥有世界上数量最
多、内容最丰富、涉及范围最广的文献记载，在这方面可谓得天
独厚。

云南古代既有大量的动植物资源，又有大量的文献记载，用以探究古
代气候和其他环境要素的变迁，十分可贵。以孔雀为例，《华阳国志·南
中志》载滇池地区说："郡土大平敞，有原田，多长松，皋有鹦鹉、孔
雀。"而洱海地区说："孔雀常以二月来翔，月余而去。"《蛮书》载茫蛮
部落则是"孔雀巢人家树上"。两晋时期，滇池和洱海地区都有孔雀。滇
池水面广阔，湖边山原平敞，森林茂密，多长松，适于喜湿热和森林环境
的孔雀、鹦鹉栖息。洱海周围气温稍低，孔雀只停留月余，变成了候鸟。
到唐代，滇池及洱海一带都已不见有关孔雀的记载，而滇南的茫蛮部落住
地，孔雀俨如家养，把巢筑在农家的树上。今天，即便在西双版纳，我们
也难看到野生孔雀自由飞翔。这些变化，与植被减少，湿度降低，气候变
冷有关。有关犀和象的记载令人费解，还要综合其他的环境因素进行考
察。永昌郡产犀、象，诸书累有记载，毋庸置疑。永昌郡地域宽广，纬度
低，海拔低，森林茂密，可为湿热环境的典型。另据《华阳国志·蜀志》
越巂郡载："会无县，路通宁州，渡泸得堂狼县。""土地特产犀牛。"民
国《元江志稿》物产载："犀牛，产南乡山箐中，大如牛，鼻端有小角。"
会无所在有金沙江河谷，元江所在有红河河谷，至今元谋、元江等县仍是
云南著名的干热坝子，北面有大山阻挡冷空气，山高谷深，冬天不冷，夏
天的最高温度居全省首位。并非云南多数地方产犀，金沙江河谷、红河河
谷的某些河段才是犀赖以生存的特殊环境。历史上，象在云南累有出现，
昆明城内建有象房，还有条象眼街，那是接待边疆或友邻进贡的驯象的地
方，云南一带的战争也常有驯象参战。我国内地野象分布的北界达黄河流
域，但遍查有关资料，滇池周围曾经很热，却未见产野象的记载。《徐霞
客游记·滇游日记七》说："盖鹤庆以北多牦牛，顺宁以南多象，南北各
有一异兽，惟中隔大理一郡，西抵永昌、腾越，其西渐狭，中皆人民，而
异兽各不一产。"这里说了明代云南野象分布的北界，明以前野象分布的

界线也大体与此相近。野象不但要求湿热的气候，看来超过一定高度的高山也是不适应的。近年滇南野象活动的范围，偶尔可到普洱市南部，活动的海拔上限在1100米左右，历史时期野象可能没有登上过滇中台地。如此等等，云南境内的气候变迁和环境差异，都可通过物产进行解析。

古人往往把有关物产的记载融入当地的地理环境、经济活动、社会生活中，读来使人趣味横生，如入画幅。《后汉书·西南夷列传》载："有池，周回二百余里，水源深广，而末更浅狭，有似倒流，故谓之滇池。河土平敞，多出鹦鹉、孔雀，有盐池田渔之饶，金银畜产之富。人俗豪忕，居官者皆富及累世。"这是一幅高原水乡的写意画，那时的滇池地区，农业、畜牧业、渔业、矿业皆具规模，人们过度奢侈，官吏富及累世。《华阳国志·南中志》载：永昌郡"有闽濮、鸠僚、僄越、裸濮、身毒之民。土地沃腴，有黄金、光珠、虎魄、翡翠、孔雀、犀、象、蚕桑、绵绢、彩帛、文绣。又有貊兽食铁，猩猩兽能言，其血可以染朱罽。有大竹名濮竹，节相去一丈，受一斛许。有梧桐木，其华柔如丝，民绩以为布，幅广五尺以还，洁白不受污，俗名曰桐华布。以覆亡人，然后服之及卖与人。有兰干细布——兰干，僚言纻也，织成文如绫锦。又有罽旄、帛叠、水精、瑠璃、轲虫、蚌珠。宜五谷，出铜锡"。永昌郡是西南夷诸郡中最热的地区，宜五谷，特产甚多，该文所列矿物、动物、植物及各类纺织品近30种，重点介绍了大熊猫、猩猩、濮竹、桐华布、兰干细布的故事，各民族祖先劳动、生活、蕃息的场景跃然纸上。《蛮书·云南管内物产》载："大虫，南诏所披皮，赤黑文深，炳然可爱。云大虫在高山穷谷者则佳，如在平川，文浅不任用。""麝香出永昌及南诏诸山，土人皆以交易货币。""傍西洱河诸山皆有鹿。龙尾城东北息龙山，南诏养鹿处，要则取之。览赕有织和川及鹿川，龙足鹿白昼三十五十，群行啮草。"介绍虎、麝、鹿等动物，对它们的地理分布、生活习性、与人的关系皆有所及，改变了展示标本式的枯燥罗列，写得栩栩如生。各种物产都有其生存的自然环境和历史条件，它们的身影使地理环境变得鲜活，成为历史上不同时期经济活动、社会生活的镜子，更迸发出耀眼的文化火花。

古代云南物产具有自己的特点。第一，数量多。宋代范成大撰《桂海虞衡志》，分志岩洞、志金石、志香、志酒、志器、志禽、志兽、志虫鱼、志花、志果、志草木、杂志、志蛮等十三门。清代檀萃效学范《志》撰《滇海虞衡志》，仍为十三门，各门的标题和选材范围都一样。两书口径相同，调查对象相同，范《志》得241条，檀《志》得427条，虽相隔数百年，但云南省物产、民族明显多于广西，也是客观的事实。道光年间吴其濬完成的《植物名实图考》，记云南植物已达390多种。万历《云南通志》"物产"分为25属，《云南古代物产大系》依万历《云南通志》分类，而详于万历《云南通志》若干倍，云南古代真可谓物产富饶。第二，种类全。云南地形复杂，海拔高度变化大，"一山分四季，十里不同天"。立体气候决定了物产的立体分布，一省汇聚了寒带、温带、热带的物产，从古代的物产名录中，人们可以体察到早已存在的"植物王国"、"动物王国"、"有色金属王国"、"天然大花园"的面目。第三，民族特点突出。云南民族种类是全国最多的，各民族的先民披荆斩棘创造了各具特色的物质文化和非物质文化遗产。一些民族形成了自己的民族医药，如藏医、彝医、苗医、壮医、傣医等，他们不但有自己的诊病治病的体系，也有自己用药的特点。假如把民族医药进行统计，其数量将会令我们吃惊。第四，名产多。经过各族先民千百年的精选、创造、改进和积累，云南历史上各种物产之最比比皆是。"滇马"的名声延续了几千年，汉晋时期的"滇池驹"被誉为神马，南诏的"越睒骏"以精细喂养著称，宋代"大理马"行销内地。在昆明圆通山动物园里，大家会看到大象、野牛、鹿、麂、长臂猿、滇金丝猴、孔雀、犀鸟、白鹇等一批滇产珍稀动物。国家重点保护植物如珙桐、银杏、刺桐、秃杉、桫椤等都是植物中的活化石。作为山珍的各种菌类，尤以鸡枞、松茸最著名。药材如冬虫夏草、三七、天麻，还有滇白芷、滇紫草、云茯苓、云木香等名贵药材和地道药材，名扬海内外。器物如"云子"（永昌围棋子）、精心锻打的"蛮刀"、"火浣布"等，堪称绝品。这些名特产品，有的过去的名称和现在不一样，应加考证落实；由于时代条件限制，有的藏在深山，未能进入文人学者的视野，我们不能以未见记载而排斥在古代物产之外。第五，开发潜力大。云南古代物产中以野生的动物、植物及矿种比例最大，保护、研究迫在眉睫。在此基础上确定一批适于开发的方向，如药材的养殖，花卉、果木的驯化、推广，绝品器物的研制、开发，民族菜系的形成、宣传，都会很有前景。嘉靖《大理府志》记载了明代大理的小吃 30 种，有乳扇、蜜煎、蓬饵、米缆、饧枝、索粉、赤豆粥、莲煎、螺弹、粉荔、松花饼、香笋、钩藤酒、粗蒻、糙饼、红花油、核桃油等，每种记录了原料及制法，既有特色，又便操作，可供打造白族系列小吃参考。云南物产的这些特点是在漫长历史时期形成的传统优势，认识这些特点，吃透资源优势，才会成为科学发展经济的依据。

《云南古代物产大系》是一项宏大的基础工程。其时间跨度之长，所据文献之多，资料之丰富，内容之广博，皆超迈前人，是迄今规模最大的一部云南古代物产志。《云南古代物产大系》也是一项精心设计、口径宽广的服务工程。该书彰显了历史文献学的优势和潜力，内容涉及植物学、动物学、地质学、生态学、医药学、历史地理学、经济史、民族史、社会文化史等诸多领域，为各学科提供服务，也可为社会各行各业开发名特产品、工艺品、食品等提供借鉴。《云南古代物产大系》还是一部方便使用的工具书，分类清晰，检索方便。不同时代有关某一物产的资料汇集在一起，便于判断其资料的承袭或物产的变化，也便于对照和判断是否同物异名。过去，人们把动物、植物、矿物、生理等学科综称为博物学，后来这种情况已难以适应科学的发展。《云南古代物产大系》为云南古代物产的研究打下了坚实的基础，并推动其他相关学科的发展。但它涉及的学科太多太广，云南古代物产研究的深入发展，还要俟诸自然科学和人文科学众多学科的学者齐头并进，通力合作。

（原载《云南文史》2010 年第 4 期）

# 三国蜀汉庲降都督政区表

  《三国志》为晋人陈寿撰，共 65 卷，计《魏书》30 卷，《蜀书》15 卷，《吴书》20 卷。为《三国志》作注者，以南朝刘宋时裴松之的注最有价值。裴注主要是增补史实，注文总数超出正文三倍，引用魏晋人的著作达二百余种，且这些书现已大部分失传，其史料价值并不亚于《三国志》。《三国志》无地理志，清代人为之补志者不少。吴增仅《三国郡县表》（杨守敬曾作补正）、洪亮吉《补三国疆域志》、谢钟英《三国疆域表》等，可大致了解三国时期的设治情况，但县名及隶属关系间有错乱。

  三国时，西南地区通称南中，为蜀汉辖境。蜀汉设庲降都督统一进行管理，加强了对西南边疆的开发和控制。庲降都督的辖区，包有今云南、贵州及四川西南部大渡河以南地区。反映蜀汉设置郡县的资料，大体有三类：一、散见于《三国志·蜀书》各传、注的直接记录，应是主要依据；二、唐代以前的重要地学著作，《华阳国志》、《宋书·州郡志》、《水经注》等，距三国不远，亦多追叙蜀汉在南中的郡县设置情况，殊为难得，应尽量采用；三、从《续汉书·郡国志》和《晋书·地理志》对比分析前后朝情况，也可看出三国郡县的沿革增损。今综合以上资料，并参考唐宋以后的记录及近人研究成果，重辑《三国蜀汉庲降都督政区表》，补《三国志》之缺。为便于阅读，注出今地位置，古今对照。年号后括注公元。

## 建宁郡　治味县　领十七县

**味县**（今云南曲靖市麒麟区三岔）

  《三国志·蜀书·马忠传》："（建兴）十一年（233 年）南夷豪帅刘胄

反，扰乱诸郡。征庲降都督张翼还，以忠代翼。忠遂斩胄，平南土。加忠监军奋威将军，封博阳亭侯。初，建宁郡杀太守正昂，缚太守张裔于吴，故都督常驻平夷县。至忠，乃移治味县，处民夷之间。"

《华阳国志·南中志》："蜀建兴三年（225 年），丞相亮之南征，以郡民李恢为太守，改曰建宁，治味县。"

**存䣕**（今云南宣威市境）

《华阳国志·南中志》："存䣕县：雍闿反，结垒于县山，系马柳柱生成林，今夷言无雍梁，言马也。"

《寰宇记》："武侯南征置存䣕戍，后改为县。"

**毋单**（今云南宜良县南境禄丰村附近）

《水经·温水注》："温水又东南迳牂柯之毋单县，建兴中，刘禅割属建宁郡。"

**昆泽**（今云南宜良县北古城附近）

前后朝《续汉志》、《晋志》皆有。无省并记录。

**同濑**（今云南马龙县境）

前后朝《续汉志》、《晋志》皆有。无省并记录。

**牧麻**（今云南寻甸县境）

前后朝《续汉志》、《晋志》皆有。无省并记录。

**谷昌**（今云南昆明市东十余里）

前后朝《续汉志》、《晋志》皆有。无省并记录。

**连然**（今云南安宁市）

前后朝《续汉志》、《晋志》皆有。无省并记录。

**秦臧**（今云南禄丰县东北碧城镇）

前后朝《续汉志》、《晋志》皆有。无省并记录。

**双柏**（今云南双柏县境）

《三国志·蜀书·杨戏传》载《季汉辅臣传》注：何双"为双柏长"。

**俞元**（今云南澄江县旧城）

《三国志·蜀书·李恢传》："李恢字德昂，建宁俞元人也。"

**修云**（今云南弥勒市新哨附近）

《宋志》："晋武帝咸宁元年（275 年）分建宁郡修云、俞元二县间流民复立律高县。"

**同并**（今云南弥勒市附近）

《宋志》："汉旧县，前汉作同竝，属牂柯，晋武帝咸宁五年（279年）省，哀帝复立。"

**滇池**（今云南晋宁县晋城镇）

前后朝《续汉志》、《晋志》皆有。无省并记录。

**建伶**（今云南晋宁县昆阳坝子西缘）

《三国志·蜀书·李恢传》：李恢"姑父爨习为建伶令"。

**胜休**（今云南江川县星云湖北岸龙街）

《宋志》："腾休长：何志，故属建宁，晋武帝从兴古治之，遂以属焉。"

**同劳**（今云南陆良县西部）

两汉有同劳。《宋志》同乐下注："晋武帝立。"则在晋初新设同乐前，蜀汉时应继东汉有同劳。


# 朱提郡　治朱提　领五县


**朱提**（今云南昭通坝子）

《水经·若水注》："建安二十年（215年）立朱提郡，郡治县故城。"

**南昌**（今云南镇雄县境）

《三国志·蜀书·杨戏传》："蜀既定，为犍为属国都尉，因易郡名为朱提太守，选为安远将军、庲降都督，住南昌县。"

**南广**（今云南盐津县附近）

《水经·江水注》："南广县，故犍为之属县也……刘禅延熙中（238—257年）分以为郡。"南广曾一度置郡，不久复为县。

**汉阳**（今贵州威宁县东部三岔河北岸）

《三国志·蜀书·费诗传》："建兴三年随诸葛亮南行，归至汉阳县。"该《传》录诸葛亮与孟达书亦说："适与李鸿会于汉阳。"

**堂琅**（今云南巧家县东的老店子）

《方舆纪要》："后汉省，蜀汉复立。"

# 牂柯郡　治且兰　领七县

**且兰**（今贵州福泉市东、黄平县西的重安江畔）

前后朝《续汉志》、《晋志》皆有。无省并记录。

**平夷**（今贵州毕节市七星关区）

《三国志·蜀书·李恢传》："遂以恢为庲降都督，使持节领交州刺史，住平夷县。"

**鳖县**（今贵州遵义市区西）

前后朝《续汉志》、《晋志》皆有。无省并记录。

**毋敛**（今贵州独山县附近），

前后朝《续汉志》、《晋志》皆有。无省并记录。

**夜郎**（今贵州关岭县永宁）

《三国志·蜀书·谯周传》："霍弋以强卒镇夜郎。"

**谈指**（今贵州贞丰县北部者相）

前后朝《续汉志》、《晋志》皆有。无省并记录。

**广谈**（今贵州平坝县境）

两汉无，《晋志》无，但《太康三年地记》有："广谈县，属牂柯郡。"晋初当承蜀制。吴增仅《三国郡县表》认为："疑是蜀建兴初立"，可从。清镇发现的汉墓，说明在那里的设治至迟不得晚于蜀汉。

# 兴古郡　治宛温　领十县

**宛温**（今云南砚山县北部小维摩）

《水经·温水注》："刘禅建兴三年分牂柯置兴古郡，治宛温县。"

**镡封**（今云南砚山县平远街附近）

前后朝《续汉志》、《晋志》皆有。无省并记录。

**句町**（今云南广南县境）

《华阳国志·南中志》句町县："故句町王国名也，其置自濮，王姓毋，汉时受封迄今。"

**汉兴**（今贵州兴义市东境）

《三国志·蜀书·李恢传》："南土平定，恢军功居多，封汉兴亭侯。"洪亮吉《东晋疆域志》："汉兴，沈《志》疑蜀汉所立。"吴增仅《三国郡县表》："县名汉兴，当非晋立，二汉无，疑蜀汉时置。"

**漏卧**（今云南罗平县境）

前后朝《续汉志》、《晋志》皆有。无省并记录。

**西丰**（今云南华宁县附近）

《宋志》："毋棳令，汉旧县，属益州郡。《晋太康地志》属兴古。刘氏改曰西丰。晋武帝太始五年（269 年）复为毋棳。"

**贲古**（今云南蒙自市新安所）

前后朝《续汉志》、《晋志》皆有。无省并记录。

**进乘**（今云南屏边县境）

《三国志·魏书·陈留王纪》："遣都尉唐谱等诣进乘县。"

**西随**（今云南金平县境）

《宋志》："西隋令，汉旧县，属牂柯。《晋太康地志》属兴古，并作随。"

**梁水**（今云南开远市附近）

《水经·温水注》："是以刘禅分兴古之盘南，置郡于梁水县也。"


# 越巂郡　治邛都　领十二县


**邛都**（今四川西昌市东南，邛海北岸）

《三国志·蜀书·张嶷传》："除嶷为越巂太守。""始嶷以郡郛宇颓坏，更筑小坞。在官三年，徙还故郡，缮治城郭，夷种男女莫不致力。"

**安上**（今四川屏山县锦屏镇）

《三国志·蜀书·张嶷传》："太守不敢之郡，只住安上县，去郡八百余里。"

**新道**（今四川屏山县新市镇附近）

《三国志·蜀书·李严传》："越嶲夷率高定遣军围新道县，严驰往赴救，贼皆破走。"

**潜街**（今四川雷波县龙湖南岸）

《华阳国志·蜀志》："潜街县，汉末置，晋初省。"

**马湖**（今四川雷波县境）

《华阳国志·蜀志》："马湖县，水通僰道入江，晋初省。"

**卑水**（今四川美姑、昭觉间）

《三国志·蜀书·张嶷传》："定筰、台登、卑水三县，去郡三百余里，旧出盐、铁及漆，而夷徼久自固食。嶷率所领夺取，署长史焉。"

**台登**（今四川冕宁县南部的泸沽）

《三国志·蜀书·张嶷传》所载同上。

**定筰**（今四川盐源县）

《三国志·蜀书·张嶷传》："嶷之到定筰……嶷杀牛飨宴，重申恩信，遂获盐铁，器用周赡。"

**苏祁**（今四川西昌市北的礼州）

《三国志·蜀书·张嶷传》："苏祁邑君冬逢，逢第隗渠等，已降复反。嶷诛逢。"

**会无**（今四川会理县城西五里）

前后朝《续汉志》、《晋志》皆有。无省并记录。

**阐县**（今四川越西县东北二十里）

《晋志》无，《宋志》载："《晋太康地志》无。"《华阳国志·南中志》："阐县，故邛人邑，（治）邛都，接寒关，今省。""今省"系指晋代省，故蜀汉应有此县。"寒关"疑为"灵关"之讹。

**三缝**（今云南元谋县金沙江北岸的姜驿）

《续汉志》作"三绛"，《华阳国志·蜀志》作"三缝"。《大清一统志》："晋省，今会理州东南。"

# 云南郡　治楪栋　领七县

**楪栋**（今云南姚安县北十余里旧城）

《旧唐书·地理志》："蜀刘氏……又分永昌、建宁置云南郡，而治于弄栋。"《太平寰宇记》："蜀刘氏分永昌、建宁为云南郡，而治于楪栋川。"

**云南**（今云南祥云县云南驿）

《蛮书》卷6云南城："诸葛亮分永昌东北置云南郡，斯即其故地也。"

**青蛉**（今云南大姚县）

前后朝《续汉志》、《晋志》皆有。无省并记录。

**姑复**（今云南永胜县东北部）

前后朝《续汉志》、《晋志》皆有。无省并记录。

**遂久**（今云南丽江市玉龙县附近）

前后朝《续汉志》、《晋志》皆有。无省并记录。

**楪榆**（今云南大理市喜洲）

前后朝《续汉志》、《晋志》皆有。无省并记录。

**邪龙**（今云南巍山坝子）

《水经·楪榆河注》："……又东南迳永昌邪龙县，县以建兴三年刘禅分隶云南，于不韦县为东北。"

# 永昌郡　治不韦　领八县

**不韦**（今云南保山市隆阳区南的汉庄城址）

《三国志·蜀书·吕凯传》：吕凯"永昌不韦人也"。

**嶲唐**（今云南云龙县西的漕涧）

前后朝《续汉志》、《晋志》皆有。无省并记录。

**博南**（今云南永平县花桥）

前后朝《续汉志》、《晋志》皆有。无省并记录。

**比苏**（今云南云龙县境）

前后朝《续汉志》、《晋志》皆有。无省并记录。

**哀牢**（今云南盈江县境）

前后朝《续汉志》、《晋志》皆有。无省并记录。

**永寿**（今云南耿马县境）

《晋志》、《华阳国志·南中志》有。吴增仅《三国郡县表》认为，"疑诸葛亮南征时置"，可从。

**南涪**（今云南景洪市境）

《晋志》、《华阳国志·南中志》有。吴增仅《三国郡县表》认为，"疑诸葛亮南征时置"，可从。

**雍乡**（位置无考）

《晋志》、《华阳国志·南中志》有。吴增仅《三国郡县表》认为，"疑诸葛亮南征时置"，可从。

（原载《地名集刊》1982 年第 1 期）

# 西南边疆史地札记

## 《资治通鉴》的系年

历史的发展变化，都会随着时间的推移而逐渐显现出来。任何一个历史人物的活动和历史事件的演变，都可以在时间的长河中找出其轨迹。因此，编年体史书一直受到史家重视。孔子修《春秋》，开了编年体史书的先河。在《史记》开创的纪传体史书中，也有一类为年表，本纪也基本是按系年编写。司马光的《资治通鉴》成了编年体史书的范本。1958年三联书店出版齐思和、刘启戈、聂崇岐、翦伯赞合编的《中外历史年表》，可算编年体史书的缩写本，可以成为案头必备的工具书，方便使用。

然而，编年体史书的制作并非易事。假如我们依据的原始资料有明确的时间记录还好办，有些资料形成时就缺乏时间记录。一般人由于缺乏史学训练，他们的作品总想抹掉一些"枯燥的"时间罗列，追求文采和章法，却给后世留下了更多的省略号，从而降低了这些作品的史料价值。司马光编修《资治通鉴》就接触到了大量这类资料。《资治通鉴》所根据的原始资料有两大类，一类为时间比较明确的资料（特别是档案资料），这与该书的编纂口径是一致的；另一类则只能把一些重要资料归并到相应的时间内，为此却碰到了系年的难题。

例一：沈约《宋书·武帝纪》对刘裕的生活有一段综合评述："上清简寡欲，严整有法度，未尝视珠玉舆马之饰，后庭无纨绮丝竹之音。宁州尝献虎魄枕，光色甚丽。时将北征，以虎魄治金创，上大悦，命捣碎分付诸将。"后来，李延寿《南史·宋武帝本纪》保留了以下一段话："宁州尝献虎魄，光色甚丽，价盈百金。时将北伐，以虎魄疗金创，上大悦，命碎分赐诸将。"《资治通鉴》将该文进行了重要调整，在永初三年（422年）刘裕死后综合评述："帝清简寡欲，严整有法度，被服居处，俭于布素，游宴甚稀，嫔御至少。"另把"宁州献琥珀枕"一段系于义熙十二年（416年）八月刘裕北征前夕，谓："宁州献琥珀枕于太尉裕。裕以琥珀治金创，得之大喜，命碎捣分赐北征将士。"司马光巧于寻觅时间的坐标，经过这一裁剪，宁州献琥珀枕的时间明晰了，刘裕当时的身份清楚了，宁州与东晋王朝的关系跃然纸上，再不会被误解为南朝刘宋初期的事件。

例二：《隋书·梁睿传》详细记载了南宁州的情况，皆录自梁睿上疏的内容，但此重要文件写成的时间诸书缺载。文中有"伏惟大丞相匡赞圣朝"，"幸因平蜀士众，不烦重兴师旅，押僚既讫，即请略定南宁"，"伐陈之日，复是一机"等语，可以断定梁睿上疏的时间在出兵平王谦以后至隋伐陈之前。《资治通鉴》卷174记载了梁睿平蜀的梗概：陈太建十二年（周大象二年，公元580年）六月"以柱国梁睿为益州总管"，八月"周益州总管王谦亦不附丞相坚，起巴蜀之兵以攻始州，梁睿至汉川不得进。坚即以睿为行军元帅，以讨谦"。十月"周梁睿将步骑二十万讨王谦。谦分命诸将据险拒守，睿奋击，屡破之，蜀人大骇"。"睿自剑阁入，进逼成都"，"睿斩谦"，"剑南平"。又据《资治通鉴》卷175，开皇元年（581年）隋已代周，九月"以越王秀为益州总管，改封蜀王"。则梁睿上疏当在平王谦以后，杨坚代周以前，即大象二年（580年）冬天。梁睿第二次上疏的时间亦缺载，然参酌《隋书·韦冲传》、《新唐书·南蛮传》、《元和郡县图志》等书，可知开皇四年（584年）韦冲为南宁州总管并柱国王长述带兵至南宁，他们的南征当与梁睿上疏有关，则第二次上疏不晚于开皇四年。司马光巧于编织时间的网络，让梁睿上疏等一些重要问题得以落实其所发生的时段。

例三：《资治通鉴》系蜀王秀被征还长安事于仁寿二年（602年）七月，是根据《隋书·庶人秀传》所述"仁寿二年征还京师"确定。借此把杨秀的事迹集中追述，但追叙各事则省略了时间。如"大将军刘哙之讨西爨也，帝令上开府仪同三司杨武通将兵继进"事，亦应录自《隋书·庶人秀传》，而《隋书》、《北史》等此事皆未记年，《通鉴》亦付缺如。胡三省注："此必爨翫再反时"，则系于开皇十八年（598 年）。时人多依胡三省考订的时间。但据《隋书·杨武通传》，由于杨武通讨西南夷，"朝廷以其有威名"，时党项羌累为边患，又调他"历岷、兰二州总管以镇之"。党项羌反是在开皇十六年（596 年），则刘哙之、杨武通讨西爨的时间只能在开皇十六年以前，即史万岁南征之前，而不是在史万岁南征之后。司马光对时间的判断十分谨慎，值得后之治史者效学。

例四：《资治通鉴》卷 178 载：开皇"十七年（597 年）春二月癸未，太平公史万岁击南宁羌，平之"。开皇十八年（598 年）末又载："南宁夷爨翫复反，蜀王秀奏史万岁受赂纵贼，致生边患。上责万岁，万岁抵谰……于是除名为民。"其第一个时间是据《隋书·高祖本纪》，《北史·隋本纪》亦同。有关内容是将《隋书·梁睿传》及《隋书·史万岁传》剪裁糅合而成。但《隋书·史万岁传》仅载"明年，爨翫复反"，月份不明，《资治通鉴》将此事附于该年末尾，是因为只能判断年份而不详月份，其他年份也有类似的处理办法。《中外历史年表》疏于判断，在开皇十八年写了一条："十二月，南宁夷帅爨翫复抗命。"仅知开皇十八年（598年）爨翫复反，"十二月"实为画蛇添足。

《资治通鉴》的系年，资料都有所据；该书有关系年的原则，执行也很严格。《资治通鉴》不愧为我国古代编年体史书的典范，唯后世效学及应用者，宜当谨慎处理。

# 西晋宁州置废时间索解

西晋宁州设置的时期，诸书所载不同。《晋书·地理志》总叙说："晋武帝太康元年……别立梁、秦、宁、平四州。"但与该志秦州、平州条对照，秦、平二州之设皆不在太康元年。据刘琳《华阳国志校注》，梁州应置于景元四年（263 年）。足证总叙之说有误。泰始七年（271 年）之说见于《晋书·本纪》、《晋书·地理志》益州和宁州条，并见《宋书·州郡志》。《晋书·武帝纪》载：泰始七年八月，"分益州之南中四郡置宁州，曲赦四郡殊死以下"。《资治通鉴》卷 79 载："分益州南中四郡置宁州。"

胡三省注："宁州以建宁郡名州，统建宁、兴古、云南、永昌四郡。"《通鉴》将此条系于泰始七年八月，应源自《晋书·武帝纪》。但《华阳国志·南中志》载："泰始六年，以益州大，分南中四郡为宁州，（鲜于）婴为刺史。"《华阳国志·大同志》亦载："（泰始）六年，分益州南中建宁、云南、永昌、兴古四郡为宁州。"泰始六年（270年）似为开始提出此事的时间，以后于泰始七年（271年）八月正式颁诏实行，两个时间概括了这一政区设治形成的过程。

西晋后来又罢宁州，改置南夷校尉。但有关置废时间的记载，诸书所载也不同。《华阳国志·大同志》载："（太康）五年罢宁州，诸郡还益州，置南夷校尉，持节如西夷。"《华阳国志·南中志》又载："太康三年罢宁州，置南夷。"《资治通鉴》卷81系此事于太康五年，谓："罢宁州入益州，置南夷校尉以护之。"《通鉴考异》专门说明："《地理志》太康三年废宁州，置南夷校尉。今从《华阳国志》。"任乃强、刘琳皆认为今本《华阳国志·南中志》有误，"则是宋刻误作三，原本固作五年也"。这样就统一了《华阳国志》内部不该有的矛盾。有人说，《晋书·武帝纪》谓罢宁州在太康三年，那是误解了原文。该《纪》说：太康三年"秋七月，罢平州、宁州刺史三年一入奏事"。这并不是罢宁州，恰巧证明此时宁州还存在。《晋书·地理志》载："太康三年，武帝又废宁州入益州，立南夷校尉以护之。"《宋书·州郡志》亦载：宁州，"太康三年省，立南夷校尉"。这是司马光修《资治通鉴》时就已发现的问题，但是他从太康五年说的依据没有说明。《晋书·地理志》和《宋书·州郡志》是否有错，洪亮吉《东晋疆域志》也提出疑问说："按《晋书·武帝纪》止云太康三年八月罢平州、宁州刺史三年一入奏事，而不云废宁州，疑沈《志》有误，《晋志》则又承其误也。"

应该说，《华阳国志》与《晋书》的资料来源不同，一般说，《华阳国志》一类多利用地方文献，《晋书》则大量取材于国家档册。政区设治是国家的行政措施，当然要根据官方文件。但是，在一个幅员辽阔的国家，古代交通条件又极为落后，诏令和文件的传达虽有各种保障措施，往往也需要不少时日。假如遇到战乱等政治因素或自然灾害，稽迟行程更不堪设想。光熙元年（306年）宁州刺史李毅死，其子李钊从洛阳回南中奔丧，据《华阳国志·南中志》，"首尾三年，钊乃得达丁丧"。王逊被朝廷任命为宁州刺史，他在沿途的条件比一般人好得多，但《晋书·王逊传》说他"道遇寇贼，逾年乃至"，《华阳国志·南中志》更说得具体："自永嘉元年（307年）受除，四年（310年）乃至。"《晋书·地理志》所载应是封建中央下诏的时间，《华阳国志》所载可能是当地具体执行的时间。也就是说，太康三年（282年）中央作出决定，罢宁州，改置南夷校尉；太康五年（284年）在当地才获得执行，正式改置南夷校尉。两个年代反映了这一政区设置变更实现的过程。

　　复置宁州的时间，记载也有歧异。《晋书·地理志》载："太安二年，惠帝复置宁州。"《宋书·州郡志》亦载：宁州，"惠帝太安二年复立，增牂柯、越巂、朱提三郡"。然而，《资治通鉴》卷84太安元年载："冬十一月，丙戌，复置宁州，以（李）毅为刺史。"《华阳国志·南中志》记载更详："部永昌从事江阳孙辨上南中形势：'七郡斗绝，晋弱夷强，加其土人屈塞，应复宁州，以相镇慰。'冬十一月丙戌，诏书复置宁州，增统牂柯、益州、朱提，合七郡。以毅为刺史，加龙骧将军，进封成都县侯。"其实，以上所载并不矛盾。太安元年（302年）冬十一月，为下诏颁行时间，第二年为具体执行时间。太安二年（303年）正式恢复了宁州。

# 堂狼之战与王逊之死

　　跨东西两晋之间，成汉势力在四川发展，以成都为中心，逐渐往南触及越巂郡和朱提郡，宁州土著多次出现率众北投的情况。随着双方力量的消长，军事上的正面冲突逐步升级，终于发生了一次决战。对此，《晋书·王逊传》有较详的记载：

　　　　先是，越巂太守李钊为李雄所执，自蜀逃归，逊复以钊为越巂太守。李雄遣李骧、任回攻钊，钊自南秦与汉嘉太守王载共距之，战于温水，钊败绩，载遂以二郡附雄。后骧等又渡泸水寇宁州，逊使将军姚崇、爨琛距之，战于堂狼，大破骧等，崇追至泸水，透水死者千余人，崇以道远不敢渡水。逊以崇不穷追也，怒囚群帅，执崇鞭之，怒甚，发上冲冠，冠为之裂，夜中卒。

《晋书·李雄载记》亦载：

遣李骧征越巂，太守李钊降。骧进军由小会（无）攻宁州刺史王逊，逊使其将姚岳悉众距战。骧军不利，又遇霖雨，骧引军还，争济泸水，士众多死。

《水经·若水注》亦载：

晋明帝太宁二年，李骧等侵越巂，攻台登县，宁州刺史王逊遣将军姚岳击之，战于堂琅。骧军大败，兵追之，至泸水，赴水死者千余人。逊以岳等不穷追，怒甚，发上冲冠，恰裂而卒。

综合以上记载，可以弄清这两次战役的过程。一次是温水之战。《华阳国志·蜀志》载：邛都县"有温泉穴，冬夏常热，其源可汤鸡豚，下流澡洗治疾病"。《水经·若水注》载："又有温水，冬夏常热，其源可熵鸡豚，下汤沐洗，能治宿疾。昔李骧败李钊于温水是也。"此温水在今四川西昌市北的礼州，台登在今四川冕宁县南的泸沽，他们控扼开阔的安宁河谷的北缘，南下即为郡治邛都县，战略地位重要。李骧军北来，攻台登县，在台登以南的温水交战，李钊大败，安宁河谷难保，越巂郡遂为成汉所有。另一次是堂狼之战。《华阳国志·蜀志》载："三缝县，一曰小会无，音三播。道通宁州，渡泸得蜻蛉县。"此小会无在今云南元谋县金沙江以北的姜驿。李骧军继续南下，在小会无渡过金沙江。以后，李骧似率军沿江东下，直至堂狼。这一带山险水急，气候恶劣，行军困难，《水经·若水注》在叙述这次战役前浓墨重彩地描写这里的环境，不是没有道理的。"西北行上高山，羊肠绳屈八十余里，或攀木而升，或绳索相牵而上，缘陟者若将阶天。""三蜀之人及南中诸郡，以为至险。""有泸津，东去县八十里，水广六七百步，深十数丈，多瘴气，鲜有行者。"李骧军陷入这样的地方，又遇连绵大雨，"天时地利"都变成了威胁，堂狼一仗大败，匆匆撤军，损失惨重。"戎兵争济，溺死者千余人。"堂狼，诸书又作"堂琅"、"螳蜋"、"堂螂"、"螗蜋"，在今云南巧家县东的老店子。泸津是金沙江上的一处渡口，在今巧家县城附近。堂狼之战相对稳定了形势，以后十年双方倚江对峙，成汉未再南下，姚岳等是有功的。但是，"专杖威刑，鞭挞殊俗"的王逊却深感不足，责以"岳等不穷追"，把一群军官关起来，又用鞭子抽打主将姚岳。过火的做法也戕害了他自己，王逊在盛怒之下，"发上冲冠，冠为之裂，夜中卒"，突发脑溢血，当夜猝死。

这两次战役的时间，诸书说法不一。王逊的死年又多模糊，间有记载亦不可靠。《华阳国志·李特雄期寿势志》说："（大兴）二年，骧伐越巂，又分伐朱提。三年，获太守、西夷校尉李钊。夏，进伐宁州，大败于螳蜋，还。"《华阳国志·南中志》又说："雄遣叔父骧破越巂，伐宁州。逊使督护云南姚岳距骧于堂螂县，违逊指授，虽大破之，骧不获。大兴四年，逊发病薨。"大兴三年（320年）夏天伐宁州，战于堂狼，何得第二年才发病死？堂狼之战，王逊盛怒，发脑溢血猝死，这几件事是紧接着、互为因果、连环引发的，不可能迁延两年。又，《宋书·五行志》载："晋元帝永昌元年，宁州刺史王逊遣子澄入质，将渝、濮杂夷数百人。"证明永昌元年（322年）王逊犹在，不可能死于大兴年间。据《晋书·明帝纪》载：太宁元年春正月，"李雄使其将李骧、任回寇台登，将军司马玖死之，越巂太守李钊、汉嘉太守王载以郡叛降于骧"。五月，"李骧等寇宁州，刺史王逊遣将姚岳距战于堂狼，大破之"。《资治通鉴》从之，亦系此数事于太宁元年。至于《水经·若水注》太宁二年之说，杨守敬早有订正。《水经注疏》说："守敬按：《王逊传》不载卒年，然云自永嘉四年，在州十四年。则亦太宁元年也。《华阳国志》谓逊卒于大兴四年。误。""朱（谋㙔本）作二年，戴（震本）、赵（一清本）同。守敬按：《晋书·明帝纪》事在太宁元年五月，《通鉴》系于是年同。汤球辑《十六国春秋》系于成玉衡十三年，亦晋太宁元年也，则'二'为'元'之误无疑，今订。"杨守敬的《水经注疏》已将《若水注》该段的原文"太宁二年"改正为"太宁元年"。对于姚岳，杨氏又说："守敬按：赵（一清）引

《逊传》作姚崇表异同，其实'崇'字误也。《明帝纪》及《李雄载记》并作'姚岳'，《十六国春秋》、《通鉴》并作'姚嶽'，'嶽'、'岳'同。又《明帝纪》言遣将姚岳，《李雄载记》同，将下无'军'字，证以《成帝纪》尚称禆将姚岳，则岳非将军，审矣，此'军'字衍，《通鉴》亦衍。"杨守敬考证精详，极富识见，见段熙仲、陈桥驿点校本《水经注疏》（江苏古籍出版社1989年版）。

太宁元年（323年）发生了成汉大举进攻宁州的战争过程，正月有温水之战，成汉获胜；五月有堂狼之战，成汉受挫，王逊也应死于这一年。从永嘉四年（310年）王逊到宁州刺史任上至此，恰与《晋书·王逊传》所载"逊在州十四年"合。太宁元年（323年）是东晋宁州与成汉力量对比变化的时间坐标。

## 蒙山地望考

《南齐书·刘悛传》载：

> 永明八年（490年）悛启世祖曰："南广郡界蒙山下，有城名蒙城，可二顷地，有烧炉四所，高一丈，广一丈五尺。从蒙城渡水南百许步，平地掘土深二尺得铜；又有古掘铜坑，深二丈，并居宅处犹存。邓通，南安人，汉文帝赐严道县铜山铸钱。今蒙山近青衣水南，青衣左侧并是故秦之严道地，青衣县又改名汉嘉，且蒙山去南安二百里，按此必是通所铸。近唤蒙山僚出云：甚可经略，此议若开，润利无极。并献蒙山铜一片，又铜石一片，平州铁刀一口。"上从之，遣使入蜀铸钱，得千余万，功费多，乃止。悛仍代始兴王鉴为持节监益宁二州诸军事、益州刺史、将军如故。

这段资料既涉及西汉，又涉及南齐，具有重要的史料价值，学界多有征引。然而其地望却出了问题。开始说"南广郡界蒙山下，有城名蒙城"，蒙城在南广郡似乎无疑了。有人说："南广郡界蒙山下的蒙城当即朱提郡城（今昭通市昭阳区）。刘悛为益州刺史监益、宁二州诸军事，在朱提郡内开铜矿铸钱，因而深入控制了朱提郡。"或谓这应是汉晋时朱提冶铜旧迹，"'蒙城'即今昭通，昭通后世犹称乌蒙"。有人强调：因为昭通地区铜矿的开采和冶炼规模很大，所以刘悛作为一个重要情况向朝廷报告，以便引起皇帝的重视。

引用者的一个共同方法，即把以下一段话省去了：

> 邓通，南安人，汉文帝赐严道县铜山铸钱。今蒙山近青衣水南，青衣左侧并是故秦之严道地，青衣县又改名汉嘉，且蒙山去南安二百里，按此必是通所铸。

邓通因铸钱致富，人们都很熟悉。《史记·邓通传》载：汉文帝"赐邓通蜀严道铜山，得自铸钱，'邓氏钱'布天下，其富如此"。《史记·平准书》亦载："邓通，大夫也，以铸钱财过王者。"《史记正义》解释说："《括地志》云：'雅州荣（荥）经县北三里有铜山，即邓通得赐铜山铸钱者。'按，荣（荥）经即严道。"征诸史籍，未闻邓通铸钱处在南广。

蒙山的位置在何处，《南齐书·刘悛传》已提供了相关条件。《元和郡县图志》卷32谓："严道县本秦旧县。"秦置严道之说是可信的，直到西晋仍有严道县，见《晋书·地理志》。严道县在今四川荥经县。青衣县的设置也很早。据《汉书·彭越传》，汉高祖十一年免彭越为庶人，"徙蜀青衣"。颜师古注引文颖曰："青衣，县名。"证明汉初已有青衣县。青衣故城在今四川芦山县治。刘悛"青衣县又改名汉嘉"之说也不错。《宋书·州郡志》载："汉嘉令，前汉青衣县属蜀郡，顺帝阳嘉二年更名，刘氏立为汉嘉郡，晋江右犹为郡，江左省为县。"汉嘉县直到南齐仍存，属晋康郡，见《南齐书·州郡志》，刘悛对于当时的汉嘉应是十分熟悉的，他所汇报的沿革是可信的。

以上各县都涉及一个标志性的地物青衣水。《汉书·地理志》载："严道：邛来山，邛水所出，东入青衣。""青衣：《禹贡》蒙山溪大渡水东南至南安入湔。"《续汉书·郡国志》载："汉嘉：故青衣，阳嘉二年改。有蒙山。"《华阳国志》今本有脱漏，但有关内容曾因其他书引录而保留。《续汉书·郡国志》刘昭注引《华阳国志》曰："有沫水，从邛来出岷江，又从岷山西来入江，合郡下青衣江入大江，土地多山。"《水经·沫水注》引《华阳国志》曰：沫水与青衣江"二水于汉嘉青衣县东合为一川，自下亦谓之青衣水"。渽水、沫水即今大渡河。青衣水曾偶称大渡水，但青衣江之名自古及今相沿未改。该水从芦山县北经雅安市，在今乐山市与大渡河合。著名铜矿所在的蒙山"近青衣水南"，必在川西无疑。《资治通鉴》卷137永明八年（490年）载："是岁，益州行事刘悛上言：蒙山下有严道铜山，旧铸钱处，可以经略。上从之，遣使入蜀铸钱。顷之，以功费多而止。"胡三省注："蒙山在今雅州严道县南十里。此即汉邓通铸钱旧处。"南安在今四川乐山市，此处距南安亦较近，所说可从。

蒙山在蜀西境，竟被误为蜀之南徼，以致张冠李戴，益州的蒙山变成了宁州的蒙山。盖因"南广郡"一名而致方位错乱，隶属关系改变，带来不小的混乱。其致误的原因，疑为后人所加入。唐宋时期，人们对南广郡的范围虽已模糊，但南广之名还在行用，而乌蒙部的名号已经出现，整理者把蒙山、蒙城误认为即乌蒙城，在该条前冠以"南广郡界"四字，遂造成千古迷雾。"南广郡"显系错简，识者慎之。

# 梁陈之际的宁州

《陈书·周敷传》载：

> 周敷字仲远，临川人也。为郡豪族……侯景之乱，乡人周续合徒众以讨贼为名，梁内史始兴王（萧）毅以郡让续，续所部内有欲侵掠于毅，敷拥护之，亲率其党捍卫，送至豫章。时观宁侯萧永、长乐侯萧基、丰城侯萧泰避难流寓，闻敷信义，皆往依之。敷愍其危惧，屈体崇敬，厚加给恤，送之西上。俄而续部下将帅争权，复反，杀续以降周迪。迪素无簿阀，恐失众心，倚敷族望，深求交结。敷未能自固，事迪甚恭，迪大凭仗之，渐有兵

众。迪据临川之工塘，敷镇临川故郡。侯景平，梁元帝授敷使持节、通直散骑常侍、信武将军、宁州刺史，封西丰县侯，邑一千户。

高祖受禅，王琳据有上流，余孝顷与琳党李孝钦等共围周迪，敷大致人马以助于迪。迪擒孝顷等，敷功居多。熊昙朗之杀周文育，据豫章，将兵万余人袭敷，径至城下。敷与战，大败之，追奔五十余里，昙朗单马获免，尽收其军实。昙朗走巴山郡，收合余党，敷因与周迪、黄法𣰏等进兵围昙朗，屠之。王琳平，授散骑常侍、平西将军、豫章太守。是时南江酋帅并顾恋巢窟，私署令长，不受召，朝廷未遑致讨，但羁縻之，唯敷独先入朝。天嘉二年，诣阙，进号安西将军，给鼓吹一部，赐以女乐一部，令还镇豫章。

周迪以敷素出己下，超致显贵，深不平，乃举兵反，遣弟方兴以兵袭敷。敷与战，大破方兴。仍率众从都督吴明彻攻迪，破之，擒其弟方兴并诸渠帅。诏以敷为安西将军、临川太守，余并如故。寻征为使持节、都督南豫北江二州诸军事、镇南将军、南豫州刺史，增邑五百户，常侍、鼓吹如故。

周敷事迹，晚出的《南史·周敷传》所载略同，仍明确"侯景平，梁元帝授敷宁州刺史，封西丰县侯"。周敷的行迹，《资治通鉴》按时间顺序进行了梳理。

陈永定二年（558年）七月：

高州刺史黄法𣰏、吴兴太守沈恪、宁州刺史周敷合兵救周迪。敷自临川故郡断江口，分兵攻余孝顷别城，樊猛等不救而没，刘广德乘流先下，故获全，孝顷等皆弃舟引兵步走，迪追击，尽擒之，送孝顷及李孝钦于建康，归樊猛于王琳。

胡三省注："时盖即临川故郡置宁州，以敷为刺史。"

永定三年（559年）五月：

周文育、周迪、黄法氍共讨余公飏，豫章太守熊昙朗引兵会之，众且万人……文育得迪书，自赍以示昙朗，昙朗杀之于坐而并其众，因据新淦城。昙朗将兵万人袭周敷，敷击破之，昙朗单骑奔巴山。

胡三省注："公飏，孝顷子也。""新淦县，自汉至萧齐属豫章郡，《五代志》属庐陵郡，唐属吉州。"

天嘉元年（560年）三月：

王琳之东下也，帝征南川兵，江州刺史周迪、高州刺史黄法氍率舟师将赴之。熊昙朗据城列舰，塞其中路。迪等与周敷共围之。琳败，昙朗部众离心，迪攻拔其城，虏男女万余口。昙朗走入村中，村民斩之。丁巳，传首建康，尽灭其族。

天嘉三年（562年）闰二月：

帝征江州刺史周迪出镇盆城，又征其子入朝。迪趑且顾望，并不至。其余南江酋帅，私署令长，多不受召。朝廷未暇致讨，但羁縻之。豫章太守周敷独先入朝，进号安西将军，给鼓吹一部，赐以女妓金帛，令还豫章。迪以敷素出己下，深不平之，乃阴与留异相结，遣其弟方兴袭敷。敷与战，破之。

胡三省注："周迪领江州刺史而屯据临川，征之镇盆城，若以江州授之者。""周敷先与周迪分据临川，既破熊昙朗，敷移据豫章。"

同年三月：

丁丑，以安右将军吴明彻为江州刺史，督高州刺史黄法氍、豫章太守周敷，共讨周迪。

天嘉四年（563 年）正月：

> 壬辰，以高州刺史黄法氍为南徐州刺史，临川太守周敷为南豫州刺史。

胡三省注："《五代志》：高凉郡，梁置高州。南豫州，时治宣城。"

参酌《陈书》、《南史》、《通鉴》及胡三省的注，有关宁州的记载是可信的，但此宁州与南中的宁州无涉。以上记录大体概括了从侯景之乱起，梁陈更迭到陈文帝时期江西的情况。侯景之乱平，湘东王萧绎在江陵称帝，是为世祖元皇帝，改元承圣。第二年（承圣二年，553 年），武陵王萧纪败死，西魏陷益州，原设在南中的宁州随即为西魏所据。梁王朝为了表示自己宁州的存在，选择另一处设为宁州是完全可能的，因此就有"侯景平，梁元帝授（周）敷为宁州刺史"的记载。梁陈易代，新立的陈王朝只得承认江西一带的地方势力，"恐其为变，厚慰抚之"，周敷仍为宁州刺史。后来，周迪反，周敷擒其弟方兴，"诏以敷为安西将军、临川太守，余并如故"，则原来的宁州刺史、豫章太守未变。直到天嘉四年（563年）改任南豫州刺史，梁陈之际，周敷任宁州刺史约 10 年。以后的宁州刺史未见记录，但宁州不会延续到陈末，因为记梁陈隋建置沿革的《隋书·地理志》没有涉及。

梁陈之际，州郡析分甚夥，今江西境内同时存在江州、高州、宁州。江州仅辖赣北的寻阳、太原、鄱阳等郡，控制长江咽喉，战略地位重要。《通鉴》胡三省注谓："自南康至豫章之地谓之南川，以南江所经言之也。""迪所部八郡：南康、宜春、安成、庐陵、临川、巴山、豫章、豫宁也。""临川故郡，周敷所屯也。琳遣兵攻迪，并以胁敷。""南江"指今赣江，"南川"统指赣江流域诸郡，但所列诸郡不确。宜春郡为隋时始设，见《隋书·地理志》。《通鉴》又载：太平元年（556 年）十一月，诏分江州四郡置高州，以黄法氍为刺史，镇巴山。"胡三省注："四郡盖临川、安成、豫宁、巴山。以其地在南江之西，负山面水，据高临深，因名高州。"按，据《陈书·周迪传》，梁元帝授迪高州刺史，大概高州的设置与宁州同时。《陈书·世祖本纪》又载，天嘉四年（563 年）罢高州，隶入江州。

高州存在的时间大体与宁州相当。高州辖四郡应该是周迪初任高州刺史时的情况，"迪乃据有临川之地，筑城于工塘"，工塘今作公塘，在抚河东岸，属金溪县。后来，黄法氍为高州刺史，高州仅辖赣西的豫宁、安成、巴山一片，不再包有临川郡。据《通鉴》胡三省注，以临川故郡置宁州。临川郡设于三国吴太平二年（257年），治今临川市西，南朝齐移治于今南城县东南，宁州治在临川故郡设治处，即今临川市西。周敷原屯据临川故郡，后又"移据豫章"，兼豫章太守、临川太守，则当时宁州的实际控制范围为豫章、临川两郡，庐陵、南康两郡可能也属宁州。梁陈之际今江西境内政区和地名的变化具有典型性。江州的辖境大大缩小了，宁州旧名移位甚远，高州更与今广东境内的高州重名。胡三省注引《五代志》"高凉郡，梁置高州"，与此高州无涉。南北朝时期政区与地名的混乱于此可见。

《梁书》、《陈书》皆无地理志。通过周敷事迹，可补梁陈之际设治的遗献，亦不幸中之幸事。

# 唐代南平僚的地望

唐代有南平僚，亦称南平蛮。《新唐书·南蛮传下》载：

> 南平僚，东距智州，南属渝州，西接南州，北涪州，户四千余。多瘴疠。山有毒草、沙虱、蝮蛇。人楼居，梯而上，名为干栏。妇人横布二幅，穿中贯其首，号曰通裙。美发髻，垂于后。竹筒三寸，斜穿其耳，贵者饰以珠珰。俗女多男少，妇人任役。婚法，女先以货求男，贫者无以嫁，则卖为婢。男子左衽，露发，徒跣。其王姓朱氏，号剑荔王。贞观三年，遣使内款，以其地隶渝州。

南平僚的中心区，《新唐书·地理志》渝州南平郡下记载：

> 南平，中下。贞观四年析巴县置南平州，并置南平、清谷、周泉、昆川、和山、白溪、瀛山七县。八年曰霸州。十三年州废，省清谷、周泉、昆川、和山、白溪、瀛山，以南平来属。

《旧唐书·地理志》所载略同，并明确说，"分巴县置，于县南界置南平州"。南平僚的中心区在巴县南界，贞观四年（630年）置南平州，治所在今重庆市巴南区东部的樵坪场。唐代在民族聚居区多"即其部落，列置州县"，州县辖境较小，南平州所辖南平、清谷、周泉、昆川、和山、白溪、瀛山七县大概就是南平僚的七部，准确位置无考。其辖境当包有今重庆市长江南岸的巴南区及南川、綦江的部分地方。这一带有山有溪，有谷有泉，山水错落，环境条件甚佳。南平州应即因南平僚得名，贞观八年（634年）改名霸州，南平州存在的时间不足五年。贞观十三年（639年）降州为南平县，属渝州。天宝元年（742年）又改渝州为南平郡。州县有分合，但"南平"之名未废。考，渝州旧有12 710户，其中南平僚为4 000余户，约20 000人，占渝州总人口的1/3，当时渝州民族人口的比例较高，保留南平僚的族名是有道理的。以后，"南平"之名在这一带仍有幸被长期行用。宋代以渝州南川县铜佛坝置南平军，在今綦江县赶水镇。元代置南平綦江等处长官司于今綦江县。明代有南平关，在今南川市西隅的南平镇。

南平僚分布的范围，《旧唐书·西南诸蛮传》说："南平僚者，东与智州、南与渝州、西与南州、北与涪州接。"《新唐书·南蛮传下》也说："东接智州，南属渝州，西接南州，北涪州。"与南平僚接壤的渝州治今重庆市渝中区，涪州治今重庆市涪陵，南州在今綦江县治北岸，唯智州存在时间甚短，有关资料甚少。《新唐书·地理志》黔中采访使所辖夷州载："义泉，中下，本隶明阳郡。武德二年以信安、义泉、绥阳三县置义州，并置都牢、洋川二县，五年曰智州。贞观四年省都牢。五年，以废邪州之乐安、宜林、芙蓉、瑯川四县隶之，后又领废夷州之绥养。十一年曰牢州，徙治义泉。十六年州废，省绥养、乐安、宜林，以绥阳、义泉、洋川来属，芙蓉、琊川隶播州。"武德二年（619 年）置义州，辖信安、义泉、绥阳、都牢、洋川五县。武德五年（622 年）改名为智州。贞观四年（630 年）省都牢，五年（631 年）增隶乐安、宜林、芙蓉、琊川，后又增绥养，至此共辖九县。贞观十一年（637 年）改名牢州，贞观十六年（642 年）州废。从武德五年（622 年）到贞观十一年（637 年），智州仅存在了 16 年。智州所辖各县，可考者甚少。义泉在今贵州湄潭县治义泉镇。绥阳在今贵州凤冈北部的绥阳镇。琊川在今凤冈县南隅的琊川镇。"琊"同"琊"，见《广韵》。《中华大字典》亦载："琊，余遮切，音耶。"洋川在今贵州正安县南部。芙蓉在今贵州遵义县东北部。据以上资料揆之，新旧《唐书》对南平僚地望的记载皆欠准确，渝州应在其北，智州应在其南，该文应正为"北属渝州，南距智州"。

尚须说明者，《旧唐书·地理志》记载了天宝元年（742 年）黔州都督府领的五十个羁縻州，《新唐书·地理志》亦载隶黔州都督府的"诸蛮州五十一"，其中皆有南平州。这些州"皆羁縻，寄治山谷"，与正州不同。此南平州在今贵州平塘县，与山南西道属于渝州的南平僚无涉。

（原载《云南文史论集（四）》，云南美术出版社 2010 年版）

# 乌蒙山考

　　现代地理学认云南省东北部和贵州省西北部的一片为乌蒙山。该山的主体为金沙江南岸支流横江、牛栏江与珠江上源北盘江、南盘江的分水岭，东北侧为长江支流赤水河和乌江的源头。呈东北—西南走向。东北起于云南省镇雄县和贵州省毕节市境，向西南逶迤经赫章、威宁、昭通、鲁甸、宣威、富源、曲靖、会泽等县市，止于功山河、小江谷地东侧。以近期高原面抬升中相对掀升的断块山地构成高大山地主体，其间局部有高原面残存，并有断陷盆地发育。河谷两侧高原面受河流切割，地势起伏较大。山地高耸于滇东北和黔西北高原，对冬春季节沿四川盆地西缘频频南侵的北来冷气流有显著的阻挡作用，对我国著名的昆明准静止锋的形成有重要影响。山地因此多阴湿天气，自古即称"大漏天"。作为自然地理的划分，范围明确，地域完整，特点突出。但要确定一个全面代表这片山体的名称却碰到了困难。

　　对乌蒙山的解释，现今一般辞书说，"乌蒙"系彝族部名，因附近地区古为乌蒙部所居，故名。乌蒙部在今昭通市昭阳区，又因其部落酋长的名字而得名。《寰宇通志》卷69载："古为斗敌甸，乌蒙乃其酋长之祖名，历代相承皆有其地，宋时有名阿杓者始封为乌蒙王。"《明一统志》卷72亦载："唐时乌蛮仲牟由之裔曰阿统者始迁于窦地甸，至十一世孙乌蒙始强，号乌蒙部。宋时封阿杓为乌蒙王。元初归附，至元间置乌蒙路，隶乌撒乌蒙等处宣慰司。本朝改为乌蒙府。"南诏、大理国时，滇东北、黔西北一片乌蛮诸部错杂，有阿旁部、阿竿路部、卢鹿部、暴蛮部、乌撒部、芒布部等，乌蒙部仅为其中一个部，以乌蒙名部的时间大概始于唐末或宋代。元代设乌撒乌蒙宣慰司。《元史·地理志》载："乌撒者，蛮名也。"

"自昔乌杂蛮居之。今所辖部六，曰乌撒部、阿头部、易溪部、易娘部、乌蒙部、阔畔部。其东西又有芒布、阿晟二部。后乌蛮之裔折怒始强大，尽得其地，因取远祖乌撒为部名。宪宗征大理，累招不降。至元十年始附。"乌撒部在今贵州威宁彝族回族苗族自治县，也因其部酋长的名字而得名。元代的乌撒乌蒙宣慰司，在乌撒路置司，领乌撒路、乌蒙路、东川路、芒部路。东川路即阔畔部，在今会泽县。芒部路在今镇雄县。所辖的易溪部在今威信县，易娘部在今彝良县，阿头部在今贵州赫章。元代乌撒乌蒙宣慰司的范围已大体相当于今滇东北和黔西北，乌撒路的地位比乌蒙路高。经过明清两代行政区划的整合，最终只剩下乌撒府和乌蒙府，但直到清代，乌蒙所指代的范围从未超过今昭通市的辖县。清康熙五年（1666年）乌撒府改置为威宁府。雍正年间改土归流，在滇东北地区大量改名，乌蒙府被清廷明令改为昭通府，从此，按汉字被误解为"乌乌蒙蒙"的"乌蒙"成了禁用的名称，直至清末。

唐代以来的古籍，也没有以乌蒙命名的自然地名。《蛮书》卷1有蒙夔岭、蒙夔山，该书载："石门外第三程至牛头山，山有诸葛古城，馆临水，名马鞍渡。上源从阿竿路部落绕蒙夔山，又东折与朱提江合。第五程至生蛮阿旁部落。第七程至蒙夔岭。岭当大漏天，直上二十里，积阴凝闭，昼夜不分。"所述环境特点突出，计其位置，蒙夔岭当在今昭通市昭阳区北部。据《新唐书·南蛮传》，此蒙夔岭应因夔山部得名。《嘉庆重修一统志》卷509大定府山川载，威宁州"州北有乌蒙箐，其东有乌蒙屯"。"箐"在这一带具有特殊含义。《读史方舆纪要》卷123水西城条引《野记》解释说："夷人所据，或箐名，或洞名，皆因险筑垒，如内地之城郭。而所属之地界，多谓之则溪，如内地之乡邑。其号为则溪者凡十有一，而箐洞之属以累百计，未易悉数也。"贵州威宁境内遗留的乌蒙箐、乌蒙屯，并非自然地名，而是据险守卫的聚落。

总之，今日乌蒙山地跨两省，远远超出过去乌蒙部、乌蒙路、乌蒙府的范围；乌蒙一直是政区名，过去滇东北与黔西北一带也未出现过以乌蒙命名的大山。现代地理学命名这一大片为乌蒙山，实属误会。然而，当这一带长期行用的少数民族语地名大多消失的时候，让"乌蒙"作为自然地名起死回生，也是有益的选择。

古代云南境内确实有关于乌蒙山的记载。此乌蒙山在禄劝与东川间，但诸书武定府与东川府的记载却有所不同。以《明一统志》为例，该书卷87武定军民府载：

> 乌蒙山，在禄劝州东北三百里，一名绛云露山。北临金沙江。山有十二峰，耸秀为一州诸山之冠。八九月间常有雪。其顶有乌龙泉，下流为乌龙河。蒙氏封此山为东岳。

该书卷72东川军民府又载：

> 绛云弄山，在府西南二百里，一名乌龙山。高峻百里，有十二峰，下临金沙江。南诏蒙氏封其山神为东川大王，建庙祀之。

综合各书所载，该山又称绛云露山，或作绛云弄山；北临金沙江，上有十二峰，雄拔陡绝；上多积雪，又称雪山或雪龙山；其顶有乌龙泉，下流为乌龙河；南诏时被封为东岳。武定和东川所载，应该就是跨在两边的同一座山，但对这样一座特点突出的名山，为什么两边的山名各不一样？

梳理历史上有关该山记载演变的脉络，有助于我们找到答案。对该山最早的记载，见于《元混一方舆胜览》东川路景致，该书说：

> 乌龙山，山有十二峰，北临金沙江，蒙氏封为东岳。

笔者核查过国家图书馆及上海复旦大学图书馆所藏《元混一方舆胜览》的不同版本，皆写作"乌龙山"，未发现舛讹情况，此山原名乌龙山无疑。明代景泰六年（1455年）编印的景泰《云南图经志书》禄劝州载：

> 绛云露山：一名乌龙山，在州东北三百里他坡村。上有十二峰，根盘七百余里，北瞰金沙江，蒙氏异牟寻封为东岳。有石崖，天晴则白云起，八九月间，其上积雪，亦本境诸山之冠。
> 乌龙泉：在绛云露山上，分流二派，皆入普渡河。

所记特点突出，描述精细，应是亲历者的记录，非抄录他书可比。该书仍称乌龙山。山上有乌龙泉，分两股流入普渡河，应即他书所说的乌龙泉和乌龙河，乌龙山想即因泉、因河而得名。该书武定军民府又载："乌龙河，在府治之前五里，源出乌龙洞，溉田数百顷。土人云，洞中有灵物，能兴云雨，故名。"此乌龙河在今武定境内，与今禄劝境内、普渡河以东的乌龙河有别，记载明确。元代和明初的记录证明，东川和禄劝最早都称乌龙山。

此后的情况发生了变化。据《明英宗实录》，景泰五年（1454 年）秋七月庚申，"命少保兼太子太傅户部尚书陈循等率其属纂修天下地理志，礼部奏遣进士王重等二十九员，分行各布政司并南、北直隶府、州、县采录事迹"。云南右布政使陈文《重修云南志序》也说："景泰五年秋七月八日，诏礼部重修天下地理志，将悉阅而周知之。其奉使采取及所在任其事者，必慎选文学才德其人以充。时进士王毅诣云南，宣昭圣意，于是文等忝与其事，祗严朝夕，博访而遍观，穷搜而远探，正旧志之乖讹，公舆情之去取，若是者四阅月，始获成书，分为十卷以进。而云南古今事文，殆无遗者。既而以所存之稿，命工锓梓。"景泰《云南图经志书》的修纂，是为全国编修地理总志《寰宇通志》提供资料，随即又将存稿付梓，才得以流传至今。景泰七年（1456 年）成书的《寰宇通志》，根据景泰《云南图经志书》及其他资料进行加工裁剪，卷 113 武定军民府所载变成了以下文字：

> 乌蒙山，在禄劝州东北三百里，一名绛云露山。山半有石崖，天时和霁则白云孤起，如香烟状。峰峦耸秀，为一州诸山之冠。

两相对照，《寰宇通志》删掉了很多重要信息，态度潦草，取舍失度，内容单薄，甚至把"乌龙山"误为"乌蒙山"，从此铸成大错。

其后不久成书的《明一统志》，融进了此前各书的内容，但却沿袭了《寰宇通志》的讹误名称。明代，武定府属云南，东川府属四川，各省间的材料难以平衡，于是一部书中出现了两条内容相同但名称各异的记载。

嘉靖年间，杨升庵编《云南山川志》，其"乌蒙山"条完全抄自《明一统志》，一字未改。由于杨升庵的名气，该书流传较广，固化了"云南乌蒙山"的错误名称。清代虽武定和东川都同属云南省，清代志书仍抄袭旧文，名称各异，东川府一直称乌龙山，武定州属禄劝县则是讹写的乌蒙山。迨至清末，光绪初年刘慰三编的《滇南志略》汇诸家资料甚夥，在禄劝县记载：

乌蒙山，一名绛云露山，一名乌龙山，一名云弄山，一名雪山。在城东二百里，蒙氏僭封为东岳。山北临金沙江，有十二峰，耸秀为诸山之冠。八九月间常有雪。其顶有乌龙泉，下流为乌龙河。其山与东川、乌蒙二府接界，绵亘盘旋几数百里。十二峰顶各有池，惟惠嫋湖最大而深，四面皆清碧，自然鳌成，池中莲花大如车轮，有伽陵频伽共命之鸟集其上。

乌龙河，源出城东北乌蒙山下乌龙泉，下流入金沙江。

所记山上的景物及传说甚多，此不一一列出。该文记录了山上众多的自然特点，便于人们确认这就是禄劝、东川间的大山。又罗列了该山的诸多名号，证明乌蒙山就是乌龙山。

何以乌龙山会被误作乌蒙山，古人曾经探讨过致误的原因。《读史方舆纪要》卷73东川军民府谓："一名乌蒙山，讹曰乌龙山。"既是同一座山，两边的名称应该相同，但推测系乌蒙山讹为乌龙山，判断刚好与实际相反。《嘉庆重修一统志》卷492武定州引《图说》谓：乌蒙山"与东川、乌蒙二府接界"。但揆之地望，该山与明清时期的乌蒙府都不搭界。冯甦《滇考·南诏五岳四渎》条谓："东岳绛云露山，一名乌柮，在禄劝州东北三百里，即秦记民谣所谓'蛇盘乌柮，势与天通'是也。"其中引文见《华阳国志·南中志》，文字有改动，"乌柮"在今宜宾与昭通之间，虽音同，但不可比附。胡蔚本《南诏野史》又谓：异牟寻封"乌蛮乌龙山为东岳"，所说大致得其实。乌龙山在唐代处乌蛮聚居区，因称"乌蛮乌龙山"。"乌蛮"、"乌龙"、"乌柮"、"乌蒙"皆词头相同，字音相近，容易产生讹误。

往事越千年，作为一个完整的乌龙山的标准名称，在当地至今还能找到遗迹。据《东川市地名志》，硃王山古称乌龙山，又称绛云露山，清康熙年间设乌龙汛，至今还有乌龙乡、乌龙河。又据《禄劝彝族苗族自治县地名志》，禄劝的乌蒙乡"建国前称乌龙乡"，清代为二十四马之一的乌龙马。因山顶有海子终年积水，水色清黑，山下多椰树，村旁有泉，亦水色清黑，人称乌龙泉，故以此得名。这些正与"山顶有乌龙泉，下流为乌龙河"的记载吻合，想即乌龙山命名之所据。而乌龙马、乌龙汛、乌龙乡，则是长期存在的乡土地名，皆因雄踞滇东北的被南诏封为五岳之一的乌龙山而得名。

（原载《云南日报》2010 年 11 月 26 日"文史哲"版）

# 石林认识小史

作为世界自然遗产的云南石林，范围达 350 平方公里，包括李子箐石林、乃古石林、蓑衣山石林等部分。它们的位置不同，景观特点不同，发现和开发的时间也不相同。过去它们长期分属于曲靖府的陆凉州和澄江府的路南州。元代保存至今的全国地理总志《元混一方舆胜览》陆凉州景致记载：

> 石门，在陆凉西平壤中。石笋森密，周匝十余里，大者高百仞，参差不齐，望之如林，俯仰侧直，千态万状。东西行者皆穿其中，故曰石门。

这个石门正是今天的乃古石林，长期属陆凉州。过去，陆凉州的辖境达其西南八十里的天生关以外，天生关及其以西的石板哨、高石哨、和摩站、站屯、寺背后等村皆属陆凉，1955 年才划归路南县（今石林县）。和摩站当为元代所设站赤中的"站"，明代设和摩驿，并置有驿丞署，故明代又称"和摩旧站"。"站屯"则是明代在元代设站附近置的军屯点。天生关、石板哨、高石哨等"关"、"哨"皆明代设于交通要隘的地名。石板哨原名穿心哨。天生关又称西店，是马帮在陆凉西南部的重要食宿点，商贸繁荣，地势险要，直到民国年间还设有便于控扼固守的栅子门。寺背后村因村前的大石峰顶上明代建有石峰寺而得名。这里正当宜良与陆凉间的交通要道上，又是昆明—罗平与贵州、广西等省际交通大道的一段。巧的是这些元明时期的聚落多分布在乃古石林一片。"乃古"为彝语，意即黑色，石皆青色，因名乃古石林，又名黑松岩、灵芝林，因发现时间较早，又称古石林。这是撒尼人最早发现和命名的一片石林，其名称的含义形色兼备。由于它地当交通要道，"东西行者皆穿其中"，逐渐为商旅和官员所认识。元代被称为石门，被收入带有旅游手册性质的《元混一方舆胜览》，作为胜景，名扬海内。

明代对石门的记载渐多。正德《云南志》卷24 收有彭纲的《夜宿和摩旧站卒家》诗："群山并峙石争奇，如载如人夜可疑。白首骤驰缘底事，寒衾丈怪成鸡迟。"此即明代前期咏乃古石林的诗。明清之际的两部地理名著对石门皆有记载。顾炎武的《肇域志》陆凉州载："石门，在州西平壤之中。石笋森密，周匝十余里，大者高百仞，参差不齐，望之如林，俯仰侧直，千态万状。东西行者皆穿其中，故曰石门。"顾祖禹的《读史方舆纪要》卷114 亦载：陆凉州部封山，"其相近有石门，平畴沃壤，石笋森密，周匝十余里，大者高数仞，参差不齐，望之如林。东西行者穿其中，故曰石门。又东出数百步有离石，状类西岳三峰云"。这些记载并非完全照抄元代的资料，它们对石门风景区的观察又进了一步，对个别石景的欣赏更加深入，发现某些离石"状类西岳三峰"就是一例。明代对这一带的风景资源也有开发。民国《陆良县志稿》载："和摩站有石峰，孤秀高耸，垒石而成。四面峭石，狮蹲象伏，百怪千奇。每逢雪天，如玉笔直插云霄，瑶岛琼林，天然绘图。"明万历年间建寺于峰巅，故名石峰寺。该寺峰尖寺险，集玉笔插天、登高览胜、石峰赏雪等景于一处，成为观景的绝佳位置。明代，游览范围已超出石门，芝云洞也成为人们游赏的地方。在大芝云洞有明万历四十二年（1614 年）知州汪良立的石碑，记述芝云洞内的奇石异境，以及辟为旅游胜地的经过。

徐霞客考察石门，是石林历史上的大事。但由于其游记中《滇游日记一》的散佚，人们对此不甚了了。最早整理《徐霞客游记》的季会明有一段注说："乙酉七月，余宗人季杨之避难于舅氏徐虞卿处，顾余于馆，见《霞客游记》，携《滇游》一册去。不两日虞卿为盗所杀，火其庐，记付祖龙。"徐霞客于崇祯十一年（1638 年）五月初十进入云南，八月初七已在广西府（今泸西县），《滇游日记一》即第一次考察滇东滇南及昆明的日记。亲自阅读整理过此册的季会明对其中内容十分欣赏，他说："此册正入滇之始，奇遇胜游，多在其中，甚不可缺。"徐霞客所经历的诸多

云南文库·学术名家文丛

"奇遇胜游"，石门当首屈一指。因为该册内容精彩，所以被人首先索借，但也因此被盗所焚。徐霞客从贵州盘县过滇南胜境关入云南，经平彝卫（今富源县）到交水城（今沾益）。以后，沿南盘江经交水海子（在今曲靖坝子）和中涎泽（在今陆良坝子），以船行为主，到了曲靖和陆凉。20世纪20年代，丁文江推测徐霞客可能从陆凉重回交水，再取入省大道到杨林。但仔细阅读后来徐霞客从交水经寻甸到嵩明的日记，沿途问路，非常陌生，看不出似曾走过的痕迹。其实，徐霞客已到了陆凉，不可能不游元代以来声名很大的属于陆凉的石门，从陆凉到石门也符合他随流考察南盘江的计划，而且他还有常取间道尽量不走重复路线的习惯。徐霞客考察了石门，又往西游明代已经开发的芝云洞，以后过南盘江，北折到杨林考察嘉利泽（在今嵩明坝子），再西达省城。徐霞客没有遗憾，但《徐霞客游记》给后世留下了遗憾。

清初，棘霾漫淹的李子箐石林渐显于世。康熙五十一年（1712年）修的《路南州志》记载：

> 石林，在州东北，岩高数十仞，攀援始可入。其中怪石森立，如千队万骑；危檐邃窟，若九陌三条。色俱青，嵌结玲珑，寻之莫尽。下有伏流，清冷如雪。相传昔人于隆冬遥见石上有李二株，结实鲜红，晚不及取，次日寻之不复见，俗呼李子箐即此。

随李子箐石林一起被公诸于世的，还有望夫石、放光石、贴金石等一批栩栩如生的石景。李子箐石林久未为世人获知，与通达条件差有关，一般人很难涉足。清初，这种状况渐有改善。据同书载，路南州境开辟了四条邮递路线，其中一条为"州城东十里至路南堡，十里至五棵树，三十里至红果哨"。路南堡即今堡子；五棵树至今仍存，在李子箐石林北缘。同书又载："红果哨，在州东北五十里。"这条路其实是取东北向，为路南通陆凉的交通线。清代李子箐石林声名的传播，也与当地官员、士人的大力宣传分不开。康熙《路南州志》收有一些咏石林的诗，作者张端亮康熙二十三年任学正，李汝相康熙四十二年任学正，金瑛为候补知县，徐炜麟为

云南文库·学术名家文丛

顺治十八年举人，董文英为贡生。主修该志的金廷献，奉天广宁（今辽宁北镇）人，康熙四十四年任路南州知州，在任11年。《路南州志》突出对李子箐石林的介绍，功不可没。康熙时孙鹏有《石林歌》，其序说：

> 路州东去十五里许，石攒簇如林。昔有人严冬入林中深处，仰见崖上李数株，珠实垂垂，美而取之，暮不及；明日复至，则仙人幻术也，至今名李子箐。碑砑森屹，莫可名状。芝墙璇空似人间屋，千门万径，曲直上下，引人入胜，水淙淙从涧出。州牧蒋怡轩，诗人也，辛丑秋予过之，留数日，携酒邀同广文查髦士、明经杨攸叙来游。路从五棵树入，穷极幽胜，非居人导，几不能出。怡轩作歌属知，因走笔以当小记云。

蒋怡轩即蒋元楷，道光《澄江府志》载："顺天大兴县（今北京市大兴区）贡生，康熙五十七年任。"下一任鲍尚忠则是雍正元年到任。"辛丑秋"为康熙六十年（1721年）秋天，蒋氏正在路南知州任上，组织了这次畅游并题咏李子箐石林的盛会。孙鹏称蒋氏为诗人，其代表作应即54行的七言长诗《石林歌》。诗中称："巉崖岁月手频扪，数行蝌蚪文同禹。当年避世迹犹存，结构依稀不可睹。"似想象，又似真实，遗迹难觅，但人们对石林的认识当十分久远。

清代陆凉州设有石门哨，石门仍系大道所经，行者屡有记述。沈生遴的《石门山石笋》诗说："双关屹立如门悬，四周树绕云连绵。"道出了石门之险。其诗《石峰寺》又说，"关成绕翠微，鸡声车马联"，则记录了车马喧阗的繁忙景象。道光年间进士何彤云又有《石林》诗，其序说："陆凉道中有石，高下卓立，大者数十尺，小者丈许，弥望成林，疏密有致，奇观也。余往来过之，辄为流连，因为四韵。"石门也称石林了。

元明以来，人们通过长期的反复体验和认识，对"石笋森密，参差不齐，望之如林，俯仰侧直，千态万状"的描述叫绝，"怪石森立"、"攒簇如林"、"弥望成林"的特征，成了大家的共识。到清代，终于把这些描述锤炼浓缩成"石林"二字，用以特指这一带独特的剑状喀斯特天下奇观，李子箐和石门皆称石林。李子箐石林从五棵树入，即今大石林、小石林。

石门即今乃古石林。蓑衣山僻处石林县维则乡南隅，分老寨和新寨，至今仍是彝族聚居区。对蓑衣山石林的认识较晚，本文暂不论列。

（原载《云南日报》2007年8月16日"文史哲"版）

# 郑和故里考

明朝初年，伟大的航海家郑和带领庞大的船队七下西洋，在人类文明史上写下了光辉的篇章。然而，历史编纂学家也有疏漏，对郑和的家世语焉不详。《明史·郑和传》仅云"郑和，云南人"，竟未写明郑和生在云南何处。由于封建史家的偏见，有关郑和事迹亦不见于云南各地方志。这一历史悬案延续了500年而未获解，并曾造成历史的误会。

在云南南华县西门外有一块碑，文曰："大中华国四千六百九年十月，前明开拓南洋各岛之大冒险家三保太监郑和公故里，陆军第二师长节制迤西各属文武官吏西防国民军总统官李根源立石。"在南华县城西北约2公里、龙川江北岸的逐家屯也有一块比这更大的摩崖，内容相同，但上段残毁，仅剩下段。据说东门外也立过一块相同的碑，今已不存。该碑系用黄帝纪年，"四千六百九年"为公元1911年。这刚好是云南辛亥革命获得胜利后不久，李根源被任命为陆军第二师师长兼迤西国民军总司令，全权处理滇西事宜，从昆明向滇西进军。在浓烈的革命氛围中，自然想到云南的先贤、将中国的声威远播四海的郑和。其实，李根源对镇南州（今南华县）的调查比此还早。宣统二年（1910年）十二月至第二年上半年，李根源奉云贵总督李经羲之命，赴滇西筹办防务交涉事宜，组织测绘人员调查昆明以西各交通线及边隘，绘图126幅，途经镇南州。在其《滇西兵要界务图注》镇南州有注："明三保太监郑和，州人也。"然而，对这种传说还来不及核实，就匆匆把郑和故里定在镇南州，并立碑标示，却过于草率。

几乎与此同时，昆阳州（今云南晋宁县治昆阳镇）有关郑和的信息也渐突出。袁嘉谷《卧雪堂文集》卷9《昆阳马哈只碑跋》说："岁甲午，苏君晓荃告余曰：'昆阳和代村有和父墓碑，宜为昆阳人。'壬子访之昆阳，果得碑拓本于宋君南屏。碑高建初尺七尺七寸，广四尺一寸，计十四行，行二十八字。永乐三年端阳日，礼部尚书左春坊大学士李至刚撰。至刚即劾罢李景隆者，华亭人，《明史》有传。文极雅饬，阙书者姓氏，疑亦李书，秀姿近北海一派；刻工亦精。和官京师，丐李撰书，寄滇刻石。第九行十三两字刻一格内，盖李书葬日在上旬，仅一字一格。寄滇则葬日改中旬，故两字一格。"袁嘉谷于光绪二十年（1894 年）最先得到信息，1912 年亲到昆阳访问，并从地方官处得到该碑拓本，1913 年写了《昆阳马哈只碑跋》首次披露，后来又把拓本转赠图书馆公之于众。

诸书对该碑的描述多不准确，所录碑文亦有异讹脱缺，今以原碑及早期拓片校勘，订正如下：该碑碑额"故马公墓志铭"6 字为大字篆书，分 3 行，行 2 字，上下连读。正文 14 行，楷书，仅第 7 行为 28 字，"天子" 2 字顶格，其他各行多为 26 字，第 9 行"十二"两字仅占一格，为 27 字，第 13 行仅一"时"字，正文共计 284 字。

故马公墓志铭（一行）

公字哈只，姓马氏，世为云南昆阳州人。祖拜颜，妣马氏。父哈只，母温（二行）氏。公生而魁岸奇伟，风裁凛凛可畏，不肯枉己附人，人有过，辄面斥（三行）无隐。性尤好善，遇贫困及鳏寡无依者，恒保护赒给，未尝有倦容，以（四行）故乡党靡不称公为长者。娶温氏，有妇德。子男二人，长文铭，次和；女（五行）四人。和自幼有材志，事今（六行）天子，赐姓郑，为内官监太监。公勤明敏，谦恭谨密，不避劳勚，缙绅咸称誉（七行）焉。呜呼，观其子而公之积累于平日与义方之训可见矣。公生于甲（八行）申年十二月初九日，卒于洪武壬戌七月初三日，享年三十九岁。长子（九行）文铭，奉枢安厝于宝山乡和代村之原，礼也。铭曰：（十行）

身处乎边陲，而服礼义之习；分安乎民庶，而存惠泽之施；宜其余庆（十一行）深长，而有子光显于当时也。（十二行）

时（十三行）永乐三年端阳日资善大夫礼部尚书兼左春坊大

学士李至刚撰。（十四行）

该碑大大扩展了人们对郑和的认识，准确具体地说明了郑和的故里，世居云南昆阳州宝山乡和代村，其父葬于"和代村之原"即和代村旁边高平的月山上。尤值得重视者，该碑碑阴右上角有题记一则，文三行，行字不等。文曰："马氏第二子太监郑和，奉（一行）命于永乐九年十一月二十二日至于（二行）祖家坟茔，祭扫追荐，至闰十二月吉日洒还。记耳（三行）。"该碑涉及元明之际的重要历史时段。记录了郑和的父亲生于元至正四年（1344 年），卒于明洪武十五年（1382 年），刚好是明军平定云南的岁月。永乐三年（1405 年）李至刚写好《马哈只墓碑》，不久，郑和就率庞大的船队首航西洋。永乐九年（1411 年）六月郑和第三次出使西洋还，年底返家祭扫其父墓，虽然在家时间不长，但途中时间不会太短。《马哈只墓碑》碑阴的题记更加证明该碑真实可靠，补充了郑和的行迹。郑和是云南昆阳州和代村人无疑。

在昆阳月山上，还有一些与郑和有关的遗物。据方国瑜《云南史料目录概说》载，1931 年掘土得一碑，高四尺二寸，广一尺六寸，当中刻"皇清敕授孺人登仕郎昆阳州督捕厅郑刘太君之墓"，右刻"雍正甲辰年三月十七日始"，左刻"乾隆乙亥年九月初四日终"，碑阴大书"圣裔"二字，下二行曰："元咸阳王第十八世孙，明三保太监第十二世孙。"彭嘉霖《马哈只郑和族系里居考》载，"予陟青龙之岫，历访遗踪"，"马哈只墓下，郑氏诸碑灿然"。李群杰《郑和传资料调查录》也说，月山上"马、郑茔兆即萦回于西岫"。这又是郑和家"世为云南昆阳州人"的佐证。

郑和故里昆阳，是西南边疆开发较早的地区。滇池东岸有著名的石寨山古墓群，在 20 世纪 50 年代先后四次发掘战国至汉代早期墓葬 50 座，出土器物 4000 多件，并出土"滇王之印"金印，证明这一带是古滇国的中心区。滇国存在的时间相当于战国至西汉，滇国独具特色的青铜文化被世人叹为观止，石寨山古墓群被确定为全国重点文物保护单位。汉武帝在今云南设益州郡，郡治滇池县就在原滇王故地今晋城，在今昆阳一带当时即设了建伶县，为益州郡辖县。《三国志·蜀书·李恢传》载：李恢"建宁俞元人也，任郡督邮，姑父爨习为建伶令，有违犯事，恢坐习免官，太守董和以习方土大姓，寝而不许"。爨习官建伶令，为当地"方土大姓"，又与俞元李恢联亲，建伶既与滇池县、连然县（今安宁市）连成一片，又与俞元县（今澄江县）相近，应在今昆阳一带。从三国蜀汉时，建伶爨氏已为方土大姓，发展到隋唐，这一带成为经济、文化发展水平较高的西爨的中心区之一，已"西爨王墓垒垒相望"。唐代在此设钩州。《新唐书·地理志》载："钩州，本南龙州，武德七年置，贞观十一年更名，东北接昆州。县二：望水、唐封。"道光《云南通志》认为："钩州东北接昆州，今昆州西南止安宁、晋宁，则昆阳、易门自属钩州无疑。"昆阳在滇池南岸，举目即水，钩州附郭县望水名副其实。大理时期在今昆阳设巨桥城，为善阐府所辖的一处重地。《元史·地理志》载："昆阳州，在滇池南，僰、卢杂夷所居，有城曰巨桥，今为州治。阁罗凤叛唐，令曲嶂蛮居之。段氏兴，隶善阐。元宪宗并罗富等十二城，立巨桥万户。至元十二年，改昆阳州。"蒙古军事力量占领云南后，袭用大理时期旧名，设巨桥万户。元代至今，昆阳一直是省会周围的首善之区。赛典赤来云南主政，把万户、千户、百户的制度改为路、府、州、县，设立云南行中书省。至元十二年（1275 年）改巨桥万户为昆阳州，属中庆路，昆阳之名至此始。元代曾设河西县，《元史·地理志》缺载，但明代资料多有述及。《明一统志》载："废河西县，在昆阳州河西乡。元至元中置县，寻省入州。"一说为"元至正间置"。在今昆阳镇北滇池西岸的下方古城，俗名古城。明清时昆阳州属云南府。1913 年改为昆阳县。1958 年昆阳县与晋宁县合并，仍为县治昆阳镇。从战国以来，滇池周围的经济文化一直处于西南边疆的首位，与"蛮荒之地"不可同日而语，在这样的地方出现杰出人物是历史的必然。

　　昆阳坝子经历过沧海桑田的变迁。历史上滇池水体的盈缩，决定了昆阳坝子地理形象的变化。最早的滇池湖岸线，大体接近今日的双龙东干渠和双龙西干渠，昆阳坝子基本被滇池水淹覆。据《晋宁县地名志》，今象头山下有个地名叫挖煤箐，地下有未完全炭化的黑色沉积物，多年前曾有人在那里挖煤，后在箐上筑坝蓄水，因名挖煤坝。这是湖相沉积的遗物，应该就是滇池的残迹。在昆阳坝子东北缘，发现贝丘遗址的小团山、黄牛墩、大河村、兴旺村一带，散列着一组高地。据《中国文物地图集·云南分册》载，在渠西里村西北有小团山、黄牛墩等遗址。小团山遗址面积

4386 平方米，文化层堆积厚 0.5～0.6 米，内含大量螺壳，还夹有泥质红陶和夹砂灰陶碎片。黄牛墩遗址面积 5184 平方米，已遭破坏，残存文化层厚约 0.2 米，内有石器、陶片和螺壳等。大河村东 500 米有一窄长形台地，面积 6000 平方米，文化层堆积厚约 2 米，其中螺壳较多，有碗、盘等陶器，呈褐色，陶片内夹螺壳粉末，纹饰有方格纹等。兴旺村南的遗址面积达 2.4 万平方米，文化层堆积厚约 9 米，中有大量螺壳、夹砂红陶、夹砂灰陶和少量泥质红陶陶片。这些都是滇池边上新石器时代的贝丘遗址。昆阳坝子西北缘也有一组高地，其中以月山最大，海拔 1951 米，形如新月，古称月牙山。近旁还有三个圆形小山布列，西北一山海拔 1928 米，称松山；南面一山海拔 1922.8 米，称盖山；西南一山最低而小。三山拱卫月山，明初已称"三星伴月"，为昆阳胜景。两组岛丘东西相望，犹如守卫其南的海湾，为方便研究，可称为"昆阳湾"。这是新石器时代滇池南端的形象。今瓦窑村北的台地上，曾出土砖石梁堆墓，证明在两晋南北朝时期瓦窑村址已成陆。瓦窑村海拔 1893 米，据此可以推测，汉晋时期昆阳坝子西半已经成陆，湖岸沿太史庄、兴和村、兴隆村、田心村、兴阳村、月山东麓、麦地村、回龙村、迟家庄、李官村、瓦窑村、袁家营、小乌龙、河埂一线。此后，历唐宋时期，昆阳湾逐渐淤浅，水中出露了一些土堆，渐有人居住，然而湖岸线的变化并不突出。明初，湖岸线仍在月山东麓。

环境状况影响着各时期政区治所的选择。汉晋时期的建伶县治，无相关记载，有可能在今昆阳坝子西部，那一片应该是开发较早的农业区，而且背山面水，又便于渔猎。唐代钩州及附郭望水县的治所，《读史方舆纪要》卷114 载："望水废县，在州西南。"当地指认望水县治在昆阳镇南 13 公里的大古城，可从。那里处渠滥川上游，是比昆阳坝子稍高的又一狭长坝子，不但适于农业，而且附近山上过去盛产铁矿，矿洞山、挖矿坡等名行用至今，开采、冶炼的遗址保存至今，古代曾设过上铁所（今宝峰营）、下铁所（今宝峰村），著名的铁炉关即今关上。那里居高临下，不是临水而是望水了。对于大理时的巨桥城，清人已不甚了了。《嘉庆重修一统志》云南府古迹说，"巨桥城，在今昆阳州境"，又引《州志》说，"明正德四年始移筑土城于月山"。其实，元明时期的记载很明确。《元史·地理志》

载：昆阳州"有城曰巨桥，今为州治"。大理巨桥城即元代巨桥万户驻地，也即后来改设的昆阳州治。今昆阳镇是延续近千年的设治中心，堪称历史文化古镇。明初成书的景泰《云南图经志书》昆阳州载："州治，在滇池之南和代村，内有吏目厅，洪武十六年建置。其大有仓、税课局、阴阳学、医学、僧正司，散置于州治之近，惟河泊所去州北十里，铁冶所去州南二十里。旌善、申明二亭在州前。""州学，在州治之北月牙山下，建置于永乐元年。有明伦堂，东、西二斋曰进德、曰修业。学后有射圃，遇朔望以习射焉。""文庙，在州学明伦堂之前，建置于永乐元年。""文昌祠，在学之南，旧祠倾毁，重建于景泰元年。""城隍庙，在州治北。其风云雷雨山川之坛在州之南郊。社稷之坛在州之西部。厉坛在州之北。"

　　该志于景泰六年（1455年）完成，距郑和生活的年代甚近，证明郑和所生活的和代村，就是昆阳州的治所。为什么称"村"而不称"××城"呢？因为当时昆阳州还未建城。景泰《云南图经志书》按内地的习惯严格区分了已建城和未建城的情况，这样的例子该书还有一些。对《元史·地理志》上所说"并罗富等十二城立巨桥万户"又怎样理解呢？唐宋以来，云南各族习惯称具有一定规模的聚落为"城"，彝语称"龙"，傣语称"允"，都是城的意思，从《蛮书》到《元史·地理志》，记载有大量这类城，它们具有山寨、水泊的特点，不同于内地的城防体系。罗富等十二城应该就属这种情况。上列景泰《云南图经志书》记的当时昆阳州治北十里的河泊所，今仍称河泊所，在滇池西岸。其南二十里的铁冶所，即在前述的宝峰乡。所记州治各衙署庙宇的分布皆南北布列，西面甚少，东面没有，这正与月山的地势吻合，基本沿月山地势逼仄的东坡布列，只能往南北延伸；东边还是滇池的茫茫水域，当然不可能安置任何建筑。景泰《云南图经志书》又载："州近滇池，有濒池捕鱼者名普特，亦罗罗之别种，茅茨倚岸，不庇风雨，日食生螺，出入水中，得鱼换米以输税。"对此普特人，天启《滇志》种人载："以渔为业，性耐寒，多无衣，以败网蔽身。舟不盈丈，而炊爨、牲畜、资生之具咸备。又有泅水捕鱼者，丹须蓬发，竟日水中，与波俱起，口啮手捉皆巨鱼。滇池旁碧鸡山下，其类千余，乘风扬帆，所居无定。名隶有司之籍，而征呼徭役，多不能及，里胥恒代偿之。"这种高原上典型的水上人家，使我们联想到沿海的疍户。郑和生活的时代，和代村作为州治，其文化底蕴和政治眼光自比一般农村高出一筹；和代村兼有水城、山寨的特点，滇池的风涛、普特人的生活肯定成了少年郑和知识和经验的重要来源。郑和从小生活在滇池边，他完全可能经常在滇池中戏水、驾船、游泳，浩淼的滇池练就了他习水性、喜风浪的性格和本领，高原明珠滇池哺育了伟大航海家郑和。

昆阳州城始建于正德四年，但正德五年（1510年）修成的正德《云南志》来不及反映。该书载："昆阳州治，在滇池南和代村，洪武十六年建。内有吏目厅，其大有仓、税课局、阴阳学、医学、僧正司散置于州之傍近。"明初昆阳州治和代村的面貌一直保持到正德初年。该志收录了童轩《昆阳州重修滇池神庙记》说："每飙风挟怒涛至，则澎湃荡击，茫无涯畔，势若海然，故又名滇海。比岁，池淤塞，水逆为患，兵民田负郭者悉垫为涂，况桑田谷畜，咸失其所。成化壬辰……刊湮浚洄，逾三月而讫工。""见有祠颓然于洲渚之间，栋宇倾侧，垣墉圮坏。"然而，昆阳州治附近的环境在悄然发生变化，昆阳湾逐渐沼泽化，滩涂增加，洲渚错列，一些地方已垦为农田。为保住这些田不受水淹，成化八年（1472年）进行的水利建设，"刊湮浚洄"，又扩大了农田。昆阳州城的建成，万历《云南通志》"建设志"有记载："昆阳州城，正德四年，州同知陈阳修筑土城。周围三百五十丈有奇，立四门，东曰水波，南曰宝山，西曰永清，北曰朝阙。"《读史方舆纪要》卷114昆阳州也载："巨桥城，今州治即大理段氏时所置巨桥城也。本属善阐府，元立巨桥万户府于此，寻为州治，明朝正德四年始筑州城，周三里，沿海附山，又筑堤以广城基云。"以上说明，大理时的巨桥城，元代的巨桥万户府，后来的昆阳州城都在一个地方，位置未变。自筑城以后，通称为"昆阳州城"，"和代村"的古名逐渐被淡忘。因为和代村"沿海附山"，位置有限，修城时东城墙是填海而成的，城的东门名"水波"，仍濒临滇池。水城既便于航运，但又常遭水灾。《滇略·杂略》记载了嘉靖二十七年（1548年）昆阳州遭水灾的情况："是年，滇池水溢，荡析州中民居百余所，男妇溺死者不可胜计。"

据《嘉庆重修一统志》云南府城池，崇祯七年（1634年），昆阳州迁至坝子西缘长松山麓筑砖城，称为新城。据《续修昆明县志》，南明永历六年（1652年）城被孙可望拆除，砖石运去构筑五华山的宫室，州治仍迁回今昆阳镇。崇祯十一年（1638 年）来滇考察的徐霞客，是昆阳州城短暂迁徙的目击者，对昆阳坝子的情况有一段精彩的记录，见《徐霞客游记·滇游日记四》：

> 其脊南自新兴界分支北下，西一支直走而为新旧州治，而北尽于旧寨村；东一支即赤峒里之后山，滨池而止；东界短，西界长，中开平坞为田，一小水贯其中，亦自南而北入滇池，即志所称渠滥川也。由东嘴截坞而西，正与新城相对，而大道必折而南，盘东界之嘴以入，三里始西涉坞。径坞三里，又随西界之麓北出一里半，是为昆阳新城。又北一里半，为昆阳旧城，于是当滇池西南转折处矣。旧城有街衢阛堵而无城郭，新城有楼橹雉堞而无民庐，乃三四年前，旧治经寇，故卜筑新邑，而市舍犹仍旧贯也。旧城街自南而北，西倚山坡，东瞰湖涘。

徐霞客对昆阳山形地貌的描述十分准确，仿佛带领我们亲临其境踏勘。徐霞客从赤峒里（即今渠东里）到旧寨村（今名同），横穿昆阳坝子，但大道折往南绕行。当初明代形成的传统交通线与为了绕过昆阳湾的湖水有关，但到霞客经过时，已"中开平坞为田"，只有"一小水贯其中"，不再是湖水汪洋了。水陆比例发生逆转，这时称为"昆阳坝子"已很确切。他所记录的新城即今大新城，有城而无民居，他说旧城"无城郭"，是相对于新城的"楼橹雉堞"而言的，但仍余"阛堵"，那是正德年间土城的残迹。"旧城街自北而南，西倚山坡，东瞰湖涘"，说的是今昆阳城，明末仍西倚月山、东临滇池甚近。开发昆阳湾为农田，使昆阳州有大片肥沃的土地，促进了明清时期农业的发展，但水运仍是昆阳对外联系的命脉，所以旧城旁边的滇池水域一直被珍视保留。这是新城所不具备的，因此，老百姓都不愿离开，不久，治所迁回旧城。清乾隆二十六年（1761 年）在旧城筑砖城，城的形状和格局未变，南北长，东西窄，仅一条南北向的主街，分头铺、二铺、三铺、四铺，即今居仁街、由义街、循礼街、大智街。清代，随着城东圩田的增加，东城墙增开了城门，分为大东门和小东门，城前面仍留下两个草海。民国年间，昆阳的水运码头仍是昆明通往滇南的要道之一，客货运输繁忙，据《聂耳日记》，聂耳从昆明回老家玉溪，仍是首先乘船到昆阳。20世纪50年代，在昆阳城东北的滇池边围垦洲渚、滩涂3000余亩，拆除镇海阁，建成昆阳农场，东城墙被拆建为商业主街昆阳街，昆阳亮丽的水城景观亦随之消失。1966—1969年，又在渠东里以北，水深2.5米的滇池湖湾围垦1200亩作为昆明磷矿农场。经历600年的沧桑变迁，郑和生活时代的昆阳幸得留存在历史文献里，当然也会永远鲜明地活在人们的心里。

（原载《回族研究》2003年第1期；后被收入郑和下西洋600周年纪念活动筹备领导小组汇编的《郑和下西洋研究文选（1905—2005）》，海洋出版社2005年版）

# 郑和青少年成长史实述略

## 一

明代大规模的"下西洋"活动，举全国之力，威震四海，其规模、其影响，皆可谓古代之绝唱。这一活动的重担，为什么会落在郑和身上？《古今识鉴》载：

> 内侍郑和，即三保也，云南人。身长九尺，腰大十围，四岳峻而鼻小，法及此者极贵。眉目分明，耳白过面，齿如编贝，行如虎步，声音洪亮。后以靖难功授内官太监。永乐欲通东南夷，上问："以三保领兵何如？"忠彻对曰："三保姿貌才智，内侍中无与比者。臣察其气色，诚可任。"遂令统督以往，所至畏服焉。①

《三保太监西洋记通俗演义》亦载：

> 刘诚意道："小臣保举一位内臣征得西，挂得印。"圣上道："是那一个？"刘诚意道："现在司礼监掌印的太监姓郑名和。"圣上道："怎见得他征得西，挂得印？"刘诚意道："臣观天文，

---

① 袁忠彻：《古今识鉴》卷8。

察地理，知人间祸福，通过去未来。臣观此人，若论他的身材，正是下停短兮上停长，必为宰相侍君王，若是庶人生得此，金珠财宝满仓箱。若论他的面部，正是面阔风颐，石崇擅千乘之富；虎头燕额，班超封万里之侯。又且是河目海口，食禄千钟，铁面剑眉，兵权万里。若论他的气色，红光横自三阳，一生中须知财旺；黄气发从高广，旬旦内必定迁官。"圣上道："只怕司礼监太监老了些。"刘诚意道："干姜火枣，越老越好。正是龟息鹤形，纯阳一梦还仙境，明珠入海，太公八十遇文王。"圣上道："却怎么又做太监？"刘诚意道："只犯了些面似橘皮，孤刑有准；印堂太窄，妻子难留；故此在万岁爷的驾下做个太监。"圣上道："既是司礼监，可就是三宝太监么？"左右近侍的说道："就是三宝太监。"圣上道："既是三宝太监下得西洋，挂得帅印，快传旨意宣他进朝。"即时传下一道旨意，即时三宝太监跑进朝来，磕了头，谢了旨……三宝太监挂了印，领了敕，谢了恩，竟投丹墀下去。①

很明显，《西洋记》是根据《古今识鉴》所说的内容展开的，而且把如此重要的事情，写成在一次对话后就作出决定，立即颁印、降敕，未免草率。据《古今识鉴》所载，郑和身材魁梧，相貌英俊，气宇轩昂。在封建社会中，看相术士从体貌气色比附一个人的成功或失败，容易为一般人接受，因而《西洋记》也在这方面大做文章，铺陈渲染。然而，《古今识鉴》说："永乐欲通东南夷，上问：以三保领兵何如？"则在征询袁忠彻意见前，永乐皇帝已对郑和进行过考察，他授命郑和的想法已成竹在胸，他对作为内官监太监的郑和有条件了解得更全面、更深刻，认识得更准确。

郑和身体状况，成了他被遴选受命的重要条件。《明书》卷156《郑和传》谓，郑和"丰躯伟貌，博辩机敏"。《古今图书集成》第132卷引《明外史》亦谓："郑和，云南人，初以阉人事燕王于藩邸，王举兵，和从军有功，暨即帝位，擢为太监。和有智略，知兵习战，帝甚倚信之。"他

① 罗懋登：《三宝太监西洋记通俗演义》第15回，上海古籍出版社1994年版。《古本小说集成》收有该书，系据万历二十五年（1597年）刻本影印。

不但担任庞大船队下西洋的正使，"钦差总兵"①，后来还担任留都的南京守备。郑和高大健壮，膂力过人，适于铸就能征善战的兵样和统帅；体貌轩昂，仪态端庄，也是大明王朝对外交往的形象大使。《故马公墓志铭》载，郑和的父亲"魁岸奇伟，风裁凛凛可畏"，与《古今识鉴》所载郑和的体貌相似，证明《古今识鉴》所载是可信的，也证明郑和身体条件的优势，当为其父亲遗传。

<h1 style="text-align:center">二</h1>

我国古代存在着南船北马的差异。由于地理环境不同，提供的交通条件也不同，交通工具与人们出行的习惯随之存在很大差异。操舟或驭马，成了当地人从小练就的过硬本领。当去到新的地方，面对一个新的环境，往往力穷智拙，一筹莫展。宋金时期金的铁骑败于南方的水军，元代派军队海上远征多次受挫，都是明证。有人怀疑云贵高原长大的郑和是否能适应远洋航行，不是没有道理的。

《三宝太监西洋记通俗演义》第 16 回有一段皇帝与金碧峰长老的对话说：

> 圣上道："怎见得三宝太监下得海，征得番？"长老道："三宝太监不是凡胎，却是上界天河里一个虾蟆精传世。他的性儿不爱高山，不爱旱路，见了水，便是他的家所，故此下得海，征得番。"

当然对这样的解释不可置信，但郑和与水的关系却无法回避。

郑和生长在丛山复岭的云贵高原，距海洋甚远。然而，他生活的昆阳州治和代村，依月山而傍滇池，既是山寨，又是水泊。他生活的时代，滇

云南文库·学术名家文丛

---

① 泉州《郑和行香碑》："钦差总兵太监郑和，前往西洋忽鲁谟厮等国公干，永乐十五年五月十六日于此行香，望灵圣庇佑。镇抚蒲和日记立。"

池水位比现在高，滇池水一直漫溢到月山脚下，滇池的浪常年拍打到和代村边。直到正德四年（1509 年）筑城时，仍"沿海附山，又筑堤以广城基"。滇池现有 300 平方公里，元明时期比现在更大。滇池不但具有浩渺的水域，也具有大海的气魄，忽而惊涛骇浪，波翻云涌。元代王昇《滇池赋》说："少焉雪波兮凌空，霜涛兮叠重，荡上下之天光，接灏气之鸿濛。""电光之迅兮不足以仿其急，雷声之轰兮未足以拟其雄。"明代童轩《昆阳州重修滇池神庙记》也说："每飙风挟怒涛至，则澎湃荡击，茫无涯畔，势若海然，故又名滇海。"滇池也养育了一代代水上人家。景泰《云南图经志书》卷 1 昆阳州风俗载："州近滇池，有濒池捕鱼者名普特，亦罗罗之别种，茅茨倚岸，不庇风雨，日食生螺，出入水中，得鱼换米以输税。"对此普特人，天启《滇志》记载更详：

> 普特：以渔为业，性耐寒，多无衣，以败网蔽身。舟不盈丈，而炊爨、牲畜、资生之具咸备。又有泅水捕鱼者，丹须蓬发，竟日水中，与波俱起，口啮手提皆巨鱼。滇池旁碧鸡山下，其类千余，乘风扬帆，所居无定。名隶有司之籍，而征呼徭役，多不能及，里胥恒代偿之。①

有关滇池中水上人家生活情景的记载是可信的。滇池的狂风大浪，普特人的水上生活，成了少年郑和知识和经验的重要来源。郑和从小生活在滇池边，可能经常在滇池中戏水、游泳、驾船，与渔家接触，与狂涛作伴，滇池练就了他熟悉水性、热爱水上生活、喜欢搏击风浪的性格和本领。

滇池不是一个锁闭在深山无人过问的湖泊，它位于云贵高原的腹地和中心区，周围是云南最富庶的滇池坝子。环湖沿岸布列着昆阳、晋宁、呈贡、安江、海口、官渡、高峣等城镇，以昆明城最大。滇池的航运把这些城镇联系在一起。元代云南行省治所设中庆路，附郭县即昆明县，所以又称中庆城，俗称鸭池城，或作押赤城。据《马可·波罗行纪》，押赤"城大而名贵，商工甚众。人有数种，有回教徒、偶像教徒及若干聂思脱里派

---

① 天启《滇志》卷 30 "种人"。

之基督教徒"。城市很大，工商繁荣，聚居着很多商人和手艺人，不同民族和宗教信仰的人五方杂处。该城也是一座水城，东为盘龙江，南面和西面为滇池环绕，《元史·兀良合台传》说它"城际滇池，三面皆水，既险且坚"。繁忙的水上交通，正如《滇池赋》描绘的，"千艘蚁聚于云津，万舶蜂屯于城垠，致川陆之百物，富昆明之众民"。昆明坝子风大，且多西南风，冬春两季为甚，但往往白天风大，晚上渐小。在明代，滇池航运已积累了用风和避风的经验，组织水上运输，航停自如。滇池的水上生活，几乎就是大海航行的缩影，给幼小郑和绘就了一幅航向五洲四海的美好图景，让他一生受用不尽。

# 三

郑和是回族，出身于虔诚的穆斯林家庭，其家世对郑和影响深远。《故马公墓志铭》载："公字哈只，姓马氏，世为云南昆阳州人。祖拜颜，妣马氏。父哈只，母温氏。"其实，哈只不是郑和父亲的名字，而是其父曾到天方朝觐回来后获得的尊称，"犹言师尊也"。他的父亲、祖父都曾朝觐天方回来，受到人们尊崇，都被尊为哈只。这样的世家不可多得！永乐三年（1405 年）端阳日，李至刚为之撰《故马公墓志铭》，适值郑和出海首航前不久，航海世家的身份正是踌躇满志的郑和自己乐于标榜的，也应该是永乐皇帝所看重的。袁嘉谷在《昆阳马哈只碑》一文中说：

> 碑言和本马姓，父哈只，母温氏……又载和祖亦名哈只，祖母亦温氏。祖母与母同氏，不足异，祖与父同名，或者疑之，而不知不足疑也。昆阳马氏，本回教巨族，回教以曾经天方觐见教主者尊称为哈只。哈只，其字本作㕠，华音译之，或作汉芷。凡有汉芷之称者，乡俗不复称其名，今犹然矣。和之祖与父皆回教曾朝天方者，尊称既久，即和亦忘其祖与父之本名。父卒年三十九，和已升内官监太监，殆幼学后入燕邸，早忘父名亦常耳。及父卒，追念先泽，口述俗称以告李，李悉仍之，其孝也，其慎

也。当是时，中国回人朝天方，道必出海，赍一岁粮乃达，纵有
让皇浮海之传闻，谁敢行险远浮者？和奉君命而往，承其家世探
险精神，率二万余人，往来重洋十数次。①

郑和家世对他的影响是多方面的。"哈只"世家对于郑和精神和性格
的影响更为重要。夏光南《郑和太公墓志铭跋》谓："和之先世及同族盖
曾朝天方，故和之冒险西行，亦非无因。又如公生而魁岸奇伟，风裁凛凛
可畏，不肯枉己附人，人有过，辄面斥无隐。性尤好善，遇贫困及鳏寡无
依者，恒保护赒给，未尝有倦容，以故乡党靡不称公为长者。是则和一生
功业盛传海外，所谓航海数十年，斩俘数十王者，岂非得自祖若父刚方奇
伟之遗传耶。"② 郑和的父、祖都曾探险海外，名扬乡里，郑和继承了其父
亲、祖父勇于开拓、不畏艰险的精神，更成为伟大的航海家。他是海外探
险世家的骄子，在中国和世界历史上建立了卓著功勋。

郑和父辈、祖辈的朝觐路线，史书缺乏记载。大体说，我国西北各省
都是从陆路到天方，而西南朝觐的路线，是否也要绕经甘肃、新疆？马德
新的《朝觐途记》为我们提供了一些启示。原来朝觐路线分陆路和海路，
西北各省多取陆路出嘉峪关，通常称天方北路。南方各省多取海路，通常
称天方南路。云南由于其区位优势和地理条件的特殊，又有阿瓦路和北塞
路两条出海通道。阿瓦路先步行或骑马，经永昌（今保山市）到江头城，
或经九龙江（今景洪）到曼德勒，再"由阿瓦以船行于海，顺水至漾贡。
若水行得力，半月可至，或水弱，需一月"。乘船沿伊洛瓦底江而下，至
漾贡（今仰光）。"然后由漾贡以大船行于咸海，风顺十二日，犹多无风或
有烈风一月，或数月方至。""由邦戛拉至谆德，乘巨船于大海中，西向而
行，风顺四十日，至速者也。或两月，或七十日，中等也。若风不顺或无
风，四月、五月不等。"途经邦戛拉（又作邦果腊，今孟加拉）、克来克特
（今加尔各答）、赛依喇岛（今斯里兰卡）、买来波（今马尔代夫），以后
经数孤篆喇（今索科特拉岛）和尔当（今亚丁）进入红海，再经哈代德

① 袁嘉谷：《卧雪堂文集》卷9。
② 此碑刻于1935年，今存昆阳郑和公园内。

（今荷台达）、谆德（今吉达）到满克（今麦加）。北塞路是先步行或骑马经广南、富宁到北塞（今广西百色），从此乘船沿西江而下，经南宁、浔州（今桂平）、梧州、肇庆到广州出海，经新歌敷尔（今新加坡）、马喇戛（今马六甲）、补鲁宾南（今槟城）、阿期（今苏门答腊岛北端的班达亚齐）、阿勒奋叶（今印度西南端的阿勒皮）、科浪底（今巴基斯坦的卡拉奇），再经哈代德抵谆德①。《朝觐途记》也详记了天方北路沿途程站，但系访问所得的记录。海道途程则是记录其本人经历，月日程站翔实，历历不爽。马德新取阿瓦路入海，取北塞路返回，他的经历概括了海路全程，殊为可贵。朝觐途程虽记录于清代，但却与历史上的传统交通线有关。

元明时期，这条传统交通线向南转移，经由大金沙江（今伊洛瓦底江）与海路连接，可以从阿瓦甚至蛮莫乘船出海，直抵天方。阿瓦路的开辟，减少了陆路的艰辛跋涉，大大拉近了云南与大海的距离，不但实现了陆路与水路的衔接，而且找到了一条从中国到天方最短的水上交通线，在云南对外交通史上占有重要的地位。元代及明初，皆着力于对缅甸的经营，设置了驿站，交通、商贸和朝贡使臣往来不绝。《元史·成宗本纪》载："增云南至缅国十五驿，驿给圆符四，驿券二十。"《明会典》卷146载："国初麓川平缅宣慰司有戛赖、大店二驿，缅甸宣慰司有阿瓦驿。"同时，在大金沙江中游兴起了缅中五城，水上交通频繁。景泰《云南图经志书》卷6载："其地通曰缅，旧有江头、太公、马来、安正国、蒲甘缅王五城。""有金沙大江，阔五里余，水势甚盛，缅人多乘舟，恃以为险。"正德《云南志》卷14亦载："江头城，在腾冲西南十五日程。太公城，在江头城南十日程。马来城，在太公城南八日程。安正国城，在马来城南五日程。蒲甘缅王城，在安正国城西南五日程。去大理五十余日程，所谓缅中五城也。"以上五城皆沿大金沙江布列，但顺序有误。证以今地，江头城在今杰沙，太公城今作达冈，安正国城在今新古，马来城即今曼德勒，蒲甘城今仍作蒲甘。《西南夷风土记》记载具体而精彩："江头城外有大明

---

① 《朝觐途记》原有阿拉伯文版，由马安礼译成中文，1861年刊印。近年被收入《云南史料丛刊》卷12，云南大学出版社2001年版。

街，闽、广、江、蜀居货游艺者数万，而三宣六慰被携者亦数万。""器用陶、瓦、铜、铁，尤善彩漆画金，其工匠皆广人，与中国侔。""江海舳舻与中国同。""（摆古）海水日潮者二，乘船载米谷货物者随之进退。自古江船不可数，高者四五尺，长至二十丈，大桅巨缆，周围走廊常载铜铁瓷器，往来亦闽、广海船也欤！""缅甸有江名粘利，其流百折，其水咸黑，人马皆不敢行饮，旋过此，回回夷汲水以济其渴。"① 江头城有大明街，摆古（今勃固）有闽广的大海船，沿大金沙江至海边，皆有华人工匠和商贾聚居，不少器物与中国同。我们有理由认为，在野外汲水济渴的回回人，可能就是沿着传统的入海商道朝觐天方经过那里。清代的朝觐途程与元明时期相较，不可避免地会有更易，如原先繁荣的摆古，清代被漾贡取代。但是，整个航线的格局，应该在元代即已奠定。被尊为"哈只"的郑和的父辈和祖辈，是云贵高原探究大海的先驱，他们一代代相继勇敢地走向大海，又一代代相承把有关西洋的风物和航海知识带回来，经过世代积累和熏陶，受益者当然首先是他们的子孙。这也是郑和率众成功远洋航海所独具的优势。

（原载《传承文明　走向世界　和平发展——纪念郑和下西洋600周年国际学术论坛论文集》，社会科学文献出版社2005年版）

---

① 此系朱孟震《游宦余谈》书末所附《西南夷风土记》，《学海类编》收入单刊为一卷，误题为朱孟震著。朱孟震收录此书有功，作者姓氏已不可考，但为亲历者的记录无疑。

# 师范：研究郑和的云南第一人

云南最早研究郑和的是谁？研究者大多认为是袁嘉谷，然而翻检史料发现，清人师范才是云南研究郑和的第一人。

伟大的航海家郑和从小生活在云南昆阳州。郑和对故乡云南怀有深厚的感情。永乐三年（1405年），郑和出海前不久，专门请大学士李至刚撰写《故马公墓志铭》送回家乡，刻石立于其父墓前。永乐九年（1411年），他利用出海的间隙，专程回乡祭扫追荐祖宗坟茔。永乐十八年（1420年），他又施印《大藏经》一部共635函，赠送省会云南府城内的五华寺。

长期以来，郑和故乡的人们也怀着深深的挚爱和敬意，纪念郑和，研究郑和，以郑和为云南的骄傲。清人师范对郑和的研究就是其中的典型。师范在他编的《滇系·典故》第七册中有一篇《明史·三保太监郑和传》，今录于下，以飨读者：

> 郑和，云南人，世所谓三保太监者也。初事燕王于藩邸，从举兵有功，累擢太监。有智略，知兵习战。帝疑建文帝遁海外，欲踪迹之；且欲耀兵异域，示中国富强，乃命和及其侪王景弘等通使西洋。造大舶，修四十四丈，广十八丈，赍金银、珠宝、币帛，以永乐三年六月，统将士二万七千八百余人，大舶六十二，自苏州刘家河泛海至福建，复自福建五虎门扬帆，首达占城，以次遍历诸番国，颁天子诏，宣示威德，因给赐其君长及诸大臣，不服则以武慑之。五年九月，和等还，诸国使者随和朝见。和献所俘旧港贼首。帝大悦，爵赏有差。旧港者，故三佛齐国也。其

酋陈祖义凶暴，剽掠商旅。和使使招谕，祖义诈降而潜谋邀劫。和觉，预为备，祖义率众至，大败被擒，众五千尽戮。至是献俘。诏戮于都市。

六年九月，复命和偕景弘等往赍诸国。诸国皆恭顺如初，独锡兰山国王亚烈苦奈儿侮慢不敬，谋杀和，和觉而去。及和归，复经其地，遂诱和至国中，索金币不得，则潜遣（发）兵五万余，驰劫和舟，而伐木拒险，绝和归路。和谓其下曰："贼大众既出，国内虚，且谓我军孤，不能战；出其不意反袭之，可得志。不然，吾属无噍类矣！"众然之，乃遣人由他道至舟，令尽力固拒，而躬率所统二千余人，疾驰攻破其城，生擒亚烈苦奈儿及其妻子官属。劫和舟者闻之，急还城，官军复大破之，全师而还。九年六月献俘于朝。帝赦不诛，释归国，更立其国之贤者。海外诸邦，益服中国威德。是时交阯已破灭，郡县其地，诸邦益震詟，来者日多。

十年十一月，复命和等往使。至苏门答剌，既颁赐其王宰奴里阿必丁，而其前伪王子苏干剌者，方谋弑主自立，且怒和赐不及己，率兵数万邀击官军。和率众及其国兵与战，贼败奔，追擒之喃渤利，并俘其妻子，以十三年七月还朝。帝大喜，诛苏干剌，赍诸将士有差。

十四年冬，满剌加、古里等十九国咸遣使朝贡，辞还。复命和等偕往，赐其君长。和将命绝域，三擒贼魁，威震海外，凡所号令，罔敢不服从，而番人利中国货物，益互市通商，往来不绝。十七年七月，和等还京。

十九年春，阿丹、祖法儿等十六国朝贡将还，帝复命和同往。明年八月和等还，以其贡使来。

二十二年正月，旧港酋长施济孙请袭宣慰使职，命和赍敕印往赐之。比还，而成祖已晏驾。洪熙元年二月，仁宗命和以下番诸军守备南京，南京设守备自和始也。

宣德五年六月，帝以践祚岁久，而诸番国远者犹未朝贡，议复遣使颁诏行赏，仍命和偕王景弘往，乃复历忽鲁谟斯等十七国而还。和经事三朝，先后七奉使，所历占城、爪哇、真腊、旧港、暹罗、古里、满剌加、渤泥、苏门答剌、阿鲁、柯枝、大葛兰、小葛兰、西洋琐里、琐里、加异勒、阿拨把丹、南巫里、甘把里、锡兰山、喃渤利、彭亨、急兰丹、忽鲁谟斯、比剌、溜山、孙剌、木骨都束、麻林、剌撒、祖法儿、沙里湾泥、竹步、榜葛剌、天方、黎伐、那孤儿，凡三十余国。（所取无名宝物，不可胜计，而中国耗废亦不赀。）自古奉使绝域，擒王摧敌，数建奇勋，未有若和之盛者也。自宣德以还，声教渐不及远，殊方时有至者，要不如永乐时，而和亦老且死，不复能奉使矣。自和后，凡将命海表者，莫不盛称和以夸外番，故俗传三保太监下西洋，为明世（初）盛事云。

师范，字端人，号荔扉，又号金华山樵。一般谓师范为赵州人（按：清代赵州治今大理凤仪镇，辖境包有今弥渡坝子北部）。张登瀛《师荔扉先生传》载，"归其枢于白崖"，则师范的故乡在清代赵州所辖的白崖，即今弥渡县红岩。师范年轻时以聪颖超群，崭露头角，乾隆三十九年（1774年）中甲午科本省乡试第二名。刘开《师荔扉先生传》载："年二十一，以中云南乡试第二名入都。"乾隆五十二年（1787年）授剑川州学正，参办援藏军需有功，嘉庆六年（1801年）选授安徽望江县令。后"以疾解官，贫不能归，卒大雷，济南太守张滇洲，归其枢于白崖"。师范做了八年清官，死在长江边上的一个小镇大雷（今称雷港），逝世后几乎灵枢都无钱送还家乡。其墓今在弥渡县寅街乡波罗湾村北老虎石，为县级文物保护单位。

《滇系》为师范研究云南历史的集大成之作。全书共40册，洋洋大观，内容丰富，功力深厚。该书分《疆域系》、《职官系》、《事略系》、《赋产系》、《山川系》、《人物系》、《典故系》、《艺文系》、《土司系》、《属夷系》、《旅途系》、《杂载》等十二系。据《滇系》自序及例言，该书"告成于丁卯季冬，共阅书四百余种"，则成书于嘉庆十二年（1807年）望江任上。嘉庆十三年（1808年）在望江付梓，光绪十三年（1887年）云南通志局复刻，民国初年收入《云南丛书》重印流传。1968年台湾成文出版社又据光绪十三年（1887年）重刊本影印。

师范在安徽望江的经历，使他有条件接触内地大量的历史文献，并把一批当时云南罕见的资料收入《滇系》中，有关明史研究的最新成果及《郑和传》的收入，成为该书的一大特色。师范作为云南古代著名的历史编纂学家，他独具慧眼，在云南的地方史志资料中，不但第一个收入了有关郑和的资料，而且选材也颇具匠心。明清人编写的《郑和传》，见于查继佐的《罪惟录》、傅维麟的《明书》、尹守衡的《明史窃》等，皆过分简略。系统反映郑和事迹的传记有张廷玉的《明史·郑和传》、王鸿绪的《明史稿·郑和传》及作者佚名的《明史稿·郑和传》，它们结构相同，文字相近，但详略不一，应该是《明史·郑和传》的几次修改稿。张本简略，王本适中，佚名本文字功夫似嫌不够。中华书局《明史》点校本《出版说明》谓："《明史》先后由张玉书、王鸿绪、张廷玉等任总裁，最后由张廷玉等定稿。先后参加具体编撰工作的人数不少，其中以万斯同用力最多，但是他没有担任明史馆的职名。王鸿绪就万斯同已成的《明史稿》加以修订，张廷玉等又在王鸿绪稿本的基础上改编成为《明史》。""《明史》虽以《明史稿》为蓝本，但在编排上要整齐一些。从史料来说，两书互有详略。"我们将王鸿绪的《明史稿》列传第178《宦官上·郑和传》与张廷玉的《明史》列传第192《宦官一·郑和传》进行比勘，发现不少评价郑和的定性的话语及一些用以认识郑和功绩的重要信息皆被张本删弃，如说郑和"有智略，知兵习战"，"海外诸邦，益服中国威德"，"和将命绝域，三擒贼魁，威震海外，凡所号令，罔敢不服从，而番人利中国货物，益通商互市，往来不绝"。"自古奉使绝徼，擒王摧敌，数建奇勋，未有若和之盛者也。"相反，张本又加上"所取无名宝物不可胜计，而中国耗废亦不赀"一句。王本末句"为明世盛事"被张本改为"为明初盛事"，一字之差，评价不同。两相对比可知，王鸿绪《明史稿》的《郑和传》是成功的，而张廷玉的删改帮了倒忙。学界多看重张廷玉的《明史·郑和传》，很少有人提出是否还有比张本更好的《郑和传》。师范不囿于钦定的《明史》，竟选录了王鸿绪《明史稿·郑和传》全文，既是意外，又是超越，其眼力之敏锐，用心之良苦，足资后世取法。今将被张廷玉所删的内容下加着重点排印，张本新增或改变的内容用括号标示，以便读者对照、赏析。

师范的历史观还反映在他的史评上。《郑和传》后有史评一则，兹全文录出：

> 师范曰：明祖之禁宦官，可谓严矣，而永乐即违之，汪直、王振、刘瑾祸连朝野，至魏忠贤为已极，庄烈帝手除元恶，乃复寄心腹于高起潜、卢九德等，呜呼果何见而然哉！郑和之著称亦在永乐时，想其饬艨艟耀组练日，驰逐于惊涛巨浪之上，遂使炎洲涨海袭冠带者三十余国，功业之盛，虽班超、傅介子不足奇也。盖宇内山水半发源于滇，如木有根干，故其钟之于人，率多纯笃而挺拔，中涓犹铮铮若是，况俨然须眉者而孰肯以脂韦自甘乎！

宦官专权是明代政治的一大特点，也是郑和得以走上历史舞台的大背景。《明史·宦官传》谓："盖明世宦官出使、专征、监军、分镇、刺臣民隐事诸大权，皆自永乐间始。"这是师范首先交代的。然而，郑和与其他擅权蛊政者大异，师范强调："想其饬艨艟耀组练日，驰逐于惊涛巨浪之上，遂使炎洲涨海袭冠带者三十余国，功业之盛，虽班超、傅介子不足奇也。"班超为东汉名将，曾奉命率吏士36人赴西域，以他的勇敢和智慧，巩固了汉王朝在西域的统治，在西域活动达31年，永元三年（91年）任西域都护，后封定远侯。傅介子，西汉昭帝时为平乐监，因龟兹、楼兰贵族联合匈奴，杀汉官员，他奉命以赏赐为名携黄金、锦绣赴楼兰，在宴席上刺杀楼兰王，后被封为义阳侯。班超、傅介子的功业在西域，郑和的功业在海上，他们都超过前人，为国家民族建立了功勋。与郑和的伟大功业相比，班超、傅介子也算不上多了不起。师范对郑和的历史功绩给予了充分的肯定。人们皆谓"地灵人杰"，这也是师范感触最深的一点。云南养育了郑和让师范引以为荣，他认为，从地理形势分析，云南是培养栋梁之材的地方，云南人"率多纯笃而挺拔"。所谓"挺拔"，即成为国家的栋梁之材，以郑和事迹教育大家，鼓励云南人应该有敢为天下先的志向，勇挑重担，成为国家的栋梁。

师范不但是云南研究郑和的第一人，也是用郑和事迹激励乡里的第一人。

（原载《思想战线》2005年第4期）

# 钱南园的一生给我们的启示

为什么要研究钱南园？为什么要纪念钱南园？钱南园并不出生在显赫的世宦之家，也不出生在著名的书香门第。他也不是天资绝顶的神童，状元、解元等桂冠与他无缘。他官阶不高，任监察御史，为从五品，曾升至通政使司副使，为正四品。按理，六部加都察院、通政使司、大理寺为九卿，但他仅为副使，只能算九卿之副。高官厚禄几乎与他无缘。那么，研究钱南园有什么意义呢？

钱南园的一生，有其独特的人生轨迹。

## 一、出身寒微，勤学苦练

钱南园生长在一个农民兼手工业的家庭。在清初以来，迭遭兵燹、水灾及饥荒，"素贫"。吴三桂构兵叛乱，盘龙江数发大水，都使钱家累受灾难。祖父钱宓8岁时曾被吴三桂军掠去服役，被监视着割草喂马，长大后，也从事农耕。父亲钱世俊精于银铜工艺，是一位银匠，但却因此被征去服役，生产军需物品。钱南园共四弟兄，还有一个姐姐，家中人口多，弟妹众，几代人都在为衣食操劳，生活上却经常捉襟见肘。钱南园自述自己的家史说："嗟我累代耕田夫，寒陋直过胡伯始。""力农不逢兼以末，拮据终岁无宁晷。何知毛从龟背刮，但识身向鸡鸣起。温甘时缺不能继，相对啜泣中夜里。"

在这样的家庭要安心读书，十分困难。他小时读私塾就中辍过多次，而且"每晨起责以洒扫内外，地净乃赴塾，归则抱负弟妹"。16岁时准备到衙门中当书吏或军营中当"写粮"，因母亲坚决反对才未成行。乾隆二十六年（1761 年）至三十三年（1768 年）间，钱南园有幸进入五华书院，然而，为了衣食，学习阶段仍不得不忽断忽续。他曾两次到会泽、两次到嵩明邵甸执教书馆，取得一点薄酬，用以补助家用。

钱南园一生勤奋，利用不同的环境条件，勤学苦练。小时家贫无钱买书，他就在旧庙水德庵的废纸堆中寻觅可供阅读的东西，拾得残篇制艺，带回家中熟读。他在农村教私塾，有机会天天看马，对马的观察特详，感悟特深，画技精进。"窗外有瘦马，饮秣起息，日日异状，先生目触之，心盛之，手摹之，亦日日而异状。是为先生画马之始。"这是从实践中学习。进入翰林院，特别是移住周于礼家，有机会接触各书法名家的石刻拓本或真迹，对褚遂良、颜真卿、钟绍京、王羲之、王献之、米芾、欧阳询等大家的法帖皆认真学习。兼采各家之长，书艺大进，卓然成家。钱南园的诗《散馆前一日作》描述了他学书的勤苦："自从拜命入馆日，日昃兢兢惟在此。敬从先达问波磔，半用清俸求笔纸。《黄庭》、《乐毅》置左右，如鸟黏糭凭案几。徒然费尽临摹力，何尝能有分毫似。婉婉弱臂六钧弓，荡荡巨舟三峡水。牵挽到死吾不恨，毛颖、陈元冤胡底。明朝入试明光宫，劣迹将呈天帝视。臃肿欹侧陋且秽，自顾犹觉难向迩。二更宫漏垂欲尽，扑笔眼眩杂朱紫。"决心之大，练习之勤，要求之高，跃然于诗中，这是钱南园学问精进的秘诀。

## 二、命途多舛，蹉跎岁月

钱南园的一生，不但不是幸运儿，而且命途多舛。从青少年时开始，他的举业就多次受挫。他读书已近 10 年，乾隆二十一年（1756 年）参加童生的考试没有被录取，初试就碰了壁。第二年他考取生员，他的父亲也感到疑惑，说，"是岂汝能？是汝祖不得于身，而贻之汝者也"[①]，把成功的因素归于祖宗积的德。乾隆二十六年（1761 年）他被选入五华书院学

---

① 《钱氏族谱·言行纪略》：《先君子拙叟公传》。

习。五华书院可算当时云南的最高学府，设备完善，有著名学者传道、授业、解惑，还有膏火银补助生活，条件优越。钱南园在这里的表现不俗。刚入学不久，云南巡抚刘藻亲自督学征诗，钱南园的诗被选为首位，受到刘藻称赞。学政于雯峻命题《月中桂树赋》试士子，钱南园之作亦被列为冠军。钱南园获得书院历届山长的褒奖。每月频繁的考试，钱南园总是居于前列，还被山长苏霖渤标榜为"滇南翘楚"。但是，这样一位平时学问、品行皆佳的优秀生，却考了三届乡试才获举人，又考了两次会试，迟至乾隆三十六年（1771 年）才成为进士。从秀才历举人到进士用了 13 年，从进入五华书院到会试得中也足足用了 10 年。以后在翰林院，名声、学行皆足可标榜，但按清代的制度，那是虚闲之职，是国家储备人才的荣誉机构。钱南园在翰林院一呆又是 10 年，其中仅被派往广西任乡试副考官，出差数月。乾隆四十六年（1781 年），钱南园始被委任为江南道监察御史，到乾隆六十年（1795 年）逝世，中间仅 14 年。其中由于母亲和父亲相继去世，他于乾隆五十四年（1789 年）至乾隆五十八年（1793 年）奔丧，在家守制近 5 年。蹉跎岁月，耗去了钱南园的大好时光，一代名臣一生实际亲政出力的时间还不足 10 年。

# 三、忧国忧民，疾恶如仇

钱南园虽然 40 多岁才走到从政的前沿，但监察御史这一工作却正合他的性格和抱负，最大限度地发挥了他的聪明才智和从政能力。他的人生信条，正如《守株图》所写照。友人林树蕃题《守株图》记录了钱南园本人的说法："凡吾所守，汲黯稊疏，安道之琴，元晏之书，伯伦之关，子云之庐。若是数者，为吾之株。"他不随俗，不趋时尚，汉代汲黯的耿直敢谏是他效学的楷模。林树蕃谓："子之所守，人之所捐；子之所待，人之所弃。"钱南园担任御史，终于有了实现他的理想和才智的可能。

御史属于都察院。都察院是封建王朝的监察机构，负责监督、弹劾官员，向皇帝通信息、提建议。都察院设左都御史和左副都御史，其下有六科给事中，再下设十五道监察御史，每道有掌印监察御史、监察御史，形成全国的监察系统。御史一般级别较低，但掌监察、弹劾及建言，可以弹劾高官大员，位卑而权重。御史的风险极大，因弹劾失实或被弹劾者的背景深厚、关系复杂而无法弄清，都可能反被丢官甚或获罪，这样的例子屡见不鲜。因此，御史虽多，被揭露的要害问题和大官却很少。乾隆皇帝也感叹："种种不法，实为从来未有之奇贪异事，内外大臣，无人不知，乃竟无一人举发陈奏，朕实为之寒心。"① 钱南园却不然。《啸亭杂录》记载说："乾隆中，因御史王笙、罗暹春先后劾大臣获咎，故谏官皆缄默无言，转相戒诲。钱南园沨深恶之，曰：'国家设立谏官，原欲拾遗补阙，今诸臣皆素餐尸位，致使豺狼遍野而上不知，安用谏官为哉？'乃陈奏山东巡抚国泰诸贪婪不法，及国帑亏空事。"② 其实，钱南园深知，若弹劾国泰等人不成，可能引火烧身，招来横祸。为此，他借了一笔路费，并嘱咐仆人准备行装，若因此获罪被遣戍新疆，也义无反顾，充满了赴汤蹈火的勇气和决心。结果，他揭发的事实被调查证实，国泰被赐令狱中自尽，有关人员皆被治罪，"而山左抚民者去一凶人，万姓颂歌焉"③，老百姓皆大欢喜。后来，由于坏人诬陷，他被从通政使司副使的正四品降为部属主事正六品，一下降了四级；但在家守制期满，仍又匆匆回京报到。其父临终前对他说："吾身后，汝不出则负朝廷，汝出又恐不能不误朝廷。所谓为非，岂必如冥顽不肖之徒哉！阴谴至重，吾在地下不能为汝堪之也。"④ 正如其父的期望，忧国忧民的他，绝不负朝廷，宦海沉浮在所难免，重新出山也是必然。他不计较个人得失，积极进取，获得乾隆皇帝赏识，再入谏垣，任湖广道监察御史。清白刚正、无私无畏的他，也绝不误朝廷，他上《请复军机旧规疏》，揭开了弹劾和珅的序幕。和珅是清代最大的贪官，又是乾隆皇帝的宠臣，大权在握，弹劾和珅十分困难。《清史稿·和珅传》说："曹锡宝、尹壮图皆获谴，无敢昌言其罪者。""言官惟钱沨劾其党国泰得直。"此前言官曹锡宝、尹壮图、谢振定等都因弹劾和珅有关事获罪，一

---

① 《清高宗实录》卷 1146。
② 《啸亭杂录》卷 10《钱南园》。"王笙"原作"王盖"，朱桂昌先生认为"盖"为"笙"之误，据改。见朱桂昌《钱南园传》，云南人民出版社 1995 年版，第 111 页。
③ 张士元：《嘉树山房集·书事》。
④ 《钱氏族谱·言行纪略》：《先君子拙叟公传》。

时噤若寒蝉。钱南园弹劾和珅党羽国泰成功,震动朝野。这次他的建议又分寸适度,讲究方法,终获皇帝采纳,为乾隆朝刮起了一股民间称颂的清风,为我国古代的反贪积累了经典案例。

# 四、廉洁刚正,求真求实

正人须先正己,无私才能无畏,谏官必须是清官。钱南园一生生活清苦,为官清正,足堪楷模。清代官场陋习甚重,官吏以聚敛为务,钱南园却两袖清风;请客送礼十分普遍,钱南园却不趋炎附势,不喜结交权贵,不送不受;花天酒地,大讲排场,礼节繁缛,靡费甚多,钱南园却处处节俭,不凑热闹。在官场中,他是一位奇人,既倔,又傲,亦孤。据其友朋回忆,在翰林院时,借住在友人处,"每日出城,由正阳门赁驴至宣武门,步入云南馆,与同乡小聚,复由驴背还,其苦俭如此。"① "乙未,即任检讨,馆徐太史镜秋家,距城南二十余里,每出必以寅,粗缯徒步,诣余邸,打门呼早餐。"② 去看师范则是天还未亮就动身,走了二十多里路才吃早饭。他回家探亲,"囊无一物奉上寿",最有意义的是请人为老父亲写一纸寿叙。初任御史,必须置办车马衣服,借不起高利贷,只得向朋友借钱。买不起好马,买马也以适用为原则,"不必佳者,但稍健而驯即为妙品",最后买了一匹瞎了一只眼的廉价骡子。这一阶段,其在老家的家人还须友人资助,他在京的生活也"窘不可名",须向朋友借钱。出任湖南学政6年,他也是一身清名。据《钱南园先生别传》载,"按试各郡,绝干谒,一秉至公"。不受棚规,谢绝求请,获得"钱来不要钱"的美誉。父母丧后,"阖门三百余指,仅仅求给朝夕之不暇,更复何有可裹之粮",向亲朋借贷,但却不收官员馈赠。"有同年友,官当道,为之致馆馈赆,悉不受"。自身的俭朴廉洁与执法的刚正无私有如两翼,是相辅相成的。张士元《书事》有一段记载概括了钱南园一生在这方面的生动形象:

① 窦欲峻:《钱南园五札跋》。
② 师范:《二余堂文稿》卷4《汇刻南园诗存后序》。

钱御史秉质清刚，能甘淡泊，居官不饰舆马。市骡损一目，取其价之廉也。有邀之宴饮者，嘉肴不敢恣啖。或问之，答曰："吾家常淡食，恐美味适口，后难安于俭觳耳。"盖惟其能俭，故能廉，能廉，故能直言不挠。天下之士穷极嗜好者，求其以道居官，不亦难乎？

当然，谏言必须实事求是。我们在有关钱南园的资料中发现，他求真求实的性格随处可见。他对自己寒微的家世从不隐瞒，他对清贫的生活也不忌讳。作为谏官，他的弹劾内容更是注意分寸，实事求是。任意夸大，稍有不实，是会惹来处罚甚至削职的。但他也不会为保全自己敷衍塞责，大事化小，小事化了，再大的案子他都敢于直面揭发，再高的官如陕西巡抚毕沅、山东巡抚国泰甚至乾隆皇帝的宠臣和珅等他都敢碰。钱南园自己说："吾非敢以言为借资尝试，只尽吾职，知无不言，言无不尽而已。"①对此，乾隆皇帝曾有过怀疑，就钱南园参奏国泰事，他说："朕侍科道之参奏已久，而总未见其人，始行查办破案。可见汉人科甲官官相护，牢不可破。设使国泰系科甲汉人，想钱沣亦未必即行参奏也。"② 在当时官官相护屡见不鲜，但钱南园却不是那样的人，朱桂昌先生对此已作了辩解，钱南园不是参奏过毕沅吗？毕沅不是汉人吗？毕沅不是科甲中人吗？乾隆皇帝有失公允③。对于钱南园的廉洁刚正、求真求实，袁嘉谷早有评述，说他"其于国事也，知无不言，言无不诚，无避于权贵，无惜乎身命。其于立身也，居敬行简，自鞭以严，一介不苟，食贫终身"④。在湖南澧州试院，作为学政的钱南园书刻了"用严"两个大字，并刻了一段《用严说》："宽则慢，微独无以警无良，尝因之挂误善类。故道莫尚于严，且未有用严而已敢偷惰者。自鞭之道，亦在是矣。"⑤ 这是钱南园教育士子的名

① 袁文揆：《钱南园先生别传》。
② 《清高宗实录》卷1173。
③ 朱桂昌：《钱南园传》，云南人民出版社1995年版，第119页。
④ 袁嘉谷：《请补钱沣谥疏》，收入《卧雪堂文集》卷11。
⑤ 《钱南园遗集》卷4。

云南文库·学术名家文丛

言，也是他自己一生立身行事的座右铭。

# 五、一代名臣，故土培育

钱南园的成功，有他个人的努力和锤炼，也有周围环境条件的影响，还决定于他所受的教育。钱南园青少年都是在家乡度过，乾隆三十三年（1768 年）第一次离家北上，加上后来回家守制，他在家乡生活的时间长达 32 年，占了他一生的大半。他出生在耕读为本、忠厚孝悌的家庭，父祖辈的教育对他的成长至关重要，《钱氏族谱·言行纪略》多有记载。他不结交狐朋狗党，同窗和友朋多是互相砥砺，正直向上，保存至今的他与友朋唱和的诗文和书信，对此都有反映。他受过中国传统道德的系统严格的教育。在作为官学的五华书院学习阶段，对他做人、从政的道德规范和人生价值的形成起了决定作用。家庭、父母、学校、师长、朋友，都为他这棵云岭大地上的幼苗培土、润根、滋养、塑形、投光，他终于长成参天大树，人们自然都把荣耀投向了他的故乡。姚鼐说："家世昆明远，声名上国珍。"洪亮吉说："早年重望出遐陬，六诏人文第一流。"陈惠钧强调："公来万里昆明池。"陶澍也说："四十年中数风节，天南间气钟昆湖。"林则徐说他是"直节生遐陬，微时抱义处，致身为君国，自许衮职补"。阮元赞叹："陆山昆海，笃生斯人。寒林介石，早守其身。"都强调微时的锻炼。揆之以钱南园一生的行迹，云南人固有的勤劳、俭朴、耿直等优秀品质，不但在钱南园身上都有表现，而且钱南园成为这些优秀品质的集中代表。

故乡对钱南园的教育和熏陶，还必须提及贡院。明清云南贡院在今云南大学校址，虽历经沧桑，基本环境面貌仍未改变。在高峻的龙门道上，头龙门的两侧，原来有一对红砂石雕就的独角兽，古称獬豸。《异物志》载："东北荒中有兽，名獬豸。一角，性忠，见人斗则触不直者，闻人论则咋不正者。"这是中国古代传说中的异兽，毛青，四足，似熊，如羊，但仅一角，俗称神羊，能辨曲直，性忠直，常以角触不直者。因其特殊形象和性格，被作为执法者的象征，又名任法兽，执法者的法冠又称獬豸冠，御史的补服也绣上獬豸，称为豸绣。在贡院出入必经的龙门设獬豸，其意在察奸，检劾夹带作弊的生员，起威慑作用；同时，也树立榜样，教育士子应该为国尽忠，为人正直，起示范作用。贡院还有一座风节亭，明人王锡衮的《风节亭恭记》说："臣锡衮兀坐院署风节亭中，将近四月，一筹莫展，万千苦恼，日日逼来，而念头常定，谨盥手焚香，昭告于皇天厚土之前。"证明明代贡院已有风节亭，是焚香祷告立誓明志的重地，取名"风节亭"，意在教育士子要正直，清白做人，忠于国家，爱憎分明，要有高风亮节。獬豸和风节亭的设置，形象生动，对选拔、教育士子的作用意义相同。钱南园考了三次乡试，獬豸和风节亭对他的激励和触动是可以肯定的，忠直和清风亮节正与他的思想合拍，强化了他的忧国忧民、刚正不阿的精神境界。钱南园是云南贡院教育、熏陶、考选出来的佼佼者。他的朋友及后人称赞他："遗直古所称，公去复何有。憬然豸绣威，啧啧悬众口。""气凭豸绣心犹活"，"冠以豸冠固其宜"。称赞他的"风骨"、"直节"、"道义"、"丰采"，赞美他"清风亮节，照耀海内"。风节亭几经毁建，在今云南大学校园还可看到。古刻獬豸仅剩一只残兽，近年已依原样重雕一对置于原处，也算是对钱南园的纪念。

钱南园的墓在昆明北郊清水河村，这里有一条小河名清水河，让清水河永远彰示他的清名。当地传说：乾隆五十八年（1793 年）这里修成了跨山沟引清水河水的石桥渡槽，竣工时，恰逢钱南园守制在家经此，乡人请他命名，因此得名"延清桥"[①]。民国年间又在清水河上游修堰塘，取钱南园题名的谐音名"源清闸"。20 世纪 80 年代曾设源清乡。名称累有更迭，但始终不离"清"字，这是钱南园的志向所在，也是令乡人最为崇敬和感动的核心。近年，钱南园墓园得到维修，在墓道的石阶两侧，新立了一对石雕獬豸，这是对钱南园刚直精神的最好的表述。故乡永远怀念钱南园。

钱南园是影响中国历史的"一代名臣"[②]。他不是大官，但可算权臣。数次随驾热河并获皇帝个别接见论事。清代参决军国大事的机构是军机

---

① 《昆明市官渡区地名志》，1988 年编印。

② 俞樾：《重刻钱南园先生遗集序》。

处，他却受皇帝派遣督察军机处。他以一己的清廉刚正卓立于群僚之上，关注着全国的各项积弊，正声播及朝野，尤以陕西、甘肃、山东、湖南等省影响最大。他的著作普遍受到重视，先后在安徽、广东、湖南、山西、浙江及云南付梓。他的言行教育影响着后世的一批名臣，诸如林则徐、阮元、赵慎珍、刘崐、左宗棠等等。林则徐说："昔我游五华，星邮里逾万。式闻景名德，仰止适吾愿。"① 左宗棠说："令生当其世，为之执鞭，犹恐先生我弃耳。"② 这里仅述及作为政治家的钱南园的影响。作为书法家和画家，钱南园作品的流传、出版及影响，在此从略。

钱南园的一生，反映了中国古代贫苦家庭出身的知识分子成长的道路，具有普遍性和典型性。中国古代的科举制度，为了网络人才，不弃寒微，以才学定取舍，为贫寒的知识分子入仕创造了条件。但对于终日为基本生活奔波的社会底层人士，温饱是第一位，学习的时间、费用、就学条件等常常变得可望而不可即。钱南园作为"一介寒儒"，他在学习上的付出和艰辛，要比官宦、富商等家庭的子弟多得多。他贫穷但不自卑，反而更加知艰识苦，一生保持寒士俭朴的美德。他历经坎坷但不气馁，却更加自强不息，坚韧不拔。他学习条件不好但却勤奋，抓紧大好时光，利用各种条件，持之以恒，勤学苦练。他看尽世事炎凉却正直不阿，决心要为国家民族有所作为，为此百折不回。他不趋炎附势，不玩弄权术，在熙熙攘攘的官场上宁愿守株待兔，默默地充实自己，终于为中国历史做出了积极的贡献。钱南园一生奋斗和成功的道路，增强了边疆学子成功的信心和勇气，对边疆知识分子的成长具有激励和借鉴的作用。

可惜钱南园从政的时间太短，他只活了 56 岁（现今按实足年龄计算为 55 岁）。《清史稿·钱沣传》说："上夙许其持正，度未可遽倾，凡遇劳苦事多委之。沣贫，衣裘薄，宵兴晡散，遂得疾。（乾隆）六十年，卒。"钱南园是在稽查军机处的重任中，劳累过度，贫病交加，匆匆离开了自己的岗位。他揭开的弹劾和珅的序幕，延到嘉庆四年（1799 年）乾隆皇帝阖眼，才被展开并完成。在封建专制统治时期，钱南园式的人物太少，钱

① 《钱南园守株图题词录》。

② 《钱南园先生文存序》。

南园抱负的实现是有限度的。然而，钱南园的精神不死，在钱南园身上，我们看到了很多中华民族固有的优秀品质。就是靠这些优秀品质，钱南园才得以名垂青史。就是靠这些传统美德，中华民族才得以世代相承，屹立世界。今天，我国正逐步走向民族的复兴和国家的富强，发扬中华民族的优秀传统美德正当其时。

（原载《钱南园研究文集》，云南民族出版社 2007 年版）

# 吴三桂史事新探

　　吴三桂是中国历史上少有的人物。他生活在明清之际的社会大动荡时期，他的活动贯串于这个时期的各个阶段。明崇祯十七年（清顺治元年、1644 年），吴三桂引清兵入山海关，把李自成领导的农民起义军赶出北京城，以后带兵转战陕西、四川等西部各省，追击农民起义军。清顺治十六年（南明永历十三年，1659 年）正月，吴三桂率军进入昆明。顺治十七年（1660 年），清廷命吴三桂为总管，镇守云南，文武官员俱听奏除。康熙元年（1662 年）四月杀永历帝于昆明。同年十一月，清政府加封吴三桂为平西亲王，给他以越来越大的行政、财政、军事权力。他开炉铸钱，搜括矿税，把明代的沐氏勋庄收为己有，处心积虑地扩充军备和经济实力。从康熙二年（1663 年）诏吴三桂兼综贵州事，他的控制范围不但扩大到贵州，还内联外引，搜罗叛将，组织旧部，扩大影响。康熙十二年（1673 年）十一月二十一日，吴三桂在昆明举事叛清，随即发兵东出，自称周王。"兵锋甚锐，是以四方响应。"时镇福建的靖南王耿精忠、镇广东的平南王尚可喜之子尚之信亦反，孙延龄又反于广西，王辅臣反于陕西，一时占有云南、贵州、湖南、广西、广东、福建、四川等省，势力及于江西、浙江、陕西、甘肃、湖北的一部，史称"三藩之乱"。康熙十七年（1678 年）三月，吴三桂在衡州称帝，建元昭武，同年八月十七日暴死于衡阳。十一月，其孙吴世璠在昆明继位，明年改元洪化。康熙二十年（1681 年）十月二十九日，清军攻入昆明城，吴世璠自杀，三藩乱平。

　　吴三桂生活的时代，各种社会矛盾交错发展，他都在其中扮演了重要的角色。明末，阶级矛盾突出，李自成和张献忠领导的农民起义军席卷全国，吴三桂带领清兵入关，成了镇压农民起义军的最大的刽子手。清兵入关后，全国形势大变，民族矛盾迅速上升，清军残杀无辜，演出了"扬州十日"、"江阴守城"、"嘉定三屠"等历史惨剧，农民军余部与南明的残余势力联合，进行"联明抗清"。这时的吴三桂，又成为民族压迫的帮凶，南明最长的永历政权，终被吴三桂绞杀。康熙继位，调整统治政策，社会安定，生产逐步获得发展。在这种背景下，吴三桂却打出反清的旗号，掀起"三藩之乱"，进行分裂割据，破坏国家的统一和安定。吴三桂的一生总是逆历史的潮流而动，他是历史的罪人。

# 一、吴三桂研究资料评述

有关吴三桂的资料较多较杂，同一内容的记载又有歧异，不能随手拈来，匆促论断。必须对资料认真辨析真伪，掂量轻重，对史实逐一核实订正，方能求其要，求其全，亦求其真，求其实。现就有关资料的形成背景和史料价值进行清理，大体可分为四类。

第一类为权威性资料，包括大量的国家档册和官修的国史、实录等。传统被称为正史的二十四史，系统、完整、精粹，是我们研读历史的入门所据。清政府设有国史馆，隶翰林院，修各朝本纪、列传。所修列传稿本汇集为《国史列传》80卷，其中逆臣传有《吴三桂传》。民国初年修成《清史稿》，亦有《吴三桂传》。将两传逐一比对，二者大体一致，互有损益。《清史稿·吴三桂传》应据《国史列传·吴三桂传》改写，删了一些诏疏，充实了一些过程和细部，原略者加详，原模糊者改具体，后者实较前者优善。《清史稿》虽为学界诟病，但至今仍为研究清史所必读。《清史稿·吴三桂传》1.5万多字，分量适中，可以作为研究吴三桂事迹的入门。仅依《清史稿》当然不够。《清实录》的内容比《清史稿》详尽得多，有关平定三藩之乱的资料就达16万多字，是《清史稿·吴三桂传》的10倍以上。实录所收多为奏疏、上谕及其他文件，大量的官方档册，来源可靠，内容翔实。整理《清实录》有关吴三桂反清的资料，可以察觉八年中的战争态势分为三个阶段。最初三年，吴三桂起兵，四处响应，东达福建、广东、江西，西达川、陕，至兰州、秦州、固原、定边，清兵穷于应付，沿长江布防。康熙皇帝甚至提出，"朕欲亲至荆州，相机调遣"，准备亲征。康熙十五年（1676年）清军招降王辅臣成功，西北形势逆转；以后，福建、广东反复；清军曾在吉安三次失利，招降韩大任，江西形势才大变；但中线清军长期坐守荆州，百般备船备粮，围岳州仍不下，"诸将军破贼无期"。这是两军对峙阶段。康熙皇帝又一次提出"朕欲亲统六师，躬行伐罪"。康熙十七年（1678年）八月吴三桂暴死，战争形势逆转，进入清军反攻阶段。康熙十八年（1679年）正月，清军费九牛二虎之力围困的岳州，仍是由于叛将投降才攻下。"伪总兵王度冲、伪将军陈珀等于本月十八日，各以其舟师来降。吴应麒等弃城遁，遂复岳州。"康熙二十年（1681年）二月二十一日，吴世璠遣将军胡国炳等率马步兵万余人，出城列象阵拒战，"自卯至酉，大败贼众，追至城门"，此为昆明第一役。以后"大兵已逼云南省城下，掘壕围之，吴世璠婴城死守"。直到十月二十八日夜，"伪将军线缄、胡国柱、吴世吉、黄明，原任都统何进忠，原任巡抚林天擎等谋擒逆首吴世璠、郭壮图以献。吴世璠闻变自杀，郭壮图及其子郭宗汾皆自刎死。二十九日，线缄等率众出城降"。《清实录》提供的资料完整、准确，我们可据其中的记载，把"三藩之乱"的进军路线、兵力部署、战场等绘制成一组历史军事地图。

第二类为原真性资料。这是区别于国家档册和官方文书，作为私家记录的史料价值最高的一类。吴三桂的史事有一些缺环，"三藩之乱"有一些重要节点，其酝酿、形成、出露、转折等，非有心人的长期记录和搜集，是难以搞清的。战乱中的变化，加上军事对峙、情报封锁，都会使重要历史环节模糊。全过程的完整记录有赖于有心人。对吴三桂反清活动的记录，也不乏当时亲历的有心人。

刘崑，字西来，江西吉安人，顺治十六年（1659年）进士，康熙十一年（1672年）以山东东鹿县知县擢云南府同知，因不肯附吴三桂反清，被吴谪戍腾冲卫。康熙二十年（1681年）四月，清兵围昆明时已返昆，后擢常德府知府。据《庭闻录》序，刘崑居永昌，曾著《吴三桂传》及《滇变记》，康熙十八年（1679年）"封稿于壁中，入宝台山避兵，逾年返求故居，满目蓬蒿"，后仅《南中杂说》行世。其子刘健"当日趋庭所受教，惧久而忘，因举所闻犹能记忆者，书之于册"。该书叙吴三桂从发迹到覆亡的始末，重点叙述吴三桂在西南各省的活动，按年代顺序，又分五个阶段，即乞师逐寇，镇秦徇蜀，收滇入缅，开藩专制，称兵灭族，末为杂录备遗，共六卷。刘健谓该书记录了其父所述，"因举所闻犹能记忆者"，其实这仅是资料来源的一个方面。作者又花了很大工夫搜集有关吴三桂的资料，如书中详录吴三桂的多道奏疏、咨文，《大有奇书》等引文，皆属难得。战乱中，传闻不同，作者也着意落实考订。该书载康熙十七年八月十八日吴三桂死，十月衡州发丧，十一月世璠僭号，并加了一段注文："伪中书盛王臣侍左右，自僭号以及病死，尝与健言其详。今《滇志》作十月三桂死，此因匿丧之故而误作十月也，当以王臣之言为确。"该书的态度是严谨的，所说多可据。该书有"康熙五十八年（1719 年），岁在庚子春三月"刘健序，庚子应是康熙五十九年，卷五记孙旭事直到"雍正三年（1725 年）以募化入闽死"，定稿应在雍正年间了。篇末附录乾隆年间"平定缅甸"事，胡思敬跋谓："原刻附乾隆平缅事一篇，较魏氏《圣武记》为详，不知何人所著，姑存之以备参考。"该书以《豫章丛书》本较为完整，《云南备征志》本首尾皆有删节，且两种版本的文字细部皆有脱漏。1985 年上海书店出版了该书《豫章丛书》本的影印本，各部分结构完整，版式合理，并保留了魏元旷、胡思敬的校刊记和跋。宜以上海书店影印本作底本，用《云南备征志》本校补，形成善本，满足学界所需。

孙旭，字子旦，号转庵，浙江湖州人，一作余姚人，在军中易名王怀明，后为僧。他也是吴三桂叛清事件的亲历者，并以其所知整理成《吴三桂始末》。有关该书及作者情况，孙旭原序载："予于甲寅、乙卯间遇大难，丙辰，用奇计遁迹江南，至吉安招抚韩大任。大任自幼随桂，为予言甲申至丙辰甚悉。自大任戊午归正之后，予又奉使汉中，被羁贵州。时三桂逆孙世璠嗣据伪位，以贵阳为行在，其伪尚书郭昌、来度与予交最契，每详言逆犯三桂之末路。今备载之，而源尾亦概可见矣。"孙旭的情况，《庭闻录》亦载："旭，湖州人，少而机警，稍知书，入武学，中某科武举。"该书记孙旭招抚韩大任事甚详，后旭"祝发为僧，号谛晖，住持浙江灵隐寺，雍正三年以募化入闽，死"。孙旭所记，即以其亲历贯串全篇，多可据信。但有的环节较模糊，想因其所处地位无法掌握；有些情节似为街巷传言，宜慎加斟酌。孙旭所撰，收入《甲申朝事小纪》，称为《吴三桂始末》，《续云南备征志》亦据此录入。另有《长恩阁丛书》本，称为《平吴录》，民国年间，赵诒琛、王大隆辑《辛巳丛编》，乃据《长恩阁丛书》本排印。两种本子相较，文字细部似以《平吴录》见长。可依《长恩阁丛书》本为据，取《辛巳丛编》本也行，再用《续云南备征志》本校刊，名称亦用《平吴录》，整理后的本子会较优长。

第三类为可据性资料。有关吴三桂叛乱的情况，既是清廷关心的大事，也是康熙、乾隆年间人们关注的热点。时人的记载多可征信。平定三藩后，康熙皇帝派行人司行人颁诏四方，考察民隐，宣示德政。徐炯被派出使云南，于康熙二十六年（1687 年）六月十五日首途，次年三月十三日自滇还达京口。其《使滇日记》和《使滇杂记》两书，所记刚平定吴三桂叛乱不久的云南情况，真实可靠。该书版刻极佳，谢国桢先生将其收藏公之于众，交上海古籍出版社于 1983 年影印出版，并加跋文指出："吴三桂既经平定之后，湘滇各疮痍未复，犹有凄凉之状，而官吏送往迎来，挥霍之状，已开清朝政府腐朽之状况。"康熙年间昆明官渡人王思训也十分关心地方史迹。王思训字畴五，康熙三十八年（1699 年）举于乡，康熙四十五年（1706 年）进士，历官翰林院侍读。回乡时，康熙皇帝曾"赐书甚夥，又选购四部万卷，辇归，建赐书堂"。"赐书堂"在官渡古镇，今存，为重点文物保护单位。王思训潜心编研地方历史，曾参加编修康熙《云南通志》，后又著《滇乘》25 卷，"间缀以诗"，道光《云南通志》及《昆明县志》有著录。后来，袁嘉谷《滇绎》说："王畴五先生，官渡人，博雅与月槎齐名，著《滇乘》，今不传。""按，《滇乘》取名与《晋乘》同，当为掌故之书。今其书引于后人者，仅此三十八字，可想其大略矣。"1917 年，袁氏在官渡见康熙三十七年王继文撰的《重修妙湛寺碑记》，引《滇乘》共 38 字，作了这条记录。方树梅《明清滇人著述书目》也说："是书未见传本，诗见《滇南诗略》中。"《滇乘》已佚，但其中诗作被收入《滇南诗略》中得以传世。王思训的诗多系史诗，述史感怀，反映特定地理环境中的史事，也具有史料价值。还有一些当时人零星的记录，如康熙年间陈鼎的《滇黔纪游》，乾隆初期在滇的张泓的《滇南新语》，乾隆时在滇 10 年的吴大勋的《滇南闻见录》等，都出自亲见亲闻。康熙年间云南修过两部志书。康熙《云南通志》，范承勋、王继文修，吴自肃、丁炜纂，康熙三十年（1691 年）刊印，共 30 卷并首一卷。《北京图书馆古籍珍本丛刊》第 44 收入，书目文献出版社 1998 年出版，颇便参考。康熙《云南府志》，张毓碧修，谢俨等纂，康熙三十四年（1695年）成书，第二年付梓，共 26 卷。两部书都成书于平定吴三桂叛乱后不久，对康熙前期的情况自然成为他们关注和记录的对象。两部志书居然都有范承勋、王继文、石文晟等总督、巡抚八九位主要官员写序，他们的重视可以想见。云南府知府张毓碧在《序》中说，吴三桂叛乱被平定后，"当此之时，一言一事皆关国计民生。其有史馆不尽书，通志不胜载者，倘无以纤毫记之，后之人征文考献，未免犹有遗憾也，况会城实一十九郡之纲领耶"。这就是当时修志的目的。两部志书至今皆有流传，研究吴三桂在滇事不能不读。

第四类为参酌性资料。吴三桂反清，是清初的大事，多被后来的人们关注，记录、整理有关史事者不绝，皆可提供参考。乾隆年间有赵翼的《平定三逆述略》。赵翼曾累官贵西道，以内阁中书入值军机处，又曾为两广总督李侍尧幕僚，尤精于史学，以《廿二史札记》、《陔馀丛考》等著称于世，《平定三逆述略》被收入《云南备征志》中。倪蜕的《滇云历年传》也反映了吴三桂统治云南的状况。该书近年有李埏先生校点本，由云南大学出版社出版。嘉庆年间师范广收有关云南的资料，编为《滇系》共12 系，40 册，其中第七《典故系》所收无名氏《逆藩吴三桂传》可资参考。道光年间，魏源编《圣武记》，叙述清朝自开国至道光年间的重大战事，其中有《康熙戡定三藩记》，记平定三藩事较详。昆明人戴纲孙收集有关资料，"五易寒暑"，于道光二十一年（1841 年）编成《昆明县志》，直到光绪二十七年（1901 年）才得付梓。袁嘉谷研究地方史事的《滇绎》，有 1923 年东陆大学铅印本，该书又被收入《续云南备征志》。道光《昆明县志》和《滇绎》，都是学界赞誉的地方史志著作，其中也有关于吴三桂在云南事迹的记载。

## 二、吴周纪年考

吴三桂反清，作为地方割据政权，有国号，有年号，但是，后人对其年号的整理鲜有准确者。李兆洛《历代纪元编》谓："吴三桂昭武（康熙十二年十一月）、利用（见《觚賸续录》）。吴世璠洪化（康熙十七年八月。二十年十月诛）。"按，括弧内文字为原注。《新纂云南通志·大事记》谓："三桂屯湖南，僭称帝，改元利用，国号周，搜括粮饷，滇民困惫。"荣孟源《中国历史纪年》谓："吴三桂，于康熙十二年癸丑（1673年）称帝，建国号曰周。戊午（1678年）死。改元一。昭武：癸丑（1673年）十一月立。六。《觚賸续录》作利用。""吴世璠，吴三桂子。戊午（1678年）嗣立，改元一。洪化：戊午（1678年）八月改，辛酉（1681年）十月亡。四。"一般认为昭武从1673年到1678年，洪化从1678年到1681年。以上诸说，疑窦甚多，试逐一考析。

其一，"利用"为吴三桂所铸钱币名。据《滇云历年传》，康熙十三年"贼党郭壮图开局省城，铸利用钱"。袁嘉谷《滇绎》也说："孙可望铸大顺钱，吴三桂铸利用钱，吴世璠铸洪化钱，今有存者。"利用钱曾行用并传世。但未见以"利用"为年号的记载。钮琇《觚賸录编》卷4"行在贡献"谓："康熙四十七年七月，有索和诺蛇哈密献麟草一方。奏云：此草产于鸣鹿山雷风岭，自利用元年至今止结数枚，必俟千月乃成，非遇圣朝不易呈瑞。"中华书局1981年版李崇智《中国历代年号考》已指出："此说诞妄难信，年号为杜撰，且与吴三桂无涉。"假设"利用"是吴三桂的年号，献瑞者还敢上奏镇压吴三桂叛乱的康熙皇帝吗？且所述似为西北风物，亦与云南无涉。

其二，吴三桂僭称周王，初无年号。《清圣祖实录》卷44载："吴三桂反，伪称天下都招讨兵马大元帅，以明年甲寅为周王元年。"《清史稿·吴三桂传》载，康熙"十三年正月，三桂僭称周王元年，部署诸将"。魏源《圣武纪·康熙戡定三藩记》亦载：康熙十二年"十一月二十一日发兵反"，"自称都招讨兵马大元帅，以明年为周元年，蓄发易衣冠，旗帜皆白"。诸书所载同。呈贡王家营村东发掘的郭壮图之子郭宗汾夫妇合葬墓，残棺上有墨书题记："皇周敕封懿装长公主之神柩"，以周为国号无疑。吴三桂虽于康熙十二年起事，但第二年才称周王元年，以"周"纪年仅四年，碑刻文物亦可为证。感通寺内《担当大师塔铭》末署："云南等处承宣布政使司左布政使天台冯甦撰文，云南等处承宣布政使司右布政使古燕宗彝书丹，督理云南粮储水利道按察司副使萧山来度篆额。大周建元岁次甲寅仲春谷旦。"这是官方行用的证据。孙太初先生《云南碑刻概述》载："今见周元年至周四年之碑刻凡十余种。大理感通寺担当大师塔铭，周元年立，天台冯甦撰文，于担当生平事迹，足资考证，至为珍贵。"

其三，"昭武"确为吴周年号，但只用了一年。《清史稿·吴三桂传》载：康熙十七年，"是岁，三桂年六十有七，兵兴六年，地日蹙，援日寡，思窃号自娱。其下争劝进，遂以三月朔称帝，改元昭武，以衡州为定天府。置百官，大封诸将，首国公，次郡公，亚以侯、伯。造新历。举云、贵、川、湖乡试。号所居舍曰殿，瓦不及易黄，以漆髹之。构庐舍万间为朝房。筑坛衡山，行郊天即位礼，将吏入贺"。孙旭《平吴录》亦载："初，桂逆虽有不臣之心，然未敢僭称帝号。有四川巡抚罗森，家巨富，号罗百万者，自四川破后闲住，每虑王屏藩图己，乃上疏劝进，逆桂意动。及再疏请，遂于戊午三月初三日，僭窃伪号，称昭武元年，以衡州府署为行在。衡州民谣曰：'横也是二年，竖也是二年。'以'昭'字横竖皆两笔也。"以上载吴三桂称帝改元事甚详。孙太初先生《云南碑刻概述》又载："昆明重修归化寺碑及腾冲重修关帝庙碑，皆昭武元年立，末刻留守将军等衔名，可考见吴氏官制。"又有《大理王孟夫子碑》，并称"昭武元年岁在戊午"。"昭武"只用了一年，昭武元年戊午，时在康熙十七年。

其四，吴世璠是在康熙十八年改元洪化。《清史稿·吴三桂传》载：康熙十七年"俄病噎，八月，又病下痢，噤不能语，召其孙世璠于云南。未至，乙酉，三桂死"。"世璠，应熊庶子，留云南，奔三桂之丧，至贵阳，其下拥称帝，改号洪化，倚方光琛、郭壮图为腹心。光琛，三桂所署大学士；壮图，封国公。"所述吴世璠改元洪化的时间比较含糊。刘健《庭闻录》记载较具体：康熙十七年"十月衡州发丧。十一月世璠僭号。郭壮图等奉遗令立之，筑坛于古城，国柱代祭"。康熙"十八年正月，世璠僭元洪化"。孙旭《平吴录》亦载："郭壮图拥其孙世璠袭伪位于云南。次年己未称洪化元年，以贵州贡院为行在。"则吴世璠袭位后的第二年改元洪化，洪化元年岁在己未，时在康熙十八年。丁福保《古泉学纲要》引翁树培《古钱汇考按语》说："四川之简州盐神庙神腹内得伪吴逆'大周昭武二年己未大统历',未载纪年。周元年甲寅,戊午为周五年,即昭武元年。"此证明吴三桂"造新历"之说可信,昭武二年的《大统历》应在昭武元年即颁,不料后来却成了洪化元年。洪化年号碑亦有传世者。宜良有《龙山缘起碑》,称"大周洪化元年"。笔者 2002 年在贵州安龙十八先生墓园看到有"洪化二年二月十七日立"的郑姓墓碑。孙太初先生《云南碑刻概述》又说:"洪化纪年之碑,过去仅见大德寺碑一种。建国后,呈贡复出郭弘巍买地券一方,皆为研究吴氏事迹之重要资料。"

总括以上,吴周割据政权的纪年可落实如下:

| 1673 年 | 癸丑 | 康熙十二年 | | |
|---|---|---|---|---|
| 1674 年 | 甲寅 | 康熙十三年 | 周 | 元年 |
| 1675 年 | 乙卯 | 康熙十四年 | 周 | 二年 |
| 1676 年 | 丙辰 | 康熙十五年 | 周 | 三年 |
| 1677 年 | 丁巳 | 康熙十六年 | 周 | 四年 |
| 1678 年 | 戊午 | 康熙十七年 | 昭武元年 | |
| 1679 年 | 己未 | 康熙十八年 | 洪化元年 | |
| 1680 年 | 庚申 | 康熙十九年 | 洪化二年 | |
| 1681 年 | 辛酉 | 康熙二十年 | 洪化三年 | |

# 三、吴三桂在昆明的遗迹

吴三桂统治云南期间,占尽地利,大兴土木,把昆明的湖山胜景占为己有,囊括了五华山、商山、翠湖、莲花池两山两湖,建成宫城、新府及安阜园,以翠湖为中心,跨城内外,形成庞大的山水园林宫苑体系。

五华山是昆明城内的主山,处昆明城内核心区,居高临下,可以控扼整个昆明城;又是著名的风景胜地,可以欣赏山光水色,鳞次栉比的街巷和灯火,天上人间皆聚眼前。明清之际,五华山受到特殊的重视。张献忠余部孙可望、李定国、刘文秀、艾能奇等四将军于永历元年(顺治四年,1647 年)进入昆明,孙可望的府第设在五华山上,并大兴土木,建"黄屋双阙",称为秦王宫。《续修昆明县志》载:"顺治九年(1652 年)壬辰三月，孙可望由黔回云南，大营宫室于省城五华山，创建宫殿，制侔大内，毁昆阳、呈贡二城以筑之。"后来，永历帝朱由榔被农民军李定国等迎到昆明，史称"滇都"。道光《昆明县志》载："明永明王故宫，在五华山上。我朝顺治十六年（1659 年）己亥，大师入滇，王出走。吴三桂追购得之，缢于县之篦子坡。三桂遂用功封平西王，乃即故宫址为王邸，增饰宏丽。"永历帝又利用孙可望修建的秦王宫作为南明滇都的皇宫。吴三桂据有昆明后，占用原永历帝的皇宫并加以扩建。师范《滇系·典故》第四册《逆藩吴三桂传》载："嗣孙世璠僭号云南，改元洪化，以五华山为宫城。昔为永历在滇，筑宫于五华，三桂益广其址，缭以重垣，俯以杰阁，极土木之盛。"五华山建为城中之城，时谓为"宫城"。《滇系》所收《逆藩吴三桂传》还载，清兵围昆明期间，"吴势益窘"，"悉移诸将家口屯五华山宫城，凡伪僚府署亦移宫城，左右分门守御，以示必死"。宫城的规模和坚固可以想见。清末的地图上还有一段城墙，沿节孝巷、螺峰街南侧蜿蜒，称"皇城角"，应即永历皇城的宫墙，也即吴三桂宫城的残迹。五华山边的华国寺也与吴三桂有关。叶衍兰《秦淮八艳图咏》载："三桂为筑兰若于五华山居之，名华国寺。"舒位《缾水斋诗集·题圆圆小像》长洲宋翔凤云："今云南府城五华山，有延陵故王宫址，周山麓皆其宫室。西有华国寺，寺中有楼，相传为圆圆妆阁。一日，寺僧启败簏，出美人像示余，称邢夫人小影。盖圆圆本姓陈，而当时府中则称邢也。"吴大勋《滇南闻见录》上卷亦载："五华山麓有武弁署，相传为匪巢之一区，中有一楼，为逆属圆圆梳妆之所。楼下有井，井栏刻五爪龙纹，此僭逆时物也。武弁已裁，其署今为神庙矣。"所说亦即华国寺。今寺已不存。有华国巷，原作华国寺巷，因寺名巷，在五华山南麓，华山南路北廊，长 160 米，作五段转折上坡。

后来五华山的情况，陈鼎《滇游记》载："会城内有三山，五华其一也。上有武侯祠。明末，永历帅孙可望建宫殿登极于上，今则成瓦砾矣。"吴三桂被平后，僭制的建筑当然不允许存在，山上的建筑发生了较大的变化。徐炯来云南传诏视察，他关心的首先是吴三桂僭越遗迹的处置情况。他在昆明最先考察的是五华山、安阜园和洪化府，驻昆两个多月，上了六次五华山，五华山也是他到得最多的地方。他所看到的与过去的记载大不一样。《使滇日记》载："山在城之中，不甚高，而众山咸在目中。西有愍忠寺，屡毁于兵。范公构方圆二亭，灿然可观，为庆贺月吉之所，范公颜其亭曰拜云。瞰望昆明，净练四绕，山色微茫，亦胜地也。"此时云南省文武官员朝贺行礼之所已由圆通寺移到五华山，适皇帝、皇太后等生日，在拜云亭前叩头朝贺。山上有五华寺，"绕寺皆松柏，参差映带，殊可游赏"。当然，五华山还是登高赏景的胜地。不但白天登高酌酒，"薄暮，复携酒上五华山，尽一更而散"。到乾隆年间，《滇南新语》载："滇之省会……五华耸其中，吴逆三桂架以宫阙，万家烟火一片，昆明群山如拱揖，诚胜景也。"张泓虽联系历史，但吴三桂的遗迹早已不存。

安阜园，俗称野园，个别资料作"安福园"，想为谐音录记，绝大多数仍作"安阜园"。孙旭《平吴录》载："命泰子督造安福园于王府之左。松柏高五六丈者，移种皆活。历三年，园成，与吴复庵等弹琴赋诗，徜徉其间。又使赵虾采买吴伶之年十五者共四十人为一队，申衙故有戏具，犹以为未足，另造各色哆啰及金甲嵌胡珠，银甲嵌珊瑚，又玉带、金带、银带、珈南带、犀甲带、沉香带，俱嵌珠宝，凡为箱三十，约费数万金，送入安福园。又以象牙抽丝为凉笠，孔雀毛为伞盖，其穷奢极欲类此。"王思训《野园歌并序》又载："三桂别筑野园滇城北，以处陈圆圆。穷极土木，毁人庐墓无算，以拓其地。缙绅家有名花奇石，必穿屋破壁致之，虽数百里外，不恤也。"诗文中原注："园与城内菜海子相望。"园内有澄怀、坐啸"两台对峙，高百余丈，飞桥相接，凌空往来"。综合文献中有关记载，安阜园在昆明城北，集山水之胜，周围还有乱冢和旷野，揆之地望，应该包有莲花池、商山及其周围一片。为浙江人吕泰子督造，三年而成。《庭闻录》又载："又为园于西郊，名安阜园。园内书屋一所，名万卷楼，古今书籍无一不备。刻开疆疏草，自侈平蛮功绩，期垂永久。"安阜园是以文化演艺为特色的吴氏别业。此处与他书相较，疑"西"字有误，应正为"北"。

平吴三桂6年后，徐炯来云南视察，安阜园已成"废园"。《使滇日记》载："安阜园亦三桂别业，栋宇辉煌，两厢对列，绝无园林之致，今已半毁。宅后筑土为山，树皆松柏，似北邙累累之冢。"几天后，徐氏又选择安阜园为重九登高的地方，这次想必以登山赏水为主，整整徜徉了半天。康熙三十五年（1696年）恢复商山寺，《重修商山寺碑》由时任总督的王继文撰写，足见商山的变化不同寻常。乾隆年间孙髯翁的《安阜园》诗，有"桃花有鬼来招魂"句，既喻指陈圆圆，又联系著名的"商山桃林"，反映了安阜园与商山的关系。戴絅孙在道光年间成稿的《昆明县志》卷17记载：

> 吴三桂既死，相传其美人陈圆圆久入道。迨云南平，陈之死已数年矣。安阜园，在城北，近商山寺，父老云有圆圆墓焉，其旁即梳妆台遗址。嘉庆间，客有寓商山寺扶乩者，圆圆降坛与之唱和，今所传'商山鸾吟'是也。永明故宫既为吴邸，柳营一带，皆其珍馆崇台，兵燹后荡焉无存矣。余同岁生李君于阳构即园九龙池畔，道光壬午、癸未间，与客扶乩园内，降坛者多为伪吴宫人，亦有唱和诗传于世。

清代这一片成了商山寺和莲花池，仅余松柏一林，还有荒冢和衰草，"商山樵唱"大概与此有关吧。陈圆圆梳妆台的碑在莲花池边，"文化大革命"前笔者还亲眼看见。20世纪50年代在商山上建了云南民族学院，21世纪初又新建成莲花池公园。

吴三桂府第长期称为平西王府或新府，后来通称洪化府。有关洪化府的情况，刘健《庭闻录》所载甚详。该书卷4载康熙四年事："是年作新府。三桂居刘文秀故宅，以其狭小，是年填菜海子之半作新府。菜海子者，三桂缢永历既死，复焚其尸，扬灰之处也。"卷6又载："平西府制拟于帝居，千门万户，极土木之盛。""大理石屏二，沐氏旧物也。一高六尺，山水木石浑然天成，似元人名笔。一差小，木颠一莺，水涘一虎，上下顾盼，神气如生。"亲见此物的刘崑在《南中杂说》中也说："榆石，点苍山所出也。凿顽石，深入里余，竭民力而取之，以逼真入画者为佳，然佳者卒不概见也。康熙十二年，予尝入逆藩便坐，见一石屏，高六尺，宽四尺余，山水木石与元人名笔无异，或曰此黔宁旧物也。"康熙《云南府志》亦载：康熙四年"吴三桂作新府。三桂驻滇，居伪蜀王刘文秀府，以其狭小，填菜海子之半建新府，备极壮丽"。洪化府在翠湖西畔，云南府城内的西北部，包括两部分，范围甚大。一部分是原沐英的别业柳营，南起今仓园巷、染布巷，北达西仓坡脚和石牌坊巷，西抵城墙，东南两面临湖。南明永历元年（顺治四年、1647年）四将军入滇，刘文秀即住原柳营处，称南府，后称蜀王府。吴三桂入滇，占有原柳营作为平西王府。明代名噪一时的沐英柳营，吴三桂还嫌太小。康熙四年（1665年）又大兴土木，"填菜海子之半"，新府的大部分是填海成陆扩展的。新府周二里多，整个地块作长方形，东滨翠湖，景色极佳，西倚城墙，便于守卫。揆之今地，其范围东起今翠湖西路，西至东风西路，南达翠湖南路。新府内"千门万户"，规模宏大，殿阁考究，"极土木之盛"，而且僭越制度，"拟于帝居"；园苑有曲池、鱼沼，还有高大的假山，宜于游宴；收藏有精美大理石屏等稀世珍宝。新府坐北朝南，大门正对今洪化桥，大门前原来有座石桥称洪化桥，洪化府大门前的甬道至今仍称洪化桥。今大西门附近的金鸡巷，接近洪化府后苑，每天可听到府内的雄鸡啼鸣，因名。

吴三桂叛乱初平，《使滇日记》留下了目击者对洪化府最早的记录。该书九月初五日载："吴三桂旧居，周二里有奇。堂阁峩焕，制度侈越，遗扁尚存东室，吴世璠自刎处也。尝奉敕变价而无售者，因改其正屋为县学，而公事会议亦就焉，然土人犹称弘化府，余语当事名称不正，范公乃命改称会府。"按，此处"洪"作"弘"，当为抄刻致误。该书九月十三日又载："复游会府，饮于层石之颠。月出洗盏更酌，逸兴遄飞矣。"中央特使的记录，证明其他资料的说法不诬。作为特使的徐炯提出改名，总督范承勋乃命改称会府，但仍似临时应付，后来改为承华圃。袁嘉谷《滇绎》卷4载："翠湖，湖在城内西北隅。旧甚大，吴三桂填平其半，殆即讲武校地，旧名洪化府。相传三桂填湖，即以为世璠府第。官吏恶其名而讳之，改承华圃，今又由圃而校也。"自平定吴三桂后，清政府回避"洪化府"之名，针对分裂、独立等恶行，反其意强调承继大中华，承华圃之名可取。随着时间的推移，洪化府逐渐湮没在荒烟蔓草中。陈鼎《滇游记》载："吴三桂邸在城西北隅，今惟余池沼，园亭之址在焉。"张泓《滇南新语》也说："（五华）山下即菜海子，有大池可百亩，赤旱不竭。土人于中种千叶莲，有堤如西子湖头，两岸柳皆合抱。迤逦至御龙寺，寺祀龙神，花木扶疏，回廊叠石，昔吴逆园圃也。去寺西北半里许，有逆家庙，俗称洪化府，今改为别驾署，丹垣犹在，余蔓草矣。"御龙寺，他书或作"玉龙寺"，应在玉龙堆附近。在清代，"别驾"为通判的别称，与府同知分掌督捕、粮运、水利事务。安排一个别驾署，等于派一名小官看守这片土地。这些都是北半原柳营一带的变化。南半更大的范围从雍正年间起即建为演武场，俗称西教场。《新纂云南通志》卷44载："演武场，一在城内菜海子西（雍正《志》）。今名承华圃。清道光十年，总督阮元重修，堂旧扁曰'景武堂'。东南荷池中有淬剑亭，翠湖水绕圃而行，花柳最盛（《昆明县志》）。按，承华圃之演武场，清季于此改建陆军小学堂，入民国，改为讲武学校及中央分校。"罗养儒《纪我所知集》亦载："城内之洪化府，在吴藩平后，其间当然有不少的堂殿房屋。传云至康熙末年，其一切亭台楼阁与夫一切群杂房屋方拆毁竟尽，仅留存着一层正殿。至雍正初年，乃将正殿前之一片空旷地处而辟作一较武场，将其正殿改作演武厅，总督则就此课武员。""同治八年省垣乱事平息后，举行科岁两考之武场及庚午乡试武闱，遂不在南校场较武，而改在洪化府内较武。此而马王庙前，则辟出马道一条及平治一条箭道，总督则改在此处按月而课武员，名此为西箭道。"综合以上所载，大体可以获知承华圃演武场景观及功能的变化情况。清代中后期的承华圃，道光《昆明县志》载："永明故宫既为吴邸，柳营一带，皆其珍馆崇台，兵燹后荡焉无存矣。""宝云钱局，在宝成门内。"该书所附地图明确反映了当时这一片的情况，钱局街以东，从北向南，顺序为府仓、宝云钱局、演武场，钱局街也因宝云钱局所在而得名。钱局街以西今白云巷以南为监狱，钱局街以西的北段已成民居。《清末昆明街道图》白云巷以北为翎灵寺，该寺应即俗称的白衣庵，巷因名白衣庵巷，后谐音急读作白云巷。

这种格局一直延续到近代，原洪化府主体部分仍长期用作军事方面。光绪二十五年（1899年）在此建云南武备学堂，共6年办了两届。光绪三十二年（1906年）改为陆军小学堂，先后招收学生4期。宣统元年（1909年）在此处成立云南陆军讲武堂，成为云南省培养新军的军事学校，共办了3期。1912年改名云南陆军讲武学校，从第4期办到第19期。1930年至1933年改为教导团，办了3期。1935年成立中央陆军军官学校第五分校，1944年并入成都军官学校。在此地还筹办过云南航空学校、高射炮军士队等，几乎军事训练方面的机构都与承华圃有关。新中国建立初期，那里成为中国人民解放军昆明步兵学校。此时，石拱的洪化桥仍存，大门内弧形的玉带河和金水桥还能看到，昔日洪化府大门内外的形象依稀可辨。以后，步校迁北校场，其南部才新建农业展览馆（后改名科技馆）和图书馆。其北的宝云钱局地块清末又析为二，西为造币厂，东为兵工厂。兵工厂称云南机器局，生产枪械和子弹。后来改称铁工厂，20世纪50年代后停办，土地仍为省物资局利用。

为了备战反清，千方百计储运粮草；也为了供给宫苑奢靡所需，吴三桂投入巨大的人力物力修筑运粮河。舒藻《创建重建大观楼碑记》载：

> 迨至国朝，以吴三桂为平西王镇滇，乃由近华浦东向会城开挖一河，计长十里有奇，曰运粮河。复于会城小西门外里许，开一塘曰篆塘。塘之前建盖仓厫。粮船由滇海进运河，直抵篆塘，粮米入仓，甚为便捷也。由是，迤西州县，沿海一带，官商客旅，楫楫而来，帆帆而去，荟萃于篆塘，称巨津焉。

夏光南先生也说："篆塘码头，原在小西门边。该河旧已有之，但既狭且浅，吴三桂挖深挖宽，以便运粮。""吴三桂挖菜海子之半，当时从五华山麓可乘船直抵其所作新府。新府大门开于洪化桥，桥之下洗马河，贯通菜海，注入小西门外。"吴三桂开运粮河无疑。此运粮河即今大观河的前身，但应该说明：第一，明清之际，滇池湖岸线达白马庙，吴三桂开挖的起点在白马庙；第二，昆明最早的篆塘在小西门外不远处，吴三桂在此建了粮仓，俗称小西仓，后来也因此称仓储里，即今大观商业城一带。第三，吴三桂在填菜海之半的同时，又利用原来的通城河，引流翠湖水，在新府的南面和东面疏挖出一条与翠湖水域隔离的运粮河，粮船可过顺城桥、西城水门、洪化桥，再折往北达大西仓。运粮河终点的码头仍在今西仓坡脚，可谓一河供两仓。河道绕流新府南墙和东墙外，又起到墙壕的作用，兼作新府的防卫设施。后人把该河附会为洗马河，其实沐英时代是在湖边洗马，还未出现渠化的洗马河。

吴三桂也修建过昆明周边的风景名胜，如圆通寺、金殿、近华浦。康熙八年（1669 年）嘉平月胡国柱撰、张纯熙书的《重修圆通寺记》，叙述了吴三桂重修圆通寺的情况，原碑已不存，云南省图书馆有拓片。吴三桂大规模扩建圆通寺，将山门向南移出百步至圆通街街面，建圆通胜境牌坊，"木之大，工之精，石之玲珑，皆尽人力"，又在放生池中间建八角重檐的弥勒殿，详见赵榴主编的《昆明园林志》。吴三桂修圆通寺不仅是为了做檀越，还妄想成佛成仙。据王海涛《昆明文物古迹》调查落实，修建过程中串入不少"吴周遗物"，"主持修寺的胡国柱（吴三桂的女婿）还把吴三桂、马宝（吴三桂的大将）和自己也塑成像，供在大殿后壁"。这当然是清廷所不容许的。据徐炯《使滇日记》，圆通寺"旧为朝贺行礼之所"，逢大典官员来此聚会，更急待处理。康熙二十四年（1685 年）总督蔡毓荣又重修圆通寺，重点放在处理吴三桂旧迹。袁嘉谷《滇绎》载："圆通寺胡国柱碑凡平西、国柱等字胥凿坏，盖康、乾后朝威所慑。"金殿的铜殿最初系明万历年间陈用宾建，但崇祯十年（1637 年）被移到鸡足山。吴三桂统治云南，又重铸了这里的铜殿。铜殿正梁上至今仍有"大清康熙十年岁次辛亥大吕月十有六日之吉平西亲王吴三桂敬筑"字样。康熙十年为公元 1671 年，大吕月即十月，吴三桂重铸金殿的事可信。刘健《庭闻录》载，吴三桂"又造亭海中，名近华浦"。此文据上海书店影印本，诸本皆同。一般讲大观楼的开发多未及此。刘健所言，当得自其父吴三桂时在昆为官的刘崑。吴三桂既开运粮河（今大观河），近华浦应该在他关注的范围，吴三桂是官方在近华浦构建亭阁的第一人。

# 四、后世唾骂吴三桂

吴三桂在昆明镇压了张献忠农民起义军余部四将军的活动，结束了南明永历政权"滇都"的历史，又以昆明为基地出兵反清，终至败亡。昆明群众对吴三桂的反响强烈，箆子坡改名，杨娥卖酒，赵良栋首攻得胜桥皆生动感人，流传不衰，今录出以飨读者。

《昆明市五华区地名志》逼死坡条载：

吴三桂几十万大军"兵不血刃"进入昆明。顺治十八年，吴率十万大军直抵中缅边境。缅酋慑于武威，设计杀了沐天波等40多人，于康熙元年二月缚送永历帝及其子等人给吴军。吴拥永历帝一行于三月返昆，囚禁在坡头金蝉寺，四月缢死于寺内。此后，昆明父老便将篦子坡改称逼死坡。清政府地方官吏认为此名有损龙颜，于道光年间改名升平坡，并立"升平坡"短碑于坡头，宣扬其所谓"升平盛世"之威德。但民间仍习惯呼为逼死坡。民国元年，云南都督蔡锷以三迤士庶之名义在坡头竖立"明永历帝殉国处"碑，以示对明永历帝之追忆和对民族败类吴三桂之唾弃。

吴三桂主动请缨赴缅，终于顺治十八年（1661 年）"出边进讨，直抵缅甸"，十二月擒永历皇帝，康熙元年（1662 年）三月十三日，从缅境押永历还昆明，四月二十五日在篦子坡头金蝉寺缢死永历皇帝。从此昆明父老便称篦子坡为逼死坡。清政府曾明令改名升平坡，但老百姓一直称为逼死坡。"明永历帝殉国处"碑至今仍在坡头。

王思训《当垆曲并序》载：

> 杨娥者，杨鹅头小妹也。杨，世为黔府武艺教习。娥，艺习迈诸兄。年十六，适张氏，张亦黔府武卫。沐国公西走，两家以族随。会吴三桂执永明王，张道死。娥随兄归，恨三桂入骨。永明遇害，娥遂日以杀吴为念，而苦其难近。娥固美艳，计惟色行刺。爰卖酒城西市，饰肆六，断瓮牖下，云"便犬出入"。时，吴藩多纨袴子弟，见少妇靓妆当垆，日饮群恶谑。娥窥其尤桀骜者，提投狗窦，沸汤浇之。群惊起来捉，娥早跃出立街中。群聚围，娥复跃出立围外，奋其技勇，当之无不披靡。群复哗击，娥先金约臂，铁锢履端，逼近横掉之，各破身首负痛去。明日，聚恶少来报，娥卓立不动，众亦惮其能，不敢动。乡人就饮，娥正色拒之，人悟不忍犯。吴稍稍得闻，纳有日矣，娥忽中寒病而死。

杨娥家破人亡，其遭遇是当时千万人家的代表。杨娥兼有智和勇，欲报仇，"以杀吴为念"，其烈女形象被传为佳话。《当垆曲并序》谓，"卖酒城西市"，"西门驿路通西山"。道光《昆明县志》亦载："杨娥酒肆，故址在城西市。"钱海岳《南明史》卷115《杨娥传》又载："上崩，张悲愤卒，娥从鹅头归滇京，卖酒三桂府前。"杨娥的酒肆约位于今武成路与洪化桥交会处，接近小西门一边。

袁枚《勇略将军赵襄忠公传》载：

> 与兵二千攻得胜桥。公望见桥头炮台甚密，白昼攻所伤必多，乃伏马于南坝两岸，分步兵为三队，营壕墙外，墙上架交枪子母炮，自披马绵，持大刀督阵。夜二鼓攻桥，贼尽出死战，其帅郭壮图亲搏战，三进壕墙，而伏兵三起应之，列矩如星，枪炮雨下，贼败走。公夺桥追至三市街，再败之，天犹未明也……予尝闻诸滇父老云，三市街之捷，世璠君臣胆落，人皆思变。

康熙二十年（1681 年）清兵分数路围城数月，八月二十二日，勇略将军云贵总督赵良栋攻得胜桥大捷，直达三市街，从此，大家把云津桥改称得胜桥，一直叫到今天。赵良栋奋勇克取得胜桥的事迹，不但获得康熙皇帝嘉奖，若干年后又获得乾隆皇帝表彰。

吴"周"、"洪化"，乃历史的一抹烟云，遭到昆明人世代唾骂。分裂割据，朝三暮四，穷兵黩武，鱼肉百姓，是逆历史的潮流而动。吴三桂的败亡是必然的。

（该文前半部分原载《思想战线》2011 年第 3 期，后半部分原载《云南文史》2011 年第 2 期）

云南文库·学术名家文丛

# 徐霞客与云南

徐霞客是我国古代杰出的旅行家和地理学家，伟大的爱国主义者。他一生从事旅游探险和地理考察，足迹遍及当时设治的两京十三布政司，相当于现今的 19 个省市自治区和归途中可能到过的四川省。然而，各省和徐霞客的关系却不一样，在徐霞客一生旅游过的诸多地方中，最值得大书特书的就要算云南。本文拟从徐霞客在云南的活动及徐霞客去世后他的著作和精神对云南的影响两方面申述，求教于各方朋友和专家。

一

云南是徐霞客一生旅游和地理考察的终点。他经过贵州普安（今盘县）的亦字孔，从滇南胜境关进入云南，足迹遍及三迤的曲靖、云南、澂江、临安、广西、寻甸、武定、姚安、大理、鹤庆、丽江、永昌、顺宁、蒙化等 14 个府，相当于现今的曲靖、昆明、玉溪、红河、楚雄、大理、丽江、保山、德宏、临沧等 10 个州市的 46 个县级政区的境域。后来，他在途中患风疾，"以久涉瘴地，头面四肢俱发疹块，累累丛肤理间，左耳左足时时有蠕动状"①。回到鸡足山，仆人顾行盗走了他的钱物逃跑，他失去途中照顾生活的助手，忧心忡忡。"离乡三载，一主一仆，形影相依，一旦弃余于万里之外，何其忍也！"（第 1177 页）不久他又"忽病足，不

---

① 拙著《徐霞客游记校注》，云南人民出版社 1985 年版，第 1072 页。以下引该书者，仅在文中括注页码。

良于行"①，"归而两足俱废"②。一个旅行家丧失了旅游的能力和条件，再无法进行他为之热爱的旅游事业，连续的沉重打击使得他心力交瘁。丽江土官木增派滑竿护送他回乡，辗转半年，"至楚江困甚"，经湖北黄冈乘船回到家乡。"既归，不能肃客，惟置怪石于榻前，摩挲相对，不问家事。"③ 不久即与世长辞。他是为旅游和地理考察而献身的。

云南是徐霞客在家乡以外生活时间最长的省。霞客早期因父母在不远游，每年往往出行两三个月或更多时间即回。他曾五次到福建，但加起来不会超过一年。后来他游广西，也不足一年。徐霞客于崇祯十一年（1638年）五月初十日进入云南，崇祯十三年（1640年）一月起程东归，在云南逗留了一年零九个月。

明代的交通条件与现在不同。徐霞客旅游考察的省区，多数水道通航，为旅游提供了较好的条件；但为便于考察，霞客常舍舟从陆。在广西东部他仍以乘船为主，在广西西南的丛山中，友人为他搞到马符，始得骑行。在贵州只能徒步，但路程比云南短。徐霞客在云南考察，仅南盘江曲靖至陆良段局部通航，也乘船横渡过滇池；偶尔有朋友请他骑马，他婉言谢绝。徐霞客在云南进行扫描式的旅行，往来如织，行程数千里，创造了他在一个省徒步旅行最长的纪录。

云南是《徐霞客游记》记录分量最多的省。全书 62.8 万字，其中《名山游记》4.2 万字，《闽游日记》0.78 万字，《浙游日记》1 万字，《江右游日记》3.5 万字，《楚游日记》5.5 万字，《黔游日记》3.2 万字，《粤西游日记》也仅 19.7 万字，《滇游日记》达 25 万字，记载云南的内容占全书总数的 40%。这一特点，《四库全书总目提要》早已指出："黔滇荒远，舆志多疏，此书于山川脉络，剖析详明，尤为有资考证。"

徐霞客不但以游记文学著称，还是一位诗人。在云南旅游阶段，也是徐霞客一生中诗作最丰富的时期。徐霞客的诗作，可考的近百首，总数当不止于此。其中在云南写成的有记录可考的诗达 42 首，在云南一省的诗作，超过了他西游途中的其他各省诗作的总和。徐霞客的诗留传至今的共

---

① 陈函辉：《徐霞客墓志铭》
② 《徐霞客游记》季梦良序。
③ 陈函辉：《徐霞客墓志铭》。

38首，以在云南留下的最多，今存20首，亦占徐霞客传世诗作的一半多。崇祯十二年（1639年）几乎每个月都有新诗问世。他一边考察，一边行吟，完全是一副地理学家兼诗人的形象。

徐霞客在云南旅游的地区，是他一生中所到的民族最多的省，也是《徐霞客游记》记录的民族最多的省。他旅游经过了彝、布依、壮、仡佬、纳西、白、傣、景颇、回等少数民族聚居区，途中涉及的还有傈僳、布朗、阿昌等族，《游记》述及的还有普米族、藏族等。徐霞客是一位热心的文化使者，他为在云南边疆民族地区传播中原文化做了很多工作。在曹溪寺，有二生读不懂杨升庵的碑文，"以此碑不能句，来相问，余为解示"（第834页）。他给丽江土官木增的第四个儿子作范文《雅颂各得其所》，并为其"挑灯评文"，批改文章。徐霞客热情辅导少数民族士子学习的意义，正如木家的人一再表示的："家主以郎君新进诸生，虽事笔砚，而此中无名师，未窥中原文脉，求为赐教一篇，使知所法程，以为终身佩服。"（第940页）他在石门应僧性严的请求，作《玉皇阁募缘疏》，撰写和尚向人募化钱物的通俗宣传品。他向"求贤若渴"的丽江土官推荐黄石斋、吴方生等名士，"木公虑不能要致，余许以书为介"。他与马云客评文论稿。崇祯十一年（1638年）十一月初三日记："是晚篝灯论文，云客出所著《拾芥轩集》相订，遂把盏深夜。"他为木增重新编校《云薖淡墨集》。该书是木增学习汉文化辑录重要资料而成，"其所书洪武体虽甚整，而讹字极多，既舛落无序，而重叠颠倒者亦甚。余略为标正，且言是书宜分门编类，庶无错出之病"（第934页）。徐霞客为其校雠，分门编类，"连校类分标，分其门为八"（第935页）。经过徐霞客的加工，大大提高了该书的质量。今本《云薖淡墨集》应该就是经过徐霞客整理后编定的。滇人著作中也融进了徐霞客的劳动。他为木增的诗集《山中逸趣集》写跋，选用奇诡的篆书，向边疆展示中原文化中一些寻常难见的侧面，引起人们对中原文化的惊讶、震动和膜拜，为人们叹服①。徐霞客对云南文化发展的最大贡献是创修《鸡山志》。历时三月，创稿四卷。虽然该书已佚，但《鸡山

---

① 详拙文《徐霞客〈山中逸趣跋〉的发现》，1991年10月纪念徐霞客逝世350周年国际学术讨论会论文之一。

志目》、《鸡山志略一》、《鸡山志略二》有幸保存至今。霞客创修的《鸡山志》，作为佛教名山鸡足山的第一部志书，其体例、资料和修志原则，为后来续修的各部《鸡足山志》所承袭，也影响其他志书的编修①。徐霞客为传播中原文化，"连宵篝灯，丙夜始寝"，尽心尽力，圆满完成了一位中原文化使者的任务，在云南文化发展史上留下了重要的篇章，为云南各族人民永志不忘。

## 二

　　徐霞客独具慧眼，选择云南作为地理考察的终点，这是他早就筹划并准备着的。他在家时，陈继儒"用情周挚"，即先寄书给唐大来谓："良友徐霞客，足迹遍天下，今来访鸡足并大来先生，此无求于平原君者，幸善视之。"（第815页）他曾致书陈继儒，请求向丽江木公推荐。陈继儒《答徐霞客》书云："丽江木公书遵命附往，并有诗扇一柄，《集叙》一通，以此征信。此公好贤若渴，而徐先生又非有求于平原君者，度必把臂恨晚，如函盖水乳之合矣！"②陈继儒还给鸡足山僧弘辨、安仁写了信。这些都是后来徐霞客在滇南旅游得到帮助的关键人物。静闻和尚"刺血写成法华经，愿供之鸡足山"，因此偕霞客同行，也证明鸡足山是徐霞客旅游既定的目的地。在旅途中，徐霞客也尽量搜集有关云南的情况。霞客谓："余在粤西三里城，陆参戎好为余言其异。"（第983页）此指蝴蝶泉。"余至省，即闻此山之盛，比自元谋至姚安途中，乃闻其烬于火，又闻其再建再毁，余以为被灾久矣，至是始知其灾于腊月也。"（第1011页）此指永平宝台山。对于宾川鸡足山，徐霞客更十分关心。《游记》载："张君于万山绝顶兴此巨役，而沐府亦伺其意，移中和山铜殿运致之。盖以和在省城东，而铜乃西方之属，能克木，故去彼移此。有造流言以阻之者，谓鸡山为丽府之脉，丽江公亦姓木，忌金克，将移师鸡山，今先杀其首事僧

---

① 详拙文《徐霞客创修〈鸡山志〉》，载《史志文摘》1985年第2期。
② 徐霞客《致陈继儒书》及陈继儒《答徐霞客》俱见《陈眉公先生集》。

云南文库·学术名家文丛

矣。余在黔闻之，谓其说甚谬。"（第 888 页）如此等等，皆可证明。

云南地理环境复杂多样，很多地理要素又十分典型，丰富多彩的山河成就了徐霞客的事业。徐霞客对云南的考察使他攀上了当时世界地理科学的顶峰。

首先，在云南，徐霞客完成了自湖南道州开始的对我国最大的一片岩溶地貌区的全面的考察活动。在罗平，他写道："遥望东界遥峰下，峭峰离立，分行竞颖，复见粤西面目；盖此丛立之峰，西南始于此，东北尽于道州，磅礴数千里，为西南奇胜，而此又其西南之极矣。"（第 738 页）通过比较研究，找出了这片岩溶地貌的分区差异，形成了完整的结论。他指出："粤西之山，有纯石者，有间石者，各自分行独挺，不相混杂。滇南之山，皆土峰缭绕，间有缀石，亦十不一二，故环洼为多。黔南之山，则界于二者之间，独以逼耸见奇。滇山惟多土，故多壅流成海，而流多浑浊，惟抚仙湖最清。粤山惟石，故多穿穴之流，而水悉澄清。而黔流亦界于二者之间。"（第 753 页）

第二，完成了对六大江河的考察。云南一省集中了六大水系，是我国唯一具备这个条件的省。徐霞客在滇东、滇南游程的安排，主要是为了追踪南、北盘江，以后取道富民、武定、元谋直至丽江，也是为了追踪金沙江[①]，在此基础上他写成科学名篇《溯江纪源》（即《江源考》）和《盘江考》。他在保山考察了怒江，从保山经凤庆到云县，追踪考察了澜沧江，在弥渡考察了礼社江源，得出怒江、澜沧江、礼社江皆各自独流入海的正确结论，并证明枯柯河不是澜沧江支流，而是流入怒江。在腾冲，他还考察了大金沙江（即伊洛瓦底江）的两大支流龙川江和大盈江。

第三，云南是徐霞客所到海拔最高的省，境内散布着众多的高原湖泊。他在云南考察或目击了滇池、交水海子、中涎泽、嘉利泽、寻甸南海子、潘所海、矣邦池、星云湖、通海湖、异龙湖、宝秀山巨塘、祥云青海子、品甸海子、周官婺海子、鹤庆草海、丽江中海、剑川湖、洱源海西海、茈碧湖、邓川西湖、洱海、腾冲上海子和下海子等一批高原湖泊，对这些湖泊的特点、水量、景色、形态、航运等作了记录。书中提及的还有

---

① 拙文《徐霞客探长江源》，载《历史地理》第九集，上海人民出版社 1990 年版。

抚仙湖、明湖、泸沽湖。三百多年后的今天，一些湖泊消失了，一些湖泊缩小了，而《徐霞客游记》留给我们的湖泊资料，成为认识云南高原湖泊变迁的不可多得的记录。

第四，徐霞客对云南坝子的考察，丰富了他对地貌学研究的内容。他考察过内地的山间盆地"洋"、"坞"等，对云南高原上众多的坝子花的工夫更大。他善于用"坞"、"平坞"、"大坞"、"小坞"等区别坝子的大小，也保留了"川"、"平川"、"甸"、"大甸"等具有地方特色的通名。他准确地记述了各个坝子的地貌特点，如弥渡坝子："川形如犁尖，北拓而南敛，东西两界山亦北高而南伏。"（第1164页）姚安坝子："东西两界皆大山夹抱，郡城当其南，西界最辟，直北二十五里，两界以渐而束，各有支中错如门户焉。"（第873页）他还善于将各个坝子进行比较研究，如描写凤庆坝子说："顺宁郡城所托之峡逼不开洋，乃两山中一坞耳。本坞不若右甸之圆拓，旁坞亦不若孟祐村之交错。其坞西北自甸头村，东南至函宗百里，东西阔处不及四里。"（第1152—1153页）他对一些大坝子的研究特别全面，如记昌宁坝子："四面山环其高。""甸中自成一洞天，其地犹高，而甸乃圆平，非狭嵌，故无热蕴之瘴，居者无江桥毒瘴之畏，而城庐相托焉。""甸中平畴一围，聚落颇盛。""城北大甸圆而东南开此坞，南北西三面之水皆合而趋之。"（第1137—1138页）把昌宁坝子的有关要素概括无遗，让读者看到了云南坝子的典型形象。

第五，云南的位置得天独厚，有我国纬度最低的丽江玉龙雪山现代冰川，有遍及全省的丰富的地热资源，还有国内罕见的腾冲火山群。徐霞客对云南地热、火山和冰川的考察使《徐霞客游记》独具特色。《游记》中说："从楼北眺雪山，隐现不定，南窥川甸，桃柳缤纷，为之引满。"（第937页）可以想见徐霞客欣赏玉龙雪山时志满意得的神态。《游记》中记录的温泉达24处，除黄山的珠砂泉，其余都在云南。他尽量搜寻云南众多的温泉，往往亲自入浴测试水温和水质，品评殿最。他给安宁温泉以很高的评价："余所见温泉，滇南最多，此水实为第一。"（第831页）他两次洗沐石堡温泉，两次观察洱源九气台温泉，他雨中考察腾冲硫磺塘沸泉的生动描述堪称绝唱。徐霞客不但考察了打鹰山的典型火山地貌，而且记录了万历三十七年（1609年）火山爆发的经过和引起的变化。地质科学工作者通过长期监测，证明腾冲火山并不是死火山，《徐霞客游记》是有关腾冲火山爆发的唯一的历史记录，有重要的科学价值。徐霞客考察火山后带回稀有的浮石标本，保存在他的十一代孙徐宏伟处，近年其孙提供了这块浮石的照片。

第六，云南的低纬度高原气候在国内独具特色，是在内地无法认识的，也是大量中纬、高纬研究无法替代的。徐霞客在云南一年多的旅途中，坚持逐日观察，不但详细记录了所经各地每天的晴雨、冷热变化，还总结了气候变化的特点和规律。在滇东，地形和气候的关系开始引起他的注意。《游记》载："余谓：'自初一漾田晴后，半月无雨，恰中秋之夕在万寿寺，狂风酿雨，当复有半月之阴。'营兵曰：'不然。予罗平自月初即雨，并无一日之晴。盖与师宗隔一山，而山之西今始雨，山之东雨已久甚。乃此地之常，非偶然也。'余不信。"（第737页）到滇西，他完全接受了这个观点，对分水关的解释就是一例。他两次经过高黎贡山的分水关，见其西"皆行石深翳，而风雨西来，一天俱漫"，其东"天色大雾，路磴俱燥"，"乃知关名分水，实分阴晴也"（第1079页）。徐霞客在明代找到了白蜡山和高黎贡山这滇东和滇西的两大雨屏。他重视纬度和气候的关系。在丽江，他指出："其地杏花始残，桃犹初放，盖愈北而寒也。"（第931页）再往北，"古宗北境雨少而止有雪，绝无雷声。其人南来者，至丽郡乃闻雷，以为异"（第939页）。他也重视海拔高度和气温的关系。在怒江边的八湾，"一行人言此地热不可栖，当上山乃凉"。可是"曲折盘崖，八里而上凌峰头"，到磨盘石宿（第1026页）。在《徐霞客游记》里，对云南干湿季分明、立体气候、一雨便成冬等气候特点都有反映。徐霞客是我国历史上第一个系统研究云南低纬高原气候的科学家，《徐霞客游记》是我国古代第一部连续记录低纬高原气象的珍贵资料。

第七，云南被誉为植物王国和动物王国，其实，云南早已具备诸多动植物优势。徐霞客徜徉在这个植物王国里，旺盛的山茶，"映日烧林"的马缨花，种类繁多的兰花，"花大如盘的"西番菊，清香的梅，袭人的桂；还有土主庙的菩提树，曹溪寺的优昙树，上关附近的十里香，蝴蝶泉边的蛱蝶花，感通寺的龙女树，宝台山的木莲花，怒江边的树包塔，尖山的木胆；还有牡丹、鱼子兰、花上花、木棉，等等；处处奇药异卉，美不胜收。《徐霞客游记》所反映的云南，是一个异彩纷呈、物华天宝的大花园。《游记》向人们展示的云南植物的优势，以种类繁多最突出，有很多内地看不到的植物，还有很多"即山僧亦不能名之者"。形态典型也是云南植物的优势。如"花红形与吾地同，但家食时，疑色不称名，到此则花红之实，红艳果不减花也"（第719页）。云南植物的另一优势是条件优越，生长旺盛。如丽江种植60年的山茶，"初疑为数百年物，而岂知气机发旺，其妙如此"（第941页）。徐霞客尽量把在这个动物王国里看到、听到、尝到的珍禽异兽记录下来，如虎、鹿、猿、鹦鹉、金线鱼、油鱼、时鱼、比目鱼、黑鱼等。《游记》记录了重要动物的地理分布规律："盖鹤庆以北多牦牛，顺宁以南多象，南北各有一异兽，惟中隔大理一郡，西抵永昌、腾越，其西渐狭，中皆人民而异兽各不一产。"（第941页）一省既产高寒地区的牦牛，又有湿热地区的大象，在明代也仅云南具备这个条件。

## 三

云南自古被认为是"瘴疠之区"，被旅行者视为畏途。三国时诸葛亮南征，有"五月渡泸，深入不毛"的说法。唐代白居易的《新丰折臂翁》说："闻道云南有泸水，椒花落时瘴烟起。大军徒涉水如汤，未过十人二三死。"直到明代，比徐霞客稍早的杨升庵也无可奈何地发问："遥见元谋县，冢墓何垒垒？借问何人墓，官尸与吏骸。山川多瘴病，仕宦少生回。三月春草青，元谋不可行；九月草交头，元谋不可游。碨尔营营子，何为钦来此？九州幸自宽，何为此游盘？"徐霞客却不然，他不畏艰险，不信瘴病。过怒江时，"土人言瘴病甚毒，必饮酒乃渡，夏秋不可行。余正当孟夏，亦但饭而不酒，坐舟中，棹流甚久，亦乌睹所云瘴母哉"（第1025页）。他不是被迫出征，不为仕宦履职，是带着长久的思念和向往而来。他一踏上这片土地，就深深地爱上这片沃土，赞不绝口。他记滇池草海："遥顾四围山色，掩映重波间，青蒲偃水，高柳漾堤，天然绝胜。"（第840页）他赞美洱源茈碧湖："极似明圣苏堤，虽无六桥花柳，而四山环翠，中皋弄珠，又西子之所不能及也。湖中鱼舫泛泛，茸草新蒲，点琼飞翠，有不尽苍茫、无边潋滟之意，湖名'玼碧'，有以也。"（第 965 页）评邓川西湖远甚杭州西湖："汀港相间，曲折成趣，深处则旷然展镜，夹处则宧然罨画，翛翛有江南风景，而外有四山环翠，觉西子湖又反出其下也。"（第 978 页）记鸡足山处处皆景："分言之，即一顶而已萃天下之四观，合言之，虽十景犹拘郡邑之成数也。"（第 1183 页）称赞大理清碧溪纤尘不染："其色纯绿，漾光浮黛，照耀崖谷，午日射其中，金碧交荡，光怪得未曾有。"（第 987 页）称赞海口石城奥秘独特："阛壁曲折，层沓玲珑，幻化莫测，钟秀独异，信乎灵境之不可以外象求也。""凭览久之"，离开时"犹令人一步一回首也"（第 825 页）。在徐霞客的心底和笔下，对云南充满了深情和厚爱。一位外地著名的学者，栉风沐雨，忍饥挨饿，甘冒风险，不远万里来云南考察，他爱云南的山山水水，赞美云南的迷人风光，这怎么不使云南三千多万各族人民感激、自豪和振奋啊！《徐霞客游记》是一部认识云南、热爱云南、进行爱国主义教育的好教材。

徐霞客是一个热烈的爱国主义者，在云南的岁月也是他思想发展的顶峰。他沿途耳闻目睹土司横行霸道的罪恶事实，搜集整理了《随笔二则》之一，详记普名声之乱的经过，在《游记》中也多次揭露普名声之乱的恶果。从广西府到师宗州间"寂无片椽"，"闻昔亦有村落，自普与诸彝出没莫禁，民皆避去，遂成荒径"（第 733 页）。"盖自广西郡城外，皆普氏所慑服。即城北诸村，小民稍温饱，辄坐派其赀以供，如违，即全家掳掠而去。故小民宁流离四方，不敢一鸣之有司，以有司不能保其命，而普之生杀立见也。"（第 733 页）"县以江川为最凋，州以师宗为最敝，堡聚以南庄诸处为最惨，皆为普所蹂躏也。"（第 752 页）云南抵广西的间道有三，"然此三路今皆阻塞"，"既宦辙之不敢入，亦商旅之莫能从"（第 751 页）。土司的残害使人民流离，田园荒废，交通阻塞，州县残破。徐霞客在广西、贵州已多次目睹土司制度的罪恶，在云南的经历更使他痛心疾首，终于喊出了反对土司制度的心声："土司糜烂人民，乃其本性，而祸及朝廷之封疆，不可长也。诸彝种之苦于土司糜烂，真是痛心疾首，第势为所压，生死惟命耳，非真有恋主思旧之心，牢不破也。"（第 752 页）

土司制度的糜烂，也暴露了朝政的腐朽。徐霞客对此感受颇深。他说："当事者姑以抚了局，酿祸至今，自临安以东，广西以南，不复知有明官矣!”（第 725 页）“有司为之笼络，仕绅受其羁靮者，十八九。王伉以启衅被逮，后人苟且抚局，举动如此，朝廷可谓有人乎!”“嗟乎！朝廷于东西用兵，事事如此，不独西南彝也!”（第 726 页）徐霞客在《游记》里对各级封建统治多有指斥。他感叹黄石斋等被削职，“翰苑中正人一空”。他写《随笔二则》之一，揭露云南最大的统治者黔国公沐家猖狂腐朽。他嘲笑小小的参戎出巡“高幢大纛，拥骑如云”，“如赫电，亦如浮云，不知两界青山见惯，袒当谁左也”（第 771 页）。他经过正统间显赫一时的胡琛墓前时触景叹息：“与吾家梧塍之垅，文翰规制颇相似，其芜亦相似也。其一时崇尚，穷徼薄海，万里同风，至荆棘铜驼，又旷代无异，可慨也!”（第 1082—1083 页）《晋书 · 索靖传》载：“靖有先识远量，知天下将乱，指洛阳宫门铜驼叹曰：‘会见汝在荆棘中耳’!”后人因此用“荆棘铜驼”慨叹旧王朝被推翻后的残破景象。徐霞客是一位正直的有远见的科学家，他无法回避明王朝即将面临的覆亡境地，因而发出“荆棘铜驼，旷代无异”的慨叹。

明代西南边疆的形势，前期和后期不一样。明初在云南沿边设了三宣六慰，即三个宣抚司、六个宣慰司，实际还不止此数。“孟养阻负于西，最为荒僻，而缅甸、八百、老挝，地势濒海。”（第 1130 页）徐霞客在滇西的游踪，直达腾越边境今国境线一带，明末境域日蹙的形势，令他惊讶、感叹!《游记》载：“后阿瓦日强，蚕食日多。”（第 1130 页）“昔蛮莫、孟密俱中国地，自万历二十二年金腾道立此八关，于是关外诸彝俱为阿瓦所有矣。”“大概三宣犹属关内，而六慰所属，俱置关外矣。”（第 1034 页）“滇滩之外为茶山长官司，旧属中国，今属阿瓦。”（第 1040 页）“此野人即茶山之彝，昔亦内属，今非王化所及矣。”（第 1047 页）“滇滩关道已茅塞不通”，“其关昔有守者，以不能安居，多遁去不处，今关废而田芜，寂为狐兔之穴矣”（第 1052 页）。

在国防第一线，徐霞客感受最深的是如何维护国家统一和领土完整。沿途他敬谒过李秀、王骥、方政、张继孟、游大勋、段高选等英烈的祠祀，表彰他们的事迹。游大勋征普名声时“竟殁于阵”。张继孟平普名声有功，“州人服其胆略，贼称为‘舍命王’”。段高选“阖家死于奢酋之难”。方政征麓川死于上江。他谒晋代“破贼保境”有功的李秀庙，对旧志抹杀英烈的功迹十分气愤："遂令千载英灵，空存肸蚃，一方故实，竟作尘灰，可叹也！然毅虽削，而其女有庙在古城，岳虽去，而岳亦有庙在州西，有功斯土，非竖儒所能以意灭者也。"（第818页）认真向当地人提出表彰英烈的建议。他考察了思任发恃以为险的石城和王骥与之相拒的上江战场，歌颂王骥的勇和谋。这些郁积在心的历史和现实，令徐霞客感慨不已。他渡过怒江后，夜宿高黎贡山上，喊出了效学先贤开疆拓土、保卫家国的心声："其夜倚峰而栖，月色当空，此即高黎贡山之东峰。忆诸葛武侯、王威宁骥之前后开疆，方威远政之独战身死，往事如看镜，浮生独倚岩，慨然者久之。"（第1026—1027页）他呼吁当道者重视滇西屏藩，总结历史经验，抵御邻国的侵略："日今瓦酋枭悍称雄，诸彝悉听号召，倘经略失驭，其造乱者，尤有甚于昔也，为腾计者慎之！""自后当重其责以弭变，庶于腾少安云。"① 卫国之策中肯，爱国之心真切。

忧国往往和忧民连在一起。朝政腐朽，土司制度糜烂，边境形势严峻，直接受害的都是广大人民。徐霞客在云南旅游考察，遍及城乡边隅，使他广泛接触社会各阶层，特别是社会的底层。他目睹美丽的风景成了穷困者栖身的地方，安宁温泉附近的石洞，"有偻偻囚发赤身，织草履于中"（第830页）。点苍山西坡的石门，"途中遇一老人，负桶数枚下山，即石洞所栖之人，每日登山箍桶，晚负下山，鬻以为餐，亦不能夜宿洞间也"（第1002页）。在永昌府大寨的彝族，"所居皆茅"，"俗皆勤苦垦山，五鼓辄起，昏黑乃归，所垦皆硗瘠之地，仅种燕麦、荞麦而已，无稻田也"（第1103页）。在洱源凤羽，农民与统治者的关系已相当紧张，"土人之耕者，见数骑至，以为追捕者，俱释耜而趋山走险，呼之，趋益急"（第975页）。大理三塔寺的石工，"过寺东石户村，止余环堵数十围，而人户俱流徙已尽，以取石之役，不堪其累也！寺南北俱有石工数十家，今惟南户尚存"（第994页）。腾冲卖宝石的商人，因"倪按君命承差来觅碧玉，潘苦之，故屡屡避客"，"亦不敢以一物示人，盖恐为承差所持也"（第1076页）。罗平白蜡山的营兵，"峰头水甚艰，以一掬濯足而已"，"营中茅舍如蜗，上漏下湿，人畜杂处。其人犹沾沾谓予：'公贵人，使不遇余辈，

---

① 徐霞客：《近腾诸彝说略》，见《徐霞客游记校注》，第1131页。

而前无可托宿，奈何？虽营房卑隘，犹胜彝居十倍也.'余颔之"（第737页）。曲靖东山寺的和尚亦被诬陷罹罪，"总持昔以周郡尊事逮系，桁杨甚苦，因笔记之"（第780页）。徐霞客的爱国主义也表现为他对广大人民的热爱。他关心人民的疾苦，把万家忧乐注到心头，着意记录农民、手工业者、商人、士兵、僧侣等的痛苦生活情状，对边疆各族人民倾注了无限的同情，流溢出真挚的爱，为他们叹惋呼号。

在不朽的巨著《徐霞客游记》里，壮美的河山，淳朴的人民，苦难的岁月，交织成明末的历史画卷，使人们读后更加热爱边疆的大好河山和勤劳淳朴的各族人民，激起人们爱国爱乡并为之献身的壮志豪情。

# 四

徐霞客的时代，离我们已经350多年，但《徐霞客游记》的灿烂光华与日俱增，徐霞客的著作和精神，愈加强烈地影响着后代。

首先，徐霞客全面、真实、生动地把云南的大好河山介绍给世人，云南因《徐霞客游记》而让世人羡慕、倾倒。

徐霞客是深入研究云南的学者，他对云南的特色和优势把握得全面、准确。徐霞客不是抄录书本，不存偏见，他介绍的云南是自己踏勘目击的记录，真实可信。徐霞客的介绍不是枯燥的景点罗列，他把对奇丽山河的热爱融进字里行间，情景交融，生动感人。因此，《徐霞客游记》比之于其他著作都更具吸引力，引起世人对云南的极大兴趣。徐霞客向人们介绍的云南的风景名胜，有很多是各种地志没有记载甚至当地人不熟悉的，《徐霞客游记》所介绍的风景名胜的总量超过了古代的其他任何著作。大量"悬之九天，蔽之九渊，千百年莫之一睹"（第1107页），"远既莫闻，近复荒翳，桃花流水，不出人间，云影苔痕，自成岁月"的佳景（第855页），通过《徐霞客游记》第一次展示给世人。三百多年来，《徐霞客游记》成为一本导游手册，吸引人们来云南旅游考察，热爱云南，甚至为云南献身。

清代的杨名时（1660—1736年），是《徐霞客游记》的整理者之一。

他的整理本被收入《四库全书》，是《徐霞客游记》的重要版本。他整理该书的目的，正如康熙四十九年（1710年）序中说的："初余录是集之意，谓存斯书也。他年力所可至，境所适逢，可展卷披对，按已经者以为程；而所未能至者，亦可以心知其概，日涉其趣焉。"康熙五十九年（1720年）杨名时任云南巡抚，雍正三年（1725年）授云贵总督，仍管云南巡抚，在云南共七年。据乾隆《腾越州志·徐弘祖传》载："杨文定抚滇时，常手抄其《游记》，笈笥自随云。"这是《徐霞客游记》最早在云南流传的版本，杨名时也是最早随身携带《徐霞客游记》考察云南的著名人物。

另一位应该提及的是中国近代地质学的奠基人丁文江（1887—1936年）。他地质调查的重点也是祖国西南，先后到云南三次。1911年他留英返国，不由海道趋上海，偏从越南入滇，再赴贵州。1914年复入滇，在滇东、滇北考察两百多天。1929年他又组织大规模的西南地质调查队，由四川经过贵州、广西到云南。丁文江与《徐霞客游记》的关系，正如他在《重印〈徐霞客游记〉及新著年谱序》中说的："辛亥自欧归，由越南入滇，将由滇入黔。叶浩吾前辈告之曰：'君习地学，且好游，宜读《徐霞客游记》。徐又君乡人，表彰亦君辈之责'。"以后丁文江在云南的考察，都是"倦甚则取《游记》读之，并证以所见闻，始惊叹先生精力之富，观察之精，记载之详且实"。后来，丁文江整理了《徐霞客游记》，编成《徐霞客先生年谱》，并组织人力编附图一册，于1928年由商务印书馆出版。丁文江是第一个用现代地理学的眼光，来认识、分析、评价《徐霞客游记》的功臣①，他对《徐霞客游记》的认识就是从云南开始的。

一位在上海虹口区俱乐部工作的回族老画家杨汀滋，虽年已古稀，仍用自己退休的工资游历名山大川。1979年5月来到云南大理，独自攀登苍山。两个月后，在苍山上发现了老画家的遗体，挎包里装着一本徐霞客的《滇游日记》，画夹里有一幅没有完成的画稿，苍山十九峰已勾画出十七峰。老画家是被《徐霞客游记》引导来游大理的。经公安部门调查确认，他是走错了路，从悬崖上滑下去遇难的。他的家属把他葬在他梦绕魂牵的

①　谢觉民：《徐霞客与丁文江》，载《徐霞客研究文集》，江苏教育出版社1986年版。

苍山上，并树了一块大理石碑，记录下这感人的事迹①。

近年，因受《徐霞客游记》的影响，来云南进行徐霞客踪迹旅游考察的人越来越多。河南社旗县的退伍军人傅宗科，谢绝领导分配他到城市和学校工作的机会，自费沿着徐霞客的足迹进行考察。从 1983 年初开始，历时三年零九个月，行经 20 个省区，行程 43000 多公里。他随身带着《徐霞客游记》走遍云南，沿途调查访问，风餐露宿，自行车都骑坏了几部。是徐霞客引导他来云南考察，又引导他走进地理科学的殿堂。后来他进入北京大学地理系学习，又在北大参加有关徐霞客的研究，他表示愿为《徐霞客游记》的研究终生努力。1991 年无锡市记协组织了 10 人的重走霞客路采访活动，采访车从江阴市徐霞客故居前出发，途经七省，以后在《无锡日报》上连载"重走霞客路"系列报导。这组文章共 30 篇，其中有关云南的 9 篇，后来辑为专书出版时又增加两篇，云南共 11 篇。这次采访摄制了 9 集电视专题片，反映云南的内容占 3 集。云南都是分量最多的省。应该说是受《徐霞客游记》的影响，人们都把眼光集中到西南，而且特别偏爱云南。今天，《徐霞客游记》正引导更多的人来云南，为介绍云南、促进云南的开发建设和改革开放服务。

其次，《徐霞客游记》可以为人们了解云南、认识云南、研究云南服务。

徐霞客的记载，为我们探寻明代至今三百多年间的地理变迁提供了有力的证据。千百年来滇池在逐渐缩小，记录滇池变迁的资料却凤毛麟角，十分难找。徐霞客记录的滇池湖岸线成为我们认识明末滇池水域的系统资料，其价值在他书之上。从《徐霞客游记》中我们知道，海口中滩街明代是一个河中小洲，上有龙王堂。晋宁的牛恋乡原来"海水中石突丛丛"，如牛群饮于水，为著名风景胜地。晋宁河泊所过去还是一个小岛，现已与陆地连成一片。安江当时是滇池边的重要码头，现已距湖甚远。明代已有海埂，因而出现《游记》中所称的"海夹口"，为水海和草海的分界。明代滇池草海直抵潘家湾、黄土坡、黑林堡、夏家窑、赤家鼻、高峣，从夏

---

① 杨美清：《他长眠在苍山之上——记老画家杨汀滋遇难前后》，载《春城晚报》
1982 年 4 月 29 日。

家窑到土堆有一条湖堤；清代这一带已辟为大片农田；今天这一带正在扩建为市区。

《徐霞客游记》也是研究明末地方历史的重要资料。西南地区丰富的民族情况和复杂的社会历史，吸引徐霞客的视野越来越广阔。他晚年的旅游考察，越来越重视社会历史情况，可说是以地理为主的综合考察。在云南，他不但调查记录了大量社会历史情况，还完成了《随笔二则》、《丽江纪略》、《法王缘起》、《永昌志略》、《近腾诸彝说略》等专题历史研究，为云南及西藏等地保存了重要的历史资料。他在途中搜集、查阅的资料，见于记载的如《广西府志》、《寻甸府志》、《永昌府志》、《腾越州志》、李元阳的《大理府志》、许伯衡的《晋宁州志》，还有《广西小纪》、《腾永图说》、《姚关图说》、《南园漫录》、《南园续录》等。这些地方文献，有的今已不存，而不少内容已被《游记》所吸收。他很重视地图，甚至沿途参考官府大堂的挂图。他在腾冲连续五天抄图，《游记》载："幸吴参府以程仪惠余，更索其'八关'，并'三宣'、'六慰'诸图，余一一抄录之，数日无暇刻，遂不知在寓中并在雨中也。"（第1076—1077页）徐霞客对地图的浓厚兴趣于此可见。他沿途又注意搜集、抄录碑刻，成为研究地方史地的重要依据。最重要的是他沿途从广大群众中进行调查、搜集了大量口碑资料并把它们记录下来。因此，《徐霞客游记》中有很多在其他书上找不到的珍贵资料，为研究云南地方史、民族史、经济史、文化史不可或缺。美籍华人学者谢觉民先生认为，《游记》"也是一部研究明代地方史的重要参考书"[1]。陈垣先生大量引录《徐霞客游记》的资料，编成《明季滇黔佛教考》，他指出："今欲考滇黔静室及僧徒生活，《霞客游记》为最佳史料。"[2]

《徐霞客游记》的重要史料价值，使该书与它以后的地方志结下了不解之缘。历来地方志的内容多被其他书引用，然而我们发现，《徐霞客游记》的内容反被一些地方志抄录。如道光《昆明县志》，或整条以《游记》的原文为内容，或抄录《游记》作重要补充。《徐霞客游记》中系统

---

① 谢觉民：《徐霞客与丁文江》，载《徐霞客研究文集》，江苏教育出版社1986年版。
② 陈垣：《明季滇黔佛教考》，中华书局1962年版，第69页。

地描述自然的新方法比一般地方志孤立罗列一座座山、一条条水的传统方法高出一筹，因此引起一些志书修纂者的重视和效学，采用徐霞客更为科学的方法系统地描述一府一县的山水。这种方法不满足于仅以府县治所为坐标，只注各山各水的方位和里距，而是按山系"龙脉"系统交代各峰各岭的相关位置、大小高矮、脉络走向、江河分合等，准确有序，一目了然。正如徐霞客指出的："分而歧之名愈紊，会而贯之脉自见矣。"（第1036页）这种徐霞客式的山系描述法，特别适用于云贵等山岭重叠错杂的省区。还有些志书在艺文志中收入霞客著述的单篇诗文，《宿妙峰山》诗就是因道光《大姚县志》等志书收录才得以保存下来的。徐霞客不是云南人，但他在云南的开发史上立下了不朽的功勋，为他立传当之无愧。康熙《鸡足山志》、乾隆《腾越州志》、民国《鸡足山志补》等都有他的传，反映了云南人民对他的怀念和感激。民国《姚安县志·杂载》收录了徐霞客在姚安五天游记的全文，并附了一段按语："谨按，霞客谓'山川面目，多为图经、志籍所蒙，故穷九州内外，探奇测幽'。即邑中五日所经，于山川脉络，管程关要，瞭若掌上数纹。虽生长斯地人士，尚无如此明确记载；识跋涉艰辛之余，兼有足度目营之才。钱谦益谓霞客为千古奇人，《游记》为真文字、大文字、奇文字，洵不虚矣。"这可算是又一篇标榜徐霞客精神的小传。

第三，徐霞客对云南边疆的热爱，激发各族人民爱国爱乡的感情。

人们为什么热爱徐霞客，首先是因为徐霞客热爱他们的家乡。因此，人们把热爱徐霞客和热爱家乡紧密地联系在一起，纪念徐霞客，研究徐霞客。他们只要提到家乡，就要标榜徐霞客对当地的考察和赞美。前些年，笔者试图把云南各报刊上凡提到徐霞客的文章都集中起来，做成索引。后来发现凡是徐霞客到过的地方，人们谈自己家乡时都怀念徐霞客。提到徐霞客的文章成百上千，仅我个人的力量无法完成这个工作。在云南，人们不断举行纪念徐霞客的活动。其中大者如1987年1月5日，昆明徐霞客纪念馆揭幕，2.7米高的徐霞客塑像和徐霞客《游太华山记》碑建成，纪念徐霞客诞辰400周年图片展览同时开幕，云南省博物馆的"文物之窗"也出了纪念专栏。1991年1月至8月，祥云、宾川、弥渡三县举办了徐霞客游历三县的图片摄影巡回展览。1992年1月4日，云南省学术界近百人在昆明徐霞客纪念馆举行纪念徐霞客诞辰 405 周年学术会议。

云南各族群众怀着对徐霞客的深深怀念，对与徐霞客有关的文物特别珍惜，云南也是有关徐霞客的文物和纪念建筑最多的省。徐霞客的手迹传世甚稀，仅云南能看到。徐霞客《赠鸡足山僧妙行七律二首》的手迹一帖，系云南省文物商店在"文化大革命"前购得，现藏云南省博物馆。徐霞客用篆文写的《山中逸趣跋》，系根据霞客手迹雕版影刻，共 9 页，也保存在云南省博物馆。与徐霞客有关的文物和纪念建筑遍布云南各地。昆明徐霞客纪念馆所在的升庵祠，1987 年被列为省级重点文物保护单位。曲靖市寥廓山的望峰亭前，用汉白玉雕成徐霞客的坐像；大理市蝴蝶泉边，有用花岗岩雕成的徐霞客像；剑川金华山上，也有各族群众集资用红砂石雕成的徐霞客像。丽江妥善保存了徐霞客下榻的解脱林的主体建筑法云阁（俗称五凤楼），按原样迁建到风景秀丽的黑龙潭畔。保山市徐霞客寓居的太保山会真楼至今完好，近年设立了徐霞客纪念室，搜集、陈列徐霞客在保山的图片和资料。保山市博物馆 1986 年底出版的《文物信息》创刊号即为"纪念徐霞客诞辰四百周年"专号。徐霞客曾经到过的龙王塘，近年由农民筹资建为公园，也有徐霞客纪念亭。在腾冲来凤山的历史和地貌陈列中，展录了徐霞客对腾冲自然景观的生动描述。和徐霞客关系密切的静闻和尚墓，在鸡足山悉檀寺东的文笔山麓。1988 年底重修，为大理州重点文物保护单位。

徐霞客及《徐霞客游记》的研究，已发展为一门专门学问，称为"徐学"。云南的徐学研究基础雄厚，发展迅速。云南徐学研究的队伍，包括历史、地理、文学、文博、旅游、生物等学科，遍及高等学校、科研院所、党政部门、新闻出版和地方志编修单位。出版了一批学术界公认的徐学研究的优秀著作，如《徐霞客游记校注》（1985 年云南人民出版社初版，1994 年重版）、《徐霞客在云南》（1988 年云南人民出版社出版）、《徐霞客诗校注》（1994 年云南人民出版社出版）、《徐霞客腾越游记》（1993 年云南大学出版社出版）等。已经完稿交出版社的还有列入"中国历代名著全译丛书"的《徐霞客游记全译》。徐学研究的文章遍及几十种报刊。《昆明日报》记者杨亚伦，骑摩托车重走霞客路，日夜兼程进行采访，从 1987 年 10 月至 1988 年 2 月在《昆明日报》上发表 40 多篇"沿着徐霞客滇游足迹"的系列报导。云南徐学研究的特点之一，是省委领导的重视和提倡，各单位的积极支持，省委领导带头进行研究，写序言、写文章、作报告。由于省委领导的推荐，县以上干部普遍钻研《徐霞客游记》，今天《徐霞客游记》在全省普及的程度也是空前的。云南已经成为全国"徐学"研究的重要基地之一。

徐霞客的事业，不能没有云南，云南的发展不能没有徐霞客。徐霞客有功于云南，是云南历史发展的恩人。云南将无愧于伟大地理学家和爱国主义者徐霞客。我们将继续发扬"热爱祖国、献身科学、尊重实践"的徐霞客精神，热爱云南，建设云南，促进改革开放的发展，用劳动和智慧，在云南大地上描绘出崭新的社会主义的画卷。

徐霞客的光辉精神将与云南的山河永存！

（该文为 1994 年中国云南徐霞客旅游文化活动暨学术讨论会开幕式上的主旨演说，原载《云南社会科学》1994 年第 6 期）

# 徐霞客贵州游踪补

　　《徐霞客游记》对贵州中部十一天的记载极为简略，若不计标点，还不足 130 字。参校徐镇初刻本、徐建极抄本、《四库全书》本、北京图书馆藏杨名时整理本、上海图书馆藏陈泓抄本、求是斋残抄《黔游日记》等今存的各种版本，基本内容没有出入，证明这是徐霞客原稿的面貌，被整理者删削的可能性不大。

　　这十一天与《黔游日记》前后文存在明显差异的原因，学术界作过各种推测。或认为徐霞客匆匆赶路，来不及详细观察和记录。那么，在此前后都有霞客赶路的时日，为什么又详细记载其沿途经过，"皆据景直书，不惮委悉烦密"。或认为值安邦彦乱后，贵阳一带死亡甚众，村寨多毁，惨不忍睹，他不满于朱燮元的做法，为了"明哲保身"，隐忍"不敢抒写"，《游记》简略，与此有关。徐霞客是一位正直的科学家，他在各地旅游所见皆直抒胸臆。他在贵阳以西同样的政治环境中也记录了政治气氛、残破景象、伍徐二卫舍的谈话和他的感触等，亦无回避少说的迹象。况且，徐霞客重点考察自然地理方面，在其他地区很多天的日记里并未接触时政，为什么在这一段旅途中连山、水、景物都不记呢？看来，不可能是徐霞客没有记录。

　　《黔游日记》四月十九日有一段追叙王贵的事，透露了一点线索：

　　　　后至麻哈，遂渐傲慢，以凳伤予足。及抵贵州，见余欲另觅夫，复作悔过状，甚堪怜，余复用之。至是早起，忽不见，观余所藏路费，亦竟窃之去矣。自余行蛮洞中，以数金藏盐筒中，不意日久为彼所窥，乃不失于蛮烟虺毒之区，而失之就坦遵途之日，徒有怅怅而已。

有人认为徐霞客"脚被打伤后，艰于行走，难于提笔"。其实，根据徐霞客的习惯，脚受伤不仅不影响写作，反而可以坐下来补记、详记。初三日脚未受伤，日记已略，证明与受伤无涉。但这几天的日记可能与王贵有关，被累衅事端的王贵搞丢了。霞客一时找不到这几天日记，匆匆补记了一份提纲备忘。谁知此后原文竟渺不再睹。民国《贵州通志·舆地志·水道》记南明河有一段话谓："徐宏祖《霞客游记》，涵碧潭在会城南，合定、广、威、平之水而入南明河，越霁虹桥而东行，将折而西北，至此渊而不流，即涵碧潭也。"近人论著多有引述以上文字者，但今本《徐霞客游记》无此段文字。可能此数日的游记流散在贵州，为后世修志者所宝爱、引用，不知至今尚存否？以上文字，亦见陈鼎于康熙三十三年（1694年）后成书的《滇黔纪游》，是陈鼎袭用《徐霞客游记》，抑《贵州通志》编者误将陈鼎文当徐霞客文耶？

然而，黄道周的夫人蔡玉卿《读霞客游记》诗又谓："高风直继张三丰，一杖飘然访赤松。快把奇书《游记》读，顿如甘露豁心胸。"今本《徐霞客游记》未提及张三丰，何以蔡玉卿会把徐霞客与张三丰联系起来？想即因为读了霞客在贵州探访张三丰胜迹的有关日记。黄道周对这些游记最感兴趣的是"跨鹤渡"、"效蛇穿"及那千奇百怪的洞中奇景，正符合贵州山多箐窄、洞多洞深洞奇的景观特点。贵州中部十多天的日记手稿可能被霞客选送黄道周了。为了备查，霞客自己补了个提纲，且从未提及这一部分遗失。徐霞客选这一部分是想以张三丰表示自己的心迹，兼劝慰黄道周仿张三丰隐退。蔡玉卿的诗反映出徐霞客的目的被领会了，但日记却从此未能完璧归赵，至今仍付阙如。

通过提纲及其他有关资料，我们可以得知徐霞客在这段时间考察的内容。徐霞客这十一天的旅游和地理考察大体分为三段。从离开都匀到平越为第一段，主要追踪奇人张三丰的行踪。在新添和龙里为第二段，重点游览杨宝山和探洞。在贵阳为第三段，全面考察贵阳的山水地貌。

明有黄丝站，为交通要道，清代亦然。《嘉庆重修一统志》卷512平越州载："又有黄丝站，上走新添，下走都匀，为往来要道。"从都匀到新

云南文库·学术名家文丛

添，在黄丝站即转，霞客绕道平越卫，应和平越特殊的风景名胜有关。还在都匀城，徐霞客即了解到："水府庙，在城北梦遇山，大溪南下横其前，一小溪西自蟒山北直东来注。下有白衣阁，倚崖悬危壁上，凭临不测。上有梵音洞，西向为门。洞无他致，止云其中有石佛自土中出者为异耳。"这个梦遇山开始引导徐霞客踏上追踪张三丰行迹的旅程。《嘉庆重修一统志》卷 502 都匀府载："梦遇山，在府城北三里。《通志》：下临剑河，众水汇流，波光浩淼。上有碑识曰：'仙人张三丰观澜处'。""七星山，在府城北七里，峰峦拱立如七星。《通志》：山内有洞颇清迥，梯石而下，如闻风雨声。初甚纤暗，行数武，始平旷，中有深潭，风疾涛沸，寒气逼人。"徐霞客于四月初三日下午自都匀起身，仅行二十里，可能把时间用来游梦遇山和七星山，当晚宿文德。文德，今名同，在都匀市北隅，杨柳街镇稍北。

初四日，霞客继续往北，"三十里，麻哈州。又十里，干溪宿"。麻哈州即今麻江县，干溪今作甘溪，在麻江县东北境，从县城到干溪一段偏在麻哈江以东，与今公路选线不同。《黔游日记一》四月十九日日记中提到，王贵"后至麻哈，遂渐傲慢，以凳伤予足"。霞客脚被随夫砸伤，暂时限制了他的行踪，在麻哈仅走了十里到干溪。然而他不可能停下来歇息，我们可以想象霞客在山道上竭蹶前行的身姿。这一段顺路就近可观览的仅龙头山和写字岩，甚或这些都未及一睹。《嘉庆重修一统志》卷 502 都匀府载："龙头山，在麻哈州北，上有古寺清泉，颇堪眺望。"写字岩在甘溪河谷的平田哨，有麻哈人宋儒题"平田曾见玉，幽谷亦生兰"十个大字。

初五日的行程，"十里，麻哈大堡。又十里，干坝哨。又十五里，平越卫"。麻哈大堡今省作大堡，在麻江县北隅，麻哈江河湾处。霞客大概就从这里渡过麻哈江进入平越境。干坝哨今作甘巴哨，在福泉市南隅，湘黔铁路南侧。平越卫即今福泉市。当日应经过平越城南的武胜关。《明一统志》记载武胜关："左右崖削，一水中贯，实当诸路之冲。"《嘉庆重修一统志》卷 512 平越州载："马场江，在州城南四里，与羊场河通。其水湍深，中流如沸。《名胜志》：武胜关设于此，左右悬崖，一水中贯，诸路之冲。""仙影崖，在州城南二里，地名武胜关。《旧志》：石壁如屏，上有张三丰遗影，俨然画图，明郭子章镌'神留宇宙'四字于其旁。"武胜关不但是平越的大门和风景胜地，霞客在那里又一次发现与张三丰有关的景物。

初六、初七两日，"歇平越"，"宿店"。徐霞客在那里主要是考察张三丰的胜迹。《嘉庆重修一统志》卷512载："张三丰，辽东懿州人，洪武间在平越卫，蓬头草履，四时惟一破衲，人呼为邋遢仙，于高真观后结茅为亭，昼则闭户静坐，夜则礼斗。永乐中，遣官征聘，莫知所之。""福泉山，在州治南。《通志》：仙人张三丰修真处，前为高真观，后为礼斗亭。亭前有浴仙池，池水夏不溢、冬不竭。池旁有枯桂，明万历中，有丐者浴于池，云能活此树，掬水活其根，挂巾于树而去。是年桂复荣，至今犹茂，池水可疗病。""高真观，在州城南福泉山上，明洪武中建。层台突起，下控曲江，后有浴仙池。"平越城边福泉山上的高真观、礼斗亭、浴仙池等都应该是徐霞客徜徉的地方。山上至今仍存的浴仙池、草鞋井、古桂树等胜迹，让我们联想到张三丰，追忆起徐霞客。

离开平越返辕西走，主要程站《肇域志》有记载："平越府六十里至新添卫，六十里至龙里卫，六十里至贵州布政司贵阳府。"霞客为了游览杨宝山等风景名胜，多用了一天时间。

初八日，"雇贵州夫行，至崖头宿"。《嘉庆重修一统志》卷512载："西门桥，在州城西门外，路达新添卫。又西五里，有可禹桥。"徐霞客当出平越卫西门，过西门桥、可禹桥，经黄丝站，当晚宿崖头。黄丝站今仍作黄丝，在福泉市西南隅，崖头即今贵定县东境的岩头铺，又作崖头寨。两地皆为交通要道，现有铁路、公路经过。

初九日，"新添饭，至杨宝宿"。明新添卫设在今贵定县治。徐霞客从崖头到新添，途经谷芒关。该关在《江源考》中曾被提及。《读史方舆纪要》卷123载："谷芒关，卫东十五里，与平越卫接界。洪武二十三年建。"杨宝即杨宝山，又作阳宝山，为贵州省名胜。《明一统志》卷88载："杨宝山，在卫城北，山常青翠。"《嘉庆重修一统志》卷500载："阳宝山，在贵定县北十里，高可百余丈，树木森密，殿阁崔嵬，诸峰环向此山，称黔东之胜山。上产茶。"阳宝山附近还有三门洞。"三门洞，在贵定县北十里，广可容万人，有东西南三门，俨如城郭，昔人每避兵于此。"今阳宝山上虽只剩断墙残垣，但一百多座僧塔反映了该山昔日的盛况。

初十日，"龙里歇"。明置龙里卫于今龙里县。徐霞客从新添到龙里，沿途可饱览洞府之胜。新添卫西南一里许有龙山洞，西三里有西华洞，西五里有海马洞，西十五里有母猪洞。《肇域志》载："新添母猪洞，发卫六七里，陟降高崖，即见流水入山椒、穿洞过，出水处亦一洞，乃名母猪。尝有樵者至洞中，数石子随一大石，似子逐母，夜有珠光，故名也。"母猪洞又被雅称为牟珠洞，后来又名凭虚洞，明末里人邱禾实撰有《游凭虚洞记》。《嘉庆重修一统志》卷500载："凭虚洞，在贵定县西十五里，旧名母猪洞，明邱禾实易以今名。洞中周如华盖，石乳滴成岩窦，奇胜难名。前有小洞，水声远震，吼若轰雷，名曰雷鸣洞。"徐霞客在龙里卫城东二十里过陇笀关，该关见《明一统志》，即今龙丛街，现有公路和铁路经过。在龙里，可能就近游览明代已负盛名的紫虚山和留云洞。紫虚山即今冠山，在龙里县城内。明永乐年间在山上建紫虚观，弘治《贵州图经新志》有记载。留云洞又名雕云洞，在县城南雾绕翠叠的龙架山麓，距县城约一公里。郭子章《黔记》已有记载，谓："有云溪之朗，而奇石怪壁，非云溪所有；有天然之巧，而高明洞瞩，非天然可眸。"留云洞南侧还有流音洞，洞中泉水终年叮咚不断，出洞口散为瀑布，又成一景。在这一带，徐霞客可能还探游过一般志书未见记载的深洞、奇洞。

《黔游日记一》逐日所记徐霞客在贵阳的活动十分简略，但后来四月十七日曾有一段综述值得我们重视：

> 贵州东三里为油凿关，其水西流；西十里为圣泉北岭，其水东流；北十五里为老鸦关，其水南流为山宅溪；南三十里为华仡佬桥，其水北流。四面之水，南最大，而西次之，北穿城中又次之，东为最微；合于城南薛家洞，东经襄阳桥，东北抵望风台，从其东又稍北，入老黄山东峡，乃东捣重峡而去，当与水桥诸水同下乌江者也。

徐霞客对贵阳周围的山水地形了如指掌，与今天的地理环境对照，描述十分准确。要不是经过亲自踏勘剖析，绝说不出这番结论。这段话为了解徐霞客在贵阳的行踪提供了线索。徐霞客在贵阳的游程安排得十分紧凑，他对贵阳的地理考察是分三次进行的。

四月十一日，从龙里动身，"二十里至鼓角，三十里至贵州"。鼓角又作谷觉，今作谷脚，在龙里县西境。贵州为贵州宣慰使司的省称，此指宣慰司城，在今贵阳市区。后设贵阳府，与宣慰司治同城，但实际土官安氏"遂常居水西矣"。十一日徐霞客途经鼓角，从油凿关进入贵阳，考察贵阳东南郊。油凿关即油榨关。乾隆《贵州通志》载："图云关，在城南五里，旧名油榨关，康熙四十年巡抚王燕重修，改今名。"但至今仍俗称油榨关，关下的大道即油榨街。徐霞客过关后，当经今油榨街，过襄阳桥，从大南门入城，并就近欣赏南明河两岸的山光水色。这一带的景物，《嘉庆重修一统志》多有记载。该书卷500贵阳府载："观风台，在府城东南一里许，明万历中建。""霁虹桥，在府城南门外南明河上，明镇远侯顾成建。俗名襄阳桥，故南明河俗亦谓襄阳河；或云桥成而襄阳府济饷适至，故名。""薛岩，在府城南门外，郡人薛绍鲁故圃。岩壑有天然之致。今废为僧刹。"观风台即望风台，今名同，在甲秀楼稍东，南明河从它的西、南、东三面绕过，万历三十二年（1604年）"建亭其上，以镇水口"。襄阳桥即霁虹桥，在大南门外南明河上。薛家洞又名薛岩，在襄阳桥以西，亦一著名园林。从薛家洞到观风台一带，高低错落，河床曲折，河岸多变，水势减缓，河面开阔处，形成涵碧潭和芳杜洲，既有芳草晴沙，又有碧玉深潭。在河中宽平而坚实的鳌头矶上，万历二十六年（1598年）修建了甲秀楼，又建九孔石桥连接两岸，称浮玉桥（近代因修马路占去北岸两孔，今存七孔），桥上还有涵碧亭。岸边观音阁、武侯祠及其他园林，互相映衬。这一带明清时期是贵阳城郊风景的精华，也应是徐霞客在贵阳流连的地方。弘治《贵州图经新志》说："涵碧莹澈，深不可测，鱼舟往来，岸木荟蔚，雅有迥隔尘凡之趣。"田雯《黔书》说："澜光瓦影，上下参差，梵音磬吟，近远互答。每春波摇绿，秋汕澄青，岸柳乍垂，芹茅正弩。览渔船之泛泛，洗盅罃以临流，谁谓黔中无佳山佳水哉！"近年，学术界探讨明清之际甲秀楼的毁建变迁，亲历其境的徐霞客应是最有发言权的，惜今本《徐霞客游记》却不可能提供有关内容，十分遗憾！

十二日，"止贵州，游古佛洞"，当天主要考察贵阳北部地理。民国《贵州通志》载，黔灵山"山半为古佛洞"。黔灵山风景区得山水之胜，明代已有开发。东边傍檀山洞的麒麟洞，旧名唐山洞，又名云岩洞，原有明嘉靖九年（1530年）镇守贵州太监杨金的七律诗和郡人越英、王佐的诗。往西边登山，就是九曲径，又称赤松道。路边削壁千仞的溜翠岩下有一洞，内有白玉石雕苦行佛坐像一尊，此即徐霞客所游的古佛洞。洞前有小屋一楹，梁上有"道光辛丑年建"字样，今存的房屋时间较晚。在贵阳近山，大概徐霞客未再看到其他较大的洞，所以在今平坝县东南境游洞时，他感叹"亦贵竹中所仅见者"！霞客游黔灵山后，还往前参观了圣泉。他在四月十九日记平坝圣泉时说："出西门数里有圣泉，亦时涸时溢，以迂道不及往。"这是曾经见过圣泉的口气。《明一统志》载："圣泉，在宣慰司城西北八里，泉穴宽可六尺许，时或涨而不溢，人莫测其故，又号灵泉。"弘治《贵州图经新志》亦载："圣泉，在治城西五里。自山麓涌出，消长不一。本朝镇远侯顾成甃石为池，覆以亭，池中置一石鼓以验消长。其流灌田数百亩。亭侧有观音堂，郡人岁时游观焉。"圣泉名声很大，明清诸地志多有记载。直到1938年，傅振伦先生在《旅黔日记》中还记录了这一奇观："八月十三日游圣泉。早饭后雇洋车到头桥，沿山谷傍溪步行，遍山香花，松杉成竹，风景喜人。七里抵'下五里'的圣泉。圣泉一名百盈，俗称漏勺。泉水自山麓涌出，一昼夜百盈百竭，应刻漏之数。庙中供奉龙公。道士云：此是雄泉，雌泉在'三茶'北解茶寨。还说石门上有摩崖七字，今已磨灭。试以十枚铜元积泉石上，以泉水涨落，可占一年丰歉和个人命运，普通涨至二十三四枚始落，多至二十八枚，惟铜钱则可多至六十二文。我卜以抗战形势，积铜元仅达二十四枚，说明战胜是要经过大家的努力。野餐后，游雌泉而返。"圣泉在今黔灵山背后的山坳中。笔者1982年从黔灵山往北踏勘，在山坳的西北麓仅有一石房，当地群众指认圣泉即在石房下不远处，但见一大片平展的新土，泉仍渺不可寻。徐霞客参观圣泉后，又绕道老鸦关，沿山宅溪回城。山宅溪又称宅溪或择溪，从北往南流入城中，在今喷水池稍南处向西穿过中华路，又往南流入南明河，因此俗称贯城河。近年有些地段已用水泥板盖为暗河，但深陷的河床仍清晰可见。

十四日，"晨饭于吴，遂出司南门，度西溪桥，西南向行"，离开贵阳，沿途考察贵阳西南郊。所渡之河即今市西河。"五里，有溪自西谷来，东注入南大溪，有石梁跨其上，曰太子桥。桥下水涌流两崖石间，冲突甚急，南来大溪所不及也。"太子桥即太慈桥，弘治《贵州图经新志》载："太慈桥，在治城西南五里四方河之上，俗讹为太子桥。"徐霞客亦提出疑问："此桥谓因建文帝得名，然何以'太子'云也。"过太慈桥，经岜堰塘、华仡佬桥、头目岭而达青崖城。岜堰塘今称甘荫塘，华仡佬桥在今花溪镇，头目岭今作桐木岭，青崖今作青岩。从贵阳到青崖，选线大体与今公路一致，基本溯南明河行。明代，南明河因在会城南门外，又称南门河；在今花溪一段又称花仡佬河。徐霞客还考察了贵阳一带的植被情况，他于四月十五日在青崖以南的日记中写道："从其西入山峡，两山密树深箐，与贵阳四面童山迥异。自入贵省，山皆童然无木，而贵阳尤甚。"

　　离开贵阳的前一天，徐霞客主要用来为下一段漫长的旅程作准备。《黔游日记一》谓："十三日，止贵州，寓吴慎所家。"他打听了鸡山的近况，但得到的消息并不准确。崇祯十一年十二月二十七日在鸡山记移建铜殿事时说："有造流言阻之者，谓鸡山为丽府之脉，丽江公亦姓木，忌金克，将移师鸡山，今先杀其首事僧矣。余在黔闻之，谓其说甚谬。丽北鸡南，闻鸡之脉自丽来，不闻丽自鸡来，姓与地各不相涉，何克之有！"他对贵州的土特产也很欣赏，还上市采购了名产蓝纱。崇祯十二年四月十七日旅游到腾冲，在吃稀饭度日的情况下，才"令顾奴入州寓取贵州所买蓝纱，将鬻以供仗头"。"既而顾奴至，纱仍不携来也"。有幸蓝纱没有卖成，留在霞客身边，成为他在家乡病床边怀念贵州抚摩的信物。

（原载台北《黔人杂志》第17卷第2期，2000年4月出版）

# 徐霞客生年订正

徐霞客究竟生于何年？陈函辉的《徐霞客墓志铭》说："霞客生于万历丙戌，卒于崇祯辛巳，年五十有六。"陈函辉系徐霞客挚友，对霞客很了解，铭中所记应该可靠，至今尚无人怀疑过。但陈氏所记仍失之笼统，没有提及具体的日子。

近年新发现的季会明整理本《徐霞客西游记》的重抄本，补充了过去通行本的很多内容，也保留了霞客对于自己生日的自述，当然是订正徐霞客诞生时间最可靠的依据。其中崇祯十年（丁丑，公元 1637 年）十一月初八日在广西向武州记道："下午，文韬复来引见于后堂，执礼颇恭，恨相见晚。其年长余三岁，为五十五矣。"周文韬以代表乡人抵抗"交彝"的英勇行为受到徐霞客敬重，故《徐霞客游记》特记了他的事迹与年龄。这条材料指出在丁丑年徐霞客为五十二岁，与丙戌年生的说法刚好吻合。同年十一月二十七日霞客又在广西都结州记道："是日为余生晨，迺所遇旧州夫既恶劣，而晚抵铺司复然，何触处皆穷也！""晨"系"辰"，为抄写时的讹误。"迺"即"乃"。霞客一生碰到过很多困难，比这大得多的困难也不少，但这天正逢自己生日，所以感触特别强烈。这条材料说明徐霞客生于万历十四年十一月二十七日。万历十四年（丙戌）为公元 1586 年，但该年中历十一月二十七日却不在 1586 年，应为公元 1587 年 1 月 5 日。因此，以公元计，徐霞客的生年实为 1587 年，徐霞客诞生四百周年纪念日应在 1987 年初。

按万历十四年（丙戌）生推算，则崇祯九年（丙子，公元 1636 年）霞客踏上"万里遐征的旅途，时年五十一岁"（丁文江：《徐霞客先生年谱》）。崇祯十三年（庚辰，公元 1640 年）自滇归家，"时其年五十有五"

（吴国华：《圹志铭》），崇祯十四年（辛巳，公元 1641 年）中历正月逝世，"死时年五十有六"（钱谦益：《徐霞客传》），诸书所记皆无矛盾。

但是，把徐霞客的生卒时间落实到具体日子，我们就会发现这位伟大的科学家只活了五十四岁。不同的算法自然得出不同的结论。前者系中国古代计算年龄的习惯，所计多有虚岁，生年虽仅一个多月，却占一岁，卒年不超过一月，也占一岁。若按公历计算，则 1586 年不应包括在内，即使虚岁也只有五十五岁。按现在通常计算实足年龄的方法，要到了生日那天才算一周岁，则徐霞客应该是活了五十四周岁。

（原载《光明日报》1983 年 5 月 25 日"史学"第 296 期）

## 附：谭其骧先生批文

一九八二年十月二十日晚在昆明圆通饭店，朱惠荣同志来话别，言及霞客生日为十一月二十七日，见《粤西游日记三》丁丑十一月二十七日。万历十四年十一月二十七日，实为 1587 年 1 月 5 日，通常作为霞客生于 1586 年者误也。次日返沪，核对《游记》及《二十史朔闰表》，朱言是也。

（该文记于沪本《徐霞客游记》"前言"首页）

# 徐霞客的体貌

　　近些年，各地纷纷建徐霞客像，中华世纪坛确定陈列的40位中华历代文化科技名人中也有徐霞客。我们能否给这方面的工作提供一些参照系数？历史真实的徐霞客的身体状况和相貌怎样？本文试图解答这一问题。

　　徐霞客的体貌和性格，小时就很具特色。陈函辉《徐霞客墓志铭》载："生而修干瑞眉，双颅峰起，绿睛炯炯，十二时不瞑，见者已目为餐霞中人。童时出就师塾，矢口即成诵，搦管即成章，而膝下孺慕依依，其天性也。"陈仁锡《王孺人墓志铭》载："晚得仲子，骨瘦如立鹤。"徐霞客小时瘦如立鹤，"修干瑞眉，双颅峰起"，异于常人。他精力健旺，双眼发出探索的光芒，终日都无倦意。他天分很高，出口成诵，提笔成章。他性情淳和，紧紧依偎在大人身边，相亲相爱。

　　长大后的徐霞客，仍保持着他小时的体貌特征，性格脱俗，傲岸高洁。王思任《徐氏三可传》载："弘祖顾而黯，揖羞官，口羞阿堵；山水可以博命，文章可以鬻身。""望其人身体发肤，笑谈举止，皆冷云颢气，濯灵充秀者。"陈继儒《寿江阴徐太君王孺人八十叙》也载：徐霞客"墨颧云齿，长六尺，望之如枯道人，有寝处山泽间仪，而实内腴，多胆骨。与之谈，磊落嵯峨，皆奇游险绝事，其足迹半错天下矣"。《资治通鉴》汉延熹三年有"今委君以六尺之孤"句，胡三省注："贤曰：六尺，谓年十五以下。"徐霞客身长六尺，比通常所说的"七尺之躯"稍矮。他身材修长清瘦，望之如枯道人，但肌肉结实，体魄硬朗，并不孱弱。由于长期的野外生活，使得他皮肤黯黑，脸黑齿白，衬映出过人的精力。他不屑谒权贵，不追逐市利金钱，嗜山水、文章如生命，与谈皆奇游险绝事。陈函辉怀念徐霞客的诗说，"记得掀髯谈世事，夜深灯畔指吴钩"，徐霞客还生有美髯。综合以上，给人总的印象是，"冷云颢气，濯灵充秀"，一副典型的智者、高士的形象。旅途中的徐霞客，陈函辉《徐霞客墓志铭》说他："能霜露下宿，能忍数日饥，能逢食即吃，能与山魈野魅夜话，能袄被单夹耐寒暑。尤异者，天与双趼，不假舆骑；或丛箐悬崖，计程将百里，夜就破壁枯树下，即燃脂拾穗记之。"钱谦益《徐霞客传》也说："其行也，从一奴或一僧，一杖、一被，不治装，不裹粮，能忍饥数日，能遇食即饱，能徒步走数百里。凌绝壁，冒丛箐，攀援下上，悬度缒级，捷如青猿，健如黄犊，以釜岩为床席，以溪涧为饮沐，以山魅、木客、王孙、夔父为伴侣。傧傧粥粥，口不能道，时与之论山经，辨水脉，搜讨形胜，则划然心开。"徐霞客的身体素质很好，他不但完全能适应野外生活的艰苦环境，而且孤身融入幻化神秘的自然界，与大自然和谐共处。这是我国古代探险旅行家的典型形象。

陈函辉《徐霞客墓志铭》记载徐霞客偕母同游的故事说："霞客以母春秋高，愿谨受不远游之戒。而母则曰：'向固与若言，吾尚善饭。今以身先之。'令霞客侍游荆溪、句曲，趾每先霞客。咸笑谓胜具真有种也。"徐霞客的母亲王夫人虽年事已高，对远行还充满自信，且确实常走在霞客之前。她健于行游的画面十分生动，当时人"咸笑谓胜具真有种也"。徐霞客作为杰出的旅行家和地理学家，身体条件的优势，系得之于母亲的遗传。他的外貌可能不似人们想象中的那样是一个伟岸丈夫；但他的体型和体质，却最适于野外活动甚至在高海拔地区生活，他长于远行，善于登高，精于攀爬。

然而，徐霞客并不是铁打的神汉，也是普通的血肉之躯，长期野外生活的折磨，损害着他的身体。据《滇游日记三》，徐霞客从寻甸到嵩明途中，"雨势不止，北风酿寒殊甚"，"寒风从后拥雨而来，伞不能支，寒砭风刺，两臂僵冻，痛不可忍"。《滇游日记十一》又载，在永昌（今保山）北部，雨中行路，"坠峡穿箐，路既蒙茸，雨复连绵"。"二里，雨益大，沾体涂足，足滑不能定，上山金涉流，随起随仆。如是者三四里，头目既伤，四肢受病，一时无可如何。"旅途的艰苦环境对徐霞客身体的影响于此可见。徐霞客崇祯九年离家时说，"余久拟西游，迁延二载，老病将至，必难再迟"，他对自己的身体已心中有数。验之以"万里遐征"的连续记录，徐霞客晚年的健康状况已不如前。在江西宜黄，"时膝以早行，忽肿痛，不能升"。"以足痛不及登盘。"在湖南南部，先因草鞋夹脚，"足为草履所蚀"，"足痛不胜履"，第二天竟至"足裂"。接着又患感冒，"夜卧发热"，"令顾仆炊姜汤一大碗，重被袭衣覆之，汗大注，久之乃起，觉开爽矣"。延续了七八天，仍病体孱弱，"日犹未衔山，以惫极，急浴而卧"。过冷水湾，"余病鱼腹，为减晚餐"。在广西右江船行至捺利，"中夜腹痛顿发，至晨遂胀满如鼓，此岚瘴所中无疑"。过胡润寨后，"腹痛如割"，"顷刻难忍，不辨天高地下"。在三里城，曾"卧疴东阁"约五天。在贵州，脚又被随夫用板凳砸伤。在云南晋宁，"余病嗽，欲发汗，遂卧下道"，约两三天。初到鸡足山，也"忽病嗽"，"嗽犹未已"，约三四天。消化不良，伤风感冒，脚破腿肿，是旅途中的常见病，徐霞客也不例外。在当时，旅途中几乎无医疗条件可言，又要匆匆赶路，徐霞客主要靠自身的抵抗力战胜病魔。这既反映了他良好的身体素质，却也渐渐地消耗着他的体力。徐霞客在旅途中患过几次大病。在湖南舟中，"饭后余骤疾，呻吟不已"，一连八九天，"病犹甚"，只能"力疾起望西天"，观察岸上形势。后来，"念浯溪之胜，不可不一登，病亦稍瘥，而舟人以候客未发，乃力疾起，沿江市而南"，上岸徒步考察。但病体孱弱，连走路的力气都没有，"时余病怯行，卧崖边石上，待舟久之"。再后，体力逐渐恢复，"度舟行竟日，止可及此，余不难以病体追蹑也"，才带病舍舟登陆游览。在桂西南，"手疮大发"，连续半个多月，"疮病呻吟"，"疮寒体惫"，但仍阻挡不住他旅途考察的热情。在云南从永昌回鸡足山的途中，他又一次患病，"余先以久涉瘴地，头面四肢俱发疹块，累累丛肤理间，左耳左足，时时有蠕动状"。"至是知为风，而苦于无药。"延续了二十来天，经过药草、土参等熏蒸治疗，才渐好转。后来，他被人称赞为"天与双跰"善走的双脚终于得病，竟至不能走路，吴国华说他"盖以伤足寻息壤也"。季梦良说他"归而两足俱废"，其实是"两足俱废"后才归来的，这次脚的残疾发生在他踏上归途前，并一直延续到他生命的最后一息。粗略统计崇祯九年（1636 年）九月至崇祯十三年（1640 年）六月徐霞客离家这三年多，他生病的时日达八九个月，占旅途时间的 1/6 左右，而且生病的时间一次比一次长，病情一次比一次重，终至积劳成疾，一病不起，与世长辞。

　　徐霞客离开我们虽已 350 多年，除了通过文献考证，我们有幸还能依靠艺术家的作品认识徐霞客。现在能看到的最早的徐霞客像是咸丰二年（壬子，1852 年）吴冠英所画。吴氏名儁，据其印章又作吴俊，字子重，晚清江阴人，工诗书画，人称"三绝"，写真尤得古法，名重京师，光绪二十九年（1903 年）曾被荐举入颐和园为慈禧太后画肖像，深得慈禧赞许。吴儁所画的徐霞客像右侧上端，题有"霞客先生遗像，咸丰壬子夏日吴儁摹"字样，另页又附像赞一篇、跋文一段，记其始末。跋云：

　　　　霞客先生《游记》梓行已久，读其书觉其人之瑰伟奇特，如接于目，思其像而未得见也。此像乃冠英吴君自京师摹归，并移写当时汪氏襄文、方氏成培，近时石琢堂廉访秦小岘、侍郎王惕甫广文所题，属叶君钦之补梓《游记》简端，而叶君又属元题而识之。

咸丰壬子小春乡后学承培元谨赞

　　据此可知，这幅徐霞客像不是吴儁的创作，而是临摹作品，摹于咸丰二年（1852 年）夏天，应是吴儁早期的作品。徐霞客的画像此前已在京师（今北京）流传，由于人们对徐霞客的热爱和对该画的赞赏，题咏不少，既有"当时"所题，也有"近时"所题，则成画已有相当一段岁月了。既谓"属叶君钦之补梓《游记》简端，而叶君又属元题而识之"，则加了此像的咸丰年间印本仍属叶本的一种，但叶廷甲已于道光十二年（1832 年）逝世，主持此项工作的是叶廷甲的后人叶钦之。这一次不但增加了徐霞客像，也加进了吴冠英移写回来的汪襄文等人的题咏，为咸丰印本增色不少。若能找到该本，根据新增的题咏内容，可以追踪霞客遗像原画的作者情况，完成的时间和流传过程。咸丰年间印本后来被胡适在上海购得，丁文江整理《徐霞客游记》，得胡适多方谋划支持，遂将霞客遗像影印收入 1928 年商务印书馆出版的《徐霞客游记》。至今，咸丰印本不知去向，丁文江整理本《徐霞客游记》卷首所列成为新中国建立前仅见的徐霞客像。该像不但具有文物价值和版本价值，也恰当地反映了徐霞客的体貌和性格，不但形似，而且神似，以逼真和传神见长，是不可多得的艺术珍品，因此被新版《徐霞客游记》及有关徐霞客的著作广泛采用。正如承培元像赞所说："江山虽改，古貌犹存。奈何二百载，沦落缁京尘。还乡逢道子，讵非香火因。嗟嵘乎先生，曩于笔墨之间见颜色，今始瑞眉碧眼炯炯图中分。"

（原载《徐霞客研究》第 13 辑，学苑出版社 2006 年版）

# 徐霞客探长江源

明代杰出地理学家徐霞客的《江源考》向为学术界所重视，但《徐霞客游记》对踏勘金沙江的具体过程缺载，因此，人们很自然地关心徐霞客是怎样探长江源，在哪里探长江源的。这正是本文准备回答的问题。

徐霞客对长江源的考察运用了追踪和目击两种方法。

在多山的西南地区，江河左转右盘绕曲不定，江岸陡峭，人们没有条件沿江步行。徐霞客很注意考察分水岭，即他所说的"龙"脉，同样可以追踪江流的去向。可以说，徐霞客从昆明到丽江一段旅行的目的主要就是考察金沙江的流向，旅游路线也是围绕这一目的来确定的。他舍弃捷直的昆明—楚雄—祥云大道不走，而迂曲北出，走昆明—富民—武定—元谋—大姚—姚安—祥云—宾川一线。这一带偏在滇中台地北缘，距金沙江甚近。昆明至元谋段是元代以来往北出川的大道，大姚至普渡段又是自古以来四川通滇西的大道，都颇便行旅。在这条线上"溯江纪源"确实收到了预期的效果，《徐霞客游记》记录沿途所了解到的金沙江流向具体翔实。在丽江："其北度脊处即金沙江逼雪山之麓而东者，东山之外则江流南转矣。脊南即此坞，中有溪自东山出，灌溉田畴更广。由此坞东北逾脊渡江，即香罗之道也。"（朱惠荣整理本《徐霞客游记校注》，云南人民出版社 1985 年版，第 939 页；以下同，仅注明该书页码）在邱塘关："隔江之东山，至是亦雄奋而起，若与西大峰共为犄角者。关人指其东麓即金沙江南下转而东南趋浪沧、顺州之间者，此地有路，半日逾此岭，又一日半而东南抵浪沧卫。"（第 942 页）在鸡足山："从脊直北眺，雪山一指竖立天外，若隐若现。此在丽江境内，尚隔一鹤庆府于其中，而雪山之东，金沙江实透腋南注，但其处逼夹仅丈余，不可得而望也。"（第 887 页）在宾川："至是始知宾川之流乃北出金沙江，所云浪沧卫而非澜沧江也。其东界大山，乃自梁王山北转，夹宾川之东而北抵金沙，非大脊也。"（第879—880页）。在元谋："诸山皆夹川流北出，或合西溪，或出苴榷而下金沙。故自县以北，其西界诸山，一支既尽，一支重出，若鳞次而北抵金沙焉。"（第862页）"西界诸山俱自定远夹流分支，东北而尽于金沙江。其西北又有大山方顶矗峙于北……其地犹大姚县属，在县东北百四十里苴榷之境，东临金沙江。是此山又从西北北胜州界环突东南，界金沙于外，抱三姚于中，与此西界回合，而对峙为门户者也。"（第863页）"金沙巡司乃金沙江南曲之极处。自此再东，过白马口、普渡河北口，即从乌蒙山之西转而北下乌蒙、马湖。巡司之西，其江自北来，故云南之西北界亦随之而西北出，以抵北胜、丽江焉。"（第863—864页）在富民："得大溪汤汤，即螳螂川也。自南峡中出，东北直抵大哨西，乃转北去而入金沙江。"（第854页）香罗即香罗甸长官司，属云南永宁府，治所在今四川木里县西北。邱塘关设在今关坡，位于丽江县南境。浪沧卫为澜沧卫的误写，与北胜州同点，在今永胜县。顺州在今永胜县西境顺州乡州城村。苴榷在1929年设为永仁县。定远县即今牟定县。乌蒙府治今昭通市。马湖府治今四川屏山县，在金沙江北岸。白马口，今名同，在武定县北隅，所所卡河汇入金沙江处。大哨，清设为大营，在今富民坝子东缘。《徐霞客游记》所记金沙江的位置和流向，与实际情况基本一致，但金沙江不从澜沧卫和顺州之间通过，而从澜沧卫和顺州以西往南流。

　　跟踪犹如打外围战，没有目击不能算地理考察。今本《徐霞客游记》缺载崇祯十一年（1638年）十一月十二日至月底在武定、元谋的十九天，正是徐霞客目击金沙江的关键时日。缺文处最初整理者季会明注了一段话："此后共缺十九日。询其从游之仆，云武定府有狮子山，丛林甚盛，僧亦敬客。留憩数日，遍阅武定诸名胜。后至元谋县，登雷应山，见活佛，为作碑记，又穷金沙江。由是出官庄，经三姚（大姚县、姚安府、姚州）而达鸡足。此其大略也。余由十二月记忆之，其在武定、元谋间无疑矣。夫霞客虽往，而其仆犹在，文之所缺者，从而考之。是仆足当霞客之遗献云。"顾行一直跟随徐霞客旅行，他的回忆应该具有权威性。这段时间霞客主要做了三件事，即游狮子山，登雷应山，穷金沙江。

狮子山在武定城西郊，如屏风高插天际。《明一统志》武定府山川载："狮子山，在府城西八里，高千余仞，顶有石岩，状如狮子。"山腰的上半部有一块平地，元代即建了正续寺。寺边月牙泉涌流不绝。寺后是陡峻光滑的石壁，一层层整齐的纹理，状如狮子，山因此得名。岩壁磴道悬绝，藤树密翳，石门和悬阁嵌错其间。山顶宽平，林木密布，可尽览武定坝子的锦绣田畴。霞客游过很多寺庙，在狮予山"留憩数日"还有特殊的原因。传说明代建文皇帝曾长期在狮子山正续寺为僧，大概即因此狮子山被誉为"西南第一山"。建文帝曾手植孔雀杉二株、茶花一株，今孔雀杉挺拔高耸达25米，四人才能合抱，茶花已死，尚遗花台。藏经楼规模甚大，下层正中有建文帝塑像，白发，穿蓝色袈裟，坐龙椅，匾额题"明惠帝"。这是至今仅存的建文帝老年时的形象。寺内楹联甚多，皆与建文帝事迹有关。《滇略》载：狮子山"岩半有庵曰龙隐，中祠建文皇帝，云帝自靖难师入，自髡以出，栖此山者四十余年，始自白归大内，今其像禅衣锡杖，凄然老衲状也"。《滇略》作者谢肇淛于万历末年为宦云南，则万历年间狮子山已祠建文帝像，此当亦霞客所亲见者。可以想见，霞客在这几天的《游记》里，像详记贵州白云山一样，也用了很多笔墨详细记述明代所讳的建文帝遗迹和传闻。

明代元谋县属于武定府，但从武定到元谋，沿途自然景观悬殊。《天启滇志·旅途志》可补《徐霞客游记》的佚文："武定西历乌龙洞、跃鹰村、高桥村至马鞍山七亭，村落十余，皆枕山面流，川原平衍，广二十余里。有径路涉高桥水，径一亭，冬春乃过。"乌龙洞、跃鹰村、高桥、马鞍山等名至今仍存，皆在武定县西境的公路旁。马鞍山以西一段比较难走，"逾马鞍山西九亭达元谋县，历黑箐哨，阴翳多淖。出箐至虮蜡哨、干海子，林衫森密，猴猱扳援不畏人。崇山复岭，涧有积雪，气寒冽。下马头山始平衍，气始炎，树多木棉，其高干云。有金刚钻树，碧干蝟刺，浆杀人，土人密种以当篱落。地宜甘蔗、芝麻，有微瘴。虚仁驿在中道，今邮传俱废，止存板屋二十余家"。虚仁驿，《游记》作墟灵驿，在今武定县西隅的白路。马头山今名同。元谋县治在今老城乡驻地老城。明代从武定到元谋的大道，沿山坞从东往西，下马头山，即到当时元谋县治，与今公路线基本一致，霞客走的就是这条大道。再往北二十五里到马街。这里位置适中，交通方便，一直是元谋坝子的商业中心。光绪四年（1879年）县治迁到马街，即今元谋县城元马镇。官庄在今元谋县城东郊，近年逐渐发展扩大，与旁边的能道村连接，合称官能。霞客以官庄为中心，东到雷应山箐口仅十里，北探金沙江平坝可达，往西还可出三姚继续西游。

雷应山，今名同，系傣语地名，意译又称凉山，为元谋坝子东面的高山，亦称东山，又名住雄山，最高峰海拔2803米。山上明时建有法灵寺和香山寺。香山寺在半坡平坦处，传说有山下能海闹村女子在那里留偈坐化，当地人称为活佛，称此寺为活佛寺。山上有入定石、治癭泉诸胜迹，明清时香火很盛。康熙《元谋县志》载："阮氏女，能海闹人，传元宗室云南王之遗裔也。生于明万历末年，自幼茹素，年十六岁不适人，入雷应山大树下跌坐，云生居能海，了道雷应山禅定。天启四年有□林王聚洲题曰：'去时尚留四句，来日已绝百非。'邑人建寺祀其肉身，至今土人敬信，祷卜辄灵，每年以八月朔日起至十五之期聚会，酬愿甚盛，俗呼活佛也。"《华竹新编》仍提到香山寺与活佛："法灵、香山二寺，为邑之名刹，俱在县东雷应山，相距里许。后倚赢峰，前俯能海，古树青苍，灵泉甘冽，祇林清净地，此其首矣。建于胜国之季，法灵在上，香山在下。后又移香山于半坡平坦处，一名活佛寺，会最盛。上有入定石、治癭泉诸胜迹。山岩崇峻，艰于扶筇，康熙中马给事之鹏徇元谋，询僧请募邑人修路为之引。按志载，雷应山在县治东北五十里，古刹为香山寺，予未能至；有能海女子留偈坐化，肉身在焉，土人称为活佛，予未睹也。"檀萃后来对雷应山的详细调查证明乾隆时活佛坐化肉身还在，而且记录了活佛寺迁建修路的经过。法灵寺今已不存。香山寺现作为小学，寺旁新建了房舍。霞客为活佛寺作碑记，可见他对这位被神化的民女的重视。近年人们多次寻觅徐霞客所作碑记，未见踪影，大概与活佛寺位置的移动及人世沧桑有关。

霞客在马街以北的行踪，《徐霞客游记·滇游日记五》有所透露。他到了活佛出生的海闹村，对这个村子的特点作了记录："滨溪东岸，即活佛所生处，离寺二十五里。其村有木棉树，大合五六抱。县境木棉树最多，此更为大。"（第863页）海闹村的情况，康熙《元谋县志》可以为证："攀枝花，此花元邑最多。""能海闹大树一株，围抱十人，垂枝可荫二十亩，苍翠可观。"经过半个多世纪，这株木棉树比霞客见时更大了。徐霞客亲自到了金沙江边，由远而近地描述了金沙江两岸的山川地貌："西界诸山俱自定远夹流分支，东北而尽于金沙江。其西北又有大山方顶矗峙于北，与金沙北岸'蜀滇交会'之岭骈拥天北。从坞中北向遥望，若二眉高列于坞口焉。余初以为俱江北之山，及抵金沙江上，而后知江从二山之中自北而南，环东山于其北，界西山于其西，始知此方顶之山犹在金沙之南也。"（第863页）他还到了江北岸云南省辖的江驿，记江驿的情况具体周详："渡江北十五里为江驿，与黎溪接界。江驿在金沙江北，大山之南。由其后北逾坡五里，有古石碑，大书'蜀滇交会'四大字。然此驿在江北，其前后二十里之地所谓江外也，又属和曲州，元谋北界实九十五里而已。江驿向有驿丞，二十年来道路不通，久无行人，今止金沙江巡检司带管。"（第860页）江驿，诸书皆作"姜驿"，明时属和曲州，后属武定县，1955年划归元谋。姜驿北隅至今仍有一独家村称界牌箐，当地人指认就是过去立界牌的地方，霞客对江驿的描述得到了证明。金沙江巡检司在金沙江南岸，龙川江和金沙江汇口处东侧今江边村。当时的情况，如《天启滇志·旅途志》所载："江水驶奔，挽舟里许，乃横舟乱流而济。江北无居民，惟南岸有巡检司，傍而居者百余家，多好浮屠。"霞客从马街北行考察金沙江，应经环州驿、海闹村、黄瓜园、龙街渡一线，回程可能沿龙川江西岸，经扁担浪，逾岭到苴宁村，又经五富村、下村，仍回到官庄茶房。《滇游日记五》详载元谋坝子龙川江两岸的村落分布："自是以北，溪东之村，倚东界山之麓甚多：官庄之北十里为环州驿，又十里为海闹村，又十五里为黄瓜园。溪西之村，倚西界山之麓亦甚多：西坡下村与官庄对峙，北十五里为五富村，又十里为苴宁村，又北逾岭二十里为扁担浪，于是北夹西溪，尽于金沙焉。"（第862—863页）环州驿有别于武定的环州，康熙《元谋县志》载："环州驿，今裁"，"旧基在马街北八里"。清代裁驿，今为一小村，仍称环州驿。雷应山主峰称赢髻峰，傣语呼发髻为"华竹"，"环州"即"华竹"的异写，武定境内的环州与元谋的环州分别位于雷应山东西两侧，皆以此得名。海闹村即能海闹，为傣语地名，"能"为河，"海"为榕树，"闹"为赶摆，意即河边有榕树赶摆的地方，又写作能海或龙海落，在今苴林乡龙川江东岸，后以赶街的时间改名为牛街。黄瓜园在今黄瓜园镇。五富村今作五福村，傣语"五"为蛇，"福"为席草，意即有蛇的席草地。苴宁村又作苴（当地读作"左"zuǒ）林，傣语"苴"为年代，"林"为祖辈，意即祖辈世居的地方。扁担浪即今丙大浪，傣语"丙"为坪，"大"为渡口，"浪"为河口，意即河口摆渡的坪子，在蜻蛉河与龙川江汇口处。以上各村的位置和里距，古今完全一致。《天启滇志·旅途志》载："元谋北六亭达黄瓜园。旧有环州驿，今废。历马街子、龙海落，地皆平原而荒，人皆僰夷。""黄瓜北四亭达江边。"与《徐霞客游记》所记的程站也一致。这一带当时"人皆僰夷"，是徐霞客最初涉足的傣族聚居区。以后几经变乱，元谋的傣族几近绝迹，所幸徐霞客为我们录记了明代元谋的一系列傣语地名，保留下傣族在那里长期生活的印记。

元谋是认识金沙江的典型位置，徐霞客选择元谋段金沙江作为考察重点可算独具慧眼。这一段位于北纬26°以南，是金沙江干流纬度最南的部分。江北的姜驿也属云南，既可渡江踏勘金沙江两岸，又坚持了按行政分区在云南境内系统进行地理考察的原则。金沙江流经万山丛中，两岸悬崖峭壁难以接近；至元谋漾出平滩数十里，江面开阔，局部可以通航，颇便观察。《华竹新编》载："今巡检司地为其渡口，余尝至江口，见汹涌澎湃之势，固已骇矣，然夜声尤蹙，殆难为怀。"这里可以体察到大江日夜奔腾咆哮的气概。《华竹新编》又载："惟流经邑治之北界，接连渡口，漾出平滩，长数十里。天霁云倦，日色含沙，百道金光，飞腾上下，过之者几于眩目不能开，始叹欲见金沙真面目，盖即此地也。"这里产沙金，耀眼的沙丘起伏连绵，"日灿金沙"为元谋八景之首，最形象而典型地反映了金沙江的特点。然而，元谋是金沙江边著名的干热坝子，年平均气温22℃，四季无霜，年降雨量467～784毫米，年蒸发量3627毫米，旱季长达七个月。这样的环境，古人视为畏途。《元混一方舆胜览》黎溪州景致载："金沙江，在州南约百里山峡间，岚瘴极重，行客过之，虽隆冬皆祖裼流汗，雨中及夜渡则无害。"说的正是金沙江的这一段。明代杨升庵路经元谋，《宿金沙江》诗感慨万端："岂意飘零瘴海头，嘉陵回首转悠悠，江声月色那堪说，肠断金沙万里楼。"《元谋县歌》甚至发问："遥见元谋县，冢墓何垒垒？借问何人墓？官尸与吏骸。山川多瘴疠，仕宦少生回。

三月春草青，元谋不可行；九月草交头，元谋不可游。嗟尔营营子，何为欤来此？九州幸自宽，何为此游盘？"徐霞客却不然，九州再宽，他也希望踏遍九州的边隅。作为寒士的徐霞客确实在元谋吃尽苦头。同行的顾行生了一场大病，久不能行。身边的钱粮已用尽，只有靠悟空和尚"日日化米以供食"。这艰苦的日子成就了徐霞客探长江源的事业，他在这里足勘目验了怀念思索过一辈子的真正的长江源，再加上他以后在宾川、鹤庆、丽江沿途充实的有关金沙江的知识，终于写成科学名篇《江源考》。

好事也往往留下遗憾。由于徐霞客考察金沙江日记的散佚，有关明末元谋段金沙江的水质、水色、江面宽度、江流急缓等生动的描述成为永久的空白。从寻甸到昆明沿途，徐霞客已经在追踪金沙江，但他本人却没有意识到。《徐霞客游记·滇游日记三》记载他在寻甸的活动："乃屡讯土人，皆谓其流出东川，下马湖，无有知其自沾益下盘江者。然《一统志》曰入沾益。后考之《府志》，其注与《一统志》同。参之龚起潜之说，确而有据，不若土人之臆度也。或有谓自车洪江下马湖，其说益讹。亦可见此水之必下车洪，车洪之必非马湖矣。盖车洪之去交水不远，起潜之谙沾益甚真，若车洪之上，不折而西趋马湖，则车洪之下，不折而北出三板桥，则起潜之指示可知也。"（第 786 页）车洪江即今牛栏江，当地人普遍知道车洪江出东川下马湖，为金沙江支流，但徐霞客受到龚起潜错误结论的左右，听不进正确的观点，使他错过了在滇东对金沙江追踪考察的大好机会。徐霞客选择滇西北满怀希望要再一次目击金沙江，丽江府土官木增虽对他盛情款待，却不愿给他提供方便。崇祯十二年（1639 年）二月五日，他第一次要求北渡金沙江到忠甸，没有被允许。"以书入谢，且求往忠甸，观所铸三丈六铜像。既午，木公去，以书答余，言忠甸皆古宗，路多盗，不可行。盖大把事从中沮之，恐觇其境也。"（第 934 页）二月七日，他第二次要求往东北渡金沙江，参观他向往的泸沽湖。"是晚既毕，仍作书付大把事，言校核已完，闻有古冈之胜，不识导使一游否？古冈者，一名偑傀，在郡东北十余日程。其山有数洞中透，内贮四池，池水各占一色，皆澄澈异常，自生光彩。池上有三峰中峙，独凝雪莹白，此间雪山所不及也……故余神往而思一至也。"（第 935 页）由于政治上的原因，仍未获准。"前缴册大把事至，以木公命致谢，且言古冈亦艰于行，万万毋以不赀蹈不测。盖亦其托辞也。然闻去冬亦曾用兵吐蕃不利，伤头目数人，至今未复。傈僳、古宗皆与其北境相接，中途多恐，外铁桥亦为焚断。"（第937页）二月十日，他第三次提出要求，欲西出九和。"时余欲由九和趋剑川，四君言：'此道虽险而实近，但此时徙诸出豆者在此，死秽之气相闻，而路亦绝行人，不若从鹤庆便'。"（第941页）九和即今九河，距金沙江石鼓渡甚近，结果仍未成行。

长江后浪推前浪，人们对长江的认识也在不断地深化和发展。但是，今日的发展总离不开历史的基础，在认识长江的里程碑上，永远铭刻着杰出地理学家徐霞客的功劳。

（原载《历史地理》第9辑，上海人民出版社1990年版）

# 徐霞客万里西游行迹考辨

## 一

徐霞客晚年"万里遐征",从崇祯九年(1636 年)到崇祯十三年(1640 年),所经路线,《徐霞客游记》逐日有记,可以为证。但《徐霞客游记》崇祯十二年九月十四日以后散佚,从行文看,十四日的内容亦已大半残阙,其后的行迹缺载。

作为旁证,自然我们会想到友朋的说法。最早涉及徐霞客晚年游踪的说法有吴国华为徐霞客写的《圹志铭》、陈函辉的《徐霞客墓志铭》、钱谦益的《徐霞客传》。让我们对以上诸文所说的一些主要情节进行核实。

"北抵岷山,极于松潘。"徐霞客探江源,容易使人联想到岷江发源的岷山及松潘一带。徐霞客对这些地方当然重视,但却未能如愿亲履。他在腾冲曾入城谒参府吴公,《滇游日记十》记载:"吴,四川松潘人。为余谈大江自彼处分水岭发源,分绕省城而复合。"① 明置松潘卫,隶四川都司,在今四川松潘县。省城指四川布政司治所成都府。此系说明岷江自松潘附近发源,分为内江和外江,绕成都等地而复合的情况。这是崇祯十二年(1639 年)五月初一别人告诉他的,证明直到此时他还没有到过川西北。

"至黎、雅瓦屋、晒经诸山。"按,瓦屋山以山峰形似瓦屋得名,晒经山因唐僧取经的传说得名,西南名瓦屋、晒经者不止一处。黎州在今汉源

---

① 《徐霞客游记校注》,云南人民出版社 1999 年增订本,第 1096 页。

县北，雅州在今雅安，皆位于四川西部大渡河以北。其辖境内的瓦屋山在今洪雅县西隅与荥经县交界处，晒经山在今荥经县北 20 里，传说唐僧曾于此晒经。然徐霞客途中所经的瓦屋山与晒经山却在云南境内。《滇游日记十二》有"南望则瓦屋突门之峰，又从东分支西绕，环墅于前"句，徐镇初刻本、《四库全书》本、丁文江本同，沪本据陈本改"瓦屋"为"瓦房"，不从。瓦屋，今名同，在凤庆县东北部，澜沧江以北，黑惠江西侧。相近的还有金堂山，海拔 2753 米，疑为"经堂山"之讹。二山皆在徐霞客从凤庆到巍山的旅途沿线。在今大理坝子也长期流传着唐僧取经的故事，相传唐僧取经路过时，经书落入水中，就在点苍山的第八峰兰峰上晒经，因此称为晒经坡，大风将一页上面写有"阳乡"二字的经书吹落山麓，该村后来即名"阳乡"，还有两页经书飘落的地方，至今分别称为南经庄和北经庄①。

"复寻金沙江，极于牦牛徼外。"《读史方舆纪要》卷 113 说："金沙江源出丽江军民府西北旄牛徼外。"明清时期记金沙江所出，也泛指"牦牛徼外"，即特产牦牛的地区。牦牛耐寒，在空气稀薄的高山峻岭间善驮运，又称"高原之舟"。明代牦牛分布的范围达"鹤庆以北"，徐霞客在丽江得尝牦牛舌，"牦牛舌似猪舌而大，甘脆有异味"。木增第四子告诉徐："其地多牦牛，尾大而有力，亦能负重，北地山中人无田可耕，惟纳牦牛银为税。"这些生动的叙述，当然会被认为"极于牦牛徼外"。但实际上徐霞客是到了出产牦牛的丽江，而非两京十三布政司以外。

"至昆仑，穷星宿海。"徐霞客以地名为线索，追踪龙脉的走向，对昆仑有自己的解释。《滇游日记九》说："由此西望，一尖峰当西复起，其西北高脊排穹，始为南渡大脊，所谓高黎贡山，土人讹为高良工山，蒙氏僭封为西岳者也。其山又称为昆仑冈，以其高大而言，然正昆仑南下正支，则方言亦非无谓也。"② 其后又说："盖高黎贡俗名昆仑冈，故又称为昆仑山。其发脉自昆仑，南下至姊妹山；西南行者，滇滩关南高山；东南行者，绕小田、大塘，东至马面关，乃穹然南耸，横架天半，为雪山、为山

---

① 笔者 1965 年"四清"时曾在北经庄住过数月，对此传说谙熟。有关情况亦见《大理市地名志》。

② 《徐霞客游记校注》，云南人民出版社 1999 年增订本，第 1055 页。

心、为分水关，又南而抵芒市，始降而稍散，其南北之高穹者，几五百里云；由芒市达木邦，下为平坡，直达缅甸而尽于海：则信为昆仑正南之支也。"① 其实，昆仑冈之称早已有之。《寰宇通志》腾冲军民指挥使司载："高黎共山，在司城东北百二十里，旧名昆仑冈，夷语讹为高良公山。"《明一统志》腾冲军民指挥使司亦载："高黎共山，在司城东北一百二十里，一名昆仑冈，夷语讹为高良公山。"天启《滇志》所载略同。徐霞客越过高黎贡山，可以视为"至昆仑"、"登昆仑"，然而绝不意味着他到了黄河源附近的昆仑山和星宿海，两者当有所区别。

"登半山，风吹衣欲堕，望见外方黄金宝塔。"按，登哪座山？此句所指的位置不明确。王昶《游鸡足山记》谓："登（金顶）寺后玉皇阁，则西域雪山横亘天半，独云雾杳霭，徐霞客所谓黄金佛塔，不可指识也。"王昶把黄金宝塔和鸡足山联系起来，给我们提供了定位的线索。《永北直隶厅志》卷8"杂记志"载："皇经宝塔，在大龙王庙东。前明西藏活佛过此倡建，砖面印皇经一部。因乱被毁。光绪十一年，有余喇嘛自西藏来重修。"《永胜县地名志》记载："塔身分四层，高10米，占地7.4平方米。1955年修水塘时挖掉塔基石座，打开石门，取出铜佛像十多件，大铜钟一口，并有木梯，土制农具犁、耙、锅、盆十多件。此塔用砖石砌成，每块砖都印有藏文，全塔为一部完整的佛经，故名。"此塔位置当今永胜县城西北郊，鸡足山以北不远，虽为藏式佛塔，但不是金光灿烂的黄金宝塔，仅据音录记，贻误后学。陈函辉文在后面又加发挥，变成"登半山，风吹衣欲堕，望见外方黄金宝塔，又数千里遥矣"！

"又数千里，至西番，参大宝法王。"这是一个最容易引起误解的问题，因为今本《徐霞客游记》中还保留了不少有关吐蕃的情况。然而只要我们细加琢磨，这些内容都烙上了丽江与吐蕃关系的痕迹。述及么些族，则连带叙及"其北即为古宗，古宗之北即为吐蕃。其习俗各异云"。述及丽江气候，也说"古宗北境雨少而止有雪，绝无雷声。其人南来者，至丽郡乃闻雷，以为异"。专篇《法王缘起》记载法王与人王的关系及大法王与二法王转世之事甚详，末尾也说："庚戌年，二法王曾至丽江，遂至鸡

① 《徐霞客游记校注》，云南人民出版社1999年增订本，第1089页。

雲南文庫·學術名家文叢

足。""丽江北至必烈界，几两月程。又两月，西北至大宝法王。"专篇《丽江纪略》，则是专讲丽江与吐蕃诸部的关系。以上显然都是在丽江搜集到的有关吐蕃各方面的情况。在丽江也有条件搜集吐蕃资料。自古丽江与吐蕃关系复杂，统治者对吐蕃情况极为关心；丽江处云南与吐蕃交易的茶马古道上，熟悉吐蕃的人不少。接待徐霞客的通事"其父乃曾奉差入都，今以居积番货为业"，徐霞客等待木公安排，前后在通事小楼住了六天，这正是他了解丽江和吐蕃的好机会，徐霞客有关吐蕃的资料，可能多数得自通事之父。

"最奇者，晚年流沙一行。"这是吴国华的话。陈函辉文和钱谦益文都引述《西域志》称："沙河阻远，望人马积骨为标识，鬼魅热风，无得免者。"这样的环境，徐霞客在云南也有亲身体验。他经过的元谋坝子，有很多铺满白沙的干河，人从上面走过，脚会陷得很深。《滇游日记五》载："有枯涧自西来，其中皆流沙没足，两旁俱回崖亘壁，夹峙而来，底无滴水，而沙间白质皑皑，如严霜结沫，非盐而从地出，疑雪而非天降，则硝之类也。"① 元谋有班果、新华、虎跳滩、弯保、小雷宰等著名的土林，沙堆林立，拟人拟物，形态各异，沙石多呈黄色，还有粉红、玫瑰红、浅绿等色泽，且随光照角度发生变化。霞客谓："半里，涉枯涧，乃蹑坡上。其坡突石，皆金沙烨烨，如云母堆叠，而黄映有光。时日色渐开，蹑其上，如身在祥云金粟中也。"② 这是对元谋土林最早的记载。元谋土林现已辟为旅游区，从铺满沙的干河中行走，举步维艰，游人多租马骑。元谋也是金沙江边的干热河谷，全年基本无冬，年蒸发量为降水量的 6.5 倍。内地人到那里多不能适应，自古多有旅人生病葬身的例子，徐霞客一行也不例外。仆人顾行在元谋患病多日，"羸弱殊甚"而无法上路。这不正是"沙河阻远"、"鬼魅热风"么？

"既在佛土"，"偶简遗籍，见有杨黼先生者"。陈函辉《徐霞客墓志铭》说："霞客西游时，已幻泡此身；既在佛土，亦竟有委蜕意。偶简遗籍，见有杨黼先生者，隐居五华，潜心理学。一日，思皈依法王，行道饥

---

① 《徐霞客游记校注》，云南人民出版社 1999 年增订本，第 888 页。
② 《徐霞客游记校注》，云南人民出版社 1999 年增订本，第 887 页。

渴。见一人曰：'法王已南，衣某色女衣，著男履者是也。'言讫不见，遍觅卒无所遇，因归家。其母闻剥啄声急，拖父履而出，衣色复合，遂叩母作佛礼，仍以孔孟教化其里人。霞客喟然曰：'三教终不外五伦耶？吾先垄在澄江，今其归矣'！"杨黼事以李元阳所记最早也最详。《李中谿全集》中的《存诚道人杨黼传》载："黼闻蜀有无际大士者，悟道，因辞亲往访之。半途遇一老僧，间何往？曰欲访无际。僧曰：见无际，不如见佛。曰：佛安在？曰：汝且回里，遇着某色衣履者，是佛也。遂回，沿途无遇。夜抵家，叩门，其母闻声喜甚，披衣出户，即老僧所言佛状。自此知父母是佛，愈竭心力奉事不少懈。"两段记录何其相似，徐霞客读到的应即大理著名学者李元阳所写的《杨黼传》。谢肇淛《滇略》卷6说，杨黼"博学多闻，隐居不仕，孝友好施"，这些也是徐霞客的人生追求和性格特点。杨黼是徐霞客钦敬的先贤，杨黼事迹也影响了徐霞客漫游后的回归。但是，徐霞客接触杨黼事迹却是在鸡足山，而不是在其他"佛土"。杨黼生活在明初，世居大理喜洲附近的下阳溪村（今作向阳溪），他的名著《词记山花——咏苍洱境》碑保存至今。景泰元年（1450年）刊刻的《圣元西山记》说他"尝入鸡足结夏而放光石现，登峨眉参祖而无际心传"。早年他曾往峨眉山访无际，已如上述。晚年他长住鸡足山，临终前不久才被接回。《明史》卷298隐逸《杨黼传》说："父母殁，为佣营葬毕，入鸡足，栖罗汉壁石窟山十余年。寿至八十，子孙迎归。一日沐浴，令子孙拜，曰：'明日吾行矣。'果卒。"清人杨琼《滇中琐记·杨黼传》"石窟山"作"石窟中"，可从。王昶《游鸡足山记》详载杨黼居处的位置：出大觉寺，"径明柯坪，十五里，历杨黼洞，始抵迦叶殿"。徐霞客着意搜集资料创修《鸡山志》，当然熟悉杨黼事迹。

以上各例，都似是而非。其他恕不一一列举。皆事出有因，但查无实据。可以肯定，徐霞客这次万里西游没有到过西藏和西北各省。

## 二

下面拟从史源学的角度对以上误说的形成加以考察。

吴国华、陈函辉、钱谦益三人都与徐霞客有不寻常的关系，但是，三人都仅是间接获知徐霞客晚年游踪的概况。吴国华为其襟娅，"习其素履"，霞客返家不久，于当年十月即遣"伯子岊入都，携书与余，索生圹志"，吴氏应据徐岊所述。陈函辉"与先生交最久"，"其弥留数日前，犹命岊顾余马渚，手作书谓'寒山无忘灶下'"。霞客逝世后三天，"仲昭寄一札报予"，"因以志与铭下而命函辉执笔摛词"。则陈函辉所据为徐岊和徐仲昭。钱谦益名气很大，对徐霞客也很敬佩，但对徐霞客的了解，多数得自他人，"余之识霞客也，因漳人刘履丁"，徐霞客西游情况及病逝经过，"亦履丁云"。我们发现，陈函辉文与钱谦益文虽互有详略，但有关徐霞客西游的内容基本相同，甚至错误相同，行文措词也一样。很可能他们都获得了一份相同的徐家提供的徐霞客西游简况，各据以在文字上稍作增删，写入传中。徐霞客返家后卧病，"气息支缀"，"不能肃客"，徐氏一门无暇细读霞客带回的游记。但霞客与人们"就榻前与谈游事，每丙夜不倦"，家人就是依据这些断断续续听到的零乱无序的片断叙述整理成文的，因而很多东西都能在《徐霞客游记》中找到，或可在云贵的地方史志中获得印证。但是，徐霞客深入考察的云南、贵州，只剩下了笼统而且有错误的一句话："由金沙而南泛澜沧，由澜沧而北寻盘江，大约多在西南诸彝境，而贵筑、滇南之观亦几尽。"大量内容却被徐氏家人比附到西北、西藏及四川西部，反映出直到明末，内地一般人对西南边疆认识的模糊和对西部认识的很多错误，他们没有想到对西南边疆需要花几年的工夫专门进行考察研究。

钱谦益《徐霞客传》说：

> 病甚，语问疾者曰："张骞凿空，未睹昆仑，唐玄奘、元耶律楚材，衔人主之命，乃得西游。吾以老布衣，孤筇双屦，穷河沙，上昆仑，历西域，题名绝国，与三人而为四，死不恨矣！"

这是徐霞客返家后有感而发，其基本精神是可信的，徐霞客的自我估计是适度的。四人都是长期涉历西部的著名旅行家，他们的成就影响着当时或后代，他们旅行的路线不同，考察的地域也各有侧重。张骞奉汉武帝之命，带领庞大的队伍，历十余年，两次出使西域，越葱岭，亲历大宛、大月氏、大夏、康居、乌孙等国，到达今中亚一带，又曾被匈奴长期扣留。他的考察报告被载入《史记·大宛列传》。玄奘西行取经求法，过莫贺延碛，途经伊吾、高昌、西突厥、靓货逻等地，不但在那兰陀寺长期学法，而且遍历五印度，后经于阗回长安，"历览周游一十七载"，"中间所经五万余里"①。回国途中，获唐太宗敕文，成千上万的人夹道欢迎，以后著成《大唐西域记》。耶律楚材从燕京到漠北，随成吉思汗西征花剌子模，过金山（今阿尔泰山）、也儿的石河（今额尔齐斯河），并长驻寻思干（今撒马尔罕），回程经阿里马（今新疆霍城西北）、别失八里（今新疆吉木萨尔）、高昌等地，以后又从征西夏。"扈从銮舆三万里"②，前后约计十年，并著有《西游录》。徐霞客没有到过西藏、青海等地，毫不影响他的历史功绩。徐霞客重点考察西南边疆，他的足迹为前三人所未到，足可彪炳千秋。或许这段话中的"西域"是泛指，相当于今天我们所说的"西部"。霞客自己对此未能留诸文字，听者所记的分寸值得怀疑。所以，到光绪《江阴县志》的《徐弘祖传》，调整为如下文字：

> 语人曰："古来题名绝域者，汉张骞、唐玄奘、元耶律楚材三人而已。吾以老布衣，孤筇双屦，得与三人为四，死不恨矣！"

经过历史的考验，徐霞客系统、深入地考察西南边疆的成就和功绩逐渐凸显出来；通过认真研究《徐霞客游记》，人们逐渐对吴国华、陈函辉、钱谦益的说法提出了怀疑。潘耒《徐霞客游记序》指出："往年钱牧斋奇霞客之为人，特为作传，略悉其生平，然未见所撰《游记》，传中语颇有失实者。余求得其书，知出玉门关、上昆仑、穷星宿海诸事皆无之，足迹至鸡足山而止。其出入粤西、贵筑、滇南诸土司蛮部间，沿溯澜沧、金沙、穷南、北盘江之源，实中土人创辟之事。读其记而后知西南区域之广，山川多奇，远过中夏也。"《四库全书总目提要》亦指出《徐霞客游

---

① 玄奘：《还至于阗国进表》，《全唐文》卷906。
② 耶律楚材：《和武川严亚之见寄五首》。

记》的价值："黔滇荒远，舆志多疏，此书于山川脉络，剖析详明，尤为有资考证。"但对徐霞客的游踪，仍谓："又南过大渡河，至黎、雅，寻金沙江，从澜沧北寻盘江，复出石门关数千里，穷星宿海而还。"袭用陈函辉、钱谦益陈说进行节录。近代丁文江著《徐霞客先生年谱》，既肯定了徐霞客对西南边疆地理考察的功绩，又对徐霞客西游的行踪进行辨证，功不可没。

总之，作为他证，友朋的记录可起到参证或补缺的作用，但必须考察其资料来源，分析其可信度。当事者的亲历被记录下来，足可与《徐霞客游记》互相印证。但得自传闻的内容，其准确性往往受到损害，甚至越来越失真，使用时宜当谨慎。

研究徐霞客的行迹，应该以徐霞客本人的著作为主，这就是本证。然而，虽同为第一手资料，其程度又有所不同。"日必有记"的日记，可信度最高，应该是了解徐霞客行迹的最权威的依据。诗歌发挥了作者的想象，即使是纪游诗，也不可能句句写实。但诗的小引或某些诗行的夹注，可用以判断作者的行踪。史或志是综合性的学术著作，它的资料来源是多方面的，不一定是作者亲见亲闻，有些内容也不可能亲身经历。《鸡山志》就属这一类。研究论文不可能句句都"据景直书"，也不应该"委悉详明"烦琐记录；为了论证作者的观点，需要对资料进行精选、综合、分析，也需要调动与此有关的其他书本的依据或别人的见闻。《盘江考》、《溯江纪源》都属这一类。但是，由于徐霞客强调足勘目验，毕生从事旅游和地理考察，一般人多以为他的著作中提到的地方都是他亲自到过的地方。对《溯江纪源》的判断就是一例。冯士仁加的序说："近邑人徐弘祖，字霞客，夙好远游，欲讨江源，崇祯丙子秋，辞家出流沙外，至庚辰秋归，计程十万，计日四年。其所纪核，从足与目互订而得之，直补桑《经》、郦《注》所未及。夫江邑为江之尾闾，适志山川，而霞客归，出《溯江纪源》，遂附刻之。"陈函辉、钱谦益企图用《溯江纪源》参与编织徐霞客西游的路线，结果弄得《铭》和《传》的叙述前后颠倒、无中生有、错误迭出。这是误解了《溯江纪源》，也误解了徐霞客。

# 三

徐霞客对于这次震烁古今的"万里遐征"早有打算。《游九鲤湖日记》说:"余志在蜀之峨眉,粤之桂林,及太华、恒岳诸山。"《游嵩山日记》也说:"久拟历襄、郧,扪太华,由剑阁连云栈为峨眉先导;而母老志移,不得不先事太和,犹属有方之游。"崇祯九年(1636年)九月离家时说:"余久拟西游,迁延二载,老病将至,必难再迟。"途中,崇祯十年(1637年)九月在南宁与静闻诀别时又说:"余展转念静闻索鞋、茶不已,盖其意犹望更生,便复向鸡足。""不若以二物付之,遂与永别,不作转念,可并酬峨眉之愿也。"① 据陈函辉回忆,崇祯五年(1632年)徐霞客过小寒山,告诉陈:"吾于皇舆所及,且未悉其涯涘,粤西、滇南,尚有待焉。""自此当一问阆风、昆仑诸遐方矣!""丙子九月,寄一行书别予江外,惟言:'问津西域,不知何时复返东土,如有奇肱之便,当以异境作报章也'。"② 据钱谦益回忆,徐霞客曾向钱表示:"欲为昆仑海外之游,穷流沙而后返。"③ 徐霞客《致陈继儒书》也说:"弘祖将决策西游,从牂柯、夜郎以极碉门、铁桥之外。""计八月乘槎,春初当从丽江出番界。"崇祯十一年(1638年)十月唐泰《赋赠徐霞客》诗中还提到:"既穷黑水源,犹溯金沙流,厥后遵会达,成功界雍州。"这应该是据徐霞客自己讲述的旅行计划写的。峨眉山是他久仰的名山。鸡足山也是他向往已久必欲到达的圣地④。此行拟经过的牂柯、夜郎在今贵州。碉门在今四川天全,为通吐蕃要道,险固可守,元设碉门安抚司,明设天全六番招讨司。明代云、贵、川西部铁桥不止一处,《徐霞客游记》中也多次提到。阆风为昆仑之颠,相传昆仑上有三角,其一角正北,名曰阆风颠。此行计划从广西经贵州到云南,再溯源金沙江,出番界,过昆仑,穷流沙,从雍州即今西

---

① 《徐霞客游记校注》,云南人民出版社1999年增订本,第489页。
② 陈函辉:《徐霞客墓志铭》。
③ 钱谦益:《徐霞客传》。
④ 详拙文《徐霞客与明末鸡足山》,载《学术探索》2001年第2期。

北返回。这些打算，徐霞客的家人和朋友大体是知道的，他们往往也以此为依据，来判断徐霞客西游的行踪，结果铸成大错。

旅途的险阻难以预料，迫使徐霞客不得不耗费时日，多次调整方案，在浙江、湖南、广西、贵州都有这类例子。在昆明，完成滇东和滇南的考察后，徐霞客综合朋友提供的情况，又进行了艰难的抉择。《滇游日记四》记载了霞客与筇竹寺住持僧体空的一段情意绵绵的对话："出正殿，别公趾，则行李前去，为体空邀转不容行。余往恳之，执袖不舍。公趾、筑居前为致辞曰：'唐晋宁日演剧集宾，欲留名贤，君不为止。若可止，余辈亦先之矣。'师曰：'君宁澹不膻，不为晋宁留，此老僧所以敢留也。'余曰：'师意既如此，余当从鸡山回，为师停数日。'盖余初意欲从金沙江往雅州，参峨眉。滇中人皆谓此路久塞，不可行，必仍归省，假道于黔而出遵义，余不信。及濒行，与吴方生别，方生执裾黯然曰：'君去矣，余归何日！后会何日！何不由黔入蜀，再图一良晤？'余口不答而心不能自已。至是见体空诚切，遂翻然有不由金沙之意。筑居、公趾辈交口曰：'善。'师乃听别。出山门，师远送下坡，指对山小路曰：'逾此可入海源上洞，较山下行近'。"在昆明，唐泰赠霞客诗《勖先生》有一首也说："丽江无捷径，安能达雅州？愿君寻旧路，收拾洞庭秋。"这是朋友劝他返昆的明证。

到丽江后，昆明友人的信息得到证实，徐霞客的几次争取都没有结果。崇祯十二年（1639年）二月初七日记："作书付大把事，言校核已完，闻有古冈之胜，不识导使一游否？古冈者，一名㺵㺄，在郡东北十余日程。其山有数洞中透，内贮四池，池水各占一色，皆澄澈异常，自生光彩。池上有三峰中峙，独凝雪莹白，此间雪山所不及也。木公屡欲一至其地，诸大把事言不可至，力尼之，数年乃得至，图其形以归。今在解脱林后轩之壁，北与法云阁相对，余按图知之。且询之主僧纯一，言其处真修者甚多，各住一洞，能绝粒休粮，其为首者有神异，手能握石成粉，足能顿坡成注，年甚少而前知。木公未至时，皆先与诸土人言，有贵人至，土人愈信而敬之。故余神往而思一至也。""古冈"又作"牯冈"，应即"贡嘎"。今四川境内有两处称"贡嘎"的山，一在大渡河以西，今康定县南部，又称木雅贡嘎，为大雪山中段，南北向极高山，主峰高达7556米。

一在雅砻江以西，今稻城县南部与木里县西部边境，又名贡嘎日俄，由三峰组成，北峰最高，海拔 6032 米。《徐霞客游记》中所说，与泸沽湖相近，应为后者。所述的池应即泸沽湖。《寰宇通志》永宁府载："泸沽湖，在府城东三十里，周回三百里，中有三岛。"现在四川、云南两省界上。结果，从丽江东北进入藏区的路被回绝："前缴册大把事至，以木公命致谢，且言古冈亦艰于行，万万毋以赀蹰不测。盖亦其托辞也。然闻去冬亦曾用兵吐蕃不利，伤头目数人，至今未复，猓猡、古宗皆与其北境相接，中途多恐，外铁桥亦为焚断。"二月初五日，徐霞客又"以书入谢，且求往忠甸，观所铸三丈六铜像。既午，木公去，以书答余，言忠甸皆古宗，路多盗，不可行。盖大把事从中沮之，恐觇其境也"。这是指中甸纳帕海边的嘉夏寺，由木土司出资，却吉旺秋活佛指导修建，正殿供有一尊三丈六尺高的弥勒佛铜像。徐霞客北到中甸的请求又被拒绝。惜该寺已于康熙年间被毁，至今人们再无法看到。徐霞客了解到："丽郡北，忠甸之路有北岩，高阔皆三丈，崖石白色而东向。当初日东升，人穿彩服至其下，则满崖浮彩腾跃，焕然夺目，而红色尤为鲜丽，若镜之流光，霞之幻影。日高则不复然矣。"此又称红石岩，在今丽江玉龙县西境金沙江西岸。附近就是天然削壁石门关，东临金沙江，处云南入藏要冲，为兵家必争之地，明代曾设石门关巡检司。金沙江转折处还有两面嘉靖年间丽江土官立的鼓状石碑，记打败吐蕃事。距此不远就是九河，又可分路去剑川。二月十日，木增第四子陪徐霞客盛宴，"为余言北崖红映之异，时余欲由九河趋剑川。四君言：'此道虽险而实近，但此时徙诸出豆者在此，死秽之气相闻，而路亦绝行人，不若从鹤庆便'"。北崖、石鼓等皆未得一睹，出丽江石门关的计划终于落空。徐霞客虽到了丽江，但终未能一涉藏族聚居的番地。徐霞客在滇西绕了一圈，回到鸡足山。因触瘴患风，经过治理，渐趋好转。在鸡足山最后的时日，季梦良注足可征信："余按公奉木丽江之命，在鸡山修志，逾三月而始就。则自九月以迄明年正月，皆在悉檀修志之日也。"在鸡足山的三个多月，他应丽江木增之请，重任在身，主要是编修《鸡山志》，再加上顾仆逃走，孤身一人，不可能进行长途旅行。但有可能在鸡山附近作过短途游览。崇祯十二年（1639 年）九月初九日记："晨饭，欲往大理取所寄衣囊，并了苍山、洱海未了之兴。体极来留曰：

'已着使特往丽江。若去而丽江使人来，是诳之也。'余以即来辞。体极曰：'宁俟其信至而后去。'余从之，遂同和光师穷大觉来龙。"据沙张白《定峰文选》中的《石屋丈人传》，所说在鸡足"山之阴"。那一带有牟尼山，其牟尼寺为鸡足山僧分管，《徐霞客游记》中多次提到，又作摩尼寺，在金沙江以南今永胜县的片角乡。徐霞客还可能到达今永胜县城附近，那里明代为北胜州，就是皇经宝塔之所在；其东不远的灵源箐，山奇水清，有大理时期摩刻的吴道子所作观音像，也有万历年间的摩崖题刻，明代已是风景胜地。

# 四

徐霞客从鸡足山东归的情况，诸文所说基本相同，但较笼统。陈函辉《徐霞客墓志铭》谓："霞客游轨既毕，还至滇南。一日，忽病足，不良于行。留修《鸡足山志》，三月而《志》成。丽江木守为饬舆从送归。转侧笋舆者百五十日，至楚江困甚。黄冈侯大令为具舟楫，六日而达京口，遂得生还。是庚辰夏间事也。"徐霞客于当年正月踏上归途，据吴国华《圹志铭》，回到江阴的时间，"在崇祯庚辰之六月"。庚辰值崇祯十三年（1640 年），这年闰正月，徐霞客在途中实际用了 180 天，单纯赶路当然花不了那么多时间，途中还有延误和其他安排。明代从云南到南直隶多尽量利用水道行船，"转侧笋舆者百五十日"之说亦不可信。徐霞客东归的路线，我们在徐霞客的著作和其他有关记录中可以找到蛛丝马迹。

**清华洞** 《滇游日记十二》记回到鸡足山前两天，徐霞客重游清华洞，因水阻未能深入，他把希望寄托在归途经此时作第三次游探。他说："此洞昔以无炬不能深入，然犹践泞数十丈，披其中透顶之局，兹以涨望门而止，不知他日归途经此，得穷其蕴藏否也。"[①] 显然他已设计了归途的路线，仍从鸡足山往南到清华洞，再取捷直的大理—楚雄—昆明官道东归。

---

① 《徐霞客游记校注》，云南人民出版社 1999 年增订本，第 1198 页。

**昆明** 陈函辉《徐霞客墓志铭》讲了一个故事，说："沐黔国亦隆以客礼。闻其携奇树虬根，请观之，欲以镒金易。霞客笑曰：'即非赵璧，吾自适吾意耳，岂假十五城乎？'黔国益高之。"黔国公是沐英的后代，明初沐英带兵平滇，为明朝开国勋臣之一，其子孙受封为黔国公，世袭镇守云南总兵官。接见徐霞客的应是崇祯初袭位的沐天波，当时二十多岁，对霞客十分尊敬。奇树虬根系霞客在滇西所得，所以接见只能是徐霞客东归途经昆明时。昆明是徐霞客归途中停留的第一站，其中一个重要内容就是早已许诺的与好友唐大来、吴方生、体空和尚等话别。

**石门** 《溯江纪源》计有三次提到两个石门。该文载："发于南者曰犁牛石，南流经石门关，始东折而入丽江，为金沙江。"这是指金沙江流过的丽江的石门关。该文又载："迤北历三秦，南极五岭，西出石门、金沙，而后知中国入河之水为省五，入江之水为省十一。计其吐纳，江既倍于河，其大固宜也。"这是另一个石门，即徐霞客所通过的滇东北的石门。霞客自己说，他北边到了陕西，南边过了五岭，西边出石门考察了金沙江，所说不诬。此石门在今盐津县西南境，两岸峭壁对峙如门，故名。南为横江，下游可以行船。北侧即古道，称石门路。唐代的文献多次提到这个石门，名气很大，袁滋摩崖题记今存，为全国重点文物保护单位。元明时期又称罗佐关，清代以来称豆沙关。元代沿途设了结吉、雪山、合者剌、罗佐、叶梢坝等马站，从今盐津县城起，往北又设了叶梢坝、华铁、盐井、蒲二、滩头等水站，每个水站都备有驿运的船只。明代横江称石门江，仍为交通要道。《明一统志》叙州府山川载："石门江，在府城西南一百三十里，俗呼横江，又名小江，源出乌蒙蛮部，经本府境与马湖江合。中有滩，其水常若钟鸣，名曰钟滩。"《读史方舆纪要》叙州府亦载："石门江，府西南百三十里，俗呼横江，又名小江。自乌蒙蛮部流经府界，又北与马湖江合，又东北会于蜀江，所谓三江口也。江中有滩，其水常若钟鸣，名曰钟滩。"天启《滇志》"旅途志"也载："今乌蒙有罗佐关，其下有罗佐桥，为入滇要路，则水陆皆在东川、乌蒙间。"至今盐津县普洱渡以下的横江还可通航载重40吨的木船①。明清时期这条路成了驼马运输东川铜矿的繁忙大道，徐霞客对它印象深刻。在交水时，有人告诉徐霞客："有间道自寻甸出交水甚近，但其径多错，乃近日东川驼铜之骑所出。"以后霞客在马龙北境发现"驼马所行者""为大径"，"而所云往鸡头大路者反小甚"，遂取大者"漫随马迹""从驼马路转西北"走了一段②。铜的运道，吴其浚《滇南矿厂图略》有详细记载，所经路线可资参考。东川至昭通计程五站半：自东川城至红石崖一站，至天申塘半站，至以扯汛一站，至江底一站，至大水塘一站，至昭通府城一站。昭通至豆沙关计程六站：自昭通府城至乌扯铺一站，至一碗水一站，至雄魁汛一站，至干海子一站，至七里铺一站，至豆沙关一站。自豆沙关下船经龙拱沱滩、盘滩、猪圈口滩至盐井渡，经黄角滩、打扒陀滩、青菜滩、新滩、花塘、白龙滩、九龙滩、张家滩、高滩至叙州府。徐霞客从昆明东行，在寻甸取东川驼铜道往北，过东川府（今会泽）、乌蒙府（今昭通），以后过石门，在今盐津转水路入川。

**叙州府**　《溯江纪源》说："在叙州者，只知其水出于马湖、乌蒙，而不知上流之由云南丽江；在云南丽江者，知其为金沙江，而不知下流之出叙为江源。"为什么知道叙州人如此？只有亲自到了那里才说得出来。此事被写入在峨眉山下定稿的《溯江纪源》，也证明徐霞客是先到叙州后到峨眉山。明代设叙州府，在今四川宜宾市，正处岷江和金沙江的交汇处。徐霞客取水路，从今盐津县城乘船沿石门江（即今横江）而下，到今四川安边入金沙江，又在金沙江中航行约40里，终到叙州。这一段局部虽是从南往北，但霞客离家西游，总体上仍是"西出石门、金沙"。"石门"、"金沙"在这里都指江名。

**峨眉山**　陈函辉《徐霞客墓志铭》说："霞客于峨眉山前，作一札寄予。其出外番分界地，又有书贻钱牧斋宗伯，并托致予。"寄给钱谦益的信不寄自外番分界地，也寄自峨眉山下，钱氏《徐霞客传》自述此事可以为证："还至峨眉山下，托估客附所得奇树虬根以归，并以《溯江纪源》

---

① 朱惠荣主编：《中华人民共和国地名词典·云南省》，商务印书馆1994年版，第84页。

② 《徐霞客游记校柱》，云南人民出版社1999年增订本，第800－801页。

一篇寓余。"这是当事者的经历，不可不信。徐霞客逝世后一年，黄道周《遣奠霞客寓长君书》中说："圣人已殂，郢匠辍斤，即令台、宕、华、峨起于左右，仆杖履甚健，亦岂乐自独从之乎？"选择四座名山作为霞客登游的代表，也有峨眉山。这当是从霞客嘱长子带到北京的"手书"中得到的信息。徐霞客从叙州府溯岷江船行到嘉定州，嘉定州即今四川乐山市，处大渡河与岷江汇流处，霞客在此得以亲睹大渡河。从乐山到峨眉山已很近了，峨眉山向来都有乘肩舆上山的习惯，徐霞客脚不能走亦无妨他登顶。峨眉山脚是徐霞客回程停留的第二站，他在此完成了金沙江、岷江、大渡河的考察比较，抓紧整理完成酝酿已久的《溯江纪源》，并尽快把它寄给友人。

**楚江、黄冈**　徐霞客从嘉定州取水路返回，乘船从岷江入长江；再沿江东下，体验滩多水急的川江；出夔门，过雄奇险峻的三峡；又通过了九曲回肠的荆江。"至楚江困甚"，楚江指大江在湖广布政司境内的一段。徐霞客带病长途跋涉，辗转劳顿，途经湖北境，已入炎夏，疲累已极，不得不在黄冈稍事休息，黄冈成为霞客中途停歇的第三站。以后，"黄冈侯大令为具舟楫"，换乘朋友专门为他准备的船继续东行。

**京口**　陈函辉文以下一句，乾隆本、叶本、丁本皆作"六日而达京口"，沪本依徐本、陈本改为"江口"，此不从。按，京口即今镇江，那里是长江和运河的交汇处，江上风浪大，人们习惯往往取运河航行。徐霞客多次出游也如此，从京口折入运河，往南至无锡，再入马镇，可以乘船一直到家乡南旸岐的胜水桥边。

徐霞客归途为什么选取这条路线？一方面与他当时的身体状况有很大关系。他已"两足俱废"，即使可以坐滑竿，在船上总比辗转肩舆方便，而且又能让挑夫少抬几天，不便随意增加担抬的日程，因此，上策是尽量选取水路船行。另一方面，作为地理学家和旅行家的徐霞客，总习惯于利用有限的条件看更多的东西，在回程中兼顾旅游考察并不为过。明末云南往东、往北出省的干道，除丽江石门路、建昌路不通外；"假道于黔而出遵义"陆程最长，已不适于病中的霞客；其他还有乌蒙石门路、乌撒入蜀路、普安入黔路。据《新纂云南通志·交通考》统计，通常走的昆明—普

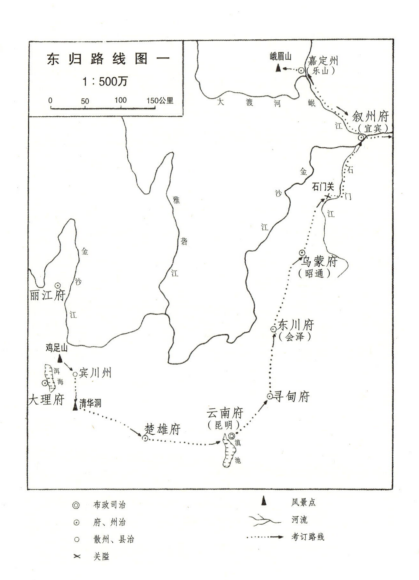

东归路线图一

1:500万

0  50  100  150公里

峨眉山　嘉定州（乐山）
大渡河　岷江
叙州府（宜宾）
石门
金沙江
石门关
石门江
乌蒙府（昭通）
雅砻江
东川府（会泽）
金沙江
丽江府
寻甸府
鸡足山
洱海　宾川州
大理府　清华洞
云南府（昆明）
楚雄府
滇池

◎　布政司治　　　▲　风景点
⊙　府、州治　　　　　河流
○　散州、县治　　┄┄➤　考订路线
×　关隘

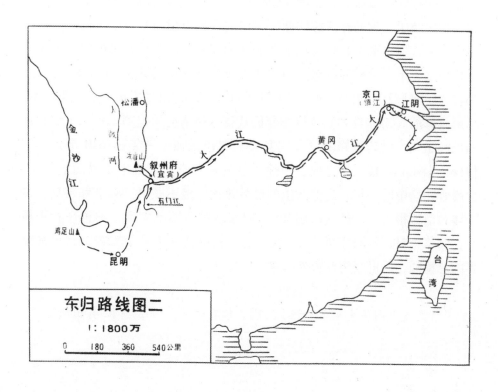

东归路线图二

1：1800万

0    180    360    540公里

安—贵阳—镇远一线需时 24 天，在镇远上船取水路经湖广入长江；昆明—威宁—毕节—泸州一线需时 25 天，在泸州上船入长江；昆明—东川—昭通—宜宾一线需时 24 天，假如扣除盐津到宜宾的 6 天可以坐船，则取这条线徐霞客乘肩舆的时间最短。据《经世大典》站赤篇，"叶梢水至叙州四站"，盐津至宜宾一段陆程改水程又可减少两天，这样也是需时最少的一条线。除宜宾—乐山为上水外，其他都是下水，符合徐霞客坚持的"第沿江溯流，旷日持久，不若陆行舟返，为时较速"的原则①。更重要的是，徐霞客却因此获得了事业上的丰收。作为旅行家的徐霞客，终于登上他向往多年的峨眉山。我们不知他是否有幸看到佛光，但他一定会在金顶久久伫立，欣赏西边远处皑皑的雪山，再转朝东对着满天红霞向他的家乡遥致敬意。峨眉山成了徐霞客一生旅游登顶的结语。作为地理学家的徐霞客，

① 《徐霞客游记校注》，云南人民出版社 1999 年增订本，第 50 页。

在他一生旅途的最后时日，能在金沙江、岷江上航行，足勘目验，终于完成了他萦绕了一生的探江源的课题，他的喜悦可想而知。虽然他不久就可回到家乡，但仍迫不及待地托估客把《溯江纪源》带回，希望研究成果能尽快公之于世。徐霞客的努力争得了时间，《江阴县志》和《靖江县志》都收入了《溯江纪源》，他亲眼看到了自己为之付出毕生精力的成果问世。陈函辉修的《靖江县志》于崇祯年间成稿，但清初始得刻印；冯士仁得此稿虽晚了些，但其纂修的《江阴县志》终于崇祯十三年（1640年）顺利付梓。《溯江纪源》的完成，给徐霞客的地理学研究画上了圆满的句号。徐霞客归途中的半年，是他一生的最后拼搏。他不顾自己年老和带病，途中体力消耗很大，"至楚江困甚"，回家后更"不能肃客，惟置怪石于榻前，摩挲相对，不问家事"，不久就与世长辞。这也是徐霞客崇高精神世界的总检阅，后世当为此肃然起敬。

（原载《中国历史地理论丛》第 17 卷第 4 辑，2002 年 12 月出版）

# 西南边疆古代城市研究导论

## ——《明代云南政区治所研究》序

近些年，随着我国经济的迅猛发展，城市的发展十分突出，城市化的速度越来越快。城市研究理所当然地受到重视，有关成果大量涌现，然而对边疆城市的研究却很薄弱。我国历史悠久，地域辽阔，地理环境差异很大，经济发展极不平衡，不同的民族又各具特色。城市的发展既具有时代特点，也具有地域特点和民族特点。不同历史时期的城市和不同地域的城市，往往以其独有的特色，区别于其他时代和地域。只有对东北、内蒙古、西北、青藏、西南各边疆地区城市历史进行深入研究，并且对它们认真从历史地理的视角给予考察，才能揭示我国城市历史发展的一般规律和特殊规律。边疆城市史的研究亟待加强。

西南边疆古代多山城。崇山布列，高低错落，各族先民多做山的文章，山寨比比皆是，由山寨演变而来的山城不少。如蒙自"上有故城，白夷所居，即今县治，下临巴甸"。景东"昔为蛮寨，洪武中建景东卫城于山上"。马笼部"因马笼山立寨"。易门县城原在"南庄之巅"。平夷县城原在旧城山上。元谋县城最初在马头山上。这类古城一般较小，多选择山河交汇险要处，或山顶有一块平缓的土地，但四面陡绝，易守难攻。它们也不同于内地的城堡，利用天然地形，稍作加工，即固若金汤。有的位于坝子边缘，居高临下，便于控制广阔的农业区，征敛粮赋，方便联络。古代湿热的气候也影响着这种选择，低热坝子和河谷多瘴毒，选择冷凉的山上，居住条件较为优越。《元史·地理志》、《元混一方舆胜览》记载大量称"城"的地名，有的地名带"龙"、"笼"、"鲁"、"弄"，"蛮语谓洟为水，笼为城，因此为名"。这类城在大理时期较为普遍，多是当地民族据险而居的重要聚落，并不都是政区治所。它们适应落后的生产力，建城的经济投入较少，规模小，容量有限，有的甚至官府衙门都无法全部容纳，其发展必然受到限制。封建国家派来的官吏生活习惯与当地土官不同，经常为上坡下坎叫苦。渐渐地，古城往低平、开阔的坝子里搬迁，土城、石城、砖城的建筑越来越普遍，这种情况在明清时期比较突出。然而，西南边疆的古城仍离不开山，它们往往背后倚高山，前面有案山，城中有镇山，既培风水，又便防卫，还突出了立体景观效果。云南的古城很多选址在西山麓，背后的高山刚好挡住常年吹袭的西风，东边开阔的坝子又可招迎熙和的朝阳。南诏时似乎已经把风水的概念用于城址的选择，点苍山十九峰"俨若负扆"，中和峰正对着阳苴咩城。拓俞城不但背倚太保山，正东远处的山顶恰巧有一峰状似卧佛朝天的头像。城中有镇山的治所也很普遍，如嵩明城中有黄龙山，呈贡城中有三台山，泸西城中有钟秀山。安宁城西倚太极山，城内西缘的百花山、鸡冠山与城外东缘的螳螂川互相呼应。宜良城中雉山、万寿山、小凉山如"品"字巧妙布列。这些成了高原上的又一胜景。

西南边疆古代也多水城。人的生活离不开水，古城近水不足为奇，但不少古城却与湖泊结缘，人们对高原湖泊有特殊的感情。各族先民着意做水的文章，昆明、昆阳、呈贡、澄江、江川、通海、河西、杨林、洱源、石屏、泸西、东川等原来都是湖边的水城。它们往往位于河湖交汇处，左右两边或一边濒临小河，城以河湖为限隔。背倚名山，或城中小山起伏，山水结合，高低错落，便于装点，大大提高了古城的环境质量。附近有坝子，土肥水饱，具有发展农业的优越条件。昆明就是这类成功构筑的水边大城的典范。"山河可以作藩屏，川陆可以养人民。"（《南诏德化碑》）1200多年前创建拓东城时，阁罗凤已发现了它的优越条件。古人还善于利用湖中的洲、岛作城，洱海有舍利水城，抚仙湖有孤山，中涎泽有卤昌城。异龙湖中原有三岛，大水城、小水城为酋长居住，最小的一个岛专门用作囚禁犯人。高原湖泊给西南边疆古城的发展提供了优越的条件，在它们周围多形成富饶的鱼米之乡，经济发展水平较高，人口增多，供给充足。有湖光山色之胜，气候调适，居住环境优越。湖泊既是天然壕堑，便于固守；又提供了水上交通的便利，成为联系外界的通途。当然，湖水涨溢，也会发生洪涝灾害，造成对古城的威胁。为了躲避水患，江川、澄江等城不得不迁离湖岸。经过千百年沧海桑田的巨变，嘉丽泽、中涎泽、矣邦池、曲靖交水海子、东川蔓海等因垦殖而消失，一座座古城告别了荷塘轻舟相伴的时代。滇池、洱海、茈碧湖、异龙湖、杞麓湖等水域皆有不同程度的收缩，湖岸线变迁，昆明、洱源、石屏、河西、通海等城离湖越来越远，终于失去了水城的风韵。也有一些古城位于河边，大河变化无常，比湖泊更难驾驭，选址河边的古城常受折腾。邓川州城、富民县城就是因为弥苴怯江、螳螂川水患多次搬迁的例证。或"圮于流潦"，"民舍尽没"，或为"山水冲没"，或"山崩沙溢，田庐尽没"。

西南边疆古代作为政区治所的古城数量常有变化。总体说，数量在逐步增加，但往往呈曲线起伏，并不都是越来越多。从汉晋到南北朝，随着行政区划越分越细，郡县城邑逐渐增多，分布也比较均衡。但有些是"有名无民曰空荒不立"（《南齐书·州郡志》），其规模不能与内地同日而语。唐代的羁縻州多分布在中原王朝加强控制的交通干道上，为了保证交通干道畅通，石门路、清溪关路、通海城路等交通沿线设治较密，州县间相距甚近。"即其部落，列置州县。""皆无城邑，椎髻皮服，惟来集于都督府，则衣冠如华人焉。"（《新唐书·地理志》）按照当时内地人的观点，羁縻州县的治所不具备城的标准形态。但仔细审视，这些正是唐代当地民族的山寨。南诏时称"城"的地名甚多，但性质有别。《新唐书·兵志》说："唐初，兵之戍边者大曰军，小曰守捉、曰城、曰镇。"南诏仿唐制度，城的军事性质应该十分突出。但南诏的城很多都是政区治所，六节度、二都督驻地相当于府、州治，另一些城相当于县级。《蛮书》卷6说："南诏特于摩零山上筑城，置腹心，理寻传、长傍、摩零、金宝、弥城等五道事。"城的政区治所的性质也很明确。在交通沿线或边地的城，应是驻兵守卫的堡垒，如诸葛亮城、些乐城、保塞城、新安城、八平城。一些产盐的地方也置城，如傍弥潜城、威远城、奉逸城、利润城。南诏城的分布，以十赕中心区及其以北、以西前朝设治较稀的区域最密，南部也有一些，以东有的赕、府、州、郡和大量部的治所却不见称城。元代州县规模偏小，在滇东和滇中以农业为主的地区析置较多州县。经过明清的调整，逐步裁撤了一批州县治所，如为美、归厚、邵甸、杨林、通泉、石梁、亦佐、芳华、河纳、邑市、弥沙、三泊、普舍、研和等，政区设置复归于均衡。明代又将一些州县治所移入府城内为附郭，也减少了城的数量。清初废除卫所制，又减少了一批古城。这些古城数量和局部地区密度的变化，主要决定于封建国家的统治政策和行政因素，我们应谨慎对待，不能随便据以作为经济发展的尺度，假设用这些数量和密度来证明城市经济的发展或衰落，是含有很多水分的。

在我国历史上，古城的迁变是常例，西南边疆古城的频繁迁徙可能创了记录。引发的原因很多，只是有些城位置移动较小，有些城稳定时间较长，有些城则迁徙无常。第一，政治事件或战争引发古城搬迁，选择更有利于固守的地方筑城。如明嘉靖年间，寻甸土官和武定土官相继叛乱，平定后，寻甸府城和武定府城迁址。万历年间平定者继荣叛乱后，改罗雄州为罗平州，迁建州城。第二，政治形势变化，引起治所迁徙。洪武年间越州土官阿资叛，在越州与贵州普安间出没，所以置平夷卫于二者适中处的厄勒铺。以后擒斩阿资，"越州乃平"，弘治年间迁平夷卫于今富源县城，变为控驭滇黔交通要冲的重镇。第三，明代府卫治所整合，引起州县治所搬迁。起初往往府卫系统的治所分设，以图起到互相呼应的作用，后来撤并，卫所驻地优越，府州多迁治与卫所合为一城。如易门县迁治易门守御千户所城。清代裁陆凉卫，陆凉州治迁到原卫城。第四，土官、土目不轨，引起迁治。洪武时，剑川州土官"意不轨，乃废旧治，即上登之广明寺为治，以便私事"。"未三载，复创治于下登罗鲁城，背山阻水，险僻湫隘，盖欲负固以起妄图。"富州城旧治普厅，"崇祯中，土目李保叛，逐土官，土官移居州东南境，地名归朝"。第五，水患引起多次搬迁。如崇祯五年（1632 年）、六年"江川大水，旧城淹没，七年迁城"。邓川州也因"水患频仍，迁徙靡定"。富民县属同样情况，因水患"复迁高阜处"，"寻以远汲不便"，迁回河边，在螳螂川两侧频繁迁徙。第六，地震毁城，引起古城迁并。汉代邛都城因地震陷为邛海，以后在附近另立新城，即今四川西昌城，事见李膺《益州记》。这是迁城的例子。明代北胜州城原在永胜县北的高家村，正德六年（1511 年）大地震被夷为平地，北胜州治即迁入澜沧卫城。这是并城的例子。第七，迁址以求扩大发展。随着人口增加，要求扩建城垣、官衙、街衢、寺庙、集市等，有些"基址逼隘"的城逐步迁到坝子里或开阔地，如景东、平夷。第八，从贫瘠的地方迁到富庶的地方。如云龙州治从旧州迁到以产盐著称又曾设盐课提单司的雒马井。第九，追求风水形胜迁址。如河西县从螺髻村迁今河西镇，是因"以普应山方隅形势为正"，前对凤凰山，后倚普应山。第十，经历寇盗、火灾等，引起另择新址。如昆阳州在崇祯年间"旧治经寇，故卜筑新邑"，于是迁筑新城于今大新城。

其实，古城的选址是各种因素的综合比较，各种指标的科学搭配，各种利弊的反复权衡，甚至是对多年积累问题的深层探讨，意在寻觅古城生存和发展的最佳环境，上面所述城址搬迁的原因，往往只是引发作出决定的近因。西南边疆的古城，作为各级政区治所，优先考虑的条件是行政效益的发挥和安全保障。作为推行奴隶制统治或封建制统治的前哨，为了发挥行政效益，总要选择其统治区域的中心，占有区位优势。它们也必然处于风口浪尖上，阶级斗争、民族斗争、统治阶级内部的矛盾和斗争以及反对侵略维护国家领土主权的斗争交相烤炙。因此，行政中心一般也必须是军事堡垒，既便于积蓄力量，主动出击，又便于设防，应付不测，长期固守。政治和军事的需要如影随形，相伴相存。交通条件也很重要，必须平时便于上情下达，应急时则可以作出快速反应。一些重要统治中心对交通条件的选择极为严格，它们与交通干道保持着若即若离的关系，既要利用方便的通道为自己服务，又要与交通要冲间留出缓冲区，防止敌对的军事力量长驱直入。古城大理南距下关13公里，以西洱河为限，下关虽当交通要冲，却被几个州县分治，长期得不到发展。石城原在今曲靖三岔，为滇东重镇，处交通要冲，元代曲靖路治南移7公里处寥廓山下，东有交水海子，北以白石江为限，便于层层设防。边疆古城的设置不一定要寻找文化中心区，然而，随着中央王朝官吏的到来，也带来了中原文化，各级政区治所逐步相应地设置孔庙、儒学、书院、义学等等文化教育机构，程度不同地扮演了文化中心的角色。土司区虽然汉文化薄弱，但却是民族文化传播的中心，今天各民族丰富多彩的民族文化的保留和传承，也得益于此。

古代各级行政中心的设置，有一定的人口和经济指标，但在边疆往往难于贯彻。《徐霞客游记·滇游日记二》说："黄草坝著名黔西，而居聚阛阓俱不及罗平州；罗平著名迤东，而居聚阛阓又不及广西府。此府、州、营、堡之异也。"普安"十二营以归顺为首，而钱赋之数则推黄草坝"。在明代，黄草坝集市赶马场，"人集颇盛"。"田塍中辟，道路四达，人民颇集，可建一县，而土司恐夺其权，州官恐分其利，故莫为举者。"经济条件与其他条件相衡，经济因素却被挤到次要的地位，让位于一些最现实的条件。但可喜的是，即使经过若干年，最终起作用的仍然是经济因素。黄草坝就是一个例子，清嘉庆三年（1798年）终设兴义县，1982年成为黔西南布依族苗族自治州首府，1987年设兴义市。又如云龙州向以产盐著称，但治所原在澜沧江以西的旧州，产盐区另设盐课提举司。由于盐业经济实力增强，提出了设州的要求，"先是，雒井名士以其地文风渐兴，学校未立，士游别庠，又提举司惟司盐政，民事不得预，非便，屡请改州建学"。万历中已经有人提出"弃旧州，徙于提举司治"的方案，万历四十三年（1615年）获得批准，裁提举司并于州，移州治于司治。但新上任的知州极力主张："移治井司，是自弃险要以予逆也，不可。"（光绪《云龙州志》）直到崇祯二年（1629年），迁治雒马井的方案才得实现。元谋县城的迁徙拖的时间更长。县治原在元谋坝子南缘的老城，处元马河南岸，北距长河，南临深箐，偏于一隅，地势逼窄，但气候稍凉，便于官吏生活。天启二年（1622年）建砖城，虽设四门，但仅开南北两门，南门也常关闭。城中"蔡芥螫刺，充垣塞道"，"居民寥寥"，"市无行人"（《华竹新编》）。北门外河对岸沙滩上有定期集市称河坝街，维持着少量的商业活动。马街处元谋坝子中部，昆明至会理、西昌的交通要道上，明代以来商业繁盛。清代，逢午而市，连赶两日，"滇南之大都会也"。檀萃描述乾隆年间的盛况说："若夫马街，尤属通衢，四方云涌，百货鳞铺，萃人间之所有，均日用之所需，既无穷其多寡，亦难论其精粗。"俗称"金马街，银元谋"，比喻马街较元谋县城还富庶。这种状况延续了几百年，直到清光绪四年（1878年）县城迁到马街，行政中心终于屈就经济中心。弥渡的设治是农业开发带来的结果。明代称迷渡市，嘉靖初筑城，旧城"居庐甚盛"（《明史·地理志》），有巡检司，新城为景东卫贮粮之所。因水网密布，行人难渡，往往迷路，故名。由于对大片沼泽地的开发，人口、农业和商业都有一定规模，是明代西南边疆少有的几个称

"市"的地名，由赵州、洱海卫、云南县、蒙化府分治，共同垦殖，景东卫也在坝子中设屯。清代大力治水、垦殖、建桥，取"水多易渡"之意，称弥渡市镇，驻通判，又是西南边疆少有的几个称"镇"的地名，可见其经济发展的程度。但直到1912年，才析赵州、云南、蒙化等县插花地置弥渡县。经济条件应该是古城选址的基础，在经济条件优越的地方建城才最有生命力，晋宁、安宁等少数几个城址不变的古城可以为证。晋宁古城位于古滇国富饶的农业中心区，开发较早，为汉代滇池县和益州郡治所，"郡土大平敞"，有"盐池田渔之饶，金银畜产之富，俗奢豪，难抚御"（《华阳国志·南中志》），其经济状况可想而知。安宁为汉晋时期的连然县治，西汉即设盐官，以产盐著称，南诏时呈现出一派繁荣景象，"盐池鞅掌，利及行欢，城邑绵延，势连戎僰"（《南诏德化碑》），取之不竭的盐矿一直开采至今，那是一座以盐业为支柱产业的古城。还有拓东城——鸭赤城那样闻名于世的"壮丽的大城"，南诏、大理政权建都长达500年的阳苴咩城，都为大家所熟悉，此不赘述。两相对比，西南边疆城市发展的不平衡性就显现出来，行政中心经济因素的比例相差很大，散在各地因经济发展而形成的市镇又不一定是行政中心。它们的结合能够有力地推动城市的发展，但这个结合的途程多么曲折漫长，这个结合的实现多么艰辛！

西南边疆古城在发展中也普遍加重了经济的砝码。随着农业经济的发展，山寨逐步移进坝子，把过去鞭长莫及的农业区变为自己的舞台，扩大了古城的规模和内容，消费性支出与日俱增。明清时，这种城址的转移非常普遍，山寨摇身一变，成为代表农业经济发展水平的各级中心城市。水城的蜕变也是受经济利益驱使。元代以来官府和富户采取各种手段降低水位，围湖造田，越往后步子越大。随着农业开发的深化，对湖边沼泽滩涂的零星蚕食逐渐增多，最后竟至将整个湖排干建成农场。很多湖泊缩小或消失，原来广阔的水域变成了富庶农业区，许多风光明媚的高原水城的景观消失殆尽。在以传统农业为主的时代，增加千万亩肥沃农田被视为经济发展的飞跃，垦田数和人口数的大量增加都被记入史册。当时的执政者也许没有想到，进入人们向往生态城市的21世纪，生态环境恶化，让人们有可能重新审视历史，当初走过了头，将使后人付出沉重的代价。

　　以上所述，以西南边疆为例，足可看出古代城市研究的难度和复杂性。陈庆江同志知难而进，选择明代云南各级政区治所，从政区治所的逐个定位入手，系统地而不是零星地分析各个古城所处的地理环境、分布特征、景观、功能等，意在探讨城市发展的历史规律，为现今正涌动的城市建设热潮提供借鉴。庆江从我研学历史地理十多年，从学士、硕士而博士，在社会上浮躁风气弥漫的岁月，甘坐冷板凳，严守学术阵地，锲而不舍，严谨治学，深入钻研，步履坚实。我想，不但他的研究成果应该在我们的学术百花园里占有一席之地，他揭示的问题会引发人们的思考和兴趣，他追求的学术风气也会使大家为之振奋。庆江同志正当盛年，祝他一路走好，硕果迭出！

　　　　　　　　（原载《明代云南政区治所研究》，民族出版社 2002 年版）

# 论昆明的地位和特点

谈到昆明，很多材料都强调，它是云南省的政治、经济、文化、交通中心，在云南省是第一个。但全国省会城市有约 30 个，作为省会城市中的小伙伴，只是 1/30，仅此一点在全国算不了什么。然而，昆明其他的条件却比很多省会城市优越。比如人口在 100 万以上的特大城市全国有 22 个，昆明居第 20 位。省会城市中的特大城市有 17 个，昆明就是这 1/17。另外，经国务院批准的第一批国家级的 24 个历史文化名城，是我国众多城市中的佼佼者，昆明也是其中之一。兼有省会、特大城市和第一批历史文化名城这三个条件的，全国仅 6 个，除西安、南京、杭州、广州、成都外，就是昆明。

昆明还是一个古都。首先它是滇国的都城，城址在今晋城一带，这是被出土的"滇王之印"金印证实了的。滇国从何时存在无明确记载，但可从庄蹻开滇的事迹探知一二。庄蹻开滇的时间有两种说法，《史记·西南夷列传》、《汉书·西南夷传》作楚威王时，《后汉书·西南夷传》、《通典》、《汉书》颜师古注引《华阳国志》皆作楚顷襄王时，当代学者多认为不会晚于公元前 280 年。滇国存在了多长时间呢？《华阳国志·南中志》说它"分侯支党，传数百年"。根据考古资料，春秋末期滇国就已存在。到汉武帝元封二年（公元前 109 年）设益州郡，作为战国时期的滇国至少存在了 171 年。但此后滇国并没有被灭，《史记·西南夷列传》说，"于是以为益州郡，赐滇王王印，复长其民"，作为汉代的封国，滇国又存在了 100 年左右，一直延续到西汉末年。考古发掘与记载是一致的。晋宁石寨山的滇王墓葬群，从战国一直延续到西汉晚期，滇国灿烂的青铜文化在世界上被叹为观止。滇国约存在了 500 年，昆明作为滇国的都城也有 500 年。

南诏、大理效学唐王朝实行两京制度。它们的首府在阳苴咩城，但南诏称拓东城为"东京"、"上都"，大理称善阐城为"东京"、"别都"。拓东城的建立，《南诏德化碑》有记载：阁罗凤赞普钟"十二年冬，诏候隙省方，观俗恤隐，次昆川，审形势。言山河可以作藩屏，川陆可以养人民。十四年春，命长男凤伽异于昆川置拓东城，居二诏，佐镇抚。于是威慑步头，恩收曲靖，颁告所及，翕然俯从"。赞普钟十四年为唐永泰元年，公元765年。但是，《蛮书》卷6说："拓东城，广德二年凤伽异所置也。"广德二年为赞普钟十三年，公元764年。两种记载相差一年，可能是764年始建，765年建成。南诏、大理皆从滇西起家，那里有他们依靠的力量，建都大理完全可以理解。然而，战国以来昆明一带一直是云南经济发展最先进的地区，没有这里提供的丰富给养，不可能支持长期的战争。昆明又是联系滇西、巴蜀、交阯的交通中心，控制西南的战略基地。南诏统治者经过踏勘，发现滇池北岸具有得天独厚的优越条件，建成战略地位极为重要的拓东城，才"威慑步头，恩收曲靖，颁告所及，翕然俯从"。南诏、大理诸王经常来往于阳苴咩城和拓东城之间，有的常驻东京处理政务或游幸，有的在东京就王位，甚至死在东京。直到蒙古宪宗四年（1254年），兀良合台"拔鄯阐，得兴智以献"，至此大理亡。唐宋时期，昆明作为南诏、大理的陪都和实际统治中心共490年。

明清时期，在昆明又演出了一段威武雄壮的史剧。清兵入山海关、占领北京，张献忠大西农民军的余部孙可望、李定国、刘文秀、艾能奇等四将军退到昆明。从永历元年（顺治四年、公元1647年）到永历二十年（顺治十五年、公元1658年）农民起义军以昆明为中心控制半壁河山，北达川北保宁（今闻中），东到湖南岳州（今岳阳）、江西吉安，南抵广东新会。农民起义军占领省会城市作为自己的中心，推行一套完整的经济、文化、民族、宗教政策和科举制度，左右全国形势达十二年，这在历史上是罕见的。与此同时，明王朝的残余势力在南方纷纷建立政权，史称南明。其中影响较大的有福王、鲁王、唐王、桂王四个政权。四个政权中，桂王政权得到农民起义军的支持，维持的时间最长。昆明正是桂王永历政权的最后一个中心"滇都"。南明永历皇帝在昆明的时间从永历十年（顺治十三年、公元1656年）三月到永历十二年（顺治十五年、公元1658

年）十二月十五日。永历的皇宫先在贡院（今云南大学），后迁五华山。

综合以上，昆明作为古都的时间长达千年，今昆明城建城的时间达1200 多年。

昆明还有一些比其他城市优越的条件。比如我国的重点风景名胜区多散在僻远的地方，省会辖境内有国家重点风景名胜区的不多，兼有省会、特大城市、历史文化名城和国家重点风景名胜区的城市有 6 个，辖境内有两个国家级风景名胜区的只杭州和昆明。杭州有西湖和富春江，昆明有滇池风景名胜区和石林风景名胜区。昆明自古以来就是多民族杂居的大城。至今云南有 26 个世居民族，昆明又是我国少数民族最多的省的缩影，以它浓郁的民族风情著称。当然昆明的气候也是全国第一，"春城"的桂冠只它独有。近年一些城市争相称自己为春城，但它们只是相对于酷热酷冷的地方而言，有的只能避寒，有的只能避暑。"夏无溽暑，冬不祁寒"，四季皆春的大城市，全国只有昆明。

从上面我们可以看到，昆明在全国突出的地位不是靠经济水平，而是靠得天独厚的历史条件和自然环境，它是一个历史文化名城和风景旅游名城，这就是昆明的优势和特点。因此，在昆明保护历史文化遗产和风景资源，保护古城风貌和自然风光显得特别重要。我们的规划应该尽量解决文物风景保护和城市建设的矛盾，发展经济和保护名城的矛盾，当这个矛盾无法协调时，必须坚定地把保护名城放在首位。因为工厂建得再多，昆明在全国仍然只是小伙伴的地位；假如失掉它几千年形成的历史名城的特点或破坏了它美好的自然风光，昆明在全国的地位将一落千丈。我们必须谨慎从事，不要让后世骂我们这一代人。

（该文为 1990 年在昆明历史文化名城研究会成立大会上宣读的论文，后载《昆明社科》1991 年第 3 期）

云南文库·学术名家文丛

# 昆明历史的几个问题

今天的昆明，是历史昆明发展的结果，不了解历史的昆明，就无法把握昆明城市的性质和特点。感谢昆明市领导的重视和提倡，组织有关昆明建城 1240 周年纪念的系列活动。这里我想结合自己研究的心得，谈几点对于昆明历史的认识。

## 一、昆明的地理位置：天造地设的昆明

打开地图，大家会觉得昆明偏在云南省的东部。人们习惯称"三迤"，有滇东、滇南、滇西，而无滇北。其实，假如我们从更大的范围来观察，就会发现在祖国的西南边疆，以云贵高原为主，有一片突起的高地，成为青藏高原向平原过渡的阶地，包有云南、贵州两省及四川省大渡河以南地区，面积约 60 万平方公里。昆明正是这片地理单元的几何中心，它与其东的贵阳、其西的保山、其北的西昌、其南的景洪距离都几乎相等。

昆明也是祖国西南边疆交通的节点。自古以来，往北的清溪关路和石门路都通往成都，直达汉、唐的首都长安；往东的黔府路通往两湖，终点是南京和北京，还有邕州路通往广西；往南的通海城路直通交趾（今越南）；往西的博南古道可通骠国（今缅甸）和天竺（今印度）。突起在西南边疆的这片重山复岭，限隔着中国内地和东南亚各国，居高临下，具有重要的战略地位。它的周围高原之麓，分布着水富、镇远、蔗香、剥隘、河口、景洪、八莫等可以行船的河港。千百年来，边疆各族人民用自己的实践和智慧，踩踏出了翻越这座高原的捷直的路径，形成四通八达的传统交通线。它们连接着周围的水运通道，又皆交会于昆明，可以形象地称为

"陆桥"。这是连接中国内地和东南亚各国的特殊"陆桥"。

通过"陆桥"运作的，是边疆各族人民发挥地方优势创造的马帮。马帮运输成了西南边疆独具特色的运输方式，与青藏高原的牦牛、"沙漠之舟"的骆驼、东北的雪橇、中原的车骑、南方的舟船，成为我国古代交通工具的几大奇葩。直到清末，马帮运输遍布整个西南边疆，昆明则是最大的交通中心，风翥街、顺城街、大鼓楼等都是马帮云集，马栈毗连。石板铺就的马道是与马帮运输配套使用的交通设施，自秦代修"五尺道"以来，历代增修，从昆明伸向各府州。

这些都为在昆明造就一座西南边疆的中心城市和国际性大都会提供了条件。

# 二、昆明的气候："春城"的形成

今日昆明的气候并非自古已然。秦汉时期，根据石寨山等地出土的器物，多孔雀、鹦鹉、犀鸟、鳄鱼、巨蟒、蜥蜴等在湿热环境中生活的动物，证明滇池周围地区当时的气候比今天的西双版纳还要湿热。大理时期，史书上记载有国王段素兴在东京郊外"挟妓载酒，斗草簪花"的故事，说"有花遇歌则开，有草遇舞则动"，后人不解，把它们视为花草中之"妖"者。其实，这是热带常见的植物，含羞草一碰就把叶片合起来，跳舞草伴着优美的歌声会抖动叶片，翩翩起舞。这些植物在今西双版纳皆可见到，证明南诏、大理时期滇池周围的气候约与今西双版纳相当。

元代昆明的气候，孙大亨的《大德桥记》说："中庆，古鄯阐也。山川明秀，民物阜昌，冬不祁寒，夏不剧暑，奇花异卉，四序不歇，风景熙熙，实坤维之胜区也。"与明代杨升庵描述的"天气常如二三月，花枝不断四时春"，有异曲同工之妙。证明昆明"春城"的气候特征始于元代，至今已延续了700多年。

以上对昆明气候变化的考证，与我国古代气候变化的总趋势是一致的。已故的竺可桢院士毕生从事物候学和我国古气候的研究，他的研究证明，新石器时代至今5000年来我国气候正逐渐从热变冷，但这种变化是渐进的、有起伏的。

昆明"春城"的气候，也得益于天造地设的地理环境。它处于北纬25°左右，市中心海拔1891米，低纬度供热充足，高海拔散热容易，两相抵消，正获得一个十分理想的数值，平均气温在10℃～20℃之间。冬春季节，寒冷的东北风受乌蒙山阻挡，到达昆明已是强弩之末；而强劲的西南风却送来阳光和温暖。昆明坝子是云贵高原上最大的坝子，滇池是云贵高原上最大的淡水湖，对于昆明气候的调节起到至关重要的作用。这些条件都是大自然赐予的，但应该受到我们珍惜，因为它们不是亘古不变的。为了我们可爱的春城，滇池的命运、坝子中水网和植被的状况，都是迫切需要关注的问题。

# 三、古代昆明的环境：从"水城"到"水乡"

滇池是昆明的母亲湖。滇池哺育了一批最早的聚落，这就是近年环湖周围发现的贝丘遗址。当时的人们滨水而居，以吸食螺蛳和捕捞鱼类为生。滇池也滋养着西南边疆最大城市的成长，这个城市的选址虽经历了从南到北逐步转移的过程，但终究离不开滇池。因此，滇池坝子是考察昆明历史不可割裂的地理单元。因为巧妙地处理了池与城或水与人的关系，在古代，昆明的环境状况绝佳。

南诏、大理时期的拓东城、善阐城都是滨水而建，城在水边；元代的鸭赤城也如此。《元史·兀良合台传》说："城际滇池，三面皆水。"其东为盘龙江，西、南两面皆临滇池。各种鱼类及水产品丰富，滇池里的航运十分发达。"千艘蚁聚于云津，万舶蜂屯于城垠，致川陆之百物，富昆明之众民。"这是一座壮丽的水城，王昇的《滇池赋》对此作了生动的描绘。

明代，城墙往北移，北城墙蜿蜒于圆通山顶的北缘，而南城门近日楼外至土桥一带，仍旧为繁荣的商业区，实际上昆明城扩大了。由于元、明两代多次疏浚海口河降低滇池水位，涸出了大片农田，明代昆明城边的水陆比例发生逆转，城以南出现了沃野千里的富庶农业区，也成为明代军屯的重要基地。现今散布在昆明坝子里的大量以"卫"、"所"、"营"、"屯"

等命名的地名，如广卫村、前卫营等，就是当时出现的聚落。昆明从此丧失了"水城"的形象。

明清两代的昆明，山水园林遍布，环境质量仍然很好。城内西部是翠湖，周围的柳营、贡院、水晶宫等皆"古木轮囷，苍然秀出"。东部有秃杉箐，以产著名的珍稀植物秃杉而著名，山崖削壁陡峭，下有绿水河，元代在山顶建了大德寺，明代又增建双塔，澄潭映双塔，幽深中显出灵气，成为昆明的风景胜地。五华山大树撑天，"五华鹰绕"又是一景。五华山后有大梅园巷、小梅园巷，冬季红梅满坡。北隅的圆通山高耸，奇石遍布，是赏石和赏月的好地方。清代，圆通山上多次出现过蝴蝶会，昆明人倾城观赏，盛况空前。城内的私家宅院多喜种植茶花、梅花，最大的山茶树甚至长在这些私人宅院中。近日楼以南又是另一番小桥流水的景象，玉带河、臭水河等绕流闾阎市井，河上有鸡鸣桥、板坝桥、柿花桥、桂香桥、三板桥、马蹄桥等。直到20世纪80年代，我还喜欢沿玉带河散步，欣赏树荫与藤蔓掩映的河堤和形态各异的小桥。人们喜欢说"六河"，那是举其流入滇池的大者，其实，昆明城郊还有西坝河、鱼翅河、永昌河、采莲河、板坝河、大观河等若干条小河，与城内的河道相连，形成纵横交错的水网。昆明人出行，在老篆塘（今大观商业城附近）、弥勒寺、南坝、得胜桥等处皆可坐上小船，大观河和盘龙江成为运输各种物资的水上动脉，篆塘和得胜桥则是两处著名的货运码头。明清时期的昆明，俨然一幅"水乡"景象，说它是山水园林城市不算过誉。

# 四、昆明古代的辉煌：千年古都

时下对昆明历史的介绍多侧重沿革叙述，缺乏点睛之笔。其实，昆明在我国古代历史上扮演的重要角色是古都。

在先秦方国林立的时期，西南边疆也出现了滇国。它是和内地的楚、吴、越等相同的古国之一，历史文献早有记载。滇国高度发达的经济和文化，被石寨山等地出土的大量精美的青铜器所证明，世人叹为观止。滇国都城的位置，在今晋城附近，石寨山古墓群和出土的"滇王之印"亦可证明。《史记·西南夷列传》说："始楚威王时，使将军庄蹻将兵循江上，巴、黔中以西。庄蹻者，故楚庄王苗裔也。蹻至滇池，方三百里，旁平地，肥饶数千里，以兵威定属楚。欲归报，会秦击夺楚巴、黔中郡，道塞不通，因还，以其众王滇，变服从其俗以长之。"庄蹻入滇的时候，他书又有作楚顷襄王者，当代学者多认为不会晚于公元前 280 年。庄蹻以后，"分侯支党，传数百年"，汉武帝在此设益州郡治，"赐滇王王印，复长其民"，一直延续到西汉末年。然而，庄蹻入滇不是来新垦不毛之地，那时滇国已很"肥饶"，他是"变服从其俗"篡了原来滇王的位，不能称为"庄蹻开滇"。参酌滇池地区青铜文化断代的结论，滇国出现的时间不会晚于春秋末期，存在了约 500 年，昆明作为滇国的都城也有 500 年。

相当于我国的唐宋时期，在西南边疆出现了南诏和大理，其间与五代十国的历史特点相同，也出现过大长和、大天兴、大义宁的更迭。南诏和大理都效学唐王朝实行两京制度。它们的首府在阳苴咩城，但南诏把拓东城建为"东京"，又称"上都"；大理把善阐城建为"东京"，又称"别都"。《南诏德化碑》记载：赞普钟"十二年冬，诏候隙省方，观俗恤隐，次昆川，审形势。言山河可以作藩屏，川陆可以养人民。十四年春，命长男凤伽异于昆川置拓东城，居二诏，佐镇抚"。《蛮书》也说："拓东城，广德二年凤伽异所置也。"广德二年为赞普钟十三年，公元 764 年，赞普钟十四年为永泰元年，公元 765 年，大概拓东城是 764 年始建，765 年建成。当时的昆明坝子形势险要，物产富饶，拓东城建成后，"于是威慑步头，恩收曲靖，颁告所及，翕然俯从"。拓东的寓意，《资治通鉴》胡三省注说，"言将开拓东境也"。历史证明，拓东城确实成了南诏向东发展的大本营。东京也是南诏和大理的统治中心，他们在东京大建宫室，其规模往往与阳苴咩城相侔。南诏和大理诸王有的常驻东京处理政务、接待使臣、游幸娱乐，有的在东京就王位，有的死在东京。直到蒙古宪宗四年（1254年）兀良合台在东京俘得大理国王段兴智，昆明作为南诏和大理的实际统治中心共 490 年。

明清之际，又以昆明为中心演出了一段威武雄壮的历史剧。清兵入山海关、占领北京，并迅速南下，全国形势逆转。张献忠领导的大西农民军的余部，以孙可望、李定国、刘文秀、艾能奇四将军为首，退到西南边疆，举起联明抗清的大旗。从永历元年（1647年）到永历十二年（1658年），以昆明为中心，控制全国半壁河山，势力达今四川、湖南、江西、广东。抗清义士和文化人也纷纷奔走西南，群集昆明。永历十年（1656年），农民起义军又把南明的永历皇帝接到昆明，昆明成为南明永历政权的最后一个都城，时称"滇都"。农民起义军占领省会城市作为自己的中心，左右全国形势达十二年，在历史上是罕见的。

千年古都，是昆明历史的辉煌。

# 五、勇创新制度：率先探索设市

辛亥革命后，昆明加快了发展改革的步伐，一切应兴应革之事，累累出现。大家熟知的，我这里不再重复，仅就昆明设市作一些介绍。

"市"是我国古代进行商品交易的地方。农村有集市，北方称"草市"，南方称"墟市"。城里也有市，如唐代长安的"东市"、"西市"，洛阳有"南市"与"北市"，后来从坊市发展为街市。我国古代还没有将"市"作为某一级行政区划的通名，只是到近代才发展为经济因素很强的行政区划。然而，最初作为行政区划的市的出现，只是在少数涉外经济活动较频繁的地方自发地尝试。

昆明设市始于1919年。这一年，唐继尧成立云南市政公所，下设参事、总务、交通工程、保健、风纪、实业、救恤等科处，先后委派王有兰、李宗黄任督办，并派人到日本参观考察。1921年因政变，唐继尧离滇，被迫中辍。1922年唐氏回滇，8月1日恢复成立昆明市政公所，颁布《昆明市区长董暂行条例》，划定管辖范围，全市分为6区，脱离昆明县，直属于省。1928年改组市政公所，设昆明市政府，改督办为市长，原督办马鉁任市长。经过长期摸索，机构和制度逐步完善，市政建设和管理已具规模。历届昆明市长的任命和政绩，地方档册皆有记录，直到1949年解放。

和昆明设市前后相差的只有广州。1918年10月设广州市政公所，1921年2月设立市政厅，划定市区范围，1925年改组市政厅，划省会城区及附近地置广州市政府，属广东省。广州和昆明情况相似，却际遇不同。1920 年护法政府在广州成立，制定广州市暂行条例，1923 年孙中山在广州任大元帅，1925 年国民政府在广州成立，广州市理所当然地受到重视，被公认为我国近代设市最早的地方。昆明市却是自己探索新路，历经磨难，在北洋政府时期受到冷遇，在南京政府时期又受到刁难。内政部以人口不足 20 万，营业税、牌照税、土地税等尚未举办而"不准予备案"，直到 1935 年 3 月才获"内政部核准"承认。所以，中央档册有关昆明建市的资料甚稀，访问一般书籍记载昆明设市的时间多不实，不尽可信。

昆明市是我国近代设市最早的地方之一。它是我国众多城市中的长者，至今已达耄耋之年。昆明在探索我国设市制度中立下了功劳，这也是值得我们自豪的。

以上所列，都是昆明历史上的优势所在，但绝不意味着仅此而已。昆明是一座自然环境优美、历史文化丰富多彩、经历过辉煌岁月的古城，还有很多东西需要我们去深入研究和全面总结。昆明的过去值得我们骄傲，相信昆明的未来一定会更美好！

（原载《昆明社会科学》2005 年第 6 期）

# 论名城保山的历史地位

　　人们赞美保山，说它物华天宝，人杰地灵。其实，今日的保山，是历史上长期开发、建设的结果，了解保山的过去，有助于珍惜保山的现在，建设保山的未来。

　　保山在历史上的地位，得从哀牢说起。现在保山坝子东边有个哀牢山，相传山的西麓曾有哀牢王的御花园，附近还有哀牢夫人墓和哀牢寺遗址。坝子西边有个九隆山，山下有易罗池，又称九隆池，也有九隆出世的传说。这些说法的依据，我们可以在1500年前成书的《华阳国志·南中志》、《后汉书·西南夷传》中找到。哀牢的范围十分宽广，《华阳国志·南中志》说："其地东西三千里，南北四千六百里。"《新唐书·张柬之传》和《太平寰宇记》都说，"其国西大秦，南交趾"。《晋书·地理志》称"交州之永昌郡"，《晋书·王逊传》说"分永昌为梁水郡"。这些说明古哀牢地西抵印度，东接梁水郡，南与交趾郡毗邻，其范围应东起澜沧江，东南至礼社江与把边江间的哀牢山，西至印缅交界的巴特开山，北抵今缅甸与西藏交界处，南达今西双版纳等地。哀牢"有穿胸儋耳种"，"有闽濮、鸠僚、僳越、躶濮、身毒之民"，"其渠帅皆曰王"。《后汉书·西南夷传》说他们有七十七王，"分置小王，往往邑居，散在溪谷，绝域荒外，山川阻深"。《续汉书·郡国志》载，永昌郡"户二十三万一千八百九十七，口百八十九万七千三百四十四"。说明哀牢是包括众多族系的族群，族系繁杂，人口众多。在这片广袤的大地上，土壤肥沃，物产富饶，尤多珍奇宝货。《华阳国志·南中志》说它"土地沃腴"，"宜五谷，出铜锡"，有黄金、光珠、虎魄、翡翠、孔雀、犀、象、蚕、桑、绵绢、采帛、文绣、罽旄、帛叠、水精、琉璃、轲虫、蚌珠，又有食铁的貊兽，能言的猩猩，有大竹名濮竹，"节相去一丈，受一斛许"，产"洁白不受污"的桐华布，还产"文如绫锦"的兰干细布。

在哀牢设治的过程，经历了一个半世纪左右。《华阳国志·南中志》载："孝武时，通博南山，度兰仓水、耆溪，置嶲唐，不韦二县，徙南越相吕嘉子孙宗族实之，因名不韦，以彰其先人恶行。人歌之曰：'汉德广，开不宾，渡博南，越兰津，渡兰仓，为他人。'渡兰仓水以取哀牢地，哀牢转衰。"《汉书·地理志》益州郡有嶲唐、不韦二县，为元封二年（公元前109年）所设益州郡24县中的两县，保山设治至今已有2100年。西汉不韦县治的位置，万历《云南通志》载："不韦县，传在凤溪山下。"《读史方舆纪要》卷118载："凤溪山，在府东三十里，上有吕公台。志云：不韦废县在其麓。"今保山坝子东北边缘、凤溪山麓的金鸡村，当平坡、水寨到保山的古道上，正是中原王朝在澜沧江以西最初的据点，至今还有吕凯插戟石、点将台、大小辕门等遗迹，吕公祠、吕凯故里石表等文物，季平街、吕公巷等地名。不韦县城应在金鸡村北的古城坡，那里面积宽阔，曾出土过很多汉晋时期的砖瓦。东汉继续往西推进，建武二十七年（51年），哀牢王贤栗等率种人诣越嶲太守郑纯求内属，"光武封贤栗等为君长，自是岁来朝贡"。据《古今注》，永平十年（67年）置益州西部都尉于嶲唐，"镇哀牢人、叶榆蛮夷"。《东观汉记》卷2载："永平十二年（69年），以益州徼外哀牢王率众慕化，地旷远，置永昌郡。"《后汉书·明帝纪》也载："永平十二年正月，益州徼外夷哀牢王相率内属，于是置永昌郡，罢益州西部都尉。"《后汉书·西南夷传》记载较详："永平十二年，哀牢王柳貌遣子率种人内属，其称邑王者七十七人，户五万一千八百九十，口五十五万三千七百一十一。西南去洛阳七千里。显宗以其地置哀牢、博南二县，割益州郡西部都尉所领六县，合为永昌郡。"随着哀牢的全部内属，汉的统治范围包括有今滇西、滇南及缅北的广大地区，汉王朝把郡县制度推行到整个哀牢地区，设永昌郡统一管辖。"绥哀牢，开永昌"，"俾建永昌，同编亿兆"，是中国历史上的盛事，班固、范晔等著名学者都盛赞此事。永昌的命名主要是取义，为意愿地名。《续汉书·郡国志》注引《广志》说："永昌一郡，见龙之耀，日月相属。"

东汉时永昌郡面积最大，包括洱海周围的昆明和澜沧江以西的哀牢两大部分，澜沧江以东有叶榆、云南、邪龙、比苏、博南五县，以西设不韦、嶲唐、哀牢三县。蜀建兴三年（225 年），诸葛亮南征后，分永昌东北的叶榆、云南、邪龙与建宁郡的部分县置云南郡。三国永昌郡设县缺载，但《晋书·地理志》永昌郡有不韦、永寿、比苏、雍乡、南涪、嶲唐、哀牢、博南等八县，其中永寿、雍乡、南涪三县不见于以前各书，吴增仅《三国郡县表》谓"疑诸葛亮南征时置"，可从。晋怀帝永嘉五年（311 年），分永昌郡的比苏与云南郡的部分县设河阳郡。唯《晋书·地理志》"咸康八年（342 年）省永昌郡"之说不可信。《华阳国志·南中志》对这一段历史有详细交代："凯子祥太康中献光珠五百斤，还临本郡，迁南夷校尉。祥子元康末为永昌太守，值南夷作乱，闽濮反，乃南移永寿，去故郡千里，遂与州隔绝。吕氏世官邻郡，于今三世矣。"至永和三年（347 年）常璩写成《华阳国志》时，永昌郡一直未废。《三国志·吕凯传》裴注引孙盛《蜀世谱》："吕祥后为南夷校尉，祥子及孙世为永昌太守。李雄破宁州，诸吕不肯附，举郡固守。"《资治通鉴》记义熙十二年（416 年）"宁州献琥珀枕于太尉（刘）裕，裕以琥珀治金创，得之大喜，命碎梼分赐北征将士"。胡三省注"琥珀出哀牢夷"，并引《博物志》说，"永昌有琥珀而无茯苓"。证明直到东晋末，永昌郡一直存在。两晋永昌郡的范围，承袭了古哀牢地旧境，西部仍包有今缅北，南部包括今西双版纳。《宋书·瑞符志》载："晋武帝太康元年（280 年）八月，白虎见永昌南罕。""南罕"即今瑞丽江南岸的南坎，当时属永昌郡。《新纂云南通志》卷 82 记载："升平四年长生砖，在车里县境，民国十八年掘土得之。左篆书'长生'二大字，右分书晋'升平四年三月四日'，文六行十字，俱阳文。今存车里县署。"升平为东晋穆帝年号，升平四年即公元 360 年。南朝时永昌郡亦未废弃。《南齐书·州郡志》载永昌郡辖永安、永、不建、犍覆、雍乡、西城、博南等七县。"永"后疑脱"寿"字，为"永寿"之误。"不建"应即"不韦"，因形近而误。梁陶洪景《名医别录》载："永昌本属益州，今属宁州。"

汉晋时期永昌郡的治所有过变化。东汉时，不韦县已处于永昌郡的腹地，为加强对西部和南部广大地区的统治，治所略往前移。今保山城南 4 公里诸葛营村东侧田坝中保存的古城遗址，规模较大，其特点亦与我国其

云南文库·学术名家文丛

他地方发现的汉城类似，应即东汉永昌设郡时所建。晋代沿用这座古城，隶书"太康四年造作"的铭文砖可以为证。元康末年，郡治"南移永寿，去故郡千里"，所以《华阳国志·南中志》称不韦县为"故郡治"，永寿县为"今郡治"。永寿县在今耿马附近。今保山市隆阳区诸葛营汉晋古城作为郡治的时间当止于东晋元康九年（299 年），保山作为滇西行政中心的永昌郡治延续了 230 年。

唐宋时期，云南出现了南诏和大理两个民族政权。它们都建都大理，又以保山为其向西发展的基地，南诏设永昌节度，大理设永昌府，皆治永昌城。《蛮书》卷 6 载："永昌城，古哀牢地，在玷苍山西六日程。""盛罗皮始置拓俞城，阁罗凤已后，渐就柔服。"则拓俞城建于开元元年（713 年）至开元十六年（728 年）之间。但天启《滇志》卷 5 说：永昌府城"西倚太保山麓，唐皮罗阁创筑"。《读史方舆纪要》卷 118 说："永昌城，今府治，旧系土城，唐天宝中南诏皮罗阁所筑。"《嘉庆重修一统志》卷 487 引《滇志》又说："永昌府城即唐天宝二年（743 年）蒙氏皮罗阁所筑。"《南诏野史》则谓："天宝乙酉四载十月，城永昌。"天宝四载为公元 745 年。今保山城始建于南诏，初名拓俞城，建城的时间虽有不同说法，但都有 1200 多年的历史，为云南保留至今的几座古城之一。

元代设大理金齿等处宣慰司都元帅府，管辖大理路、永昌府、腾冲府。据《元混一方舆胜览》"永昌置司"，其行政中心不在大理而在保山。另有金齿等处宣抚司，管理金齿百夷诸路。据《元史·地理志》，"其地在大理西南，澜沧江界其东，与缅地接其西"，元至元十三年（1276 年），柔远、茫施、镇康、镇西、平缅、麓川"俱立为路，隶宣抚司"，元至元二十三年（1286 年）"并入大理金齿等处宣抚司"。其实，大理金齿等处宣慰司都元帅府所辖不仅此六路和南赕，元至元十三年以后设的金齿百夷诸路也归其管辖。据《读史方舆纪要》卷 118 永昌军民府载，元至元"二十三年，又置金齿等处宣抚司于此"，金齿等处宣抚司治所也在保山。从元至元二十三年（1286 年）至明洪武十五年（1382 年）明军进入云南，保山成为滇西最大的行政中心近 100 年。

明代的云南，府卫参设，土流并举，设治情况相当复杂。在交通要道和战略要地，设卫进行军事控制，或设军民府统管民政和军事。其中，直隶都司、级别最高的有金齿、腾冲、澜沧卫三个军民指挥使司。据《明史·地理志》统计，金齿军民指挥使司设于明洪武二十三年（1390年），明嘉靖元年（1522年）罢军民司，止为卫，复置永昌军民府。腾冲军民指挥使司设于明正统十年（1445年），明嘉靖十年（1531年）罢司为腾冲卫。澜沧卫军民指挥使司设于明洪武二十八年（1395年），明弘治九年（1496年）徙北胜"州来同治，寻罢军民司，止为卫"。三个军民指挥使司置废的时间，诸书略有不同，但仍以金齿军民指挥使司存在的时间最长。军民指挥使司被撤销，不是保山地位的衰落，而是因明中叶以后制度改变。以后它改为永昌军民府，管辖原金齿和腾冲两个军民指挥使司的范围，领州一、县二、安抚司四、长官司三，辖境包有今保山市、怒江州、迪庆州及缅北高黎贡山以西的小江流域。

清代的永昌府，领厅二、县二、土府一、土州二、宣抚司五、安抚司三、长官司二，是全省领州县级政区最多、设治情况最复杂的府。清嘉庆二十五年（1820年）至道光二年（1822年），腾越厅曾短期升为直隶厅，在此前后，腾越厅也属永昌府。清代永昌府的辖境包有今保山市、德宏州和临沧市西部。

从上述可知，古代的永昌是滇西最大的行政中心，它的辖境虽有伸缩，但都大大超过今保山市的范围。明嘉靖三年（1524年）设保山县为府附廓，辛亥革命后废府，改名永昌县，后因与甘肃省永昌县重名，1914年复名保山县，1983年设保山市。永昌这个地名使用了1845年，是省内最古老的政区地名之一。近年，市区定名永昌镇，"永昌"有幸重新被取用，让人们缅怀历史名城走过的不寻常的足迹。

保山在历史上的重要性，是与它的地理位置分不开的。古代云南的辖境比现在宽广，保山正当西半的适中处，便于控制和策应滇西广大地区。东有澜沧江，西有怒江，中间是宽阔的坝子，物产富饶，可屯集大量兵粮固守，俨如一个巨型城堡，控扼在滇西的咽喉地带。它海拔较高，气候温和，在古代的医疗条件下，内地去的军队和官员容易适应；遇有战事，往西南长趋直下，如高屋建瓴，又便于进攻出击。天启《滇志》说它"西极南隅，界华夷于一线，豹关虎旅，咸控引于重门。有三崇山之危峰，有澜沧江之巨浸"。《肇域志》说它"西南有潞江，东北有澜沧江，深不可测，边夷莫能越。西南诸山则高黎共为之祖，东北之险则博南衍其宗"，并引《府志》说它"百里平原，两江设堑"。《读史方舆纪要》说它"藩屏边索，控驭蛮夷"，"盖诚必争之地矣"。《徐霞客游记》评价保山澜沧江铁索桥是"迤西咽喉，千百载不能改也"，其实保山的地位也如此。西汉时，就是利用这种形势，"渡兰仓水（今澜沧江）以取哀牢地，哀牢转衰"，控制了哀牢的门户。东汉设永昌郡后，保山不但是扼守滇西的前哨，它又处永昌郡的腹地，成为中原王朝经营西南边疆广大民族地区的基地。这种格局一直延续下来。南诏时虽设有六节度二都督，但据《蛮书》卷6，"通计南诏兵数三万，而永昌居其一"，永昌城又是南诏的军事重镇。元代的情况，《读史方舆纪要》卷118引录了一段史料："志云，元初置明义军万户所，在今府治东，后为左千户所；又置四川军万户府，在今城南七里；又有蒙古军千户所，在城南五里；回回军千户所，在今城内，后为中左千户所；又有爨僰军千户所，亦在城内，后为左千户所。军营俱明初废。"元代在保山大量驻兵，还有其他资料可以佐证和订正。天启《滇志》卷3古迹载："明义军万户府址，在府清宁坊之东，后为左千户所军营。四川军万户府址，在诸葛村后。蒙古军千户所址，在金鸡村后。回回军千户所址，在法明寺东南，后为中左千户所军营。爨僰军千户所址，在中正坊西，后为右千户所军营。俱建自元，国初废。"元代保山在军事上的重要性，于此可见。明代麓川思任发叛，正统时势焰甚张，亦仅至保山上江。直到近代，保山仍是滇西的军事重镇。1942年5月日本侵略军侵入龙陵和腾冲，中国远征军司令部驻保山马王屯，倚怒江天堑固守，坚持抗战，1944年终于强渡怒江，光复失地。

保山还是南方丝绸之路上的交通枢纽。据近人考证，早在公元前4世纪，南方丝绸之路就已存在。西汉元狩元年（公元前122年），张骞出使大夏回国，说他在那里看到有四川出产的蜀布和筇竹杖，听说是商人通过身毒国贩来的，因此建议打通蜀—身毒道，增强了汉武帝重开西南夷的决心。东汉永平十二年（69年）设永昌郡，封建中央终于控制了这条民间沿用已久的商道，于是东汉永元六年（94年）永昌郡徼外郭忍乙王慕延遣使译献犀牛、大象，永元九年（97年）徼外蛮及掸国王雍由调遣重译奉国珍宝，东汉永初元年（107年）徼外僬侥种夷陆类等三千余口举种内附，献象牙、水牛、封牛，东汉永宁元年（120 年）"掸国王雍由调复遣使者诣阙朝贺，献乐及幻人，能变化、吐火、自支解、易牛马头，又善跳丸，数乃至千。自言我海西人。海西即大秦也，掸国西南通大秦"。《后汉书·西南夷传》的上述记载，反映了东汉永昌大道上熙来攘往的盛况，掸国、大秦、郭忍乙诸国皆经过永昌与汉王朝加强了联系。鱼豢《魏略》记大秦"又有水道通益州永昌，故永昌出异物"，反映三国时永昌商道的情况。南诏时西部诸国的往还皆取道永昌。弥诺国、弥臣国在永昌城西南六十日程，骠国在永昌城南七十五日程，大秦婆罗门国界永昌北，东去阳苴咩城四十日程，小婆罗门国与骠国及弥臣国接界，在永昌北七十四日程。以上《蛮书》所载皆在今缅甸和印度境。元代永昌也是国际贸易的中心，据《马可·波罗游记》，当时以黄金作通用货币，同时还使用银子和贝壳。

南方丝绸之路不是一条单一的大道，它由几条干道组成。从四川成都往南，经今宜宾、昭通、曲靖，即秦五尺道，唐代称石门路，以后再转西经昆明、大理到保山。另一条从成都南下，经西昌，过姚安，在祥云县东与东西大道会合，汉代称灵关道，唐代称清溪关路。还有一条从今越南河内溯红河北上，经河口、建水、通海，至昆明与第一条会合，汉代称进桑关道，唐代称步头路或通海城路。这几条干道会合后往西都必须经过保山。到保山以后又分为三岔，正西跨怒江越高黎贡山，经腾冲通印度；西南经龙陵、芒市通缅甸；正南经今临沧地区到缅甸、泰国。《蛮书》卷6载：永昌城"西北去广荡城六十日程，广荡城接吐蕃界，隔候雪山；西边大洞川，亦有诸葛武侯城……西南管拓南城，土俗相传，呼为要镇；正南过唐封川，至茫天连"。《新唐书·地理志》亦载：从永昌故郡"又西渡怒江，至诸葛亮城二百里，又南至乐城二百里，又入骠国境"。"一路自诸葛亮城西去腾充城二百里，又西至弥城百里，又西过山，二百里至丽水城，乃西渡丽水、龙泉水，二百里至安西城，乃西渡弥诺江水，千里至大秦婆罗门国。"正南经今临沧市、孟连县到境外，即晋代"南移永寿，去故郡千里，遂与州隔绝"的部分，唐代"正南过唐封川，至茫天连"的路线，沧源崖画等位于这条古道上，不是巧合。可以毫不夸张地说，长时间内保山都是南方丝绸之路上各条干线必经的国际交通枢纽。

南方丝绸之路不是坦途，千百年来，各族商旅、官员、僧人在这条交通线上写下了悲壮的诗章。慧琳《一切经音义》引《南方记》有一段较翔实的记录："往五天路径，若从蜀川南出，经越巂、余姚、不喜、永昌等邑……今并属南蛮。北接互羌杂居之，西过此蛮界，即人土蕃国之南界。西越数重高山峻岭，陡历川谷，凡经三数千里，过土蕃界，更度雪山南脚，即入东天竺东南界迦摩缕波国，其次近南三摩怛吒国、呵利鸡罗国及耽摩立底国。此山路与天竺至近，险阻难行，是大唐与五天陆路之捷径也。仍须及时，盛夏热瘴、毒虫不可行履，过去难以全生；秋多风雨水泛，又不可行；冬虽无毒，积雪沍寒，又难登涉；唯有正二三月乃是过时，仍须译解数种蛮语言，兼赍买道之货，仗土人引道，辗转问津，即必得达也。"上列越巂在今四川西昌，"余姚"为姚州之误，"不喜"为不韦之误。既有不韦，又兴起了作为永昌节度驻地的永昌城，所记时间大约在开元年间盛罗皮始置拓俞城以后，至阁罗凤西开寻传以前。以后的情况，《蛮书》卷 2 又有生动的描述："高黎贡山在永昌西，下临怒江。左右平川，谓之穹赕、汤浪，加萌所居也。草木不枯，有瘴气。自永昌之越赕，途经此山，一驿在山之半，一驿在山之巅，朝济怒江登山，暮方到山顶。冬中山上积雪苦寒，秋夏又苦穹赕、汤浪毒暑酷热。河赕贾客在寻传羁离未还者，为之谣曰：'冬时欲归来，高黎共山雪。夏时欲归来，无那穹赕热。春时欲归来，囊中络赂绝'。"穹赕即今潞江坝，高黎贡山和穹赕都是南方丝绸之路上永昌附近的绝险处。

永昌有光辉的过去，不愧为重要的历史文化名城。我们珍视历史文化名城保山，希望它光大名城的传统，发扬自己的优势，浓墨重彩地书写新的历史篇章，昂首阔步地迎接更加灿烂的未来。

（该文为《南方丝路上的历史文化名城保山》一书的代序，云南人民出版社 1993 年版）

# 会泽历史文化名城的性质及保护利用

会泽县历史文化名城的发展建设，最有发言权的应该说是当地领导和朋友们，我来首先是向大家学习。今早上去参观了名城的街道和庙宇，学到不少东西。本来我是准备会议的第二天或第三天发言，下车伊始就咿哩哇啦，思想很不安。所以，我今天的发言是向大家学习的一个汇报，谈一点心得体会，就教于大家，就教于生在这里、长在这里、为这里的成功发展做出贡献的各位朋友。我讲两个问题，一是会泽名城的性质和地位，一是名城的保护和利用。

我们今天讨论会泽历史文化名城有个概念，所谓会泽历史文化名城，不是说今天的会泽县，而是指历史上东至牛栏江，西至金沙江，再往西一直到东川、禄劝间的轿子雪山那么一个范围，以及在这个地理范围中登台表演和创造的历史。包括今天的会泽、巧家两县及东川市。要是我们没有这样一个概念，只说今天的会泽，是不符合历史实际的。今天的会泽怎么认识，那是省里早就定下来的，有多少人口多少面积，东至哪点西至哪点，用不着讨论。但是，历史文化名城的会泽应该和今天的会泽有所不同，既有历史传统的继承，又有历史上的不同点。历史上的会泽，也就是从金沙江到牛栏江那么一片地方，它扮演的角色，比起我们今天想象的会泽，应该说要高大得多。

会泽是云南最早设置郡县的地区之一，称堂琅县。公元前135年，汉武帝于西南地区设置犍为郡，在今天的云南就有南广、朱提、堂琅、邮鄩邮邸四县，再加上贵州的汉阳，这五个县从四川往南延伸下来，可以说是中原王朝伸向西南边疆的一把尖刀。在战略上，它地势高，位置偏南，以后往东发展成了一个牂柯郡，往西就发展成为一个益州郡，地位之重要可以想象。这个设治为汉朝武帝建元 6 年，也就是公元前 135 年，比昆明地区设治还早，昆明地区设置郡县是到了公元前 109 年，比堂琅晚 20 多年。这个最早可以说明在战略位置上，它具有不可替代的特殊地位。

那么往后它的情况又如何呢？大家都在说堂琅铜洗，对堂琅的铜器我们应该有个清醒的认识，因为铜器上的铭文，有些说道"朱提堂琅洗"，有些只说"堂琅洗"，所以有人就说这个洗是昭通产的。怎么理解呢？我查了些资料，《汉书·地理志》讲，朱提这个县产银，银在哪里？很可能就是后来的乐马厂，在今鲁甸县境内，一直到明清都很有地位。到了东汉，这个情况变了。东汉时期，撤销了堂琅县，把堂琅合并到朱提县里边去，正因为这样，所以《续汉书·郡国志》记载，说朱提县产银、铜，加了个铜，银是原有的，铜是合并进来的。那么，为什么还称堂琅呢？因为堂琅山在朱提境内，《华阳国志》讲，"堂琅县，因山名也"，虽撤了堂琅县，但堂琅山是撤不了的。而且堂琅山还有其他特产，就是堂琅附子，即今天称的附片。所以说，分析地理环境，分析历史记载，东汉时期朱提堂琅铜洗的产地，不应该是昭通，而应该在我说的这个意义上的堂琅，是堂琅产的。只不过由于建置的变化，引起了后人的一些误解。堂琅洗的地位如何呢？全国的学者都很重视。最近十多年来，仅有铭文的堂琅洗的出土，就有四川、湖北、陕西等地，最远的山东也有出土。堂琅洗远销的范围，不是我们想象的仅滇东北，或云南、贵州等地，而是遍及全国。堂琅洗的造型，不是仅仅局限于云南、四川一隅区域性很强的器物，也不是少数贵族才能享有的纹饰繁复的装饰品，而是简朴、实用的为内地居民喜爱的汉式铜器。堂琅洗的造型和风格，完全是内地的汉式造型和风格。在铭文、花纹、形状及其他工艺特点上都具有汉文化的特色，证明堂琅洗是内地工匠到堂琅这个地方利用我们的矿藏来制造的，变为成品后又返销到全国。现在出土的有铭文的堂琅洗有多少呢？共 76 件，这个数字了不起啊！才达 60 多件的时候，我们省里的孙太初先生就作过比较，他的结论是：有铭文的堂琅洗占全国有铭文的铜洗的五分之一。我们国家那么大，产铜的地方那么多，能占五分之一，还不包括后来山东、四川、湖北新出土的，如果按现在统计，比例还不止五分之一。这可以证明，东汉时期，堂琅所产的以洗为特色的铜器，包括盘、釜、斗等其他日用品，已在全国形成特色，远销国内。所以东汉时期的堂琅，是面向全国的一个产铜中心，这就是东汉时期堂琅在全国的地位。

两晋南北朝时期堂螂的矿业又有发展。《华阳国志·南中志》说，堂螂县"出银、铅、白铜"。这是中国史籍中最早明确出现白铜的记载。堂螂县不仅生产多种有色金属，而且出产白铜，铜的质量第一。堂琅仍是我国古老的矿业中心之一。

南诏、大理时期，我们因史料欠缺无法说清它产铜的状况。但不能因此就否定说这一时期东川不产铜，或者说它的铜衰落了，只能说暂时我们的认识还缺乏资料。南诏、大理时期东川仍然是一个战略要地，是对付中原王朝、经营滇东北的门户和基地，所以南诏、大理在这个地方设了东川郡。东川郡的设立，就是针对中原王朝，所以在这个地方派兵驻守，并把这个地方的绛云弄山封为东岳，可见对这一地区的重视程度。

到了元代，东川铜的状况有进步，明代就更加发展。明代东川的铜发展到哪个地步，现在我们所掌握的资料还没有一个完整的记载。因为明代东川不属于云南，而是属于四川，这应该说是个失策，但经济上它仍然和云南发生着关系。明代东川的铜怎么运，从金沙江水运有很多困难，当时的人伤透了脑筋，作过勘察，但是一直到明末徐霞客旅游到马龙北部的时候，在他的《游记》中还记录了从寻甸经过马龙北部到达交水（即今沾益）是东川的运铜大道。另外，有个王士性，他在云南做官，在他的记录中，也曾讲过贵州的镇远是个水陆码头，铜就大量运到镇远，转水路再运出去。这些都说明明代东川的铜仍然是通过云南，最后经京滇大道运出去。清代的状况大家说得很多，这里我只说几个数字。清代全国最高的铜产量为1200万斤左右，最多的是云南，为900多万斤，居全国第一位，排在第二位的是四川，200万斤左右。云南的铜实际是以东川为主，所以才会有八省十省会馆的问题，有的同志统计是十一省，这些都说得很好。全国1200万斤，云南占了大头，东川占多少？有一个数字，当时东川府就占了云南铜的70%以上，东川的铜矿又以汤丹最大。我之所以讲这些比例，想说明清代铜的生产中心在哪里？中心在东川。东川应该说是历史上当之无愧的铜都。

我们讲的历史文化名城，景德镇是瓷都，泉州是海外交通的重要港口，扬州是长江和运河交汇处的商业都市，这些都不是以行政中心著称的。东川要说行政中心算不了什么，也就是个府嘛，但是它的铜有2000年以上的历史，长盛不衰，而且越来越发展，最后它在全国位居第一。东川在历史上的地位是什么？是中国古代的铜都。这就是东川在中国古代经济史上的地位。这个地位不单是在云南省，而是全国，是其他任何城市无法比拟的，也是会泽的其他任何特点无法代替的。

现在讲第二点，会泽历史文化名城的保护和利用。

历史文化名城的保护，跟一般的文物保护有所不同。我们接触历史文化名城太少，而我们接触一般的单体的文物较多，所以我们往往习惯上容易套用一般的重点保护文物来思考历史文化名城的保护。作为一个单体的重点保护文物，即使是国家级的保护文物，它的保护范围也只是那个绝对保护区、边缘区，最多还有个周围环境。但是历史文化名城不同，历史文化名城之所以可贵，就在于它是整个城在历史上的重要地位，是整个城市整体，而不是个别的文物保护单位。即使你有100个文物保护单位，但你这个城不是历史文化名城，那么你这个城的地位仍然很低。所以我说会泽县的朋友们，你们要珍惜这点啊！我为你们感到骄傲。历史文化名城不同于某几个文物，你有100个重点文物保护单位，但不一定能评上一个历史文化名城，这就是你们的可贵之处，可贵在整个城。一个城市之所以能评上历史文化名城，我想至少有两个条件，一是要考虑它在历史上的地位，扮演过什么样的角色；另外一点就是这座城是否还保留着今天仍然摸得着看得见的东西。这点很重要，要是一个城市都毁掉了，即使是古代的铜都，今天是一片废墟，你要想申报我们也不赞成，也不认可。会泽申报历史文化名城，我是积极支持的，举手赞成的，原因就是你们有东西，所以，说硬，不是我们专家评审组硬，而是你们硬。评上历史文化名城靠这两条，今后的保护还是靠这两条。要申报国家级历史文化名城，还是要靠这两条。所以，名城的保护问题就应该提到更加重要的位置。

怎样保护？刚才我说的是整座城的价值，那么对历史文化名城的保护，应该是整座名城的保护，而不是单体文物的保护。整座名城的保护方法，十多年前我在一篇文章里提出了三种模式。第一种模式是大理。大理古城就是现在的大理城，它与大理市政治经济文化中心下关中间隔13公里，旧城和新城完全分开，这种情况最有利于名城的保护，所以大理从城墙到民居及大理的古代文物建筑，都保护下来了。要建设要发展就往下关去，井水不犯河水，这是第一种模式，应该说得天独厚，多数名城不容易找到这种条件。第二种模式就是丽江。丽江古城以四方街为中心的大研镇，它是认真保护的。那么，要发展怎么办？它从一解放就在大研镇的旁边建了一条新街，包括地区招待所、运输公司都在那条大街上，大街和古城紧相连接。新城发展新城的，古城保护古城的，这是第二种保护模式。第三种就是昆明。这种模式新旧城交错，使我们面临很难解决的问题。那么怎么办？唯一的办法就要求在古城范围内成片地保护一些街区，但这个成片保护不应该有随意性。比方说，大家的共识就是要保护从五华山到正义路到金马碧鸡坊的城市中轴线，及中轴线两边城市的道路骨架和水网系统。比如说几条主要大街和盘龙江、玉带河等，这些构成城市的框架。这几样保护下来，就像人的鼻子、眼睛、耳朵，一看就知道它的全貌，大体轮廓就出来了。另外，还要保护一些历史风貌街区和重点文物密集的地段。这在当时许多学者都取得了比较一致的共识。但是，理论上的共识和实践上的操作有很大的区别，最后古城被逐步蚕食，一条条街道被吃掉了，一片片原来列入保护的街区最后变样了。前两年国务院对国家级历史文化名城要求制定长远的规划，昆明搞了个 2020 年的城市发展建设规划，规划形成后，省和国家建设部组织了专家评审会，我参加了，最后形成了一个评审意见，共八条。八条问题中，突出了两个问题，一是要保护好滇池，二是作为国家级的历史文化名城要保护好。但是，怎样保护好，思想不明确，就不了了之到现在。昆明要是没有滇池，没有这个国家级的历史文化名城，它的地位就会一落千丈，很多东西排不上去，这是昆明面临的最大问题，也是教训。我建议你们不能学昆明，要是走昆明这条路，那么会泽若干年后也会保不住自己的名城地位，那个时候悔之晚矣。大家要学就学大理、学丽江。特别是丽江，指导思想明确，舍得花工夫，拼死拼活地花气力保住古城。为了申报世界文化遗产，专门成立了个专家组，出谋划策，的确是煞费苦心。我举个例，当时流经四方街的河水逐步开始受到污染，其原因就是生活污水排入了河道。怎么办？后来经设计部门考虑，说是安地下管道，但埋在哪里？埋在路下，路弯弯拐拐不好埋，当地人说，要是埋在路下路面的青石板就会被撬掉，就失去了大研古镇的特色。最后下决心把排污管道埋在河道的下边，上边淌清水，下面通过排污管道排污水，花了很大工夫，投资了很多钱，最后水清了。今后要发展，可以不搞管道煤气，可以搞液化气。丽江就是这样去思考问题的，所以丽江的群众生活照样现代化，古城也原样不变。甚至下决心把城里那么几个火柴盒式的建筑拆掉，所以丽江古城才能成为世界文化遗产。它原来的交通并不比会泽好，丽江有决心这样做，成功了，这个经验值得我们学习。大理现在觉悟了，准备修复破烂不完整的城墙，人家不但没有拆，还要修整。在保护方面，就是云南也有好经验值得学习，教训也不少，值得借鉴的地方很多。

会泽怎么保护？我建议应该力求对整个古城进行保护。因为会泽城不大，比昆明小得多，要是保护几个片，最后也只会像昆明一样导致整个古城都保不了。那么，现在有没有保护整个城的条件呢？这两天我看了一下，结论是有条件，你们整座城基本还是好的，个别插进去的现代建筑不多，还来得及。会泽城原来以方形的城墙范围内为主，但它又是一个以工矿业为特色的城市，所以，保护的范围应该到东关和西关，稍微往外一点，大体上呈纺锤形的一个范围，不要限于城墙内。城墙严格说是保官府，过去做生意的、做工的人是在保护以外的，到东关和西关就是这个原因。在这个范围以外，整个西关、东关以外你要盖什么东西，怎么个现代化并不是没有地方盖。至于说北边搞不搞，只是农田有点舍不得。要是把思路放开阔一些，者海镇是可以考虑的，搞开发区，不一定老是在古城当中打主意。会泽今后什么最值钱，我看古城就最值钱，所以要保护，这是第一个建议。第二个建议，要在铜都上做文章。应该成立一个铜都博物馆，从古到今，突出铜的地位，理直气壮地把历史上的堂琅、历史上的东川府包括进去，不一定盖大楼，可以选择一个位置比较理想的会馆就行，人们一到会泽，首先就看这个 2000 年铜都的缩影。另外，还应该保护并展出铸钱局的遗址，单有反映离不开铜的会馆是不行的，人们到会泽看不到铜是种遗憾，产铜的遗址要搞，运铜的驿站也要保存，还有老局和新局，特别是炼炉，历史上 70 多座炼炉只要找到一座都行。第三个建议，水城那地方，是会泽的宝贝。第一，它曾出土过汉代的铜器；第二，曾经是明代的治所；第三，是红军长征途中扩红最多的地方，红军长征为什么在会泽就能够一次有 1300 多人加入，在那里整编，这个难道和东川的铜没有关系？可以搞一个红军长征扩红纪念碑；第四，还有个梨园，可以看梨花，尝梨果，缅怀革命先烈。水城离城 4 公里，是可以大做文章的。第四个建议，会泽的街道名称很有特色。东外街、东内街、东直街，西外街、西内街、西直街，东关、西关，北内街、南内街，北门、东门、西门、南门，就把会泽古城勾出来了。建议像昆明一样立起标志牌，这本身就是古城给我们留下的遗产。第五个建议，要加强会泽历史文化名城的宣传和研究。既要学术性的高层次的，还要通俗性的，小册子和说明书都行。这个工作要不停地做，长期地做。第六个建议，大力发展旅游业。在旅游方面，我们不要赶时髦，大家搞风景，你跟着搞风景，大家搞民族，你围绕民族去赶，这不是办法。我们绝不搞第二，要搞第一。什么第一？历史上东川铜都，就没有第二个，我们为什么不在铜上做文章？现在外地在搞工业旅游，你们可以搞一个铜都旅游线。第一天经东川，由新村经汤丹到落雪，汤丹看地上采矿，落雪看地下采矿，从汤丹到落雪途中还有宇宙线观测站，那是西南第一个。第二天，从娜姑到县城，看会馆，看民居，看铸钱局，包括金钟山、水城，还有博物馆。这样一个工矿旅游，在云南找不出第二家。就像我们到西昌去，不看别样，就是看那个航天发射一样。我们的脑子不要局限在今天的会泽，要理直气壮地以历史上的东川、堂琅的中心自居。另外，要发展旅游业，还要搞铜制品，比如斑铜工艺品和铜制生活用品的生产，你们不是有一个铜匠街吗？就可以发展嘛。这样，特色上去了，经济也就上去了。

（该文为 1998 年在"云南历史文化名城会泽学术研讨会"上的发言，后载《会泽文史资料》第 9 辑，1999 年出版）

# 从云南历史地名看地名的重要性

提到地名，大家首先会问："地名有什么用呢？"对历史地名的疑问就更多了。让我们用云南地区的历史地名做例子，就从这个问题说起吧。

## 一、云南的历史地名，是历史上云南地区地理特征的生动描述

我国各族人民的祖先，自古以来就生息、繁衍、劳动在祖国富饶美丽的大地上。当然，他们首先关心的就是他们生活的土地。为了方便人们的社会生活，他们给不同的地方取上专门的名字。为了易懂易记，便于使用，他们以精练的语言，集中描述了地理环境的突出特征，形象而生动。

云南历史地名对水的描述最为突出。如滇池最早见于《史记·西南夷列传》，与庄蹻开滇的事件连在一起，至少在战国时已有此名，是云南地区保留下来最古老的湖泊名称之一。对于滇池的解释，通常说它"所出深广，下流浅狭，如倒流，故曰滇池"①。所以称滇池，是因为池形颠倒，有似倒流。后来，又有人认为，"颠与滇同，以颠为义，顶也，皆因滇池居地高颠之故"②。解释虽不同，但都强调了滇池的地理特征。云南的第二大湖洱海，北周时已称"二河"，唐代称"洱海"或"西洱河"。清人解释："西洱河，亦名洱海，形如月抱珥，亦曰珥河。"③ 文人的描述过分繁复。

---

① 《华阳国志·南中志》。
② 王先谦：《汉书补注》。
③ 《清史稿·地理志》太和县条。

其实，现在我们观察洱海的形状，还像耳朵，以形得名，因称洱海。"珥"和"二"都是它的音字。又如抚仙湖出水口的一段河道，由于"上承俞元之南池"，"东流至毋单县注于温"①，如沟通两水的桥，因名"桥水"。古俞元县在今澄江县，县南的水因其位置而称南池，即今抚仙湖。古毋单县在今宜良县南境的禄丰村附近，温水想因水温突出而得名，即今南盘江。汉有漏江县，也因为水道"伏流山下，复出蝮口，谓之漏江"②，反映的是今庐西县境岩溶地貌河水时出时没的情况。

山的名称也多反映山的特点。大家熟悉的昆明圆通山，过去曾叫螺山。唐人解释："遍地悉是螺蛤，故以名焉。"③ 元人解释："螺山，在中庆北里许，山无草木，石深青色，望之盘旋如螺然，下有深洞莫可测。"④清人把它叫螺髻山，他们说："螺山在昆明县城内东北隅，色深碧，旋如螺髻，故名。"⑤ 昆明为中庆路附廓县，只是元时山在城外一里许，明初扩城，山始包入城内，现在的螺峰街就是从这个山得名的。往滇南，出开远，个旧松树脚矿一带的高山，屏列在蒙自坝子边缘，很远就能看见，这就是元代的目则山。因为它"横列二十余峰，秀丽如画，举目则见，故名"⑥。名称反映了山势高耸的特点。再往南走，路陡山险，步履艰难。唐代贾耽记载其中一段路程说："经浮动山、天井山，山上夹道皆天井，间不容跬者三十里。"⑦ 浮动山、天井山形象地描述了山势陡峻、行走困难的情况，其位置在今河口至屏边间，公路修通以前一直保持了这种特点。

一些居民点或地区名，也同样反映了当地的地理特点，日久天长，又逐步发展成政区设治的州县名称。今兰坪县在澜沧江东岸，大理时设兰溪郡，元、明都称兰州，以其靠近澜沧江而得名。今丽江玉龙县属的巨甸，位于金沙江南岸，为滇西北交通要道，"实大理西北陬要害地"，"盖以铁

① 《水经·温水注》。
② 《水经·叶榆河注》。
③ 樊绰：《蛮书》卷2。
④ 《元混一方舆胜览》。
⑤ 《嘉庆一统志》云南府山川。
⑥ 《嘉庆一统志》临安府山川。
⑦ 《新唐书·地理志》。

桥自昔为南诏、吐蕃交会之大津渡，故名"①。1277 年设亘津州，明代相沿未变，清代裁归丽江府。今维西设县始于元代，名临西县，"以西临吐蕃境故也"②，明仍其旧。清初吴三桂叛乱，曾一度将这片地方让与西藏，1727 年恢复设治，因改名维西厅。这些都是反映地理位置的地名。今石屏县还在元以前就成为居民点，阿僰蛮得石坪一方，聚为居邑，因名石坪。1270 年元在那里设石平州，明代改为石屏州，以后相沿至今。今建水坝子原名巴甸，"每秋夏溪水涨溢如海，夷谓海为惠，刷为大，故名惠刷，汉语曰建水"③，南诏时就有了建水城。元设建水州，并成为临安广西元江等处宣慰司治，从此成为滇南重镇。这些是和地形有关的历史地名。今禄丰县，按《元史·地理志》的说法，是因为"江中有石如甑，俗名碌琫，译谓碌为石，琫为甑，讹为今名"。今弥渡县的红岩原名白岩，因"县西石崖斩绝，其色如雪，故曰白岩"④。南诏时的白岩赕为其中心区十赕之一，曾经名噪一时。到明代，也还筑过白岩城。现在嵩明县的杨林最早却写作"羊林"。一种解释是"城东门内有石如羊形"⑤。另一种解释说，其东有杨林山，"群峰屏列，山麓有石如羊，本名羊林"⑥。大家都承认有石如羊，不同点只是羊形石头的位置。1257 年，元在此立羊林千户，1275 年改为杨林县，1481 年废县。清代仍有杨林，属嵩明州，为途程所经要隘。这些都是因当地突出的地貌特点而得名的例子。陆良县在元明时期叫陆凉州，这和古代对于这一带气候的描述是一致的。气候凉爽，很少炎夏，"土差平和而无瘴毒"的情况，一直延续到现在。元代在陆凉州下面设有芳华县，即今陆良县西北的芳华，那里的小气候更为特殊，"四时皆春"⑦，县亦以此得名。这是历史地名反映气候特点的例子。直接反映物产的地名也存在。唐代髳州有铜山县，在今祥云县境内，即因产铜得名。1958 年大炼钢铁铜时，祥云还曾发现很多铜矿苗。元代云南行省管辖的金

---

① 《元史·地理志》。
② 《元史·地理志》。
③ 《元史·地理志》。
④ 郭松年：《大理行记》。
⑤ 《元史·地理志》。
⑥ 《读史方舆纪要》。
⑦ 《元混一方舆胜览》。

县，在今四川省盐源县西北，也因县境内的斛㮹和山出金而得名。

大量的例子说明，历史地名是我们的祖先在长期的生产和生活中，经过世世代代的细心观察和长期认识而形成的形象描述。它反映了历史上山、水、地形、气候、物产的特点，为我们保留了认识历史上自然地理情况的大量资料，是我们今天进行科学研究的宝贵资料和经济建设的重要依据。

## 二、云南的历史地名，也是我国各族人民 共同开发西南边疆的真实记录

云南地区民族众多，自古如此。从各代的地名记录中也可窥见一些。

汉代在云南设治，较多地照顾边疆民族地区的特点，不但各族的土长仍承袭未变，甚至把很多族的名称也保存下来，用为汉王朝在当地所设的郡县名称。举其要者，如句町县，为"故句町王国名也，其置自濮，王姓毋"①，即原来的句町族，中心在今广南县。漏卧县，《汉书·地理志》应劭注："故漏卧侯国。"《汉书·西南夷传》注引孟康说："漏卧，夷邑名，后为县。"中心在今罗平县境。进桑是一个古老的族名，在《水经·叶榆河注》里更直接称"进桑王国"，中心在今屏边县境。叶榆也是一个古老的族名，《史记正义》注说："本叶榆王属国也。"中心在今大理县喜洲附近。

唐宋时期的地名中，也保存了大量的族名，有些更直接作为政区设治的名称。如唐代的六诏，蒙舍诏就设为蒙舍州，在今巍山县。越析诏设为越析州，在今宾川县牛井。浪穹诏设为浪穹州，在今洱源县。南诏、大理时期的部很多，主要集中在滇东和滇南，既是族名，又是政区名。元初攻下云南，收三十七部，其实还不止此数。千百年来，有些名称一直行用到现在，如师宗部即今师宗县，弥勒部即今弥勒县，思么部即今思茅镇，因远部即今元江县因远坝。

---

① 《华阳国志·南中志》。

元代在云南设治繁密，沿用一些过去的部名广置路、府、州、县。在罗部立罗次县，即今禄丰县罗次。在过去"嶍猊蛮"居住的地方设县，因名嶍峨，即今峨山县。把"宁部蛮世居"的地方称为宁州，即今华宁县。唐宋以来的茫蛮部落在元代普遍设治。茫施设为茫施路，即今芒市。茫天连设为木连路，即今孟连。元代也因车里而置彻里军民总管府，明清相沿设车里宣慰司，即今西双版纳。

同样，一些历史地名也反映了汉族向边疆迁徙的情况。汉设不韦县，是因为"徙南越相吕嘉子孙宗族实之，因名不韦，以彰其先人恶行"①。发展到三国时有吕凯家族。不韦县治在今保山市隆阳区金鸡村，至今还有吕凯的遗址和关于吕凯的传说。唐有河东州，治今大理县凤仪镇。据《蛮书》卷5记载："渠敛赵，本河东州也。""州中列树夹道为交流，村邑连甍，沟塍弥望。大族有王、杨、李、赵四姓，皆白蛮也。云是蒲州人，迁徙至此，因以名州焉。"当地的人是从山西迁来，怀念故土，因名河东。汉人到此，把边疆建设得跟中原一样。大概因为赵姓突出，故又叫渠敛赵，南诏时叫赵川赕或赵赕，从元到清，改称赵州。现在的姚安，唐代置为姚州都督府，是经营滇西的重镇，也是汉人聚集的中心。诸书都说："武德四年（621年）安抚大使李英以此州内人多姓姚，故置姚州。"

反映各族人民在云南进行经济开发的历史地名大量存在。

秦置五尺道，起自今四川的宜宾，终点达今云南曲靖，因山路险峻，故道才广五尺，因此得名。这条路上最险的地方恐怕要算石门。隋唐时期累修石门。585年，"兼法曹黄荣领始、益二州石匠，凿石四孔，各深一丈，造偏梁桥阁"。794年，西川节度使韦皋遣巡官监察御史马益统行营兵马"开石门路，置行馆"②。石门的名称，既说明了地势的险要，也概括了内地人民凿石为门发展边疆交通的艰辛劳动。石门在元明时期又称罗佐关，从清代到现在称豆沙关。石门长期雄峙，附近的一些地名也与此有关。明代称石门边的横江为石门江。清代设大关厅，亦因此关得名，即今大关县（今盐津县境当时都属大关厅管辖）。由于各族人民的开发，元代以后，云南的交通又有发展。元代在云南设了七十八处站赤，词尾带有"站"字，这些站名连接了通向内地的几条主要交通干道。明清时期词尾带有"驿"、"铺"的地名更遍布全省，有些一直保留到现在，反映了云南古代交通网的初步形成。反映水上交通的渡口又有专名。汉晋时期词尾带"津"，如兰津即澜沧江的渡口，在今永平县西部。泸津即泸水的渡口，在今巧家县治。明清时期这类地名直接称"渡"。如滇池边的官渡，今仍名官渡，新中国成立后又扩为昆明市辖区的名称。高峣渡即今昆明市西山脚的高峣。今盐津县清代称盐井渡。

明代在云南大量实行军民屯田，有人估计当时从内地来云南屯田的人数约四十万至五十万，屯田面积占当时全省总耕地面积的一半，其中军屯的屯军达三十三万余，军屯面积有一百三十万亩左右，占总屯田面积的百分之四十三。分散在各地的"卫"、"所"，是军队驻防守卫的中心，又是军屯活动的中心，遍布全省的"营"、"屯"、"堡"，都是军屯点的专名，民屯则多称"村"。保存下来词尾带这些字的地名，都是当时屯田的遗迹，是各族人民开发云南的有力证据。

从历史地名也可以说明云南的采矿业具有悠久的历史。有关云南产盐的记载始于汉代，到晋代，已有地名专称"盐池泽"，唐代则有不少盐井的专名出现。郎井当即今禄丰县西北隅的琅井，为览州治。安宁井则在今安宁市城内，"安宁城中皆石盐井，深八十尺。城外又有四井，劝百姓自煎"。"升麻、通海以来，诸爨蛮皆食安宁井盐"[1]，产盐甚多，一直供应到滇东、滇南。今大姚县西北的盐丰，一度曾设为县，唐代也是一著名盐井，名称的来历非常有趣。《滇略》说："瓶羊石在（盐课提举）司西里许。蒙氏时有瓶餂土，驱之不去，掘地得卤泉，因名白羊井，后讹为白盐井。"今以此名石羊井。明清时期，滇西、滇南都出现了不少盐井，这些盐井的名称一直保留到现在，词尾都带"井"字。傣族地区的盐井则带"磨"字，傣语称井为"磨"。明清两代，云南地区对银矿、铜矿的开采越来越普遍。清代前期先后开采的银矿有二十处，如乐马厂（今鲁甸县境）、茂隆厂（今沧源县班老西部）、募乃厂（今属澜沧县）等。清代前

---

① 《蛮书》卷7。

期开采的铜矿最多时达三四十处，平均年产铜超过一千万斤，著名的有汤丹厂（今昆明市东川区西部）、义都厂（今易门县西部）、青龙厂（今元江县境）等。个旧厂（今个旧市）的锡在明清一直著名。保留下来的这类地名，词尾都有"厂"字。

由于商业的发展，形成了很多农村集市。云南称"市"的虽不多，但这类地名仍然有。《明史·地理志》说：蒙化府"东有迷渡市，嘉靖初筑"。清时为镇，又作"弥渡市"，即今弥渡。这些农村集市，多在村镇的街上或广场上定期进行，词尾多数称"街"，也有的称"场"。人们往往以其举行集市的日期，按十二生肖名称呼喊，如狗街、鸡街、羊街等。

这些丰富多彩的历史地名，都是劳动人民用辛勤的汗珠浇灌出来的。它反映了各族人民通过生产斗争描绘出的锦绣山河，是我国历史的重要组成部分。

# 三、云南的历史地名，反映了中原王朝在边疆设治的情况，是云南地区属于祖国统一国家不可分割部分的历史见证

云南地区自古就是我国统一多民族国家不可分割的一部分。秦代加强了边疆和中原地区的联系，在此基础上，"诸此国颇置吏焉"[1]，在云南地区正式设官治理。可惜秦代在西南设治的名称，没有被系统保存下来。汉武帝又一次开西南夷，"渡博南，越兰津"，势力一直达到澜沧江以西。公元 69 年哀牢内附，汉王朝又新置哀牢、博南二县，割益州郡西部都尉所领六县，合为永昌郡，这是在云南西南边疆多民族的广大地区单独设郡之始。永昌郡治在今保山市隆阳区金鸡村。南诏时筑永昌城于今保山市区，仍设永昌节度为其六节度之一。从大理时改称永昌府，直至清代未变。永昌这个名字一直沿用了近两千年，只能说明人们珍视祖国统一多民族国家的美好历史，才保留下这个有历史意义的设治名称。汉博南山应即今永平

---

[1] 《史记·西南夷列传》。

县境澜沧江东岸花桥与杉阳间的大山；汉置博南县就在今永平县的花桥，新中国成立前花桥仍称博南镇。《水经·若水注》："博南，山名也，县以氏之。"博南县因博南山得名。但为什么元代要改称永平县呢？这可以说是大一统的元从另一个侧面对汉代在西南边疆设治的肯定。《元史·地理志》兰州条说："汉永平中始通博南山道，渡兰沧水，置博南县。"开博南山道应早在西汉武帝时，但置博南县确是在东汉明帝永平中。为了纪念"永平中置"① 这一难忘的历史，把县也就改用"永平"的年号。在今昆明市附近也有一个生命力很强的地名。据《晋书·地理志》，公元308年"改益州郡曰晋宁"。晋宁是西晋末年命名的一个郡的名称。西晋短暂的统一很快被破坏了，但给人们留下了一个值得怀念的地名。南朝政权更迭，这里始终叫晋宁郡，唐代设晋宁县，南诏改为晋宁州，从元到清，一直称晋宁县。一千多年，不管朝代更替，郡县范围伸缩，名称相沿未变。选择西晋宁州设治的行政中心，保留"晋宁"这样一个典型地名，反映了长期以来人们对统一国家的深厚感情。千百年来，人们一直纪念代父御敌、保完宁州的李秀，也是这种感情的流露。元人记载："今有庙在晋宁州，贴金盖万两。"② 李秀守卫的天女城一直存在到新中国成立前。新中国成立后，晋宁、昆阳两县合并，仍称晋宁，但县治迁到昆阳镇，原晋宁叫做晋城镇。

明清时期对于有些地名的更改，也反映了这种为维护统一国家而进行的斗争，我们结合改土归流改名的例子作一些说明。元明时期的沾益州治在今宣威市，管辖范围包有今宣威、沾益、富源三市县地。明末，沾益州土官叛乱，1622年流官知州逃到交水县筑城寄治。1659年正式移沾益州流官治交水，土流各居一地。1727年沾益州土官改土归流，新设宣威州，治今宣威市城区。州治已迁交水城的仍为沾益州，治今沾益县城。今罗平县原来不称罗平。大理时有罗雄部，为三十七部之一，元代即其部设罗雄州，明代万历年间平定罗雄土知州者继荣的叛乱，改土归流，因改名罗平州。今镇雄县名的来历，也大体与此相似。自南诏以来，那里分布着茫布

---

① 《后汉书·郡国志》。
② 《元混一方舆胜览》。

府，元代置为茫布路，至今茫部还作为居民点名保留下来。明设茫布府，改属四川布政司。后因土官陇氏弟兄内讧，"官军讨平之，因改曰镇雄"①。清代改隶云南，仍称镇雄州。

明清两代，为了强化统治，在战略要地，设关驻守，在交通要道设巡检司盘查行人。"关"和"巡检"的名称，几乎各地都有。为了对付安南、缅甸等国在边疆的骚扰，阻遏他们的领土野心，明清两代也很注意加强对边疆地区的控制。滇南的据点如大窝关，在今屏边县；马白关在今马关县。在滇西则设了著名的八关七隘，作为军事据点，各辖一片范围。神护关遗址在今盈江县苏典稍东北，万仞关在今盈江县西北的勐弄，巨石关在今盈江县西部的昔马附近，铜壁关在盈江县嘎独，今仍称铜壁关乡。宛顶屯是八关之一汉龙关的屯田，即现在的畹町镇。七隘包括大塘隘、明光隘、古勇隘等，多在今腾冲县境。清代在今滇南地区还设置了大量的汛卡，配备固定兵员长期驻守。汛卡的设置虽作过局部调整，但多数汛卡长期存在，直到现在，还有很多带"汛"或"卡"的地名保存下来。如牛羊汛设于今西畴县南部的老街，八寨汛设于今马关县八寨，新现汛设于今屏边县新现，河口卡在今河口县城，后升为河口汛②。

略微打开一扇窗扉，就看得见历史地名反映的气象万千的过去。任何历史活动都离不开历史地名，就像任何历史人物总不能不站在地上一样。阶级斗争、生产斗争、科学实验，不管人们怎样去创造历史，总要留下历史的脚印。通过历史地名，可以清楚地认识历史前进的步伐，分析阶级斗争、生产斗争的轨迹，还可以用历史地名作参考，来设计今后行动的蓝图。

让我们把地名科学的门窗打开，走进去吧，里面还有更多的瑰宝。

（原载《地名集刊》1979 年创刊号）

---

① 《嘉庆一统志》昭通府。
② 乾隆《开化府志》作河口卡。《清史稿·地理志》为河口汛。

# 从云南历史地名的问题看地名标准化的必要性

历史地名确乎重要，但是也比较混乱，仔细清理起来，问题不少。云南地区历史地名的问题，比之内地还要复杂，大体可归纳为四个方面。

## 一、认识条件限制，人们对地名的命名是自发的和局部的

古代，由于地形复杂，交通不便，地理环境成了限制了人们认识自然的条件。由于生活圈子狭小，生产力水平有限，历史条件也限制了人们的认识程度。人们自发地根据自己的局部经验来命名，因此，给山、水的命名经常是相对的和局部的，在客观上使地名不可避免地存在着混乱的情况。

一条水道往往被分为很多小段，每段都有特殊的专名。在清代，仅南盘江就有十种以上段落名称和通称。沾益、曲靖一段，因两水相交，称交河；又因它流经曲靖东山脚，称东山河；入宜良为大池江；自此以下，因纳巴盘江和铁池河水，亦称巴盘江或铁池河，还称潘江；在弥勒县东南，经盘江山南，纳石穴中浊水，以下称混水江。为与北盘江区别，"盘江一名南盘江"。南盘江也称八达河。《清史稿·地理志》宜良县条说："大池江即八达河，为南盘江上流。"则八达河指大池江一段。同书兴义县条又说："盘江上源曰八达河，自云南罗平入，经城西南，沿界东北流。"则今滇黔交界处的南盘江也称八达河。这种称谓上的不统一，增添了考史者的混乱。《嘉庆一统志》曲靖府山川八达河条说："《通志》以为在罗平州东

南九十里。查罗平州东南系贵州普安厅界，不与沾益、陆凉诸州接壤，八达河应在罗平州西，即所谓南盘江也，不应在东南境。"他们不了解地名的复杂，以为仅只一处八达河。其实，在滇黔桂三省区交界地带，以"八达"命名的地方很多；清水江东岸（今丘北境）有地名作"坝达"，今西林县治在清代称为"八达城"，至今三省区交界处的南盘江边还有地名八达河（属罗平县管，为乡驻地）。册亨县南部，南盘江北岸，今亦有地名"八达"。

人们从不同的角度去认识和命名，同水异名的情况十分突出。如金沙江，在汉晋时期就有绳水、淹水、若水、泸水、泸江等名称。究其原因，有的是因时代不同，名称改易。绳水最早，《山海经》已有记载，淹水的名称始见于东汉，泸水的记录则始于三国。有的是除了整个水道的总名外，各段还自有专名。如金沙江通称泸水，但今永善、绥江一段又称马湖江。还有一个原因，是人们常以支流名干流，支流多的水道，干流的异名也随之增多。这种情况，郦道元早已发现，他指出："正是异水沿注，通为一津"，"随决入而纳通称，是以诸书录记群水，或言入若，又言注绳，亦咸言至僰道入江"①。同名异水的情况也存在。古代称泸水的不仅金沙江，以泸水命名者多至三条，唐人称"三泸水"。一名数水，极易混淆，于是人们因其位置给以区别，金沙江称南泸，雅砻江称东泸，安宁河称西泸②。

山、水名称混乱的例子，俯拾即是。很多地方都有东山、西山，而甲地的西山，往往成为乙地的东山。很多地方都有大河、小河，有些甲地称为大河的水道，只等于乙地的小河。乌山因其位置又称南乌山。铜房山又称谈房山，声音相近。连山也称东农山。高黎共山讹作高丽共山、高良公山，即今高黎贡山。当地方言又称为昆仑冈，"以其高而大而言"，有人据此解释为昆仑南下正支。涂水一作塗水，即今牛栏江。米水又作迷水，即今阿幢河。符黑水省称黑水，又叫南广水，即今南广河。孙水也称白沙江、长江水，即今流过西昌的安宁河。

---

① 《水经·若水注》。
② 这种称呼，与实际方位有出入。有人解释，因雅砻江在金沙江东北，故称东泸。

小地名也多是当地群众自发命名的。一方面，局部的命名容易重复。由于局限在狭小的范围，小地名重复的现象十分普遍，旧屋基、新坪子、老寨、小寨之类地名到处都有，如弥勒一县仅新寨就有四个。另一方面，许多名称的概念往往是相对的。由于事物发展、时间推移，有些地名的含义变得名实不符，群众中流传着"新寨不新，老寨不老；大寨不大，小寨不小"的谚语，说明这种现象带有一定的普遍性。今东川区城区，有已知清初就叫新村的①，相隔三百年左右，现在仍叫新村。今玉溪县，"蛮名乃甸"，元代置新兴州，直到清末，经过六百多年，仍称新兴州。名称虽然未变，但当初的含义早已消失。唐代的南诏，位于今巍山坝子南部，从洱海周围的六诏来看，它"在诸部南，故称南诏"②。但随着其势力的发展，统一了六诏，控制了比今天云南还大的大片地区，行政中心迁到今大理，南诏的概念已不能再用六诏之南来解释。

## 二、民族众多，增加了地名的复杂性

各民族为了方便生产、生活，多行用自己的语言，根据自己的习惯，赋予地名特殊的用词。云南地区民族众多，地名的民族色彩十分浓厚。南诏时有一些词尾带"赕"的地名，南诏中心区有十赕，其实，赕的数目远不止于此。赕又作睒、赗、脸。《新唐书·南诏传》说："夷语赕若州。"《元混一方舆胜览》说："脸，汉语府也。"说明它是相当于府州一级的政区设治。唐代云南称"川"的地方更多。《蛮书》卷5说："凡澄川、河赕、蒙舍，谓之川赕。"这正是对"川"字最好的解释。澄川即今洱源县邓川，河赕在今大理，蒙舍在今巍山，它们都位于坝子中，并设为赕，因此皆称川赕。同书又说："蒙舍北有蒙嶲诏，即杨瓜州也。同在一川，地气有瘴，肥沃宜禾稻。又有大池，周回数十里，多鱼及菱芡之属。川中水东南与勃弄川合流。"两个州"同在一川"，川中有水，还有大池，显然这

---

① 乾隆《东川府志》。
② 《新唐书·南诏传》。

个川的含义与通常的说法不同，它不是指水流。"川"的意思就是坝子，亦即平川。直到现在，还有很多词尾带"川"的地名。元明以来，词尾带"甸"的地名遍及全省，有些一直行用到现在。《元混一方舆胜览》多作"蛮名××甸"，"甸"也是云南民族语地名的特殊用词。"甸"的含义，旅行家徐霞客叙述右甸时说得非常具体："甸中平畴一围，聚落颇盛，四面山环不甚高"，"甸中自成一洞天，其地犹高，而甸乃员平，非狭嵌"①。右甸在今昌宁县，是四面环山的大坝子。在云南，甸即山间盆地，也是坝子的另一种称谓。宋元时代，还有一些带"洟"或"笼"的地名，有时录其音写作"易"、"龙"。"蛮语谓洟为水，笼为城。"② 它们也是古代民族地名的特殊用词。当时有两个易笼。其中一个在今禄劝县北，它既是城名，县境又有二水，1289 年沿用旧名立为易笼县。另一个在今马龙县西南的旧县村，也称易笼，《元混一方舆胜览》解释说，"汉语水城也"，元初立易龙百户，后取其意置通泉县。今易门，因县西有泉，当地人称洟源，元于 1267 年立洟门千户，后改为县，写作易门。"龙"确为城的意思。《元史·地理志》说："麻龙者，城名也。"麻龙州在今四川会理县东五十里。同书又说：马龙州"至元十三年（1276 年）改为州，即旧马龙城也"。马龙即因原来少数民族建的城立为州，名称也相沿未改。今马龙县治高踞山顶，宛如城堡，可以想见其名不误。

各族的地名都有自己特殊的专称。《蛮书》卷 4 载："茫蛮部落，并是开南杂种也。茫是其君之号，蛮呼茫诏。"他们主要分布在开南、永昌，即今普洱市及其以南、保山市及其以西的宽阔地带。唐代其住地多冠以"茫"，宋元时期多作"蒙"、"木"或"孟"，明清多作"孟"或"猛"，今作"勐"，这些都是傣族聚居的地方，都是傣语坝子的意思。今红河州的一些地方，有很多词尾带"底"或"白"的地名。明末已有打巫白箐③，说明这类地名来源较早。当地传说，过去有尖山老王，管七十二底、八十二白，"底"和"白"应为其基层政区组织。丽江地区至今还有不少带"河"的地名，其实原来作"和"或"禾"。《元一统志》解释："和即

---

① 《徐霞客游记·滇游日记十二》。
② 《元史·地理志》。
③ 《读史方舆纪要》。

寨也。"统计《元一统志》丽江路坊郭乡镇所载地名，称"和"的达七十多处。明代，七和、九和、十和等地名都有记录，今作七河、九河、十河，它们都是纳西族的地名称谓。在怒江州一带，元时已有带"罗"的地名，如竹罗在今维西县北八十里①。清代词尾为"罗"的地名就更多了，硕色奏稿载乾隆年间有大竹罗、二别罗、中罗、厄罗等②。现在行用的地名如知子罗（原碧江县治）、俄夺罗。这些都是傈僳族的地名称谓，"罗"的意思就是"地方"。

从各民族的习惯称谓，可以探索各族历史上分布的范围。但是，由于民族语言及称谓的复杂，一地多名的情况比较普遍。如元谋，"蛮名华竹，汉语石峡"③。《元史·地理志》说："夷中旧名环州。"这是华竹的音字。寻甸，原为乌蛮一部所居，"因其祖名新丁，以为部号"④，名新丁部。后来，语讹为仁的、仁地，元初立仁地万户，1276 年改为仁德府。从明至今皆称寻甸，应即新丁的转音。澄江，"蛮云罗阁，汉语虎迹，一曰虎道"⑤。南诏置河阳郡，大理时为罗伽部，元置澂江路。罗伽为罗阁的同音异写，所以《寰宇通志》说："居罗伽甸者号罗伽部。"

由于少数民族语地名不易为汉人熟悉，或各地方音的差异，历代据音注字而产生的讹称不少，有的地名完全改变了原来的含义。一些地名虽然保留了原音，但译写用字不同，形成一名多写的现象。今德钦，明代称阿得酉，清代设阿墩子弹压委员，1935 年置德钦设治局，新中国成立后改为德钦县，又设迪庆藏族自治州。写法多次改易，但都用了藏语的同一个音，意为吉祥。今永胜，"蛮云成偈，又名成吉，蒙氏立善巨郡，段氏为成纪镇"⑥，大理时置为成纪镇。今腾冲，唐代即有此名，《蛮书》作"藤充"。徐霞客经过实地调查，指出："以地多藤，元名藤州。"⑦ 乾隆《腾越州志》卷 3 也说："藤则细者可为绳，大者可为杖，几百器皿皆可以为，

---

① 《元一统志》丽江路里至。
② 《永昌府文征》第三册。
③ 《元混一方舆胜览》。
④ 《元史·地理志》。
⑤ 景泰《云南图经志书》卷2。
⑥ 景泰《云南图经志书》卷4。
⑦ 《徐霞客游记·滇游日记十一·永昌志略》。

而腾越所独名州，则以此焉。"元初袭用旧名，一度作藤越州，"藤"字透露了该名最早的含义。贾耽程站称"腾充城"①。大理和元代大部时间都置腾冲府，明设腾冲卫，逐渐突出自古以来作为通往印缅交通要冲的特点。原普洱府治即今宁洱县，据《元史·地理志》元江路条："步日部，在本路之西。蒙氏立此甸，徙白蛮镇之，名步日赕。"则南诏时已有步日赕。大理时为步日部。元代作"普日"或"部日"，与今思茅区合置普日思摩甸长官司，属元江路。明代作"普耳"，属车里宣慰司。"雍正七年（1729）改土归流，分车里司所辖江内六版纳、思茅、普藤、整董、勐乌、六大茶山、橄榄坝置普洱府。"②今思茅区，原称思摩甸，大理国时为思摩部，元代写作"思么"、"思麻"，明代作"思毛"。清代称思茅寨，1735年设思茅厅，管辖西双版纳一带，从此成为滇南重镇。今禄劝县东的旧县村，系元明所设石旧县。《元史·地理志》解释："掌鸠甸有溪绕其三面，凡数十渡，故名，今讹名石旧。"还有一些地名，因录记错误，不但讹名，而且转音。今施甸，初名石甸，元因置石甸长官司，后讹为施甸长官司，清设施甸巡检司。今江川，唐时即设绛县，为黎州（治今华宁）辖县，南诏时改为江川县，相沿至今。《元混一方舆胜览》说："江川，古江县也。"云南古无江县，"江"即"绛"的录音，"绛"讹为"江"，江川意即古绛县坝子。今蒙自，大理时已有城，为白夷所筑，在目则山上。元初沿用故城置县，"以目则山而名，汉语讹为蒙自"③。明代始在坝子中筑城，即今县治。大理时有夜苴部，后讹为亦佐，元明时设亦佐县，即今富源县亦佐。元有邵甸县，为"车蛮、斗蛮旧地，名为束甸，以束为邵，宪宗七年立邵甸千户"④，1275年改为邵甸县，治今嵩明县西南的白邑村。

---

① 《新唐书·地理志》。
② 《嘉庆一统志》普洱府。
③ 《读史方舆纪要》。
④ 《元史·地理志》。

# 三、朝代更迭，地名的改动也很频繁

地名包括语音、词形、意义三要素，但应该说人们最重视的还是含义。当然义必须与音、形联系起来，即是名称的含义。封建政府为了宣扬本朝的声威和政绩，都要命名一批新地名。这些地名含义的时代性很强，随着命名的朝代退出历史舞台，被命名的地名也就消失了。三国时诸葛亮进兵南中，李恢军"追奔逐北，南至盘江"，"南土平定，恢军功居多，封汉兴亭侯"①。蜀汉在李恢军力所及最远的盘江边建立了汉兴县（今贵州兴义），以显示自己的力量。但由于这个名称的时代性太强，到南朝就被改名为南兴县。几乎每个朝代都有这种配合时代更改地名的情况。晋代命名的有晋昌（属南广郡）、晋绥（属西平郡）、晋乐（属南牂柯郡）等。南朝宋时命名的如宋昌。唐代在云南遍设羁縻州县，为表现其时代特点而新命名的也不少，如唐封（在今易门县）、唐兴（在今昭通唐房）、附唐（在今贵州兴义）、宾唐、唐川等等。

也有的朝代因避讳而改名。《宋书·州郡志》载："宛暖令，汉旧属牂柯，本名宛温，为桓温改。"两汉以来的宛温县（治今砚山县北的小维摩），到东晋时为避桓温讳改为宛暖。《宋书·州郡志》又载："温江令，何《志》晋成帝立。"仍然因为避桓温的讳，以后又改名为暖江，所以《南齐书·州郡志》作暖江（治今广西壮族自治区田林县旧州附近）。唐代的武恒州，也因避穆宗李恒名改称武镇州。

由于追求地名的政治含义，一些地名被当作瑞符争相使用，一名数地的情况始终存在，政区名的重复现象也很突出。以元代云南行省为例，一省之内就有很多个重复的地名。有两个安宁州，一属中庆路，即今安宁市；一属广南西路宣抚司，在今富宁县西南。有两个永宁州，一在今宁蒗县北的永宁；一"在建昌路之东郭"②，与建昌路同城，即今四川省西昌

---

① 《三国志·蜀书·李恢传》。
② 《元史·地理志》。

市。有两个通安州，一在今丽江玉龙县；一属会川路，在今四川会理县东南部。有两个南甸，南甸县属武定路和曲州，在今武定县境；南甸路（后改为南甸军民府）则在今梁河县北的曩宋。还有两个永昌，一个即永昌府；另一个叫永昌州，属会川路，在今四川会理县西五里。

为了调整政区设治，地名改动的幅度就更大。云南地区古代出现过三次地名大变动。第一次是隋唐，为了配合政治上对南中大姓的打击，并改变南北朝地名混乱的情况，在唐代新设的两百多个羁縻州县中，汉晋时期的地名十不存一。第二次是南诏、大理地方政权割据时期，政区设治完全改变，地名变化也很大。第三次是元代实行行省制，新增路府州县不少，除沿用了一批大理时的民族地名外，又大量取用新名。但元代的地名对后世影响较大，很多一直延续到现在，或成为后来调整名称的依据。由于这几次地名的变化，云南地区改名的频率比内地高，古地名保留下来的比例较小，也增加了对历史地名考订、认识的困难，甚至有些至今还无法确定其位置。又由于行政中心的转移，有些过去重要的地名，后来变成了小地名。统计现今云南省、市（州）、县三级的 136 个地名〔市（州）县重复名称只算一个〕，汉晋时期的就有 5 个，占总数的 3.7%；唐宋时期延续下来的 13 个，占总数的 9.6%；元明清时期保留下来的共 65 个（元代 23 个，明代 24 个，清代 18 个），占总数的 47.7%；民国年间更改或命名的 40 个，占总数的 29.4%；新中国成立后更改或命名的 13 个，占总数的 9.6%。

# 四、失于考史，引起地名的新的混乱

我国古代的政区设治，往往取一些和历史沿革有关的名称，或根据历史来命名。但是，有些朝代由于历史知识缺乏，对历史地名作了错误的解释，据此得出的命名又引起新的混乱。元代就不乏这样的例子。

其一是对曲靖的解释。

还在南宋末年，忽必烈从间道进兵灭了大理。1276 年设曲靖路总管府，1288 年升为曲靖路宣抚司，1291 年立曲靖等处宣慰司管军万户府，成为控制滇东的重镇。曲靖路的得名，系当时认为那里是过去的曲州和靖州。《元史·地理志》说："曲靖等路宣慰司军民万户府：曲、靖二州在汉为夜郎味县地。蜀分置兴古郡。隋初为恭州、协州。唐置南宁州。"这段话存在一系列错误：（一）味县地从未设过兴古郡；（二）恭州、协州在滇东北，而不在今曲靖地区；（三）唐代并不是在隋恭州、协州处置南宁州，南宁州与恭州、协州向无关系。唐代人对当时曲州、靖州的记录是最可靠的依据。《新唐书·地理志》说："曲州本恭州，隋置，隋乱废，武德元年开南中复置，八年更名。故朱提郡。"《元和郡县志》说："朱提，取汉旧名也。"隋代恭州即唐代曲州，在原朱提郡故地，曲州附廓县仍称朱提。《蛮书》卷1记载十分具体，自石门外第七程至蒙夔岭，"从此岭头南下八九里，青松白草，川路渐平。第九程至鲁望，即蛮汉两界，旧曲、靖之地也。曲州、靖州废城及邱墓碑阙皆在"。石门为今豆沙关，有唐代袁滋摩崖石刻为证。豆沙关外下岭以后川路渐平，正是到了今昭通、鲁甸坝子。"凡从鲁望行十二程，方始到拓东。"鲁望距今昆明十二日程，应比今曲靖远得多，即今鲁甸县。"曲州、靖州废城及邱墓碑阙皆在"，曲州在今昭通，不容置疑。《新唐书·地理志》又说："靖州，析协州置。县二：靖川、分协。"《太平寰宇记》说得明白，古靖州在戎州西南七百二十里，协州在戎州西南八百里，曲州在戎州西南九百里。以道里相较，靖州在曲州以北，州治靖川以"川"名，应为坝子。今昭通市昭阳区北的靖安镇一带，为较宽阔的河谷，应即靖州。《蛮书》卷6说："石城川，味县故地也，贞观中为郎州，开元初改为南宁州。"石城在今曲靖坝子西北缘的三岔，有石城会盟碑为证，则今曲靖坝子在唐代为南宁州。然而，蒙古统治者以马背得天下，疏于考史，从元代开始，误认为古曲州、靖州在今曲靖，并且谬误流传，直到今天还有人沿袭这种说法①。

对丽江的解释又是一例。

《元史·地理志》说："丽江路军民宣抚司：路因江为名，谓金沙江出沙金，故云。源出吐蕃界。今丽江即古丽水。"这是元代的结论，元以前并非如此。有关丽水的记载见于唐代。《蛮书》卷2说："丽水一名禄旱江，

---

① 向达：《蛮书校注》。

源自逻些城三危山下。南流过丽水城西，又南至苍望，又东南过道双王道勿川西，过弥诺道立栅，又西与弥诺江合流。过骠国，南入于海。"逻些城即今西藏拉萨，弥诺江即亲敦江，骠国在今缅甸。丽水源自西藏高原，往南流，与亲敦江汇合后，经缅甸入海。《新唐书·地理志》说："自诸葛亮城西去腾充城二百里，又西至弥城百里，又西过山二百里至丽水城，乃西渡丽水、龙泉水二百里至安西城，乃西渡弥诺江水千里至大秦婆罗门国。"大秦婆罗门国在今印度境，则丽水又位于腾充城西、印度以东，无疑只能是今伊洛瓦底江。丽水还以产金著称。《新唐书·南诏传》说："丽水多金麸。"《南诏德化碑》也说："西开寻传，禄旱出丽水之金。"南诏阁罗凤"刊木通道，造舟为梁"，发配男女罪犯到丽水淘金，在那一带建了很多城镇，并设立丽水节度进行管辖，为南诏行政区划六节度之一。贾耽上表说："泸南贡丽水之金，漠北献余吾之马。"① 丽水的金一直贡纳到唐廷。在唐代，作为长江上游的金沙江和丽水之名初不相涉。《蛮书》卷2说："源出吐蕃中节度西共笼川犁牛石下，故谓之犁牛河。环绕弄视川，南流过铁桥上下磨些部落，即谓之磨些江。至寻传与东泸水合，东北过会同川，总名泸水。"铁桥在今丽江市玉龙县西北的塔城，青藏境内的一段金沙江源称犁牛河，塔城附近直至雅砻江汇流处，两岸多为磨些部居住，因称磨些江，与雅砻江汇流后通称泸水。碰巧的是当蒙古军从滇西北进军灭大理时，他们所跨过的地方已称金沙江②。"此江沿河皆出金"，"淘沙得之"，而且吐蕃语称"犁枢"③，与"丽水"音近。在元代引起了误会，误认为这就是唐时源出吐蕃以产沙金著称的丽水。《明史·地理志》说："又有金沙江，古名丽水，源出吐蕃界犁牛石下，名犁水，'犁'讹'丽'。"道出了地名转音的过程，但丽水并非金沙江古名，讹误的时间仅从元代才开始。于是，金沙江的称谓更加复杂。藏族称犁枢，磨些族称漾波江，蒙古语称不鲁思河（又作不鲁失、不里郁思），白蛮因物产称金沙江，又有人因其源出西藏共笼川犁牛石下而称犁牛河，再加上新名丽江，一条水道同时有六个名字八种写法。相应地，元代又误认为"南诏于此置

---

① 《新唐书·贾耽传》。
② 《元史·世祖本纪》。
③ 《元一统志》。

丽水节度"①，而把磨些族世代居住的金沙江两岸设为丽江路。从此，丽江也作为政区名一直沿用到现在。

　　大量事实告诉我们，历史上地名重复、混乱、讹误的情况十分突出。究其原因，一方面来自民间，一方面来自官府。山名、水名、小地名，多数是群众自发命名的，长期口耳相传，比较稳定；但多局限在狭小的地域，随着使用范围的扩大，则同名异地的现象逐渐突出。由于民族语言复杂和各族语音的差异，地名数量成倍增加；再加上译写讹误，一地多名的情况也很严重。各级政区则系封建国家命名，不但名称重复的情况依然存在，而且更改频繁，新名蹜至，地名的使用极不稳定。也有些地方，政府的命名和群众的习惯名称同时使用，政府不恰当的命名未被群众接受。历史地名的问题启示我们，为了适应社会主义建设的需要，随着我国四个现代化的进行，地名标准化势在必行。

　　地名标准化的重任等着我们去完成。快举步吧，历史上长期存在的问题要在我们这一代解决，刻不容缓呵！

（原载《地名集刊》1980 年第 1 期）

———————————

　　① 《元一统志》。

# 弥勒县古地名考索

## 一、弥勒县境最早的设治名称

弥勒（已于 2013 年 1 月撤县设市）虽地处边疆，但它的开发跟祖国其他地区一样古老。汉武帝开西南夷，在今云南、贵州的广大地区设置郡县。其中牂柯郡的范围包括了今贵州全省和云南东南部，牂柯郡所辖的同并县，就在今弥勒市境。《宋书·州郡志》载："同并长，汉旧县，前汉作同竝，属牂柯，晋武帝咸宁五年（279 年）省，哀帝（362—365 年）复立。"同并的位置，向无具体记载，但与同劳（今陆良县西部）、同濑（今马龙附近）为汉"三同"，三县应连成一片。同并在汉时属牂柯郡，南北朝时划入建宁郡，则它应在两汉益州与牂柯两郡接界处。《水经·叶榆河注》："叶榆水东北经滇池县南，又东经同并县南，又东经漏江县。"郦注叶榆水道有误，但所记地名，却透露了同并在滇池县（今晋宁县晋城镇）东，漏江县（今泸西县）西。因此，它只能在三同之南，牂柯北境。与今地望相较，恰在弥勒坝子。同并设县与郡同时，应在公元前 111 年。除去晋代曾一度省并外，这个名称使用了 600 年左右。

汉晋时期的律高县也在今弥勒市境。《宋书·州郡志》载："律高令，汉旧县，属益州郡，后省。晋武帝咸宁元年（275 年）分建宁郡修云、俞元二县间流民，复立律高县。"《汉书·地理志》和《续汉书·郡国志》都有律高县，则省并时间仅三国蜀汉时，律高县也存在了 600 年。据《晋书·地理志》，律高还一度作为兴古郡治，管辖今文山地区。律高的位置，

《水经·温水注》说得清楚："温水又东南径兴古郡之毋棳县东"，"桥水又东注于温，温水又东南径律高县南"。温水即今南盘江，毋棳在今华宁附近，律高应在毋棳下游，温水转向以后。上段温水从北往南流，所以在毋棳县东；下段温水已自西向东流，律高才会在温水之北。《水经·叶榆河注》又说："盘水出律高县东南豎町山。"豎町山即今弥勒市东南盘江北折处的皈依底山。对以今地望，律高应在今竹园坝子。

## 二、弥勒县名的由来

《元史·地理志》载："广西路，东爨乌蛮弥鹿等部所居，唐为羁縻州，隶黔州都督府。后师宗、弥勒二部浸盛，蒙氏、段氏莫能制。""弥勒州，在路南，昔些莫徒蛮之裔弥勒得郭甸、巴甸、部笼而居之，故名其部曰弥勒。至元十二年（1275年）为千户，十八年（1281年）复为民。二十七年（1290年）改为州。"这段记录说明，弥勒部至少在唐代就有了，为东爨乌蛮中的一部，大理时为滇东三十七部之一。他们用该部强盛时期酋长的名字作部名，所以称为弥勒部。元代设立云南行省，充实调整政区设治，并沿用了很多部名为政区名。1275年沿旧名设弥勒千户，1290年改为弥勒州。明弘治中改为流官。清初仍设州，1770年改为弥勒县，相沿至今未变。弥勒这个地名已使用了一千多年。

弥勒名称比较稳定，但它的隶属关系却有变化。元初曾短期隶属于落蒙万户（在今石林县）。后来，与师宗（今师宗县）、维摩（治今砚山县北的维摩，包括今丘北县）同属广西路（以弥鹿部置，在今泸西县）。新中国成立后，又曾一度划归宜良地区。今属红河哈尼族彝族自治州。

## 三、元以前弥勒的地名

上引《元史·地理志》提到了郭甸、巴甸、部笼，都是弥勒县境内最早的地名。《明一统志》又说："至元中，以本部为千户总把，领吉输、哀恶、步笼、阿欲四千户，属广西路，后改置弥勒州。本朝因之，编户一十六里。"吉输、哀恶、步笼、阿欲皆弥勒境内较小的部，元初因其部置四个千户，统属于弥勒，明代皆置为乡。

1. 巴甸　据《元混一方舆胜览》："弥勒名八甸。"《读史方舆纪要》说："弥勒城，今州治，旧为甸村，元置千户所于此。明朝弘治十一年（1498 年）始筑土城，周四里。"此段可能脱一"八"字，应作"八甸村"。筑城的时间及州城大小，乾隆刊本《弥勒州志》（该书以下仅称《弥勒州志》）所载略异："弥勒州，旧为八甸村，无城。明弘治三年（1490年）州同梁伋始筑土城，隆庆六年（1572 年）知州杨阶拓筑，崇祯七年（1634 年）知州魏起龙改筑石城，周二里三分，高二丈。"八甸即巴甸的转音，向为弥勒的设治中心，即今弥勒县治弥阳镇。

2. 郭甸　郭甸应即清代所称的构甸坝，或作搆甸坝。同一个地名，在不同时代被录为不同的音字。甸则指平坝。《弥勒州志》说："弥城四围山旷多风，气候较寒；构甸坝夹谷平川，气候较暑。"说明构甸坝应比弥勒县城低而偏南，气候较热。该书还提到"竹园村构甸坝"，"构甸坝归依寺"，"皈依寺在息宰"，则从竹园到息宰的一片平川通称构甸坝。王纬《水利详稿》说："竹园村即构甸坝，平原八九十里，两山对峙，大河环绕其中。"所描述的形势，至今还能看到。

3. 部笼　部笼又作步笼、卜龙。《弥勒州志》载，土官知州昂贵，"成化中以不法革知府，安置署弥勒州，原本州部龙乡人"，说明部龙早已是民族聚居的中心。《读史方舆纪要》说："卜龙山，州南五里，旧部笼部千户所置于此。叠嶂重峦，环绕州治。"部笼部包括卜龙山一带，明代为部龙乡，中心约在今布龙村。《元史·地理志》解释："蛮语谓洟为水，笼为城。"至今弥勒县境称"笼"或"龙"的地名还不少。

4. 吉输　明作吉双。《明一统志》载：矣邦池"水源有二，一出阿卢山麓石窍，一出弥勒州吉双乡，南流入盘江"。则吉双应在弥勒东鄙。《天启滇志·旅途志》说："由弥勒州入广西府，历龙甸村、吉双乡、矣明村、阿平、阿朝即歪鸦，迤至龙得哨七亭。龙甸村有龙甸桥。矣明村有草子山。龙得村东南历小寨、小江桥、大江渡、象鼻岭……"据《徐霞客游记·滇游日记二》："矣邦池俗名海子，又曰龙甸。""吉双乡在矣邦池之东南。""广西府西界大山，高列如屏，直亘南去，曰草子山。"再查阿平、阿朝在泸西县南，今名仍存。大江渡指的是盘江渡口了。则《天启滇志》这一段显系错简，这条路是从广西府往南入三乡县（今丘北）的大道，吉双乡应在今泸西县境矣邦池附近，且位于泸西到丘北的大道上。现在的吉山乡，可能从吉输、吉双而来，但位置已发生了变化。《读史方舆纪要》作"吉榆"，《弥勒州志》作"古输"，皆因形近而误。

5. 阿欲　或作"阿育"。《读史方舆纪要》载："阿欲山，在州西十里，旧阿欲部千户所治也。冈峦重叠，下有温泉，其山绵亘七十余里，东接北倾山。""北倾山，在州北三十里阿欲乡中，高五十余仞，西连阿欲、横甸二山。"阿欲山正是现在的西山，阿欲部即在西山丛中；而明代的阿欲乡在今西三乡附近，与元以前的阿欲部不同点。

6. 衰恶　衰恶千户的位置无记录。唯清初《布韶地方入流碑记》载："布韶地方界于广弥之间，昔以昂氏故址，自昂万祥逝后，入流管理，其来已久。""布"与"衰"音近，不识此昂氏土司故址是否即衰恶？姑存疑。

# 四、明代弥勒的地名

明代在云南加强统治，因此，明时弥勒的地名也比元代复杂，涉及军事、交通、屯田等各个方面。

1. 十八寨所　《读史方舆纪要》载："十八寨，在州西南，有十八寨山，山箐连属，其中夷种最繁，盖盗薮也。"1520 年，巡抚何孟春带兵镇压，在此基础上，1522 年置十八寨守御千户所，直隶云南都司。《清一统志》广西直隶州关隘："十八寨，在弥勒县西南。今蛮党分居者，曰永安寨、石洞寨、禄庆里寨、阿营里寨、米车寨，余或以山名。本一山而群蛮分居其中，曰十八寨。明嘉靖元年设十八寨守御千户所于此。"直到民国年间，还曾设过十八寨县佐，即今虹溪镇。

2. 捏招巡检司　《明史·地理志》弥勒州："又南有捏招巡检司。"《弥勒州志》："捏沼关，在城西南二百二十里，通临安、路南（按，此地名有误），旧设巡检，久裁。"王纬《详明给食渡手永利行商事》一文说得更具体："州属西南一百五十里地名捏沼，有巴盘渡口，与建水州接界，路通临安、石屏、通海、元江、新平、普洱、思茅等处，商贾行人往来络绎不绝，向来设有渡船一支济渡行人。"捏招，清代作捏沼，在盘江边上，明设巡检司，清代为关。由于名称太长，今省称巡检司，取消专名，现为乡驻地。

3. 革泥巡检司　《天启滇志·旅途志》载："路南东南历板桥屯、小色朵、大色朵、林马硐至发矣哨七亭，有革泥巡简司。母伏矣哨多石。发矣哨东南历马矣哨、龙铺、六丰、上马州至弥勒州八亭。""简"显系"检"的误字。革泥巡检司设于路南至弥勒的交通要道上。《徐霞客游记》作"革泥关"，清亦设革泥关。《弥勒州志》载，革泥关在城北五十里，法矣哨在城北三十八里，"马蚁哨在城北四十里，通路南路"。今发矣哨为西三乡驻地，林马硐作磷马，马矣哨作蚂蚁，革泥巡检司在磷马和发矣哨之间，约当今弥勒、石林两县间的大麦地附近。古代这条交通线经过板桥和林马硐，而不绕道尾则。《明史·地理志》路南州说："东北有革泥巡检司。"东北系东南之误。

4. 竹园村　《天启滇志·旅途志》载："弥勒东南历弥南哨、横水圹、青水哨、石子哨、矣勒新村、习干、中哨、龙潭、芭蕉村至竹园村七亭。其途坦平，可通轮。"这条路是经过弥勒往南达两广及越南的交通要道，清代设竹园村驿和竹园村巡检司。民国年间曾设竹园县佐，现为乡驻地。

5. 新哨　《读史方舆纪要》载："新哨，在州西南。"据《弥勒州志》："新哨在城南四十里。"今弥勒城由公路到新哨 18 公里，与明清的记录接近。今为乡驻地。

6. 彭堡　《读史方舆纪要》载："自阿迷州之彭堡达于新哨，乃至州治。又北出板桥，接云南府宜良县界。"讲的仍是从开远到宜良的交通干道。板桥在今石林县南。彭堡即朋普，现为乡驻地。"彭"和"朋"同音，云南音"堡子"读为"普子"。但最早作"彭堡"，说明那里应是明代军屯点之一。朋普在明人著作里又作溯普。《明一统志》姚府军民府七溯条解释："土人称坡堰为溯，凡七，皆前代所筑，潴水以灌田，民甚赖之。"则那里已有了最早的水利工程。

7. 息宰 《弥勒州志》载："崇祯七年（1634 年）本府知府张继孟招抚普名声。先是，崇祯四年（1631 年）土贼作叛，破州城，官兵万余不战而走，学校民房焚毁殆尽。后招抚投降于构甸坝归依寺。"张继孟有诗《息宰河抚普名声》说："息宰从兹千载后，令人传是受降城。"指的就是《明史·云南土司传》所说"广西知府张继孟道出阿迷，以计毒杀之"这件事情。息宰又作西宰。《水利详稿》中提到的小西宰、大西宰，依其位置地望，当即息宰的同音异写。

8. 火莫龙 曹启益有诗《班师火莫龙》。《弥勒州志》载火莫龙亦建有公馆。火莫龙即今火木龙，原为弥勒至十八寨大道的必经之地。

# 五、弥勒县境的水道名称

1. 盘江 弥勒县境最大的水道当算盘江。盘江在三国时已有记载，见《三国志·蜀书·李恢传》。到明清，有关盘江的记录就多了。《读史方舆纪要》载："盘江，在州东南，自临安府阿迷州流入境，又东北入（广西）府界。"据《明史·地理志》及《清史稿·地理志》，盘江又名南盘江。《寰宇通志》载："巴盘江，源自陆梁（凉）州界而来，流入路南州，经邑市、宜良而入广西府界。""潘江，一名巴盘江，自（广西）府城西北澂江府而来。"弥勒县境的盘江也称铁池河、巴盘江、潘江。《清史稿·地理志》因巴盘江与巴甸河都有"巴"字，而错把盘江异名巴盘江系于巴甸河条，"巴甸河一名巴盘江，一名潘江，南流入弥勒"的说法不可据。《清史稿·地理志》载："盘江自阿迷入，径盘江山南，纳石穴中浊水，名混水江，又东北入（广西）州界。"盘江山即汉晋时期的盬町山，在弥勒、泸西交界附近的盘江边，浊水从丈多宽的石窍中涌出汇入盘江，因此以下又称为混水江。

2. 八甸溪 《明一统志》："八甸溪，在弥勒州治北，其源有三：一出阿欲山，一出旧村，一出北倾山，至州治东合流，南入盘江。"此八甸溪即今甸溪河，因经过弥勒县治的八甸而得名，在《徐霞客游记·盘江考》和《读史方舆纪要》里称做巴甸江。青代通称巴甸河。《清史稿·地理志》

载："巴甸河，自（广西）州南入，为瀑布河，豹赤甸泉、白马河、山金河、阿欲泉、竹园村龙潭诸水，西南入盘江。"《水利详稿》也说："巴甸河源出泸西之圭山，弥阳之蛇花口、阿当哨龙潭等处，由州境盘旋环绕，经八甸、弥东、水月，从鳌头、烟白二山峡口畅流（构甸）坝中。"在清代，该河各段还有不同的称谓。据《弥勒州志》，主源称瀑布河，"源出师宗界一百里，历山峡石吼（按，'吼'应为'孔'字），会赤甸泉，泻禹门瀑布，流城东"。自城东至息宰称长熏河，流经息宰以下称息宰河。

3. 十八寨溪 《弥勒州志》："十八寨溪源兆山之麓，流经城西南及东，入箐而逝。"这是一股伏流河，从北往南流过今虹溪镇边。"春水时蜿蜒如虹"，成为弥勒一景，虹溪由此得名。

4. 山湖 《寰宇通志》："山湖，在弥勒州境，周回五十里。"《弥勒州志》说得比较具体：山湖在"城西南四十里，中产巨鱼"，"由红石岩流灌西郭田亩"；"红石岩在州西四十里，上有龙马迹，可卜阴晴，下有平湖，峨峰倒影其中"。山湖就在红石岩下，位于今里方附近。可惜近年水位渐浅，湖面所剩无几。

5. 温泉 弥勒有三个温泉，在城北三十里步阙寨的称步阙温泉，在城西五里梅花甸的称梅花温泉，在城南九十里翠微山麓的称翠微温泉。三个温泉都汇流到巴甸河。其中以步阙温泉最负盛名，"清如镜，香适口，浴能去病"，杨慎曾有诗咏步阙温泉。《明一统志》和《读史方舆纪要》记录的阿欲部山下的温泉，应为今弥勒城西的梅花温泉。《寰宇通志》载："温泉，在阿欲山下，广三丈余，水色清碧，其温可浴。"该泉又称碧玉温泉。翠微温泉则温度较低，康熙《弥勒州志》说它"清如步阙，春夏稍凉，浴宜秋冬"。

6. 四沟 指西沟、中沟、上沟、东沟，皆明清两代数次兴修水利人工开凿的灌溉渠道。长三十多里、四十多里不等，东沟最长，从黑龙潭直到朋普，达六十余里。沿沟所经村寨，见《弥勒州志》卷25所收乾隆元年王纬撰《水利详稿》。

# 六、明清时期弥勒的范围

《弥勒州志》卷5说："北距圭岭，南阻巴盘。""其东西南三面，盘江围绕萦漩，势如襟带，临澄接壤，交广通衢，险阻完密，号金城焉。"明清时期，弥勒州的范围，西边、南边基本以盘江为界，也即和现在的范围接近，东边、北边则比现在略大。综合有关资料，可大致勾出其轮廓。

北边：以革泥关为界。《弥勒州志》说："蛇花口、革泥关两山夹涧，壁削插天。"革泥关形势险要，便于扼守。《清史稿·地理志》分别在弥勒和路南都注了革泥关，说明该关位于两县交界处，这一段界线大体与今界同。

西边：以盘江为界。《详明给食渡手永利行商事》说："州属西南一百五十里地名捏沼，有巴盘渡口，与建水州接界。"则捏沼属于弥勒，江对岸即为建水州境。

南边：以盘江为界。《明一统志》说："盘江山，在弥勒州东南一百二十里。东西两山相峙，盘江流其中，东抵师宗州，南界阿迷州。"但据《读史方舆纪要》，彭堡曾属阿迷州，则盘江北岸有一片曾一度属阿迷州，与现在的情况类似。

东南：一度包有日者乡。康熙八年（1669年）裁维摩州的大、小百户及日者乡入弥勒，雍正九年（1731年）新设邱北州同，仍拨回。今南盘江以南丘北县的日者乡和砚山县的大百户，曾一度属弥勒管辖。

东边：后以大麻子岭为界。《明一统志》载："矣邦池，在（广西）府治南，周三十余里，半跨弥勒州界。"则最初界线曾达弥勒东边九十里的矣邦池。但到明末，已以龟山南延的大麻子岭为界。《徐霞客游记·滇游日记二》记广西府说："广福寺在郡城东二里，吉双乡在矣邦池之东南，与之对，而弥勒州在郡西九十里。《一统志》乃注寺在弥勒东九十里，乡为弥勒属，何耶？岂当时郡无附郭，三州各抵其前为界，故以属之弥勒耶？然今大麻子哨西何以又有分界之址也？"

东北：以龟山为界。《弥勒州志》载："龟山，城北三十里，为州治祖山，山极高大，绵亘数十里。东距（广西）府四十里，北距师宗七十里，皆与连界，独弥勒为近。上有龟镜禅林。或作圭山，误。"龟山当时是弥勒、广西、师宗三地的界山，现今却在石林县境。清时认为圭山误，现在竟通作"圭山"。

# 七、结　语

弥勒县的历史地名，是千百年来中原王朝设治、经营边疆的历史见证。古代，由于人口稀少，开发的地方有限，地名较少；再加上时间久远，记录缺略，保留下来的历史地名更少。但一些重要地名却比较稳定，长期为群众习用，一直流传到现在。它为我们补写了弥勒古代史缺略的篇章。

弥勒的历史地名，多数是以当地的民族语言命名的，这是各族人民开发这片富饶土地的真实记录。但由于辗转译写或录记讹误，一名多字，音意出入的现象十分严重。必须实行地名标准化，才能使民族地名在使用中逐步稳定，避免新的讹误发生。

研究历史地名，是为了探讨地名命名和演变的规律，并为重要地名的使用或更改提供依据，而不是要把现今的地名统统复原为古名。地名必须尽量保持稳定，更改地名要十分慎重。

清代弥勒县的地名，诸本《弥勒州志》已有系统记录，此不赘述。

（原载《地名集刊》1980 年第 2 期）

# 云南民族语地名研究

我国有 56 个民族，土地辽阔，民族众多，民族语地名自应受到重视。近年发表的有关民族语地名的文章不少。但迄今为止，对民族语地名的研究大多是一些地名的个案考证，或对某个民族某类地名的介绍。随着地名普查工作的开展和地名工作的深入，已具备条件进一步探讨民族语地名的功用、规律和特点，进行理论上的概括和总结，把民族语地名引向全面综合研究的新阶段。

云南被称为"地名博物馆"，民族语地名有其典型性。云南的民族语地名有很多特点，然而这些特点并不特殊，在其他地方也似曾相识。本文试图通过对云南民族语地名的全面解剖，抛砖引玉，有助于对我国民族语地名的深入研究。

## 一、云南民族语地名的数量和语种

云南有多少地名？这是一个长期存在的谜。直到 1980 年至 1983 年进行的全国地名普查，云南普查地名 24.5 万条，才第一次提供了一个接近准确的数字。这次地名普查，无论涉及面之广、规模之大、参加人数之多，都是史无前例的。但是，由于缺乏经验，一些县对一片大的山体只反映了一个总名，组成该山的一些山名就被忽略了。在民族地区，一地有几种民族语的称谓，普查时只记录了其中常用的一种，其他称谓也多被忽略。一个大的村子，有时它的各部分还有专名；一些自然地理实体，它的不同部位也有专名。这些都往往被忽略。因此，1990 年以来进行地名补查和资料更新工作，各县都有不同程度的补充，一些县增加 200 条左右。以此计算，云南全省的地名约近 27 万条。以全省 39.4 万平方公里计，平均每平方公里仅 0.68 条。以全省 36972610 人计，平均 136 人有一条地名。

云南民族语地名丰富多彩，不但数量多，情况也很复杂。在全省地名中，约有 25% 是民族语地名，有人估计的比例数比这更高。云南民族语地名分布十分普遍，但民族语地名的密度又悬殊。全省 127 个县及县级市中，绝大多数都有民族语地名，全为汉语地名的仅东北边缘的绥江、水富两县。西北隅的民族语地名比例最高，贡山独龙族怒族自治县占 97.23%，德钦县占 96.28%，维西傈僳族自治县占 76.3%，香格里拉县占 76%。西部、南部边缘各县民族语地名比例也高。泸水县占 51.7%，瑞丽市占 80%，畹町市（今已并入瑞丽市）占 65%，耿马傣族佤族自治县占 49%，沧源佤族自治县占 83%，孟连傣族拉祜族佤族自治县占 92%，西双版纳傣族自治州各县市占 80%，绿春县占 90%，红河县占 80%，富宁县占 64%。再稍靠内，还有一批民族语地名在 30% 以上的县，如师宗、广南、丘北、双江、墨江、元谋、兰坪、元江、新平、峨山等县。

云南是全国少数民族最多的省，全省 25 个世居的少数民族，绝大多数都保留了以本族语言命名的地名。云南也是民族语地名语种最多的省。在全省普查的民族语地名中，彝语地名最多，有 17074 条，以下依次为傣语地名 12774 条，壮语地名 4365 条，白语地名 4330 条，哈尼语地名 3813 条，藏语地名 2852 条，傈僳语地名 2694 条，纳西语地名 1829 条，拉祜语地名 862 条，景颇语地名和佤语地名各 600 多条[①]，其他还有怒、独龙、基诺、普米、布朗、德昂、阿昌、苗、瑶、布依、水、蒙古、满等民族语地名。全省少数民族语地名分属汉藏语系的藏缅语族、壮侗语族、苗瑶语族和南亚语系的孟－高棉语族，还有少量阿尔泰语系的蒙古语和满语地名。藏缅语族有 8 个语支，壮侗语族又分壮傣语支和侗水语支，苗瑶语族又分苗语支和瑶语支。详下列云南少数民族语地名系统表：

---

① 梁乃英：《云南地名概况及特点》，载《地名知识》1989 年第 1 期。

# 云南少数民族语地名系统表

（一）汉藏语系

1. 藏缅语族

①藏语支：藏语——康方言

②羌语支：普米语

③彝语支：彝语——东部方言（寻甸、禄劝）

东南部方言（石林、弥勒）

南部方言（石屏）

西部方言（巍山）

中部方言（大姚）

北部方言（宁蒗）

傈僳语

纳西语

拉祜语

哈尼语

④白语支：白语——南部方言（大理）

中部方言（剑川）

北部方言（碧江）

⑤景颇语支：景颇语

⑥缅语支：载瓦语（自称"载瓦"的景颇族）

阿昌语——户撒方言

梁河方言

⑦怒语支：怒语——兰坪、泸水方言（柔若语）

福贡方言（阿侬语）

碧江方言（怒苏语）

独龙语（独龙族和贡山怒族）

⑧基诺语（彝语支）

2. 壮侗语族

①壮傣语支：壮语——北部方言（沙人、土僚语）

南部方言（侬人、隆安语）

傣语——傣泐方言（西双版纳）

傣那方言（德宏）

傣绷方言（孟定）

布依语

②侗水语支：水语

3. 苗瑶语族

①苗语支：苗语

　　　　　布努语（自称"布努"的瑶族）

②瑶语支：瑶语

（二）南亚语系

孟－高棉语族

　佤德昂语支：佤语

　　　　　　德昂语

　　　　　　布朗语——西双版纳布朗方言

　　　　　　　镇康"乌语"

（三）阿尔泰语系

1. 蒙古语族

2. 满－通古斯语族

　　　满语支

# 二、云南民族语地名的历史考察

现今云南众多民族语地名的形成，经历了漫长的历史过程，是数千年长期积淀的结晶。

云南自古就是多民族居住的地区，云南的民族语地名和它的历史一样久远。云南最早被记录下来并流传至今的地名首推滇，滇又是春秋战国时期的族名。《史记·西南夷列传》记录了庄蹻开滇的历史，庄蹻到时已称"滇池"，证明此名比庄蹻时代更早。近年考古发掘出土汉王朝赐给滇王的金印，滇国创造的青铜文化令人们叹为观止。古人多释"滇"与滇池有关。《文选·蜀都赋》刘逵注引谯周《异物志》说："水源深广而末更浅狭，似如倒流，故俗云滇池。"以后诸书皆据此微变其文。《华阳国志·南中志》作"所出深广，下流浅狭，如倒流，故曰滇池"。《后汉书·西南夷列传》作"水源深广，而末更浅狭，有似倒流，故谓之滇池"。后世地志皆采此说。今人于希贤进一步解释为滇池水系的奇河倒流现象①。王先谦《汉书补注》又认为："颠与滇同，以颠主义，顶也，皆因滇池居地高颠之故。"袁嘉谷《滇绎》亦主此说："滇，颠也，言最高之顶也……谚曰：'一日上一丈，云南在天上。'庄蹻由沅水溯流而南及最高顶，因号曰滇池。"近年，人们对传统说法提出了怀疑，任乃强先生认为："是滇为西南夷族名，住于沿湖，善歌，被称'颠歌'。庄蹻至时已称曰滇池，其为夷语旧称可知，安得有取于颠倒之议哉？迨汉民习居其地，见其水出口河迹逆势，结合土人倒流传说，谯周因而付会之耳。"② 作为民族语地名，关于滇的含义，刘琳认为："盖'滇'（音）本当地少数民族对此湖的称呼，汉人译其音加水旁作'滇'耳。"③ 李乔认为：滇是古代一个土著民族的名称，部落联盟的酋长或领袖便叫"滇王"④。关于"滇"的语种，林超民进一步认为：滇来源于羌人中一个有影响的部落首领的姓氏，后来用作部落名称⑤。孟平认为：滇就是彝语的"甸"，意即大坝子，因滇池坝子得名⑥。张庆培认为：滇即古彝语滇濮殊罗，"滇"为鹰，"濮"为祖人或族，"殊"为湖泊，"罗"为深大，全意即鹰祖的大湖或滇濮族的大湖⑦。张竹邦认为：滇为傣族先民，源于梵语的"禅"⑧。

汉晋时期云南的地名多为民族语地名，其中一部分被用作郡县名称。这些民族语地名中，最突出的是以族名作为地名或政区名，如句町（在今广南、富宁）、漏卧（在今罗平县）、进桑（在今屏边、河口县境）、哀牢（跨今保山、德宏，直达西双版纳）、劳浸（在今陆良附近）、靡莫（在今寻甸附近）、嶲（在澜沧江和怒江之间）、昆明（在洱海周围）、比苏（在今云龙县附近）等。汉晋时期有毋单（在今宜良、石林县境）、毋棳（在

---

① 《滇池地区历史地理》，云南人民出版社 1981 年版，第 25 页。

② 《华阳国志校补图注》，上海古籍出版社 1987 年版，第 271 页。

③ 《华阳国志校注》，巴蜀书社 1984 年版，第 397 页。

④ 《从"滇"谈起》，载《春城晚报》1993 年 6 月 26 日。

⑤ 《漫谈"滇"的来源》，载《地名集刊》1980 年第 3 期。

⑥ 《滇来源的质疑》，载《云南日报》1980 年 6 月 14 日。

⑦ 《滇的由来与彝文文献〈勒俄特依〉中的"滇濮殊罗"考》，载《地名集刊》1990 年 1 - 2 期。

⑧ 《"滇"的语种与含义初析》，载《地名集刊》1988 年第 4 期。

今华宁县）、毋敛（在今贵州独山县）等县，《汉书》颜师古注："毋读与无同，单音丹。"《华阳国志·南中志》句町县条说："故句町王国名也，其置自濮，王姓毋。"以"毋"命名的地名皆因其酋长姓毋，甚至其族姓毋，且多为濮族。但如句町例，并不是其王姓毋的都以毋为族名或县名。汉晋设县有同并（在今弥勒县）、同劳（在今陆良县）、同濑（在今马龙县），通常称为"三同"，"同"又作"铜"，直到唐代还有称"同"的地名，如同乐（在今陆良县）、同起（在今嵩明县）。《汉书·地理志》同并县应劭注："故同并侯邑。"证明带"同"的地名也是族名，有的在汉代被封为"侯邑"。也有一批不是族名的民族语地名，反映的内容十分广泛。夜郎有谈指、谈乐、谈稿、广谈等地名，其中谈稿在云南富源、贵州盘县一带。《安顺府志》认为："剼即谈之转，北盘江往古盖名剼水。"以"谈"命名的地名应在北盘江流域，以江为名。汉晋时期有芘苏县，在今云龙县境，疑即"僰僰"的音字，似为最早以僰僰族名作的地名。三国两晋在今西双版纳设南涪县，《华阳国志·南中志》载："南涪县，有翡翠、孔雀。"左思《蜀都赋》刘逵注："孔雀特出永昌南涪县。"《宋书·瑞符志》载："晋武帝太康元年八月，白虎见永昌南罕。"南涪、南罕应为见于记载的最早的傣语地名。

唐宋时期，云南出现民族政权南诏和大理，民族语地名得到较广泛的流传。反映这一时期民族语地名的资料比前丰富，因而现今我们能知道的民族语地名也较多。这一阶段，滇东有很多部，如乌蒙部（在今昭通市）、闷畔部（在今会泽、东川）、磨弥殿部（在今宣威市）、师宗部（在今师宗县）、弥勒部（在今弥勒县）、罗婺部（在今武定县）、新丁部（在今寻甸县）等。习惯说滇东三十七部，其实还不止于此，有些大部又包括小部。"部"直接成为县级政区的通名，而它们的专名都是民族语地名。

部的得名大多来源于该部酋长的名字，《元史·地理志》所载甚详。如路南州："有城曰撒吕，黑爨蛮之裔落蒙所筑，子孙世居之，因名落蒙部。"师宗州："昔爨蛮逐獠、爨等居之，其后师宗据匿弄甸，故名师宗部。"弥勒州："昔些莫徒蛮之裔弥勒得郭甸、巴甸、部笼而居之，故名其部曰弥勒。"舍资千户："昔名褒古，又曰嫋踵部甸，传至裔孙舍资，因以为名。"乌撒乌蒙宣慰司："乌撒者，蛮名也。其部在中庆东北七百五十里，旧名巴凡兀姑，今曰巴的甸，自昔乌杂蛮居之。今所辖部六，曰乌撒部、阿头部、易部、易娘部、乌蒙部、闷畔部。其东西又有芒布、阿晟二部。后乌蛮之裔折怒始强大，尽得其地，因取远祖乌撒为部名。"武定路军民府："昔卢鹿等蛮居之。至段氏，使乌蛮阿刺治纳浔肥共龙城于共甸，又筑城名曰易龙。其裔孙法瓦浸盛，以其远祖罗婺为部名。"这些部名都是彝语地名。罗雄州："俗传盘瓠六男，其一曰蒙由丘，后裔有罗雄者居此甸，至其孙普恐，名其部曰罗雄。"马龙州："夷名曰撒匡，昔僰剌居之，盘瓠裔纳垢逐旧蛮而有其地，至罗苴内附，于本部立千户。"罗雄部、纳垢部应是最早见于记录的苗语地名。

唐宋时期，滇西民族语地名的族别和语种十分丰富。见于《蛮书》的有高黎贡山、怒江、茫施、望蛮外喻部、茫天连等。高黎贡又作"高丽共"，向达以为有误字，其实那是景颇语的音译。《元混一方舆胜览》解释：潞江"俗名怒江，出路蛮，经镇康"。怒江系因流经怒族居住的地方而得名。茫施即今芒市，为德昂语的部名。望蛮与外喻部皆为佤族。茫天连即今孟连，南诏时有一批"开南杂种"或"金齿诸部"的傣语地名，茫天连为其中之一。据《勐巴纳囡召哈先》记载，唐代今景洪市的傣语地名有曼述洪勐（今曼贺勐）、曼达允勐（今曼达）、曼溜（今作曼扭）、曼董囡（今曼董龙）、曼浓冯（今曼龙枫）、曼卖蚌（今曼迈）、曼朗（今曼喃）及曼躲、曼擂、曼善、火荒①。大理时的样渠头赕、罗波甸皆纳西语地名，今丽江玉龙纳西族自治县城纳西语仍称漾古赕，石鼓镇纳西语仍称拉拔，即古代的罗波。在洱海周围，唐代设野共、眉邓等州。"野共"与今"漾弓"为白语的同音异写，意即泥沙堆积快的河，以河名为州名。眉邓即今马登，白语意为马帮驻宿的村子。唐代还有一些带"赕"和带"登"的地名，都是白语地名，"赕"音胆，意即平地，"登"为村。还有一些带"和"的地名，以太和城为代表。《新唐书·南诏传》解释说："夷语山坡陀为和。"

唐代已有"和蛮"之称，见张九龄《曲江集》。大理时滇南的步日、因远、思陀、落恐、溪处等部，都是哈尼语地名。如普洱，哈尼语"普"

---

① 《云南省傣族社会历史调查材料》西双版纳傣族史料译丛之六，第16页。

为寨，"洱"为水湾，意即水湾寨，"步日"、"普日"、"普洱"皆同音异写。《清职贡图》解释说："南诏蒙氏称和泥为因远部。"因远也是哈尼语地名。思陀又称官桂思陀部，元初曾设和泥路。落恐部名源于哈尼族首领的名字，又称伴溪落恐部。溪处为其部首领"凯处"的演化，又称七溪溪处部。今广南、富宁南宋时为特磨道，已有隘岸、那郎、昔阳江等壮语地名。昔阳江即今西洋江，壮语"西"为四，"洋"为山羊，意即有四只野山羊在过的地方。剥隘也是最早的壮语地名之一，宋代称隘岸，元代作剥隘。相传首先有壮族父女二人来此定居，其女名"爱"，壮语称父为"卜"，故名卜爱，又作剥隘。

元明清以来至中华人民共和国建立前，云南的民族语地名更加丰富多彩。随着民族人口的增加，民族语地名总量逐步增加。随着设治的繁密，一批民族语地名被作为政区名，出现的频率大增，提高了这些民族语地名的知名度。元明清时期经常在边境用兵，鸦片战争后边事频繁，往往涉及边境地区的民族语地名。明清以来大量的地方志和其他有关的史地文献，为保留民族语地名立下了功劳，它们为我们展示了一个五彩缤纷的民族语地名的殿堂。一些地志大量收录了当时的聚落名称，如《元一统志》详细记载了丽江及其周围的村寨名200个左右，是保存至今滇西北最古老、最详尽的一份地名表。可惜《元一统志》仅存残卷，其他地区的我们已无法看到。清代檀萃的《华竹新编》列举了元谋县乾隆年间的157个村名，并归类进行解释。这些都可以说是地理总志和方志中自觉记录和研究地名的范例。遗憾的是过去很多资料往往视而不见，把民族语地名当汉语比附，出现很多牵强的解释。《元史·地理志》、《元混一方舆胜览》可算独具慧眼，它们的大量解释让我们看到了古代民族语地名的光彩面目。

元明清时期云南的民族语地名语种更多了。元代增加了蒙古语地名。元代称大理为哈刺章，称丽江为茶罕章。魏源《元史语解略》解释："元人以蒙古语命名，或取于色，察罕，白也；哈刺，黑也。"方国瑜先生亦指出："章应为蒙古语区域之意。""茶罕札即白地，合刺札即黑地，亦即白蛮区域、乌蛮区域。"[①] 在今蒙古族聚居的通海县，也保留有蒙古语地

---

① 《中国西南历史地理考释》，中华书局1987年版，第790页。

名，杞麓湖就是一例。元代湖面宽广，所以《元史·地理志》说河西县"在杞麓湖之南"，湖水三面环杞麓山（今凤凰山），因以山为名。"杞麓"为蒙古语，意即似湖里长出的石头。昆明市的五里多原称斡耳多，蒙古语为衙门或行营的意思，因元代驻蒙古军得名，明代误为五里多。元代设银沙罗甸宣慰司，辖境包有阿佤山区全部，"银"即佤语的"永"，应系最早的佤语地名。《徐霞客游记》记有贵州"与罗平分界"的八达，应即今罗平的八大河。布依语"八"为河口，"达"为河，意即两河交汇处。这是布依语地名见于明代的例子。清代增加了满语地名，巴图、嗡空等就是这一时期出现的。会泽县马路乡人民政府驻地巴图，为满语巴图鲁的缩写，意为勇士，因清时一满族武官居此得名。镇康县木场乡至今还有满族数百人，也保留了满语地名嗡空，"嗡"为水，"空"为干树，意即水从干树根流出。清光绪十八年（1892年）设西盟土把总。"西盟"是拉祜语地名，意即金子。

# 三、云南民族语地名的地理分布

现今云南各民族的地理分布十分复杂，少数民族语地名的地理分布更复杂。

彝语地名分布最广，遍及全省的大部。西北部的宁蒗、永胜、香格里拉各县；西部大理州除剑川、洱源以外各县，临沧市北部凤庆、云县、永德、镇康各县，最远达怒江边的泸水和龙陵；南部普洱市澜沧江以东各县（景谷除外）；以及楚雄、昆明、东川、昭通、玉溪、红河、文山、曲靖等州市各县，皆有彝语地名。但是，有的县只有几条彝语地名，有的县彝语地名仅集中在其边缘的某一小范围内，都只能算彝语地名的边缘区。综合分析彝语地名的数量、密度和重要地名的比例，则彝语地名集中的范围，西北至金沙江以东，西部包有洱海以东、以南各县，以澜沧江为界，南部以红河为界，并包有红河以南的景东县，东南部包有文山州的文山、砚山、丘北、马关、西畴诸县。在云南分布较广的还有傣语地名。傣语地名集中分布的范围包括德宏傣族景颇族自治州、保山市、临沧市、普洱市、西双版纳傣族自治州、红河哈尼族彝族自治州的红河以南各县。低热河谷和低海拔的干热坝子往往有傣语地名分布。傣语地名分布的界线,怒江河谷北至泸水县六库;澜沧江河谷北至云龙县旧州;金沙江河谷的永胜、华坪、永仁、元谋、武定等县皆有傣语地名;双柏县境东部的绿汁江河谷,弥勒县境的南盘江河谷及朋普、竹园等坝子,也有傣语地名。傈僳语地名的分布范围也比较广,遍及怒江州、迪庆州、丽江市各县,德宏州部分县,宾川、祥云东部,云龙、永平、漾濞、元谋、腾冲、龙陵等县亦有少量分布。哈尼语地名主要集中在红河以南的元阳、红河、绿春、元江、墨江、江城、景东各县,镇沅、勐腊、勐海、澜沧、新平也有分布,往北达峨山县的化念、甸中、大龙潭等乡及双柏县东部的大庄乡。苗族在云南分布广泛,苗语地名分布也较广。但苗族搬迁频繁,且袭用原有地名的情况较多,所以苗语地名的数量不多,且最分散,大体滇东南的文山、砚山、西畴、丘北、泸西、广南、屏边为一片,金沙江南岸武定、禄劝的山区为一片,滇东北威信等县也有分布。

分布遍及几个县的民族语地名有藏、纳西、白、景颇、佤、拉祜、瑶、壮等。藏语地名分布在迪庆藏族自治州和贡山县。纳西语地名分布在丽江、香格里拉、维西,德钦亦偶有纳西语地名。白语地名分布在大理白族自治州(弥渡、南涧两县除外)及兰坪、泸水两县。维西县白济汛、中路、维登等乡,福贡县匹河,保山市老营,南华县及昆明市郊也有白语地名。景颇语地名都在高黎贡山以西。德宏傣族景颇族自治州有大量景颇语地名,主要分布在芒市、瑞丽、陇川,腾冲县古永、泸水县片马等乡也有。佤语地名集中在沧源和西盟,与之相近的镇康、永德、耿马等县及澜沧县西北部安康、雪林、木戛,孟连县西部南雅、富岩等乡也有分布。拉祜语地名稀疏地散布在澜沧江两岸的临沧、双江、耿马、沧源、澜沧、孟连、勐海、景洪、景东、景谷、宁洱等县,以澜沧拉祜族自治县的富邦乡最集中。瑶语地名较少,分散在南部沿边的金平、河口、西畴、砚山、富宁等县。壮语地名以富宁、广南两县最多,富宁县有2210条,广南县有1074条,其他分布在文山壮族苗族自治州各县及泸西、师宗两县的南部。

分布范围较小或数量较少的有怒、独龙、普米、阿昌、德昂、布朗、基诺、布依、水、蒙古、满等民族语地名。怒语地名集中在贡山、福贡两县及泸水县北部、兰坪县西部。独龙语地名集中在贡山独龙族怒族自治县西部的独龙江流域。普米语地名在兰坪白族普米族自治县和宁蒗彝族自治县还能找到。阿昌语地名在梁河、陇川、云龙的漕涧还能找到。德昂语地名在芒市、瑞丽等地保留了 44 条。布朗语地名散布在勐海、墨江、景东等县及澜沧县惠民乡。基诺语地名集中在景洪市基诺山，景东县的龙街乡也有少量分布。布依语地名集中在罗平县东部与贵州省接壤的布依族聚居区。水语地名集中在富源县东南部与贵州接壤的水族聚居区。蒙古语地名仅在通海和昆明遗存。至今使用的满语地名会泽县有 3 条，镇康县有 1 条。

云南民族语地名的地理分布也具有它自己的特点和规律性：第一，一个县全为一种民族语地名的情况很少，往往一个县存在几种民族语地名。如景东县有傣、彝、哈尼、拉祜、基诺、布朗等 6 种民族语地名，澜沧县有傣、拉祜、佤、哈尼、布朗等 5 种民族语地名，泸水县有傈僳、傣、景颇、白、彝等 5 种民族语地名。第二，大分散、小集中，你中有我，我中有你。这种状况，全省如此，具体到一个县也往往如此。香格里拉县是云南省面积最大的县，藏语地名 1376 条，集中分布在北部和中部的大片地区，包括小中甸和五境两乡。纳西语地名 341 条，集中在县境南部金沙江河谷和三坝乡，北至上江、洛吉和小中甸南部、大中甸坝子两侧的山区。三坝乡有白水台，是纳西族的圣地，证明纳西族在此地定居的时间很早。傈僳语 28 条，散布在县境中部大中甸、小中甸边缘，洛吉乡的山区和虎跳峡镇北部。虎跳峡镇是过去藏族和纳西族统治阶级争夺的交通要道，民族语地名也较复杂，金沙江边的七林途，可算藏语地名最南的界线，但保留下来的藏语地名已很少，且七林途现为纳西族居住。金沙江沿岸多纳西语地名，但有一部分已为傈僳族、汉族或彝族居住。彝语地名仅 20 条，分布在虎跳峡镇北部和洛吉乡西南，且都为彝族居住，而虎跳峡镇很多傈僳语地名的村子已为彝族或汉族居住，说明彝族和汉族迁到这里是最晚的。第三，随海拔高度的变化，不同的民族语地名呈立体分布。傣语地名往往在低海拔的坝子或河谷，哈尼语地名在有水源的山上，傈僳语、苗语地名在高山上。如元江哈尼族彝族傣族自治县有哈尼语地名 274 条，彝语地名 223 条，傣语地名 100 条，其中傣语地名多集中在低热的元江河谷和

云南文库·学术名家文丛

甘庄坝子，哈尼语地名在其南的山区，彝语地名则在其北的山区。内地的彝语地名多在条件较好的坝子，边疆的彝语地名多在高寒山区。第四，分布区边缘界线模糊。如红河以北基本为彝语地名，以南为哈尼语地名，但红河南岸、红河县北部高山还有彝语地名。南盘江以南基本为壮语地名，但南盘江北岸今泸西和师宗的五龙、龙庆仍有壮语地名。第五，开发的历史越早、经济越发达的地区，民族语地名保留得越少。反之，越边远，过去交通越闭塞的地区，民族语地名保留得越多。滇西、滇南各县民族语地名多，滇东、滇东北较少；边远县民族语地名多，行政中心和交通线上的市县较少；与缅甸、老挝、越南等国家或西藏、广西、贵州、四川等省区接壤的沿边各县民族语地名多，内地各县较少。第六，民族语地名会随着该民族的迁徙而多次移动位置，或由于该族散处各地，同一名称在多处出现。这为我们探讨一些民族迁徙的路线提供了线索。如昆明在秦汉时为族名，位于滇西，三国时滇东北也出现昆明，隋唐五代在贵州西部、四川南部都有称昆明的地名，唐代昆明变为政区名，在今四川盐源设昆明县，元代昆明作为政区名才转移到今址。又如高黎贡山为景颇语"高日碟"的译音，"高日"为景颇族一家支名，汉姓排，"碟"为山地，意即高日家支所住的山地。因为高日家支的搬迁，在今德宏州及腾冲等县有多处称"高日碟"、"高丽共"、"高里贡"、"高良工"，都是同一地名的不同汉译写法。第七，一些民族语地名现在不住这一语种的民族，地名语种和居民族别不一致。文山市作为壮族苗族自治州的首府，但壮语地名仅15条，除去派生地名则仅7条，苗语地名仅4条，彝语地名却遍布全境。江城哈尼族彝族自治县仅有彝语地名9条，且多集中在国庆乡。元谋有316条傣语地名，多分布在元谋坝子和金沙江沿岸，但现今在县境内很难找到傣族。征诸历史，文山市原是彝族聚居的地方，宋代以后壮族才大量迁入。江城县的彝族却是后来迁入的。元谋坝子原是傣族聚居区，南明时期吾必奎叛乱被平，"村庄百姓，杀掳殆尽"，傣族从此几乎绝迹。民族语地名的状况与当地的历史正好互相印证。

　　云南民族语地名的分布范围比现今各少数民族分布的范围广，分布的地理位置也有所变化。民族语地名分布的地区和范围，为我们提供了一份历史上各少数民族分布的可靠依据，是研究民族历史的极好资料，应当引起学术界的重视。

# 四、云南民族语地名的丰富内容

云南民族语地名的内容十分丰富，涉及自然和人文诸方面。一类是以地理环境命名，特别是小范围内特殊的地形地貌。第二类以物产命名，特别是野生动植物，包括野果、野菜、怪树、野兽等等。第三类为历史遗存，包括民族的生存、分家、搬迁、发展。第四类为反映社会生活的地名，如歇息的地方、玩耍的地方、进行交易的地方、被骗的地方、起来反对坏人坏事的地方等等。第五类因宗教或神话传说得名，傣族和藏族这类地名最多，且随故事路线形成系列。第六类民族语地名中也有大量的姓氏地名，有的是古代该族的首领，有的是该族的英雄或长者，有的是家支名，有的是该族的某姓。1949 年中华人民共和国成立前，资本主义工商业集中在中心城镇，内地普遍进入地主经济，一些边疆地区或停留在封建领主制，或保持奴隶制度，有的仍处在原始公社向阶级社会过渡阶段，云南被称为"一部完整的活的社会发展史"。云南的民族语地名，则是这部活的社会发展史的生动写照和历史见证。傣族和彝族的一些地名记录了纳贡、交租、分水制度、则溪制度等。最有价值的是 1949 年前处于比较落后阶段而现今人数不多的一些民族使用的地名。这些地名保留了这些民族古代社会生活中重要的历史痕迹，再现他们过去生活的严酷环境。

在独龙族聚居的贡山独龙族怒族自治县，至今还保留了 362 条独龙语地名。如"巴坡"意为盘腿坐，因独龙族先民居此，习惯盘腿而坐，故名。"钦郎当"的"钦郎"为氏族名，"当"为地方，意即钦郎氏族居住的地方。"雄当"的"雄"为奴隶，"当"为平地，意即奴隶坪。"献九当"的"献九"为分居，意即兄弟分居繁衍后代建成的村子。"腊配"意为绝种，该村曾因传染病流行，死亡甚多，人口濒于灭绝，故名。"吉木登"意为一把火把，相传夜间点火把行路，从巴坡到此刚好燃完一把火把，因名。"嘎莫赖"为不诚实，早年有一商人在此欺骗独龙人，因名。"能铺拉"的"能"为黎明，"铺拉"为抢，这里黎明时曾遭强盗抢劫，因名。"龙元"的"龙"为石,"元"为集中,相传村人集中于一大块卧石上共同对付野兽,故名。"思哒"意为葛藤,该村人喜欢用葛藤的韧皮纺线,织网捕鱼,因名。"木嘎波当"的"木嘎波"为蜂蜜,木嘎波当意即掏蜂蜜的地方。"托乌当"的"托乌"为滑溜,意即用溜索滑溜过江的地方。

贡山县集中了266条怒语地名,如"丹当"的"丹"为松树,"当"为坪,意即松树坪。"茨开"的"茨"为粮食,"开"为丰富,意即粮食丰富的地方。"旺洞洛"意即箐里的河。"慈垡"意为长寿,因缅怀一位寿逾百岁、德高望重的怒族老人而得名。"嘎达"的"嘎"为悬崖,"达"为坪子,意即悬崖下的坪子。"古大斗"为"吉当叮"的谐音,意即稍平的地方。"空通"的"空"为河,"通"为湾,意即河湾。兰坪县有通孔、碧鸡兰等怒语地名,"通孔"意即狭窄,因地址狭窄得名;"碧鸡兰"为"驳子纳"的谐音,意即火草地,因盛产这种专用作引火燃料的植物得名。

在兰坪白族普米族自治县普米族聚居的地方保留有少量普米语地名。如"杏乐","杏"为松树,"乐"为山坡,意即松林坡。"松达"意为箐鸡,因过去当地箐鸡多而得名。"汝党"意为大路,因该村位于大路边,故名。"日达拉"意为大桥边,村边原有一座人马便桥,因名。"热来"意即左边村,因村左多为普米族居住而得名。"勒森"是人名,以最初在此定居的人的名字命名。"产米"意为亲家,传说普米族原来不与其他族通婚,后来有个普米族青年在这里破例娶了个傈僳族姑娘,从此普米族开始与其他族结婚,为纪念这一良缘的开端,普米族称这里为"产米"。

保留至今的德昂语地名以芒市为最著名。原作茫施,为德昂族首领的名字,德昂族传说其先民首领是茫施利;后作部名,唐代称茫施蛮;以后作政区名,元代设茫施路,明代设芒市府,清代设芒市安抚司,现为德宏傣族景颇族自治州的首府。德昂语地名还有"户兰",意即副首领,相传德昂族副首领居此,因名。"何卡山"的"何卡"为德昂族的姓,意即德昂族何卡住的山。

阿昌语地名如"鲁哪山",意即种麻的山。"嘎卡坪"以地形像鸡窝而得名。"江蚌"的"江"为桥,"蚌"为温泉,意即桥边温泉村。又如"腊盖瓦"的"腊"为手,"盖"为能干或有技能,"瓦"为村,意即出能人的村。

拉祜语多以当地生长的植物命名的地名，带"的"为林的意思。如"达的"为蕨蕨多的地方，"伯巫的"为蜜糖花树林，"必的"为麻栎果树多的地方，"面的"为香椿树多的地方，"卡加的"为橄榄树多的地方，"阿保的"为芭蕉林，"巴拉的"为扁草林，"鲁的"为芦苇多的地方，"妈泥的"为红格树林。"母卡白"为干天果树多的村，"阿约节"为红毛树多的村，"阿卡朵"为蒿枝坝，"阿布角"为弯多依树村。拉祜语地名多以人名为寨名，而人名又是以出生那天的属性而定。如属牛那天生的男性叫扎努，女性叫娜努；属猪那天生的男性叫扎袜，女性叫娜袜。因属性不同，同是男性就有扎子、扎务、扎肚、扎根、扎丕等不同寨名。"扎姆"的"扎"指男性，"姆"为晚上，意即晚上出生的男人。"扎六"为第六个儿子住的村。"上扎独"、"下扎独"，则因原来有位叫扎独的拉祜老人在此居住得名。"扎牛田"意为属牛日开的田。"阿拉村"，传说最先来此定居的是排行第十的儿子阿老，后演变为"阿拉"。"娜拉帕"意为娜拉这家人，因娜拉家先来居此，故名。拉祜语还有一些十分生动的地名，如"拉起科"，"拉"为豹子，"起"为烧，"科"为山，指烧豹子的山。"邦努"的"邦"为换，"努"为牛，指换牛的地方。"拉巴"的"拉"为虎，"巴"为剥皮，指剥虎皮的地方。"面搓寨"的"面搓"为挎包，意即善于加工民族挎包的寨子。"必骨的卡"意为有甲状腺疾病的村。"哈底"意即石头寨。"科美"的"科"为山，"美"为顶，意即居住在山顶的村。属于拉祜族现在金平的苦聪支系的地名，亦反映了过去贫瘠的状况。如"苏鲁"为一种草名，因村旁多这种草，即以之为地名。"草期"为一种辣鼻子草，村旁这种草较多，因名，后演化为"七吹"。"莫乌"为雾茫茫，因村建在多雾的山头上得名。"南鲁"为一无所有，以此为名是形容当地十分贫瘠。

佤语地名也有不少是以当地特殊地物命名的。如"满叶"意为野葡萄藤，"安雅"即野鸡，因村边树林里野葡萄藤或野鸡较多得名。"安也"的"安"为岩石，"也"为一种鸟，意即鸟岩。"翁布勒"为有水的休息处，因村边有井，过路人常在井边饮水休息。"班勒"的"班"为场，"勒"为休息，意即休息场，因走路人喜欢在此休息得名。"公播"的

"公"为山，"播"为掏取，该山鸟鼠较多，是人们经常掏取鸟鼠的地方，因名。"永得坡"的"永"为寨，"得坡"为瘦土，意即瘦土寨。"永怕点"的"怕点"为崖画，因附近的崖画而得名。"老布景"、"新布景"的"布景"即伙头，该村有伙头居住，因名。"芒来"为交换东西的地方，即集市。

布朗语地名如"腊赶"，是指一种呈山字形当钟敲击的铜片，因该村建在形似腊赶的山丘上，故名。"邦等"的"邦"是窝棚，"等"是斜坡，因该村位于过路人休息的斜坡上而得名。"邦芒陇"的"芒陇"为一种称为"猴子瘿袋果"的野果，以窝棚边有猴子瘿袋果而得名。"翁洼"的"翁"为出水处，"洼"为园圃，意即水园圃地。"艾碧"意为大儿子开辟出来的地方，"山碧"意为三儿子开辟出来的地方。

现在行用的基诺语地名有 42 条，等于一部浓缩的基诺族历史。如"基诺洛克"，"基"为舅舅，"诺"为后，"洛克"为地方，意即后代尊敬舅舅的地方。"巴卡"的"巴"为寨，"卡"为力大，意即力大寨。该村的姑娘用抬石头上山的办法挑选对象，看谁聪明力气大，故名。"洛特"的"洛"为石头，"特"为不动，意即石头不动。该寨采用滚山石的办法选址，在石头不动的地方建寨，故名。"吉座"的"吉"为星，"座"为房屋，意即房子像星星发光，因房顶用大白叶铺盖，远眺像星星闪亮发光，故名。"司土"的"司"为吊，"土"为鼓，意即吊鼓。传说基诺族的始祖玛黑、玛妞兄妹俩乘鼓渡洪水到司杰卓米定居，后因外族入侵，迁居于此，将鼓吊起，以资纪念。大木鼓是基诺族敬为祖先的神器，以鼓寨命名表明对祖先的崇敬及该寨的首席地位。"巴亚"的"巴"为寨，"亚"为压迫，意即反抗压迫寨。该村阿普少说任法官时，违反律条，草菅人命，群众奋起反抗，把他杀了，因名。"少纽"的"少"为无父，"纽"为女子，意即无父的女祖先寨。"巴破"为女祖先寨，以女祖先墨破说德的简称"破"得名。"巴朵"的"朵"为出来，意即由司土分出来的母寨。"巴杯"意为嫁姑娘寨。村里过去有一对同氏族的恋人，按族规不准结婚，后经舅舅同意结了婚，为唯一的同氏族结婚的寨子，因此得名。这些都是以母系氏族公社的风俗和事件命名的地名。

在云南，苗语、瑶语、布依语、水语地名数量较少，但我们仍可以从这些地名中窥见这些民族的环境特征和生活情态。以苗语地名为例，如"莫依朵"，"莫"为光，"依朵"为光秃的山坡，以附近山顶光秃得名。"阿空"的"阿"为那里，"空"为处，意为那里的空处，因村居于一空地旁得名。"落哈国"的"落"为山，"哈"为洼，"国"为塘，意即山洼塘。"所佐"意为先到这里定居的村寨，"么佐"意为后到这里定居的村寨。如"魁窝"，意思是石山高大。又如"阿诺诺"，"阿诺"为潮湿，"诺"为日照时间短，意即潮湿和日照时间短的地方。"家七"村最初只有七家人，苗语倒为"家七"。"牛碑"为牛跛脚的地方。"者秋"为打秋千的地方。亚拉寨系从"哑拉烧"演化而来，"哑拉"为婴儿，"烧"为寨，意即婴儿寨，因有人在此拾到一个婴儿而得名。武定的苗语地名多冠以"卯"字，"卯"即苗族，如"卯虹朗"，"虹"为下边，"朗"为桥，意即桥下边的苗家村。"卯哥吐"的"哥"为脚，"吐"为松，意即松林脚下的苗家村。瑶语地名如"兆广"，"兆"为美丽，"广"为好，意即美好的地方。"会秧"为麻秧演化而来，因麻养树多得名。"里戛多"的"里戛"为琥珀树，"多"为河，意即琥珀树河。"东蹦多"的"东蹦"为大山，意即大山河。"尧贵都"为不会干的水塘。"大得潭"为蛤蚧河。布依语"长底"意即狭长的河谷平坝。鲁布革也是布依语地名，"鲁"为柳树，"布"为水井，"革"为狭窄，意即峡谷中水井旁有柳树的地方。水语地名如"古敢"，意即箐林中有泉水。"补掌"为求佛保佑之意，"咚喇"为对歌的地方，"布古"为找到了好住的地方。

# 五、云南民族语地名的通名

云南各民族语都有特殊的通名，利用通名识别每个地名的族别和语种，是掌握民族语地名的入门捷径。然而，由于各种民族语地名交错散布，识别亦不容易，从人们接触最多的通名可见一斑。

藏缅语族以彝、傈僳、纳西、拉祜、哈尼、白、藏、景颇、怒、独龙等民族语为例，其通名的状况如下。

彝语地名"甸"、"底"为平坝，"米"、"迷"、"密"为地方，"卡"

为村，"龙"、"弄"、"鲁"为城，"白"、"摆"、"本"为山，"者"、"则"为山梁，"鲜"、"腊"、"拉"、"乍"为山箐，"涑"、"矣"、"衣"、"邑"、"以"为水，"黑"、"赫"、"海"为湖泊，"古"为水塘。

傈僳语地名"底"、"王底"、"王地"为小平地、地方，"王基"为山梁，"王路"为山包，"王培"为垭口，"多"、"朵"、"波"为坡，"洛"为洼子，"依玛"为河，"登"为地方，"卡"为村，"当"为寨与寨之间走一天的路程。

纳西语地名"迪"为坝子、地方，"昌"、"岔"为村，"支"为坪子，"各"为牧场，"洛"为箐、沟，"扎"为城，"花"为棚子，"卓"为桥，"古"为高山。

拉祜语地名"邦"为地方，"卡"为寨，"夺"为平地，"弄"为林子，"科"为山，"追"为山峰，"喀力"为垭口，"哭"为洼子，"谷"为洞、沟，"扼"为河，"南"为水。

哈尼语地名"垤"为地方、小平地。古哈尼语"埔"、"普"为遇在一起，"宗"、"总"为做窝，"龙"为围起来，用于动物命名的地名时，含有打滚的意思，"作"是某些哈尼语方言中的村寨，它们都有村寨的意思。"罗"、"洛"、"路"、"洛巴"、"傈巴"皆为河，"厄"为水。"宏"、"轰"、"谷主"、"古主"都是山，"航台"、"红特"、"轰特"为山梁，"阿脉"为垭口，"邦"为窝棚，"扩"、"阔"指地片。

白语地名"赕"、"胆"为平地，"登"为地方或村，"周"、"因"、"营"为村。村寨依山坡而居或村边有小土坡称"和"、"禾"、"河"。"堵"、"度"为山头，"暗"为山包，"曲"为山弯，"温"为山窝，"干"为山箐，"波"为坡，"卓"、"早"为箐，"局"为河。

藏语地名"塘"、"桶"为平地、地方，"依"为牧场，"谷"、"仲"为村，"日"为山，"贡"、"冈"为山梁，"嘎"为山口，"拉"、"腊"为坡，"曲"为河，"错"为湖，"绒"为河谷，"隆"、"龙巴"、"永"为箐。

景颇语地名"冒"为地方，"瓦"、"东"为寨，"召"为街，"碄"、"崩"为山，"广"为坡，"卡"为河，"弄"为塘，"出"为温泉，"枯"为洞。

怒语地名"当"、"达"为坪或地方，"究"、"甲"、"架"、"建"、"洞"为平地，"孔"为村，"益"、"依"为山脊，"贡"、"嘎"为山包、山坡，"洛"、"罗"为箐，"科"、"果"为洼地，"拱"、"夺"为洞，"旺"为河，"等"为岸。

独龙语地名"当"为坪子、地方，"门"为里面，"腊卡"、"拉卡"为山，"顶"为山麓，"母古"为山梁，"格崩"为丫口，"嘎"为斜坡，"旺"、"王"为河，"洛"指箐或箐里的小河，"错"为湖，"土"指河口。

壮侗语族包括壮语、傣语、布依语、水语，以傣语地名和壮语地名为主。傣语"勐"为平坦的地方，"曼"、"芒"为村寨，"景"、"允"、"姐"、"遮"、"者"为城，"嘎"为街子，"东"、"董"为坝子，"那"为田，"雷"为山，"广"为坡，"南"为河，"弄"、"浓"为水塘，"回"为箐，"磨"为井，"蚌"为温泉。壮语地名"者"、"里"为地方，"洞"、"董"为小平坝，"都"为坝子，"板"为村，"亭"为棚子，"圩"为集市，"南"、"喃"为山梁，"弄"、"龙"为山冲，"坡"为山坡，"思"为山洞，"安"为垭口，"渭"为箐沟，"那"为田，"达"为河，"莫"、"磨"、"幕"、"木"为井或泉。

孟－高棉语族中有佤语、德昂语和布朗语地名。佤语"东"为坝子、地方，"班"、"邦"、"板"为坪子、窝棚、场，"永"、"英"、"音"、"岳"、"央"、"羊"、"左"为寨，"公"、"拱"、"冈"为山，"莫"为山梁，"农"为箐，"等"、"唐"为洞，"格浪"、"格龙"为河，"翁"为水。

从以上可以发现，云南民族语地名的识读和译写相当复杂。很多族都有一音多义的情况，同一个音，在不同的地方可能有不同的解释，对其含义的选择颇费斟酌。如藏语"桶"有三个意思，即平地、地方、喝；傈僳语"底"有三个意思，即平地、坪、地方；怒语"当"也有三个意思，即平地、坪、地方。由于住地和分支不同，不少民族语又有若干方言。彝语分为6种方言，白语分为南部方言、中部方言和北部方言，怒语分为兰坪、泸水方言，福贡方言和碧江方言，傣语分为西双版纳的傣泐方言、德宏的傣那方言、孟定的傣绷方言。云南的藏语属康方言，与拉萨的标准音亦稍有出入。因此，同一民族的不同支系，同一支系内的不同方言，都可能有不同的地名称谓。随着语言的逐步发展变化，与相对稳定的地名之间逐渐拉开了距离，现今有的地名还是古彝语或古白语的遗存，我们不能用今天的彝语或白语去任加解说或否定。各民族语通名和专名的排列顺序不一样，大体傣语、壮语、佤语等通名在前，专名在后；其他民族语地名多数是专名在前，通名在后。一般地名有通名，但也有些地名不用通名，因此，民族语地名的语音长短相差很大。聚落名最短的仅一个字，如藏语地名义、独龙语地名班，最多的达五六个字，如傈僳语地名肯期米王地、腊马戛王基，佤语地名永格龙得不老。有的自然地名用字更长。历代对民族语地名的记录和译写有很大的随意性，同一个音或同一个词往往被译写成不同的汉字，不但地区之间不同，县与县不同，甚至一个县内同一个民族的同一个地理通名，也被用成几个同音或音近的汉字译写，给人们识读和使用增加了困难。这些问题造成的难解的地名之谜随处都能找到。如彝语地名个旧，一说"个"为矿，"旧"为真，意即真大真好的矿。一说"果"为荞，"觉"为荞做成的饭食，"个旧"为"果觉"的谐音，意即种荞子吃荞饭的地方。傣语地名遮放，一说"遮"为城，"放"为艳丽，意即艳丽之城。一说"放"为满，意即满城。传说南明永历帝经此，遮放土司响应，至此全部土司都响应了，故称满城。又一说"放"为原芒市土司的姓，后改姓方，意即放土司住过的城。大理市的喜洲，南诏称史城或大厘赕，一说隋开皇中史万岁征南中，渡西洱河至此，因名史城。一说为白语地名，"赕即州"，"史"即白语"歹史"，意为第二，"史城"即第二城。大历十四年（779年）异牟寻从太和城迁此，后虽迁治羊苴咩城，大厘作为北部屏障，"人户尤众"，因名。另说白语中"厘"读 xī，是"禧"的异体字，有幸福吉祥之义，后写作"喜"。

# 六、云南民族语地名与民族关系

民族语地名是历史上民族关系的测试剂。在多民族杂居区，地名对民族关系特别敏感，反映民族关系的地名很多，民族语地名反映民族关系的方式十分复杂，反映民族关系的内容也非常广泛。勐海县的著名边境口岸打洛镇系傣语地名，"打"为渡口，"洛"为混合，意即不同民族相居的渡口，因傣族和布朗族曾共居渡口附近而得名。这样的例子还可举出不少，从地名学的角度探讨主要有以几类。

### （一）一地多名

在云南，各民族多根据自己的习惯，用自己的语言命名同一个地方，一地多名的情况自古即已存在。据《元一统志》，金沙江在元代有6个名称8种写法，藏族称犁枢，麽些族称漾波江，蒙古语称不鲁思河，又作不鲁失、不里郁思，白蛮因物产称金沙江，有人因源出犁牛石下称犁牛河，又被误认为丽江。至今这种情况仍然突出，一地多名及一名多写的情况约占地名总数的20%。峨山彝族自治县约80%的地名同时有几种称谓。大理市及洱源、剑川、鹤庆等县的一些汉语地名，白族都有自己的叫法。玉龙纳西族自治县的一些汉语地名，纳西族也有自己的叫法。瑞丽、盈江等县市一些傣语地名也有景颇语叫法。梁河、陇川县的一些傣语地名又有阿昌语的叫法。景洪市基诺山的基诺族山寨，又有傣语的称谓。"芒市"系德昂语，但现今聚居于芒市坝子的傣族习惯称"勐唤"，傣语"勐"为地方，"唤"为鸡啼，意即黎明的地方。户撒为傣语，意即构树林上方的寨子，阿昌语名"旦美"，"旦"为地方，"美"为圆形，意即圆形的地方。"打拉"为怒语，意即胜利，藏语称"菖蒲桶"，民国初年的菖蒲桶行政委员即设在这里。"菖蒲"为一层层，"桶"为平地，意即层层平地，因有三个缓坡台地延伸到怒江边而得名。

### （二）混合语地名

由于各民族相互影响，产生大批混合语地名，仅地名普查记载的混合语地名即达2000多条。傈僳语和怒语结合的地名不少，如"马西当"，"马西"为傈僳语实心竹，"当"为怒语地方，意即有实心竹的地方。"黑娃底"的"黑娃"为怒语狗尾草，"底"为傈僳语地方，意即狗尾草丛生的地方。"架科底"的"架"为怒语坪，"科"为怒语洼，"底"为傈僳语坪，意即平洼。"阿究王底"的"阿究"为怒语坪地，"王底"为傈僳语坪地，因位于怒江东岸一块乱石坪上得名。"旺洞洛粗卡"的"旺洞"为怒语河流，"洛"为怒语箐，"粗卡"为傈僳语村子，意即箐里的河边村。傣语和佤语结合的地名如"芒买"、"芒伞"，傣语"芒"为寨，佤语"买"为黄牛，"伞"为大象，意即黄牛寨、大象寨。布朗语地名多与傣语等其他民族语结合出现。傣语和布朗语结合的例子如"麻兴该"、"麻兴"为傣语石头，"该"为布朗语盖板，意即石盖板。布郎语和拉祜语结合的例子如"邦扎嘎"，"邦"为布朗语窝棚，"扎嘎"为拉祜语的人名，意即扎嘎首建的窝棚。

　　混合语地名中更多的是少数民族语地名与汉语地名结合的地名。这种结合大体有四种情况：第一，民族语地名和汉语结合的地名。如太和，《读史方舆纪要》卷 117 载："夷语以坡陀为和，和在城中，尊之曰太，城因以名。"又如糯拉鲊，"糯"为汉语，"拉鲊"为彝语箐口，意即产糯米的箐口。西盟现在有地名永道班，"永"为佤语寨，"道班"为汉语的公路道班，意即道班寨。第二，民族语地名全名加汉语通名的音译加意译。如南览河，"南"是傣语河，末尾再加汉语的"河"字。得那拉卡山，山是独龙语"拉卡"的重复意译。芒蚌温泉，"温泉"是傣语"蚌"的重复意译。明永恰冰川的"冰川"是藏语"恰"的重复意译。第三，民族语地名的专名再用汉语作通名。如畹町市、以勒镇、勐主街、景坝、碧塔海、异龙湖、七嘎河、乌通山、马白关、撒营盘等。"畹町"为傣语，意即太阳当顶的地方。"以勒"为彝语，意即泉水甘美的地方。"勐主"为傣语，意即人心向往的地方。"景"为傣语城，"坝"为汉语，"景坝"意即有城的坝子。"碧塔"为藏语幽静。"七嘎"为彝语野花。"乌通"为彝语，意即翘首独峙。"马白"为壮语，即白马，因当地多白马而得名。"撒"为彝语倒挂刺，"营盘"为汉语，意即倒挂刺旁的兵营。勐旺城子的"勐旺"是傣语，"城子"是汉语。别夺窝子、吉果窝子、马海窝子的"别夺"、"吉果"、"马海"皆彝语的人名或姓，"窝子"为汉语山窝的意思。第四，民族语地名为核心附加汉语地名形成的派生地名。勐腊县有回宽，傣语意即木头横挡箐，从回宽分出新建的村名新回宽。"大卡"意即哈尼语苦藤菜，因建寨时间有先后，又分为大卡老寨与大卡新寨。勐海县有大巴拉，"巴拉"为哈尼语波光，"大"为汉语，意即波光大寨，因寨边有一波光粼粼的小箐沟得名。澜沧县有上允、下允，傣语"允"为城，上、下为汉语的方位词。泸水县有大南茂和小南茂，傣语"南茂"为水井，村中有口大水井因称大南茂，村中有小水井的则称小南茂。西盟县有大马散，佤语"马"为地方，"散"为人名岩散，排行第三，"马散"意即老三岩散的地方。分大、小两寨，因名大马散、小马散。还有中课大寨、图地中寨，佤语"中课"为背着东西顺河走，"图地"为河源头。瑞丽市有"武甸"，景颇语为牛群喜欢集中的地方，分为山上武甸和坝子武甸，亦即上武甸和下武甸。又有"允三"，傣语"允"为山鹿，"三"为动物受伤，意即山鹿受伤的地方，后从允三分一部分到下坝建村，因名下允三。澜沧拉祜族自治县东朗乡北缘有罗八寨，"罗八"为最先建村的拉祜族人的名字，"寨"为汉语通名。1946 年其中一部分迁到乡境西部，以原住村名命名，分为罗八内寨、罗八新寨、罗八下寨、罗八外拉祜族寨、罗八外汉族寨等五寨。

### （三）民族语地名的雅化和汉化

一些民族语地名在使用过程中逐步汉化，并赋予了新的含义。玉龙纳西族自治县塔城乡人民政府驻地老村，纳西语名"倮词"，意为堆满石头的地方，后用汉字音译雅化为老村。洱源县乔后镇白语称"哦恩"，意即山后，"哦"与"古"音相近，"古"又指桥，后意译雅化为乔后。雅化多通过汉化实现，如呈贡又作晟贡，原为彝语地名，意即盛产水稻的海湾，元代汉化为呈贡，附会上特产宝珠梨为贡品呈给皇帝的故事。路南也源于彝语地名"鲁乃"，意即长满黑石头的地方，元代汉化为路南，加进了中路三万户府之南的新意。彝良原为易娘部，是少数民族的部名，元代设益良州，清代改写为彝良州，取良善之义。

政区地名的雅化和汉化，是历代统治阶级关心的问题。云南民族语地名的汉化工作被集中进行过多次。第一次是西汉末年王莽篡位时，把原来用民族语命名的政区地名大量改易，反其意变为汉语的新意，如改胜休为胜僰。改毋棳为有棳，改郁邬为屏邬，改毋敛为有敛等。当时的汉化多出于宣扬大汉族主义，因此，不久即被全部罢废。第二次是元代。《元史·本纪》载："至元十三年正月丁亥，云南行省赛典赤改定诸路名号。""盖云南地方多用土语译音，至是其名不雅训者大都改易也。"元代将路赕雅化为广通，罗婺部雅化为武定路，新丁部雅化为仁德府。据民族语地名的汉字录音进行雅化，虽保留了民族语地名的痕迹，但有的与原意相去甚远。第三次是民国年间。1931 年 1 月 9 日，内政部明令全国："各省县名，往往有土名译音，毫无意义，转令各省政府，如有沿袭土名译音者，着即更改。""土名译音，似宜改为汉名，以昭统一。""边远各省县名及设治局名称，仍有沿袭土名译音者，拟即由本部通知各该管省政府，拟议新名，咨部转呈核定。"① 云南省亦以"旧日土语，命名不雅驯"，"饬令各县遵办"。在这一过程中改摩刍为双柏，改他郎为墨江，改嶍峨为峨山，改苴却为永仁等。民国年间认为"蛮语无名义可言"②，嫌民族语"夷名不雅驯"③，由于民族偏见和无知，废弃了一批民族语地名，实为历史上的憾事。

### （四）民族语的他称地名

一般讲民族语地名，是指各民族用自己的民族语命名的地名，但很多民族往往对别的民族的村寨，直接以族名相称。这种情况多用来指称杂居在他族中间人口较少的民族村寨，或原先曾在那里定居过的民族。这些地名，正可以指示民族杂居的状况，探寻历史上民族分布范围的极限。

以其他族名为村寨名的地名例子很多。如永胜县大安乡有白衣箐，通海县高大乡有摆依寨，巍山彝族回族自治县太仓乡有白夷村，云龙县有白衣庄，据传原作摆夷庄，说明那里都曾是傣族村寨。玉龙纳西族自治县的鸣音为班依瓦的汉字音译，纳西语"班依"即摆夷，"瓦"为村，意即傣族村。香格里拉县有本习，纳西语"本"指普米族，"习"为开荒，意即普米族开荒的地方。维西县有巴迪，纳西语"巴"指普米族，"迪"为坝子，意即普米族居住的坝子。宁蒗彝族自治县的皮匠街又名巴蹉古，摩梭语意为普米族跳舞的地方。兰坪白族普米族自治县有"怒爬爷大地"，傈僳语意为怒族人睡过的地方，因怒族到县城赶街常在此歇息得名。兔峨又名"怒咱"，傈僳语意即怒子人，因最早在此定居的怒族得名。香格里拉县有地名傈僳地，意即傈僳族居住的地方。西盟佤族自治县有地名傈僳，

---

① 《新县名须核定后方准用》，载《云南民国日报》1932 年 2 月 19 日。
② 《广通县查报省志资料册》。
③ 《禄劝县地志资料细目表册》。

村以族名。新平彝族傣族自治县有窝尼寨，因哈尼族先到该地定居而得名。勐海县有新竜優尼，傣语"優尼"为哈尼族的一支，"新"为狮子，"竜"为大，意即狮子箐中的優尼人大寨。澜沧拉祜族自治县有阿佤卡毕，拉祜语意为佤族旧寨；又有阿佤哈，意为佤族人歇宿的地方。勐海县有曼瓦寨，傣语"曼"为寨，"佤"指佤族，意即佤族寨。景洪市有布下回费，傣语"布下"指布下人，"回"为箐，"费"为红花红木树，意即红花红木树箐里的布下人。还有阿克新寨，阿克指阿克人。苗家寨、瑶山等更为普遍。回辉登、大回村、回营街等，标明了遍布全省的回族聚居点。昆明市如安街华兴巷过去称满洲巷，因系满族聚居而得名。明清时期云南还有仡佬村、车人寨等，见于《徐霞客游记》和《滇南界务陈牍》等，现在都找不到这些民族了。还有一些是以民族支系名为地名，如彝族支系的卜拉寨、姆基寨，壮族支系的土佬寨、沙人寨，哈尼族支系的邬族寨、毕约寨、阿克寨、吉左寨等。

云南民族语地名经历了数千年自发发展变化的漫长历程，为社会生活、经济发展、文化繁荣服务，也与社会的发展同步发展。但是，随着现代化程度的提高和经济文化的发展，越来越适应不了社会主义现代化建设和国际交往的需要。云南省地名委员会成立后，第一次把地名管理纳入法制化的轨道，执行国务院颁布的《地名管理条例》、《关于地名命名、更名的暂行规定》，并结合云南实际，发布了《云南省地名管理实施办法》等一系列实施细则，对地名进行了标准化、规范化处理。一地多名的地方，根据名从主人的原则确定了标准名称。一名多写的地名确定了规范化的写法，改掉了地名中用字不当、致生歧义或影响民族团结的名或字。在一些州市县进行了统一少数民族语地名译写用字的试点工作。严格执行地名命名、更名的报批审查手续。我们庆幸云南的民族语地名已进入了科学管理、方便使用、健康发展的新时期。

（该文原为1994年参加少数民族语地名国际学术交流会提交的论文，全文分上、下在《史学论丛》第6辑、第7辑连载，云南大学出版社1997年和1999年出版）

# 释"苴"答客问

施先生：

　　手示敬悉，迟复为歉！

　　唐代未见有关苴却的记载。向达《蛮书校注》所附《二爨六诏形势略图》标的苴却，不足为据。该图杂录了很多元明清以来的地名，如昆阳、澄江为元代出现的地名，宾川始见于明代，永北、会泽为清代地名，祥云、宁蒗则是民国年间的了。我们编《中国历史地图集》时，根据新、旧《唐书·地理志》定微州于永仁，又参酌《蛮书》宁伽毗馆于今永仁县治。

　　明代有关苴却的记载不止一处。《杨升庵全集》卷77《渡泸辩》谓："今之金沙江在滇、蜀之交，一在武定府之江驿，一在姚安之左却，据《沈黎志》，孔明所渡当是今之左却也。"《徐霞客游记·滇游日记五》作"苴榷"，他们的记录都没有错，但都是录音，两相对照，透露出"苴"应该读"左"。《徐霞客游记》记元谋境还有苴林（又作苴宁），清代檀萃《华竹新编》载元谋有大小苴宁、上下苴那，今仍读"左林"、"左那"，证明明代已写作"苴"，且已读"左"（zuǒ）音，相沿至今未变。

　　永仁县民间相传，过去在今永定镇文汇路县教育局处的古墓中曾出土泥塑的陪葬品，泥人站在泥马旁，左脚踏在马镫上，作欲跨骑状。群众敬奉如神，每年农历三月二十八日土主会即将此泥像供在祭台上，举行隆重典礼。因泥人左脚踏在马镫上，其地即名"左脚"，后被写为"苴却"。一说彝族喜跳左脚舞，因名左脚。清道光三年（1823年）置苴却巡检司，仍属大姚县。苴却处古代交通大道上，发现古墓及泥塑陪葬品完全可能；为彝族聚居区，至今还经常跳左脚舞，但都无法解释为什么写作"苴却"的道理。苴却应为民族语地名，不能以汉字随便附会。

今楚雄彝族自治州和与之相近的大理白族自治州东南部各县普遍存在写作"苴"的彝语地名。永仁县有 12 条带"苴"的地名，且都读"左"（zuǒ）。"苴"字多数在词尾，为小的意思，与"么"对应，"么"为大的意思。如"直苴"为小黑泥潭，"六支苴"为小龙潭，"他的苴"为小松树坪子。也有些从小的意思引申，如"查苴"的"查"为生姜，"苴"为嫩，意即产嫩姜的地方；"桃苴"的"桃"为松树，"苴"为幼小，意即小松树林；"查利苴"的"查利"为人名，"苴"为儿女，意即查利家的儿女住的地方。另一些"苴"与其他音连为一个词的地名，含义就不同了。如"么苴地"的"么苴"为大麻，"地"为土地，意即大麻地。"地什苴"的"地"为坪子，"会苴"为桃树，意即桃树坪。"宜际苴博"的"宜际"为水冬瓜树，"苴博"为坡下，意即坡下有水冬瓜树的地方。楚雄有"树苴"，"树"为野鸡，"苴"为小，意即有小野鸡的地方。禄丰有"细利苴"，"细利"为树林，"苴"为小，意即小树林。姚安有"小苴街"，原名"代苴"，"代"为平坝，"苴"为小，意即小平坝。南涧县带"苴"的彝语地名有 24 条，加上已改名的 4 条，共达 28 条。相当一部分"苴"为有，如"拉妈苴"，"拉妈"为大老虎，意即有大老虎的地方；"阿基苴"，"阿基"为牲畜，意即牲畜多的地方，因当地草场好，是放牧牲畜的好地方；"瓦富苴"，"瓦富"为白石岩，意即有白石岩的地方，以村后有白石岩得名；"叙苴密"，"叙"为铁，"苴"为有，"密"为地，意即有铁矿的地方；"塘么苴"，"塘么"为赤松树，意即有赤松树的地方；"阿苴"，"阿"为芭蕉，意即有芭蕉树的地方；"二此苴"，"二此"为水香菜，意即有水香菜的地方；"马卡苴"，原名"妈克苴"，"妈克"为竹林，意即有竹林的地方；"舍苴"，"舍"为金子，意即有金子的地方。"苴"一作地方解，如"瓦波苴"，"瓦"为石岩，"波"为下面，意为石岩山下的地方。"苴"也作生象解，比喻形状像什么。如"苴力赶"，是"苴利嘎"的近音，"利嘎"为脖子，即山形像脖子一样延伸的地方；"玉比苴"，是"二比苴"的近音，"二比"为接水槽，即地形像接水槽样的地方，附近有一股泉水流下，像水槽接水一样，村以此得名；"利备苴"，"利备"为瘿袋，以山形像瘿袋得名；"黑摸苴"，是"哈妈苴"的近音，"哈妈"为大象，即山形似大象的地方。其他县带"苴"的彝语地名多与上述情况相似，但也不能都用上面的意思去套。如南华县的"苴簸"，"苴"为火草，"簸"为山坡，意即有火草的山坡。弥渡县的"苴力"，"苴"为山梁，"力"为大，意即大山梁下的村庄。"德苴"的"德"为平地，"苴"为山梁，意即大山梁下的平地。大姚县的六苴镇，实为"倮着"的变音，"倮"为石头，"着"为有，意即石头多的地方。昆明郊区也有带"苴"的例子。官渡区有大麻苴、小麻苴，"麻苴"意为竹园。还有大塔密苴、小塔密苴，清代亦作"塔密左"，设汛。"塔"为黑彝支系，"密"为稻田，"苴"为村，意即有稻田的黑彝村；另说"塔密苴"为松林地。因为苴不是彝语中固有的经过规范化的地名用字，而是借用其他族的字来录记发音相近的一些地名，因此含义多种多样。

其实，不能说带"苴"的都是彝语地名。在与永仁相距甚近的元谋县，带"苴"的地名都是傣语地名。如"苴那"的"苴"为小山，"那"为竹笋，意即竹笋山。"苴林"的"苴"为年代，"林"为祖辈，意即祖祖辈辈居住的地方。滇西边陲腾冲县有打苴，系汉语地名，相传古代产一种称"苴"的草本植物，可以做药，人们常到此采取，因称该地为打苴坡，但当地方言仍读"苴"为"左"（zǔ）。滇中江川县的雄关，原名甸所坝，又称甸苴关，"苴"音近"所"。滇东接近贵州的富源县境，大理时有夜苴部，元代置亦佐县。《明一统志》卷87解释亦佐县："号夜苴部，后讹为亦佐，至元间并入罗雄州，后置亦佐县。"弥渡县的苴力，古代亦写为佐力。"所"、"佐"都是"左"（zǔ）的录音。

其实，南诏时已出现"苴"字，见于《蛮书》、《新唐书·南诏传》、《南诏德化碑》及其他文献。"苴"被广泛用作地名、族名、人名、官名、物名等等。南诏都城为羊苴咩城。据《南诏中兴二年画卷》，有弥苴佉江。《蛮书》卷8谓："苴，俊也。""苴"被用作对男子或长者、贵人的尊称。仅《南诏德化碑》碑阴的官员中称"苴"的就有三人，元代大理总管有段信苴实、段信苴忠等，在姓与名之间夹"信苴"二字。白语称普米族为"巴苴"，《蛮书》上有"望苴子蛮"等，都是用作族名。《蛮书》卷9又说："罗苴子皆于乡兵中试入，故称四军苴子。""每百人罗苴佐一人管之。"这是用于军事制度方面，罗苴子为精兵。《蛮书》说："曹长以下得系金佉苴。""谓腰带曰佉苴。""带谓之佉苴。"这是用于名物。"苴"应为南诏时的白文，由于南诏势力扩大，把它带到云南各地，用来录记彝语、傣语和汉语方言的地名，范围遍及滇西、滇中、滇东，一直行用到现在。它和汉语"苴"的音、义都不相同，因此在各种汉语词典里很难找到有关的解释。

白语中"苴"的读音十分复杂。如金佉苴，《元氏长庆集》卷24《蛮子朝》谓："清平官系金呿嵯。"《白氏长庆集》卷3《蛮子朝》亦谓："大军将系金呿嗟。"《乐府诗集》卷98亦收此诗，"嗟"作"嵯"，两相对照，透露了"苴"读若"嵯"（cuó）。羊苴咩城的羊又作"阳"，"苴咩"的读音，《蛮书》卷1原来有注："上音斜，下符差切。""苴"读若"斜"。弥苴佉江当地读为弥咀（jǔ）曲（qū）江，"苴"又通"咀"，当嘴讲。在宾川、祥云也有前述通行带"苴"的聚落。祥云县有带"苴"的地名11条，多数分布在东部靠近姚安、南华的彝族聚居区，有的地方如普淜等，1958年前一直属姚安，多数属于彝语地名。但在禾甸附近有个新兴苴，清代作青芬苴，1911年改为新兴苴，为白族聚落，白语称"线亥绕"，"线"为新，"亥"为生，"绕"为村，意为新建的村子。后演变为混合语地名，"新兴"系汉语，保留的通名"苴"应按白语读"绕"，与彝语不同，意思仍为"村"，与前面彝语的一种含义相同。同样的例子宾川也有。在大营街稍东有地名"地苴"，分上、下两村，现为汉族居住，但很早就是白族聚居区，附近的莉村为大义宁国王杨干真的诞生地，疑此仍为白语地名。

古白语是云南历史上的瑰宝，识读古白语可以搞清南诏、大理国时期的很多问题。可惜时过境迁，流传下来的资料甚少。《山花碑》算是一个例子，凤仪北汤天的写经又是一个典型，还有其他碑刻和写经，与现在使用的白族语也不能完全画等号。地名是难得的活化石，民族语地名的研究，更可以大大充实古代民族语文的内容。近年学术界对白文的概念讨论已不少，若能深入研究，搞清每一个字的含义及读音，积以时日，逐步识读更多的白文，最终编出《白文字典》，则对云南历史和文化的贡献功德无量。通过认真的研究，那时我们对是否有白文的问题会认识得更清楚。

信笔写来，愧不成章，敬祈赐正。

朱惠荣　1994年1月29日

## 附　记

　　1993 年 12 月，云南大学施子愉教授来电、来信，就友人所提"苴却"读音及时代问题，嘱解答阐释。我花了一个多月写成，复函施先生。后得先生夸赞"完全可以公开发表"。1997 年 5 月 10 日，施先生归道山，因想到该文。近日趁便把它整理出来，作为对施子愉先生的纪念。

2001 年 5 月 27 日

（原载《云南民政》2002 年第 4 期）

# 保护地名文化遗产

## ——《昆明密码——滇池区域地名探秘》序

中华民族有保护文化遗产的传统，十分珍惜千百年积累的优秀传统文化。但是，对于文化遗产的认识也有一个逐步明晰、深化的过程。长期以来，人们把文化遗产的目光多集中在文物方面，包括不可移动文物和传世的可移动文物。历史文化名城、名镇、名村，不但保存文物特别丰富，又是很多重要历史事件的舞台，他们所反映的城市面貌和环境，成为人们解读历史、认识中华文化最集中的地方。自 1982 年国务院公布第一批国家历史文化名城开始，名城、名镇、名村逐步成为我国文化遗产保护的重要内容。从单个的文物保护走向对名城的整体保护，是文化遗产保护的一次跨越。近些年人们的视野逐步开阔，把文化遗产的范围扩大到物质文化遗产和非物质文化遗产，这是人们对文化遗产认识的质的飞跃。2005 年 12 月《国务院关于加强文化遗产保护的通知》对此作了明确的界定："非物质文化遗产是指各种以非物质形态存在的与群众生活密切相关、世代相承的传统文化表现形式，包括口头传统、传统表演艺术、民俗活动和礼仪与节庆、有关自然界和宇宙的民间传统知识和实践、传统手工艺技能等以及与上述传统文化表现形式相关的文化空间。"

非物质文化遗产包括民族民间文学和艺术，节庆和其他民俗活动，传统手工技艺，语言、文字、天文历法、民族习惯法、民族医药等。非物质文化遗产的内容十分丰富，地名也应该是其中之一。

地名有悠久的历史，它的发生几乎与人类社会的出现同步。当人们进行狩猎活动的时候，即使在一个不大的范围，如果没有地名，很难做到协调各人的行动，围捕猎物。"山后面"、"小河边"、"大树下"等，特点突出，易认易记，容易取得共识，成为人们通用的最早的地名。在甲骨文、金文中不乏商、周时期的地名。先秦文献对地名的记载越来越多，记录的地名也越来越系统，《尔雅》、《尚书》、《山海经》等可以为例。地名文化是中华民族古老文化的一部分。

地名是集体的记忆，必须取得大家认同和熟悉，才能通行，才"喊得开，叫得响"。以祥瑞和祈福为内容的意愿地名在地名中比重很大。有些虽不属意愿地名，也常与自然或人事中的嘉言吉兆有关。千百年来，人们喜欢把自己的理想、追求、祈愿融进地名中，经过雅化，不断提高地名的文化含量，用画龙点睛的妙笔，以最精练的文字、朗朗上口的语言表达出来，反映了中华民族的崇高理想、幸福追求、和谐意愿、道德情操，是中华民族民族感情的真实写照。

中国的地名文化遗产，反映了自然和社会的各个方面，内容广泛而丰富。随着历史的发展，不同时代的地名也会出现不同的命名方式和呼喊习惯，使地名具有时代特点。纵观我国古代的地名，先秦、汉晋、唐宋、明清、近代、现代等各个时期，时代特点突出。在我国辽阔的土地上，内地与边疆，甚至省与省之间，又存在着地名命名的地域特点。各个民族都有自己的命名方式，有他们喜欢融入地名的地物和习俗，地名的民族特点十分突出。以云南省为例，全省地名达27万条，不但有大量自然地名、政区地名、聚落地名、交通地名，还有独具特色的边境地名、城市地名、民族语地名。云南的世居民族达26个，绝大多数都保留了以本民族语言命名的地名，民族语地名约占25%。这些汇成了丰富多彩的地名文化宝库，地名文化是绚烂的中华文化百花园中的奇葩。

地名由形、音、义组成。每个地名都有自己的字形、读音和含义，经过标准化处理以后，每个地名都确定了其汉字规范写法和汉语拼音拼写法。但是，作为地理坐标的地名，它们还反映自己独特的位置，有的是点（聚落地名），有的是线（交通地名），有的是面（政区地名）。地名是典型的非物质文化遗产，它正是"以非物质形态存在的与群众生活密切相关的、世代相承的传统文化表现形式"。它也有着与自己"相关的文化空间"，这个文化空间有的是政区，有的是城市或村聚，有高山大川，有文物古迹，中华地名文化遗产的总和，绘就了一幅我国壮美的锦绣山河。中华文化少不了地名文化。

地名是鲜活的文化遗产，它被广大群众长期使用，与大家的生产生活紧密联系，息息相关。举凡居住、户籍、交通、物流、通信、国防、外交、政务、商务、救灾，都离不开其所发生或进行过程的位置，都离不开地名。地名与文物、遗址、文献不同，它不需要固定不变的静态保护的环境。它在频繁的使用中传递信息，深入人心，塑造人们对乡土和祖国的爱。它也在历史长河中，不断地优化、雅化，文化含量愈加厚重。随着时代的发展，新的城市、聚落、道路的形成，具有新的时代特点的地名也应运而生。地名文化的鲜活特点，决定了对地名文化必须进行活态保护。

千百年来，地名累遭劫难，濒危状况十分严重。大体上，我们可以把地名分为历史地名和现势地名两类，历史地名即历史上行用的地名，现势地名即现今行用的地名。在大量的历史地名中，有的退出了历史舞台，成为历史的陈迹，有的却沿用至今，亦兼有现势地名的身份。各省区历史地名的数量不同，濒危的程度也有差异。以政区地名为例，如陕西省，使用时间在两千年以上的县名有8个，一千五百年以上的县名有18个，一千年以上的县名有33个，五百年以上的县名有77个，一百年以上的县名共116个。如云南省，汉晋时期保留至今的县名有5个，占今县名总数的3.7%；唐宋时期延续下来的13个，占总数的9.6%；元明清时期保留下来的65个，占总数的47.7%；民国年间命名的40个，占总数的29.4%；新中国建国后命名的13个，占总数的9.6%。上面是20世纪70年代末的统计数字，以后的变化仍在继续。

地名濒危的原因来自多方面。一是因改朝换代引起的改名。一些王朝和政权往往对前朝地名动大手术，希望在政区地名中打上自己的烙印。二是因民族迁徙出现了一批废旧地名，有时又把原来的地名移徙到新的住地。古代在不同的地方出现夜郎、昆明等地名即属于此类。三是因战争或自然灾害毁灭城镇，有些城聚地名随之消失。四是因自然地物相似或史事含混而引起地名的混乱，全国出现过多处称碣石、石门、昆仑、赤壁的地名。五是自然环境的变迁，也使一些地名消失。云南陆良的中涎泽、泸西的矣邦池都是大湖，近代，湖被垦殖为农田，湖名亦随之消失。嵩明的嘉丽泽被垦殖后，仅留下嘉丽泽农场的名字。六是近年城镇化过程中大批聚落被撤并或搬迁，大城市进行城中村改造，一批村聚名称随之消失或改名。七是热衷于改名，求新求变的风气，冲击着地名的稳定。汉代王莽改制，把很多郡县改了名。民国年间，以"名不雅驯"为由，把一批少数民族语地名改为汉语地名。"文化大革命"中，大搞地名"一片红"，到处是"红旗"、"红卫"、"红星"……造成地名的极大混乱。八是缺乏保护意识，管理不当。有些地方在近年政区调整过程中，地名舍旧换新，一批熟悉的乡镇，因名称的改变几不复识。我们常常碰到一些寻根问祖的乡亲和海外来探亲的朋友，由于地名更易，给他们带来诸多困难。

地名文化赢得了广大群众的热爱，我们更需要用保护文化遗产的决心和意识来保护传统地名。新中国建立以来，我国进行了大规模的全国地名普查，积累了大量的地名资料，对现在使用的各类地名进行了规范化、标准化处理，颁布了地名管理的条例和法规，加强了对地名的有序管理。学术界编纂了规模巨大的《中国历史地图集》、《中国历史地名大辞典》，所收历史地名达 7 万多条；《中华人民共和国地名词典》收录新中国建立后行用的地名，每省一卷，内容更加详尽。这些基础性工作，对众多地名进行深入考订、解析、定位，大大推动了地名文化的研究。各地保护、珍惜传统地名文化，为保持地名稳定做了大量工作。以云南为例，恢复了芒市、普洱等历史地名；昆明市遴选历史地名作街道名，如昆州路、益宁路、西园路、普吉路等，恢复了行用几百年的三市街、巡津街；五华区和呈贡区，在城中村改造中选用了一批聚落名作街道名，或用作街道办事处、居委会的名称，或把它们用来命名公园、广场、公共设施。虽然村寨景观变了，但地名依旧，村民增强了乡土意识和归属感，非常高兴。

保护地名文化遗产，发扬我国传统地名文化的优势，为新时期的经济、文化建设和社会和谐服务，还有很多事情要做。2008 年我在"云岭大讲堂"讲云南地名，提出地名是非物质文化遗产的认识；2009 年在"云岭大讲堂"又讲昆明城市地名；2010 年底，应昆明市政府办公厅邀请讲《昆明的地名文化》，都受到欢迎。大家对地名文化的热情，令我深受感动。地名作为非物质文化遗产，会激发人们进一步关心地名、热爱地名；也需要更多的有识之士投入地名研究，从事这一有意义的事业。苏国有同志送来《昆明密码——滇池区域地名探秘》书稿，更让我喜出望外，原来这些年他也倾情于昆明地名，并结出了硕果。

苏国有是我的学生，年轻好学，积极上进。他大学毕业后回到自己的故乡，为嵩明县地方史志、文化宣传做了很多实事。后来被调到昆明市，长期担任市委的秘书工作。为了吃透两头，对地方历史、地理、经济、文化的研究让他充分发挥"笔杆子"的作用。前不久，他奉调到市政协，那里文化、教育、咨询的功能将是他发挥聪明才智的又一处好地方。我曾经给学生强调，地方史地应该受到重视，研究工作最好从身边的内容做起。苏国有同志在这方面做得卓有成效，先后出版的《兰茂评传》、《打开山门说亮话——云南坝子经济揭秘》、《杨振宁在昆明的读书生活》等著作，都是他献给故乡嵩明县、昆明市、云南省的心力的结晶，会激起读者的心潮，为之动容。

昆明的地名既丰富又精彩，通过地名普查积累了大量资料，大家已不满足于"尝鼎一脔"、"管中窥豹"。苏国有同志的新著《昆明密码——滇池区域地名探秘》，详细介绍了五华区、盘龙区、官渡区、西山区及呈贡区、晋宁县的地名资料，分别从历史地名、自然地名、文化地名三大类多角度地进行探讨，全面、系统、翔实，资料性强，可以作为了解昆明地名文化遗产的手册。该书汇集了不少与昆明地名有关的人物和故事，具有趣味性，但作者写作态度严谨，所言皆有依据。不用打扮自妖娆，这也是昆明地名文化本身的魅力所在。涉及历史上的昆明，存在着很多难解之谜，作为学术著作，该书多有述及。作者的研究颇多新意，可以为读者深入认识昆明、研究昆明打开一扇大门。

祝贺《昆明密码——滇池区域地名探秘》出版。希望大家热爱昆明丰富多彩的地名，保护好这份特殊的非物质文化遗产。

（原载《昆明密码——滇池区域地名探秘》，云南人民出版社 2012 年版）

云南文库·学术名家文丛

# 附：方案不理想　还需再研究

## ——朱惠荣教授谈昆明市两个开发区的地名问题

### 王学沛

　　4月中旬，昆明市西山区地名办公室向"昆明国家高新技术产业开发区、西山区西苑综合开发区规划道路命名审定会"提出了一个命名方案。从与会者的发言情况看，这个方案还存在不少问题。鉴于地名工作与经济建设、人民生活的关系都十分密切，笔者便于审定会之后，专题访问了云南省地名委员会顾问、昆明市地名学研究会顾问、云南大学教授朱惠荣同志。

　　笔者：按照地名管理的要求，"地名命名要注意科学化、群体化、层次化、系列化，小区内一般应围绕主地名来命名子地名"。所以在提供讨论的方案里，确定以"科"系列、"苑"系列来命名的原则。例如，总共26个地名中，科苑路、科盛路、科锦路等带"科"字的就有7个，荟苑路、坤苑路等也多达11个。您认为这样命名是否恰当？

　　朱教授：系列化的命名原则，主要适用于小区，昆明市东华小区内的地名命名，就是成功的一例。它只有4条街路、3条巷、7个里。但是，高新技术和西苑两个开发区是连在一起的，其总面积是13.5平方公里，比50年代昆明整个建成区面积还要大。在这么大的范围内只用"科"、"苑"两个字来一揽包干，显然是把复杂的事物简单化了。现在它就有26条主、次干线，日后全部开发出来，路以下还有街、巷、里等层次，一大批地名都要带"科"或"苑"字，就有文字拼斗游戏之嫌。

　　笔者：但是，有的同志强调地名的"功能性"。您看呢？

朱教授：历史上有"晋乐"、"唐兴"等完全不顾地理特点的"意愿地名"，它们在哪个位置，后人都找不到。"文化大革命"期间的红旗、红卫、红星等"全国一片红"，这些都是教训。意愿地名不宜提倡。全国各地都有高新科技开发区，大家都来抢"高、新、科、技"这几个字取名，就抹去地名的特色了。其实在昆明的这两个开发区，有一条长达6220米，贯通了南北的主干道取名"科苑路"，就已经体现了它的功能了，而且也很突出的。

笔者：在方案中，也有不属"意愿地名"的，如海屯路、普团路等等。这种命名方法跟已有的穿（心鼓楼）金（殿）路、交（通厅）林（业厅下属一个单位）路一样，大家都是摇头的。如今又出现这种命名方法，到底好不好？

朱教授：这是为平衡相关的两部分搞的组合式地名，是原有地名的演化。这类地名易产生误解，不能普遍推广。就在那天的会议上，有位同志就问我：普（吉）团（山）路是不是磕头拜佛者用的"蒲团"？此外，像方案中的海屯路、锦苑路、兴苑路、西苑浦路等等，都是比较长而且转了两三折、方向变了几次的街路，只用一个地名就不好管理，也不方便群众寻找。

笔者：您在发言中提到西山区范围内有一些古地名。还有明代的侍御傅元献，在滇池的草海修过一条大堤，而现在的开发区内又有一条道路准备沿此堤修筑，因此建议取几个符合历史的地名。但是有的同志认为，如今的年轻人多半不了解这段历史，似乎没有取历史地名的必要。

朱教授：正因为有些人不懂历史，取它几个才便于进行爱国主义教育。昆明是历史文化名城，地名应该具有历史文化色彩。再者，在这两个开发区内，有田畴、台地、河流、村寨，并不是荒漠，所以反映历史文化、照顾群众习惯的命名，是大有可为的。

笔者：看来这个方案不是一个理想的方案，是吗？您作为地名工作者的顾问，还有什么建议吗？

朱教授：我所谈的已很清楚，可以说是：方案不理想，还需再研究。地名的命名、更名，国务院和云南省政府都有明文规定，希望新闻单位多作宣传，以增强群众的地名意识。因为地名是经济建设和现代化不可缺少的。昆明的历史文化悠久，地形地貌又很复杂。在地名命名方面，完全有条件形成自己的特色，所以昆明的地名命名、更名，更应当对几百万群众负责，经得起历史的检验，使它无愧于昆明的历史文化和建设成就。

（原载《云南经济报》1994 年 5 月 8 日第 2 版）

# 评《肇域志》

顾炎武是我国明清之际的一位著名学者，生于明万历四十一年（1613年），终于清康熙二十一年（1682年）。《清史稿》卷481《顾炎武传》说他"读书目十行下"，"生平精力绝人，自少至老，无一刻离书"，不但天资聪敏，而且十分勤奋。他的著作甚丰，不下三四十种。他的学术成就是多方面的，他不但是我国古代的进步思想家，在历史学、地理学、音韵学等方面都有杰出的贡献。他的重要著作《日知录》、《音学五书》等皆早已付梓，《天下郡国利病书》也有多种版本行世。然而作为《天下郡国利病书》姊妹篇的《肇域志》，虽然学术价值极高，但却流传甚稀，一般人很难见到，对该书的介绍和评价更少。笔者谨以此文略陈管见。

## 一、《肇域志》的资料与编纂

《肇域志》的资料来源，顾炎武本人有说明。他在该书自序中说："先取《一统志》，后取各省府州县志，后取二十一史，参互书之，几阅志书一千余部。"该书搜集资料极为广博，有地志、正史、实录、奏疏、文集、笔记、图经、碑刻等，引用材料不但大大超过《明一统志》，也超过了《读史方舆纪要》。顾炎武取材特重方志，引用了各种志书一千多种，因此，《肇域志》被誉为"明代方志资料的大集成"① 是不为过的。经过历

---

① 吴杰：《顾炎武〈肇域志〉的内容及其抄本的流传》，载《古籍整理出版情况简报》第 94 期，1982 年 9 月。

史的沧桑，《肇域志》所引多已散佚，有的仅存孤本，由于是书的引录，许多明代的资料才赖以保留下来。

以云南布政司为例，《肇域志》的资料来源大体有五类：一为二十一史，多注出篇名，如《史记·西南夷列传》、《汉书·地理志》、《后汉书·明帝纪》、《隋书·史万岁传》、《旧唐书·韦仁寿传》、《旧唐书·南诏传》、《元史·世祖本纪》、《元史·张立道传》等，而大量抄录的是《元史·地理志》（文中有时注出，省称《元史》）。二为政书和实录，如《通典》、《明会典》、《明实录》等。对《明会典》给予特殊的重视，用《会典》进行考订者达九处。三为重要史地著作，如郦道元《水经注》、常璩《华阳国志·南中志》、王士性《广志绎》、张天复《皇舆考》、《皇明清类天文分野书》等。四为疏、表、记及碑文，如朱泰祯《疏》、刘庭蕙《（霁虹桥）记》、杨廷和《新建永昌府治记》、侯琎《筑腾冲司城记》、陈善《（武定）府城记》、卫炳《（邓川）州治记》、《杨慎碑》等。五为地理总志、通志及府州县志。据诸书著录，明代云南所修府州县志约有60多种，然见于《中国地方志联合目录》者仅5种，今十不存一。《肇域志》引录大量地方志多未加注，能辨其资料来源者有《临安府志》、《建水州志》、《大理府志》、《永昌府志》、《腾越州志》等，对《永昌府志》引录甚多，但现在仅《大理府志》的残本中能够见到。

顾炎武功夫花得最大的要算地理总志和通志。在云南布政司的编修中经常引用的有《元一统志》、《元混一方舆胜览》、《明一统志》、《云南志》、万历《云南通志》、《云南志草》、天启《滇志》等，兹分别考述如下：

《元一统志》　《肇域志》引《元一统志》处有的作正文，有的系眉批，皆《元一统志》对威楚、鹤庆、寻甸、丽江各府形势的概括，引文亦皆见《明一统志》，不识是从《明一统志》转录，抑或亲见《元一统志》。

《元混一方舆胜览》　《肇域志》所引《方舆》即《元混一方舆胜览》，出注书名者有七处，皆对滇池及滇西高黎贡山、礼社江、澜沧江、麓川江、大居江、槟榔江等的记载，有很高的史料价值。然而，所录《元混一方舆胜览》的资料绝不止于此。如陆凉州石门条谓："石门，在州西平壤之中，石笋森密，周匝十余里，大者高百仞，参差不齐，望之如林，俯仰侧直，千态万状，东西行者，皆穿其中，故曰石门。"宁州大相公岭条谓："大相公岭，以武侯得名，上有武侯庙，陟降百余里，石径狭隘，号小险、大险，依层崖，俯深谷，人马不并行，下视白骨纵横，皆大雪没胫时坠而死者也。"以上文字与《元混一方舆胜览》完全一致。

《明一统志》　《明一统志》对《肇域志》的影响是明显的，该书各府州排列的顺序基本沿袭了《明一统志》，但把府下属的州县也立目，翻阅更为方便。在内容上又多处订正《明一统志》，如"宁河，即《一统志》明河"，蒲陀江"《一统志》讹为蒲萄江"，陆凉州"《一统志》作梁"，浪蕖州"《一统志》作滇"，看得出《明一统志》的资料被顾炎武全面核对过。《肇域志》也多处抄录《明一统志》，此不详列。

洪武《云南志》　明初曾两次修纂《云南志》。一见于《明太祖实录》洪武十五年六月壬辰，谓："《云南志书》成。初云南既平，上命儒臣考核图籍及前代所有志书，更定而删正之，通六十一卷，至是始成。"是书未见传本。一为洪武二十九年（1396 年）由王景常、程本立等编修，到建文二年（1400 年）由平显续成，建文三年锓版，但因朱棣削去建文年号，续称洪武，所以后来仍习称洪武《云南志》。《肇域志》引录《云南志》六处，皆概述地理形势，其中曲靖府谓："东通两广，西接四川，北连贵竹，南上滇藩，诚要冲之地也。"这应该是洪武十五年（1382 年）十月东川、乌蒙等府划归四川以后的形势，所据为建文时成书的《云南志》无疑。

万历《云南通志》　《肇域志》载："《滇志》旧志十七卷，叶榆李仁甫编，时为万历元年。"该书实为万历四年（1576 年）刻，因系隆庆六年（1572 年）始修，又称隆庆《云南通志》，为大理人李元阳编。万历《云南通志》在《肇域志》中均省称为《旧志》，注出书名、直接引录《旧志》者十余处。

《云南志草》　《肇域志》载："《志草》二十二卷，句町司空包汝钝编，时为万历三十一年。"此即包见捷修的《云南志草》。见捷字汝钝，蒙自县新安所人。康熙《建水州志》包见捷传谓："都台陈公以修通志属之，时有事于西陲，书法不隐。当事者以未便传布，竟未授梓。"该书迄未刊印，但天启《滇志》即以《志草》为底本，《肇域志》利用了《志草》的资料，实为难得。《肇域志》又曾引录《兵食志》。按天启《滇志·兵食志》系袭用《云南志草·兵食志》而成，不识《肇域志》据何书引录。

天启《滇志》　《肇域志》云南布政司引录诸书出注最多者为刘文征所编的天启《滇志》。刘文征（1555—1626年），字懋学，昆明人。该书共33卷，资料止于天启五年（1632年）。据书末有关付梓人员题名，该书天启时曾印刷过，但今未见传世刻本。《肇域志·云南》注引《滇志》达四十处，居诸书之首，足以说明天启《滇志》的价值。引述的内容情况各异：第一，抄资料。《滇志》的大量资料被录入正文；也有作眉批者，说明对《滇志》的反复利用。第二，与他书对校，定有无。如"贴流巡检司，土人。《滇志》无。""旧有在城驿，隆庆二年革。《滇志》仍存。""旧有潞江驿，正统中革。《滇志》仍存，在府南一百二十里。""旧有白水关巡检司，革。《滇志》仍存，土官。"第三，考异同。如："旧有白羊市巡检司，在州北五十里。《滇志》改赤石崖。"又如云龙州："《舆考》、《缙绅》同，原大理。惟《会典》正统间改隶蒙化府。《滇志》但云本朝始设为州。"第四，订正误。如"浪蕖州，《一统志》作潓，《滇志》同。""嵩明州，《滇志》亦作明。""甸置巡检司，旧《会典》作苴，《滇志》同。"第五，明是非。如"沪沽山（按，'山'应为'湖'字），《滇志》即鲁窟海子。""亏容江，《滇志》作礼社江。"

# 二、《肇域志》在我国地理总志中的地位

我国古代保存至今的地理总志，在它们各自的历史背景下，经历了一个演变发展的过程。

《元和郡县图志》是现今我们能看到的最早的一部全国地理总志[①]。当然它承袭了《括地志》、《贞元十道录》等它以前地理总志的优良传统，但是由于诸书散佚，它以前的情况已不得其详。它又对以后地理总志的编

---

① 王文楚、邹逸麟：《我国现存最早一部地理总志——〈元和郡县志〉》，载《历史地理》创刊号，上海人民出版社1981年版。

修，产生了深远的影响。《四库全书总目提要》说："舆记图经，隋唐志所著录者，率散佚无存。其传于今者，惟此书为最古，其体例亦为最善。后来虽递相损益，无能出其范围。"综合该书内容，包括各府州县的辖属、户数、乡数、郡县等级、建置沿革、境域、八到、贡赋、山、水、井、军、镇、城、戍、故城、墓、亭、祠、庙、桥、津、关等，但只标列部分门类。修撰该书的目的，正如李吉甫自序所说："分疆以辨之，置吏以康之，任所有而差贡赋，因所宜而制名物，守其要害，险其走集，经理之道，冠乎百王，巍巍乎，无得而称矣！"对于统治阶级来说，"成当今之务，树将来之势，则莫若版图地理之为切也"。从此，疆域、沿革、山川、人户、贡赋、关隘、古迹成了地理总志的基本内容。然而，地理总志还为一般"学士大夫"所需要，由于其服务对象的广泛，内容越来越多，到了《太平寰宇记》，分量几乎比《元和郡县图志》增加了 5 倍，从 40 卷扩为 200 卷。户口析为主户、客户分别统计，从直接向统治阶级上缴的"贡赋"扩大为反映区域经济面貌的"土产"，并新增了人物、姓氏、风俗、艺文诸项目。《四库全书总目提要》评乐史的《太平寰宇记》说："后来方志必列人物、艺文者，其体皆始于（乐）史。盖地理之书，记载至是书而始详，体例亦自是而大变。"以后，地理总志便朝着综合化与专门化的不同方向分别发展。

地理图籍涉及国家领土主权，又是统计人口、征收贡赋的依据，修编地理总志向为封建政府所重视。官修的地理总志为便于统治阶级上层收藏、翻检，满足各方面的需要，又可调动大量人力、物力编纂，皆坚持综合化方向，力求完整详尽。《元一统志》达 1300 卷，分目甚多，每目的内容也尽量求全。如其残本保存至今的丽江路坊郭乡镇抄录当时的乡名 7 个、村寨名 158 个。如此处理，地理总志与地方志没有区别了。明代官修的地理总志有两部，《寰宇通志》共 119 卷，达 38 门；《明一统志》共 90 卷，将馆驿、井泉、迁谪、科甲、题咏等省并，仍有 20 余门。清代历经一百多年凡三次修撰而成《嘉庆重修一统志》，得 560 卷，前有图、表，分疆域、分野、建置沿革、形势、风俗、城池、学校、户口、田赋、税课、职官、山川、古迹、关隘、津梁、堤堰、陵墓、祠庙、寺观、名宦、人物、流寓、列女、仙释、土产等 25 门。原古迹一门扩大为寺观、祠庙、

云南文库·学术名家文丛

陵墓、古迹四门，原人物一门扩大为名宦、人物、流寓、列女、仙释五门。分门细碎，内容庞杂。但是却成了自然地理和人文地理荟萃的百科全书，成了人们翻检查阅的资料库。这对于少数专门家很有用处，但对于多数人却显得沉重和多余。

自北宋开始，为了使用方便，也出现了地理总志专门化的发展趋势。宋统治者为了考定官吏俸给、赋役和刑法的需要，诏王存等修《元丰九域志》，元丰三年（1080 年）编成，共 10 卷。该书记载各府州军监的分等、地里、户数、土贡、领县，地里详记四至八到，户分主客，土贡不但记品名，还记载数额，各县记等级、里距、乡数及镇、堡、寨名，叙述沿革以本朝为主，各县仅列名山大川的名称。其优点是突出了重点，但多数人关心的内容删削太多，记载过于简略。因此大观以前又出现《新定九域志》，有了《旧志》与《新志》之分。《新志》各项虽与《元丰九域志》基本相同，但增加"古迹"一门。政和年间（1111—1118 年）成书的《舆地广记》为欧阳忞撰，又从另一个方面补《元丰九域志》的缺略。《舆地广记》共 38 卷，前四卷纵向总叙历代疆域，五卷以后以北宋后期的政区表为纲，分别详述各府州县的沿革，且详宋以前而略宋时情况，正与《元丰九域志》的详略互相补充。以上三部地理总志详略互异，各有侧重，合在一起则成为一部内容完备的反映北宋中后期情况的地理总志。三部书的出现，也反映了读者和学术界追求的仍是《元和郡县图志》、《太平寰宇记》一类综合性强的地理总志。

社会的选择和实际的需要推动地理总志继续发挥其特殊优势。南宋时期出现的两部地理总志也说明了这个问题。《舆地纪胜》为王象之撰，有嘉定十四年（1221 年）作者自序，但全书于理宗宝庆三年（1227 年）编成。在其后的理宗嘉熙三年（1239 年），祝穆所编的《方舆胜览》又付梓。二书在体例和内容上都很接近。它们皆以南宋版图为范围，不像北宋时各地理总志，从大一统的观念出发，也记载或附见前代所置州县；它们不载封建国家最关心的州境、四至八到、户数、乡数、田赋等门；它们突出了各地的景物，《胜览》又将《纪胜》的"景物"和"古迹"门扩大细分为山川、井泉、堂院、楼阁、亭榭、馆驿、桥梁、寺观、祠墓、古迹等门；它们把《太平寰宇记》出现的"风俗"门，扩大为"风俗"、"形胜"，在书中突出了各地风土习俗的资料；它们把《太平寰宇记》出现的人物门加以扩大，析为名宦、人物、名贤、仙释；它们着意引录大量碑传、诗文资料，除新立"题咏"和"四六"两门外，又搜罗了大量与风俗、形胜、景物、人物有关的诗文，分系于各门之下，《纪胜》还有"碑记"一门，后人加以集中就得《舆地碑记目》四卷。可以说，《舆地纪胜》和《方舆胜览》是我国地理总志从官府走向民间的代表作，成为在当时时代风尚的影响下，为学士大夫服务的手册式读物。一方面详述各地景物、古迹、风土、习俗，便于引导越来越多的人出游或卧游。另一方面，宋人在撰写表启文时，例须用四六俪语，为楼阁亭堂作记叙文的风气，也盛极一时，辑录大量诗文，为登临题咏而设，备作四六表启之用，正投合了文人墨客的需要①，因此《方舆胜览》原本冠以"四六必用"四字于书名之首，祝洙在重订本跋文里也说"学士大夫家有其书"。吕午序谓："学士大夫端坐窗几而欲周知天下，操弄翰墨而欲得助江山，当览此书，毋庸他及。"然而，雅俗共赏的作品在质和量上都有选择。《舆地纪胜》200卷，似乎太多了，《方舆胜览》减为70卷，所以祝穆恐别人视为"节略《舆地纪胜》"。虽然《方舆胜览》不是根据《舆地纪胜》节略或改编，但发展趋势却是压缩分量，元代成书的《元混一方舆胜览》就是例证。《元混一方舆胜览》的书名和南宋故土范围内的很多内容都来自《方舆胜览》；分门多效学《舆地纪胜》，也分沿革、郡名、风土、形胜、景致、名宦、人物诸门，把山、水、湖、泉、寺、庙、城、关、驿、碑等内容包罗进景致门，在风土门容纳进重要物产，解决了分门细碎的弱点；各门取材典型，文字简约，仅三卷，便于携带，突出了导游和神游的功能，具有其自身的优势，所以长期受到坊间重视，被多次收入《事文类聚翰墨全书》。该书序说："是编凡山川人物沿革本末，靡不具载，学士大夫端坐窗几而欲周知天下，操弄翰墨而欲得照江山，不劳余力，尽在目下，信乎其为胜览矣！"其内容和编纂目的与南宋两部地理总志极为相似。

　　《肇域志》是一部明代的地理总志，按两京十三布政司分目，再以各省所辖府、州、县顺序排列，记各地的官师设置、设治沿革、地理形势、

---

　　① 谭其骧：《宋本方舆胜览前言》，上海古籍出版社 1991 年版。

民情风俗、藩封、辖属、里距、编户、州县分等、治城周长、山水、古城、文物古迹，卫所、驿递、关隘、巡检、古迹等。内容最多的应天府，据汪士铎所分项目，除别称、领县、田土、赋税等总叙外，还包括沿革、形势、江防、风俗、山冈、道路、驿递、诸水、湖、津梁、城郭、门阙、宫殿、台榭、古城、郊庙、陵墓、坊里、街市、第宅、寺观等。各地特点不同，所记内容亦有侧重。苏州府、松江府详述水利、赋税，山西、陕西详载诸边口、关隘、通道，云南、贵州详记民族及土司情况，广东、福建突出海防。

　　该书重视地貌、地震等自然地理的内容。如湖广长沙县解释："穿水，水伏流曰穿。漏水，平地涌泉曰漏。"长沙县有两穿，善化县有三穿："穿水，源从城东来，向城南西湖桥下入江，是三穿之一也。"道州又记泷："水流石中而湍激曰泷。自江至库亭，谓之入泷；至零陵县界泷曰滩，谓之出泷。春夏水涨，则漕运可通，亦能病舟。"山西河曲记"赤崖村山上有蛤蚌遗壳"。该书也记录物产的分布，反映各地的经济活动。如云南记宁州"旧出卢甘石，封闭年久，州人不知，嘉靖乙卯开铸钱，物色得故地，取石入铜"。定边县螺盘山"旧产青碌"。纳楼茶甸长官司羚羊洞"在司北，产矿"。广通县高登山"元时有盐井，建盐司于此，又名盐仓山，今废"。镇沅府波弄山还详记了制盐的过程。南安州表罗山"产银矿，一名老场，滇诸银场此称最"。永平县花桥山"上有铁矿"。腾冲明光山"上有银、铜二矿"，腾冲城"有税课司，为诸蛮通市"。元江府"家藏积贝"。武定府"交易用盐"。他如盐池、水利、交通、商旅、赋税等，各省皆有反映。该书还大量搜集反映人民生活状况的资料，如湖广承天府载：

　　　　陵园重地，谒辞祭告，日无停轨，供亿浩烦，民困征输。习俗狡伪，避徭畏罪之徒，争投皇庄之佃，动梗约束，土户陵于客户，俗骎骎弊矣。

沔阳州载：

　　　　地卤民贫，以耕鱼为业。崔苇之薮多盗，盗又富而多党。顷年湖多淤为膏，而各藩奏请为业，士大夫之有力者亦从而强占之，民无所得利。而占者又有己业跳入其中，赋日逋而民久日贫。

潜江县载：

> 地沮洳畏潦，民力本业。然奸民享游田之利，而贫弱者有赋役不均之叹。盖王府之占田，军之屯地，错处其中，民困累极矣！

如此等等，《肇域志》内容十分丰富，是一部集明代自然地理、人文地理大成的巨著。

元明距今不远，但有关边疆的政区设治仍多缺疑，《肇域志》累累为我们解开疑窦。如广南府元代领五州，《元史·地理志》缺载。《读史方舆纪要》说："元至元中立广南西道宣抚司，领路城等五州，后来安路夺其路城、上林、罗佐三州，惟领安宁州、富州。明初改置广南府，领州一。"即富州。据《明史·地理志》，安宁州和罗佐州，洪武十五年后皆并入富州境，但为什么又说罗佐州被来安路夺？路城、上林两州的情况亦不明。《肇域志》刚好补了缺项，该书又载："路城州，元在宣抚司西南，本朝未立。""上林州，元至元十三年立，在宣抚司东北，本朝因之。"透过以上，我们可以知道云南、广西之间辖境的变化过程，元代来安路先夺走路城州，所以"本朝未立"；上林州"本朝因之"，后亦为来安路所夺；罗佐州在富州东北百里，明代虽一度为来安路所夺，后仍归广南府，才废入富州。又如元代的元江路，《元史·地理志》载："宪宗四年内附，七年复叛，率诸部筑城以拒命。至元十三年，遥立元江府以羁縻之。二十五年，命云南王讨平之，割罗槃、马笼、步日、思么、罗丑、罗陀、步腾、步竭、台威、台阳、设栖、你陀十二部，于威远立元江路。"诸书多沿袭此说。但威远州不在元江范围，既已讨平其地，为什么元江路还要寄治威远州？殊不可解。《肇域志》说得明白："元甲寅年归附，至元十三年置元江万户府，二十五年于步日部更置元江路总管府，领步日、马龙一十二部，

云南文库·学术名家文丛

地连千里。隶临安广西元江等处宣慰司兼管军万户府。”至元二十五年（1288年）元江路总管府初设时，治所在十二部之一的步日部，《元史·地理志》将步日部置于元江路附郭的位置，亦可证明。后来路治迁因远罗必甸，大德中才筑城。《读史方舆纪要》也不甚了了，把“三面濒河，延袤九里”的“今府城”系于步日城下。再如明代永宁府的地理形势和治所，《肇域志》有一段精彩的描述：“大江自东北一泻千里，向东南而去，其外即盐井卫之山也。余三面皆深山密林，乱流杂派。郡治如斗大，稍稍平衍，无城郭宫室，土司亦不居也，居于远山。”永宁府辖境东到雅砻江，府治有名无实，这些都是他书所罕见。永宁府辖有刺次和、革甸、香罗甸、瓦鲁之四长官司，皆永乐四年（1406年）设，《明实录》载有设置经过。对四长官司的记录，以景泰《云南图经志书》及《寰宇通志》最详，以后诸书辗转传抄，照旧列目，而忽略了废弃的情况。《肇域志》破例把四长官司作废旧州县处理，强调：“四长官司皆西番，性最悍，随畜迁徙。”“四长官司今故绝，俱废。”确实，四长官司存在的时间甚短，正统以后，由于盐井土酋侵据，四司皆废。从上述各例可以看出《肇域志》的历史地理价值，证明顾炎武独具的地理学功力及杰出的识见。

《肇域志》出现在封建社会末期，但它的体例与其前后的几部《一统志》都不同，却类似于早期的地理总志。它采用条目式，不标列门类，每一山、水、城、驿等皆各自独立成条，各条之间空格。这样在行文中便于增减调整，突出重点条目。它文字简洁，不枝不蔓，使读者一目了然，容易掌握。它无艺文及相关的门类，行文中一般亦不引述诗赋四六等。它无人物门，亦不收入晚期地理总志大量充斥的人物传。总之，这种返祖现象是对早期地理总志体例的充分肯定，它证明了早期地理总志难能可贵的学术价值。

# 三、《肇域志》与《读史方舆纪要》比较

明清之际，阶级矛盾和民族矛盾交织发展，战火遍及全国大部分地区，历数十年征战不息。这样的时代背景，深刻地影响着学术的导向，在

全国的地理总志中，这时出现了两部特色突出的巨著，即《肇域志》和《读史方舆纪要》。

《肇域志》的作者顾炎武，在明代生活了三十多年，《读史方舆纪要》的作者顾祖禹，生于崇祯四年（1631年），虽然在明代仅生活了十多年，然而他们都以明的"遗民"自居，具有强烈的反清复明意识。顾炎武遭受家国之破，昆山城陷，生母何氏被清兵砍去右臂，两个弟弟都被杀害，嗣母王氏绝食以示抗清，临终时谆谆嘱咐："我虽妇人，身受国恩，与国俱亡，义也。汝无为异国臣子，无负世世国恩，无忘先祖遗训，则吾可以瞑目地下。"顾祖禹在入清以后，偕父归隐山野，过着清贫的生活。父亲临终嘱咐："及余之身，而四海陆沉，九州腾沸，仅获保首领具衣冠以从祖父于地下耳。嗟乎，园陵宫阙，城郭山河，俨然在望，而十五国之幅员，三百年之图籍，泯焉沦没，文献莫征，能无悼叹乎！余死，汝其志之矣。"在此基础上，顾炎武在江南各地奔走，投入了如火如荼的抗清斗争。顾祖禹于康熙十三年（1674年）也乘三藩起兵的形势，只身入闽，参与耿精忠起事，以图反清复明。他们都不仕清朝，十分坚决。顾炎武曾拒绝内阁大学士熊赐履推荐编写《明史》的工作，后来又拒绝叶方霭等人推荐参加"博学鸿儒科"考试，坚决表示："七十老翁何所求？正欠一死。若必相逼，则以身殉之矣。"据姚椿《通艺阁文集》卷5《顾处士祖禹传略》，顾祖禹晚年，徐乾学奉诏修《大清一统志》，"知祖禹精地理学，固延请，三聘乃往"。"书成，将列其名上之。祖禹不可，至于投死石阶，始已。"不与清王朝合作的志趣与行动，亦何其相似！

顾炎武和顾祖禹都精于地理之学，他们的学术研究都讲求经世致用。《天下郡国利病书》序说，"感四国之多虞，耻经生之寡术"，于是发愤读书著述，终成《肇域志》和《天下郡国利病书》。目的性是很明确的。后人对这方面亦一致肯定。梁启超《中国近三百年学术史》认为："顾亭林著《天下郡国利病书》及《肇域志》，实为大规模的研究地理之嚆矢……是其著述动机，全在致用；其方法则广搜资料，研求各地状况，实一种政治地理学也。"①《读史方舆纪要》亦如顾祖禹自序所说："凡吾所以为此

---

① 梁启超：《中国近三百年学术史》，复旦大学出版社1985年版，第459－460页。

书者，亦重望夫世之先知之也。不先知之，而以惘然无所适从者任天下之事，举宗庙社稷之重，一旦束手而畀诸他人，此先君子所为愤痛呼号扼腕以至于死也。"吴兴祚序亦说："鉴远洞微，忧深虑广，诚古今之龟鉴，治平之药石也。有志于用世者，皆不可以无此篇。"

他们的地理著作也有很多相同之处。虽然《肇域志》和《读史方舆纪要》成书都在清代，但两书都着力反映明代的疆域政区状况，概不谈清代设治。《尚书·舜典》谓"肇十有二州"，《肇域志》的命名，不排除对历史疆域的回顾，但更重要的还是朱元璋开创的有明一代的政区和疆域，作者不便于明说，但顾炎武的用心我们在书中可以体察得到。他们都不采用标示门类的方法。《肇域志》采用条目式，各条之间空格。《读史方舆纪要》采用纲目式，自撰纲要，自为之注。正文用大字，注文则用小字双行排，层次分明。

二书不但在形式、体例上相似，其内容特点也相同。学术界对《读史方舆纪要》在军事地理方面的特色多已指出。梁启超说："景范之书，实为极有别裁之军事地理学。"[1] 谭其骧先生认为"若把此书目为中国古往今来最重要的一部历史军事地理著作，应该是并不过分的"[2]。王维屏也说，该书"是一部军事地理和沿革地理的巨著"[3]。在这方面，《肇域志》有着与《读史方舆纪要》相同的特点。

第一，地理形势是据守或征战首先必须深刻认识的，《肇域志》和《读史方舆纪要》对此都很重视。《读史方舆纪要》各省的总序在这方面阐述得十分精彩。《肇域志》尽量引录诸书对各地地理形势的认识，有的与《读史方舆纪要》大同小异，也有的为《读史方舆纪要》所无。如楚雄府谓：

> 东距禄丰之响水关，禄丰有营、有兵，两郡县咸赖之。西抵定边，方缅、岳连兵时，定边令以羽书乞兵守其地，谓国初缅入

---

[1] 梁启超：《中国近三百年学术史》，复旦大学出版社1985年版，第461页。

[2] 史念海：《河山集》第四集序，陕西师范大学出版社1991年版。

[3] 王维屏：《略论顾祖禹及其〈读史方舆纪要〉》，载《南京师院学报》（自然科学版）1982年第2期。

寇，不由腾、永，直走定边，盖前时大侯州一带歧路多也。又自谓远迟镇南之策应，近绝蒙化之救援，鞭长马腹，固然矣。南连者乐甸，诸夷凭恃险远，不可化服。北接金沙、黑水，为武定之咽喉。扼四塞而图万全，在于讲求之耳。

这一段讲攻守的地理形势，军事色彩很浓，《读史方舆纪要》却无。在边疆，民族情况、民风民俗当为用兵者不可不知，《读史方舆纪要》鲜见，《肇域志》引录了这方面的不少材料。如丽江府："与蜀松、维如牴相角。松州赏番茶，有杂木叶者，番人怒而掷之，安知滇徼外之茶，彼无仰给乎？闻丽江每有调遣，辄以防虏为辞，输粮饷代兵以为常。"民族关系也是微妙的政治、经济、军事关系，执政、用兵者不可不掌握。

第二，《读史方舆纪要》的优点是详记各次战争的情况，并把它们落实到今地位置。《肇域志》叙述史事的笔墨不多，但却没有放过各次战事涉及的地物，择要录入的山、水、古迹多点明与政治、军事的关系，且进行古今对比，注出现状。如临西县金沙江，"元宪宗三年征大理，从金沙济江，即此"。曲靖府白石江，"本朝洪武十四年，西平侯沐英征云南，闻元司徒平章达里麻拥兵十余万屯曲靖，遂进师至白石江，与之大战，擒达里麻，俘甲士二万余人"。定边县螺盘山，"西平侯与刀思郎大战于此"。路南州竹子山，"昔为贼巢，弘治间布政陈金剿平，今为民居"。孟养军民宣慰使司鬼窟山，"极为险隘，夷人据为硬寨"；等等。

第三，城是各级统治的中心，也是战争攻守的据点。《肇域志》和《读史方舆纪要》对城都给了足够的重视，记城的周长，土城、石城或"排木为栅"等城的建筑状况，城址的修建过程和迁徙。《读史方舆纪要》反映的城址数量最多，然亦有《肇域志》独载者，如亦佐县城，剑川县迁治等。还有些内容二书详略互异。

第四，官师设置的地理分布，直接反映各地统治力量的强弱。《肇域志》在诸地理总志中记载官师设置的地理分布最详。它全面记述了省、府、州、县各级各城驻节的官吏，重在反映地方官员的地理分布状况，统治中心的轻重及行政网络的疏密。各省首先反映巡抚、巡按、镇守总兵官、三司及各分守道、分巡道、参将、守备等驻守或管辖的范围，各府、州、县遇有土官者，皆注明土、流相维的状况。如何反映明代军事力量的部署，当时人早有所虑。《明一统志》设公署一门，只收到卫及守御所。《读史方舆纪要》将部分卫、所系于有关府末作"附见"，一部分与府同城的卫、所则略而不叙。《肇域志》将所有卫所按其驻地分系于各府州县，一地有几个卫或所，也一一列出，全面准确地反映了明代的兵力配置情况。

第五，道路的远近、难易、通塞，向为兵家所重视，当然也是《肇域志》及《读史方舆纪要》反映的重点，然二书反映的方法不同。《读史方舆纪要》往往引述他书，记主要交通路线，沿途关隘、驿站、巡司亦为之述及，优点是反映了这些关、驿、巡司所处的地理环境，但内容不全。《肇域志》则全面开列各府州县的驿、递、堡、关、巡检司、税课司等，记其方位、里距，是否土官，管理情况，置废时间，比《读史方舆纪要》所收这方面的内容详尽得多。交通设施的关键在于利用和控扼，《肇域志》的记录重在通塞和存革，用心良苦。

顾炎武和顾祖禹，他们各自都在探讨如何用地理总志为军事斗争服务，并为此付出了毕生精力，都取得了卓越的成就。他们的成果，从形到神又何其相似！程瑶田序说："是书之言疆域建制，殆以《方舆纪要》相表里。"张耀孙序也说，《肇域志》与《天下郡国利病书》"一究生民之利病，治乱之得失；一考建置沿革之规，山川形势兵事成败之要，意各有所主也"。《肇域志》和《读史方舆纪要》是以历史军事地理为特点的两大巨著，是清初升起在天际的耀眼的双星，昭示着全国地理总志往专门化方向的新发展。

# 四、《肇域志》是一部未定稿

《肇域志》是作者毕生地理研究的结晶。顾炎武自序谓："此书自崇祯己卯起……年来糊口四方，未遑删订以成一家之书。叹精力之已衰，惧韦编之莫就，庶后之人有同志者为续而传之，俾区区二十余年之苦心不终泯没耳。"顾氏"壬寅七月"写的《天下郡国利病书》序亦谓："崇祯己卯，秋闱被摈，退而读书。感四国之多虞，耻经生之寡术，于是历览二十一史及天下郡县志书，一代名公文集及奏章文册之类，有得即录，共得四十余帙。一为舆地之记，一为利病之书。"编纂工作始于崇祯十二年（己卯，1639 年），这年科场失意，从此集中精力博览群书，搜集资料，从事地理研究。康熙元年（壬寅，1662 年）他弃家北上，准备将这一工作大体告一段落，将有关舆地者辑为《肇域志》，有关社会经济者别辑为《天下郡国利病书》，并分别写了序。至此，《肇域志》和《天下郡国利病书》已成形，但写作工作并没有结束。如《肇域志》繁昌县大阳山条载："山尽于江中者，为板子矶，弘光时筑城于此以防江。"这是 1644 年或 1645 年的事。浑源州又载："顺治十七年七月，改祀北岳于此。"这是 1660 年的事。海门县条眉批："康熙壬子五月。裁海门县。"这是 1672 年的事。陕西引录有康熙十二年（1673 年）刻本《延绥镇志》。这些都是明显的明亡以后的资料。在清初搜集到的明代资料无法统计，但附录性资料列目有的多达五六次，可以窥见多次补充资料的痕迹。《肇域志》山东、山西、陕西、河南内容特详，正是顾炎武后来在北方游历考察增补资料的结果。顾炎武在频繁的旅途中搜集资料，进行实地调查，核实书本记载。全祖望《亭林先生神道表》说："凡先生之游，以二马二骡载书自随。所至厄塞，即呼老兵退卒，询其曲折。或与平日所闻不合，则即坊肆中发书而对勘之。"顾炎武就是通过这样脚踏实地的调查研究，对《肇域志》进行充实和反复修改的。

然而，工作量实在太大，顾炎武晚年又多在人马倥偬中度过，留给我们的《肇域志》仍是一部还未经过剪裁加工的初稿，留待处理的痕迹随处可见。

该书的正文部分还有不少遗留问题。其一，各省内容详略悬殊。以沪本的五十册统计，南直隶多达十一册，陕西十册，山东八册，山西五册，河南四册，湖广三册，其他浙江、福建、广东、云南皆二册，贵州仅一册。其二，有些条目在同一府县内重出。如西洱河在大理府出现两次，罗藏山在澂江府亦出现两次，废南甸县分系于和曲州、元谋县、禄劝州下。这些都还来不及归纳合并。其三，有关条目的位置和顺序不统一，未及调整。许庆宗跋说："每郡县记沿革形势，先后错见。盖先生流览诸书，随手札记之初稿也。"如各府州县多数先讲沿革；也有的先讲山水，末叙沿革。驿、关、巡检等一般集中在山水以前；有时又分割在山水的前和后。其四，有些仅记下重要资料的线索，还来不及抄录。如兰阳，"大明弘治六年，诏都御史刘大夏等治黄陵岗，塞河口。详碑文"。武陟县，"详唐史"。"姜宝《伊洛水田议》，在三百八十三卷六叶。"沁河，"详刘文靖记"。郧阳府形势，"原杰《疏文编》九十三卷一、六等叶。《世法录》八十三卷三十三等叶"。"本朝兵事，详《世法录》"。其五，尚有多处参见条，需待平衡处理。书中常注"同上"、"见上"、"见后"、"见下"等字。巩县轩辕山"详见登封"，孟津县"魏筑三城，详见孟县"，陕州茅津"详见山西平陆县"，武陟隰城"又见河内"，汤阴"详林县"等等。其六，有些条目，作者已经发现位置不对，作了批注，但还来不及调整。如辉县卫河条注"宜入府下"，新安祋阮君祠条注"此条当入华州"，郧阳府汉水注"此条宜入汉中府"，陈留平丘注"入封丘"，云南云州注"入顺宁"，新化州与新平县注"入临安"等，皆需进行处理。其七，资料未落实，还需进一步核对。河南长葛县"西魏王思政欲以长葛为行台治所，致书于崔猷"条注："未知与荥阳是一是二？"洛阳县注："县志载刘文靖《伊洛二渠记》，模糊不可辨，俟觅善本。"湖北黄冈注："七矶，未详。"云南同时抄了镇康州与镇康府的两条材料，府后有注："未知即此镇康州否？"

该书有不少眉批、旁注和行间的夹注，情况较为复杂。其中一类为新增资料，抄录在与正文相对应的眉间，或补在有关的行间。另一类为不同的说法，批注俟考，其大者关系史实的订正，小者如名称歧异，里距多少。第三类为对一些需要进行技术处理的部分写的提示性的批注，如"近府，宜入府下"。顾氏自序说："本行不尽，则注之旁。"张曜孙序也说："书中旁引夹注，细密繁衍。"有的篇页，蝇头小字批注殆遍，反映了顾炎武严谨认真、一丝不苟的治学精神。

各省后半部都有附录的补充资料。它们也分三种情况。第一类是以书名标目的资料。有的一书仅一行。对《金陵志》、《洛阳伽蓝记》、《华阳国志·南中志》、《广志绎》等重要资料，则按原书面貌详为抄录，有的多达数十页。第二类为不标目的资料。如综合资料或考证条目，一事一条，详略悬殊，短者仅一两句话，长者达若干页。第三类为以府、州、县标目的补充性资料。书中同一府州县标目出现多次时，自第二次以后都属补充性资料。它们内容多有侧重，且文字较详，如有的专记山水，有的讲历史沿革，有的记风俗民情，有的讲古迹陵墓，已不同于第一次立目时全面叙述。以上各类往往混杂排列，"未遑删订"，反映了顾炎武在搜集资料过程中孜孜不倦、随手抄录的痕迹。

从批录殆遍的稿子，可以探知《肇域志》成书的过程。作者先构思了一个收纳内容的框架，所以正文一般列目较整齐，内容较划一，文字详略也较平衡。以后发觉不同书上说法不一，又互有增损，就在相关位置增补批注，形成大量的眉批、旁注。搜集的资料越来越多，批注已无法容纳，只得另立新目，继续抄录，每补充一次，另立一目，因而出现一地数目的情况。还有一些重要著作，不便于打散，又舍不得删节，则全文抄录。《肇域志》的补充资料分量庞大，如以滇本计，山西共四册，补充资料即占三册，河南四册，补充资料占两册半，湖广、云南、贵州都占三分之一左右。《肇域志》的资料就是这样不断扩大，顾炎武的研究就是这样不断深入。

康熙十二年（1673 年）顾炎武参加修撰《山东通志》时，利用山东通志局地方志书比较齐备的有利条件，对《肇域志》山东部分首先加以修订，而成《山东肇域记》。作者手札说："弟今年寓迹半在历下，半在章丘，而修志之局郡邑之书颇备，弟得藉以自成《山东肇域记》。"《记》以《志》为基础，对原有的资料厘定错简，删除重复，仅存七万余字。做到立论严谨，考辨精详，文字简约①。作者《记》序说："余老矣，日不暇给，先成此数卷为例，以待后之人。书名曰《有明肇域记》。"《山东肇域记》是顾炎武本人对《肇域志》进行修改、删削、定稿的范本，使明代地理总志的编纂工作大进了一步。

顾炎武对《肇域志》的编撰，经过了由约到博、由博返约的艰苦过程。他先写成正文，使该书成形；继而扩大搜集资料的范围，详为网罗，

---

① 陈秉仁：《〈肇域志〉修订稿考述》，载《古籍整理出版情况简报》第 105 期，1983 年 5 月。杨正泰：《顾炎武和〈肇域志〉》，载《历史地理》第四集，上海人民出版社 1986 年版。

补充资料；最后再精雕细刻，认真修改。然而，对《肇域志》初稿的修订只完成了一个省，众多问题的解决需要大量的时日，成了顾炎武留给后人的未竟的事业，《有明肇域记》乃顾氏为后人续修全书所定的书名。

# 五、《肇域志》的版本

《肇域志》的流传已不得其详。顾炎武逝世后，他的嗣子顾衍生到山西曲沃扶枢归里，同时还携回顾氏出门时所骑马的尸骨一副，将其著作手稿也携回昆山。顾炎武墓现在昆山千墩镇；马骨葬于顾氏屋侧花园中，有石碑刻"马坟"二字；《天下郡国利病书》手稿也长期珍藏在昆山，新中国建立后交南京图书馆；《肇域志》的手稿被同时携回昆山应毫无疑义。后来，《肇域志》的手稿被后人作价让给广东李氏，乾隆五十八年（1793年）德清许庆宗又从广东买到带回杭州。许庆宗跋说：

> 乾隆五十八年，岁在癸五丑庆宗得先生手书稿本于粤东李氏，盖李之先自吴门购归者。中缺北直隶、江西、四川三省，存者凡二十册，册或四十余翻，或三十余翻，无卷帙之分。每郡县记沿革形势，先后错见。盖先生流览诸书，随手札记之初稿也。

胡虔跋也说：

> 又前无序目，盖亦不全之稿。然其宏博浩衍，拾其余剩，足以自雄，况部帙之丰若是乎！是书每本四十余叶，叶三十行，行五十余字，小如蝇头，雄健无一率笔。每行夹缝旁注之字，尤精妙。

据此可以大体得知，顾炎武原稿的规模和形象。但许家所藏已非全本，缺北直隶、江西、四川诸省，而且可能当时已缺广西。原稿在许家传了四世，咸丰十年（1860年）太平天国农民军攻陷杭州后，下落不明。许善长书对此事有说明：

> 先生有《肇域志》手稿二十册，藏于家四世矣。每册约三十
> 页，每页约二十余行，蝇头细字，一笔不苟，续增者旁眉几满，
> 读之恒苦目力不继。咸丰庚申岁，粤逆陷杭州，家藏书四十余
> 橱，散佚无有存者。或者先生有灵，默为呵护，此书尚在人间。
> 窃愿海内同志留心咨访。什袭藏之，庶不泯先生苦心，藉以补予
> 疏漏之过，幸甚。善长再记。

从《肇域志》原稿抄录的本子主要有以下线索：

阮元在浙江巡抚任内（1799—1805年）曾从许家传抄了一部，也是二
十厚册。王仁俊于宣统二年（1910年）在武昌严启丰家看见过，以后就
无记载。黄彭年又从阮抄本借抄了一部，黄于光绪十六年（1890年）在
武昌死去，以后黄抄本也下落不明。

咸丰四年（1854年），蒋寅昉委托杨象济主持，根据许家所藏稿本抄
录，集中十余人，历时两月而成。杨象济在为蒋寅昉主持抄录时，自己也
抄录了浙江布政司。事见杨象济序。咸丰十一年（1861年），蒋寅昉又把
这部书带到武昌，同治元年（1862年）张曜孙在武昌还看到过。

相传在太平天国农民军与清军争夺杭州时，《肇域志》原稿曾一度落
到左宗棠手里，后由朱衍绪交给曾国藩，曾将此稿本交其幕僚汪士铎整
理。按太平军曾于咸丰十年（1860年）及咸丰十一年（1861年）两次攻
陷杭州，同治三年（1864年）杭州又为左宗棠部占领，汪士铎整理本的
出现应该是同治年间的事。此后，《肇域志》原稿就再无踪迹。

现在能看到的《肇域志》较完整的版本有三种，即滇本、川本和
沪本。

滇本乃宾川人李培天自南京购得藏于昆明，土改期间，由农民协会移
交云南省图书馆。川本每册第一页上有"渭南严氏雁峰藏记书百家语"的
藏书章，其他偶有"渭南严氏"等印记，是否从陕西传入，不获考，现藏
四川省图书馆。滇本和川本都是源自蒋寅昉、杨象济的影写本，各页分
行、字数及起始文字基本相同，眉批、旁注、夹注及提行、空格等皆保留

了原书的面貌。抄工精细，字迹工整。无北直隶和江西、四川、广西四部分。约一百三十万字，同为四十册，且各册起始页码都一样；但分册很随便，有的府县跨在两册，可能系抄工所为。惜川本霉烂残缺太多，有些文字已难以辨识。滇本虽偶有破损，但保管情况优于川本，至今基本完好。滇本应是现今最好的版本。

沪本系汪士铎和成蓉镜据原稿整理抄清者，现藏上海图书馆，分五十册，也无北直隶和江西、四川、广西四部分。经过汪士铎的整理，改动太多，距顾炎武原书面貌太大。其一，对原稿分类改编，归入整理者加的门目，分门有些又不恰当。其二，把眉批、旁注和行间的夹注都"消化"进正文中。且有些地方"消化"错了。其三，把很多小字变为大字，改注文为正文。其四，把一些条目进行归并或调整位置，删并了一些材料，有的因而致误。其五，为了行文通畅，常有径增一二字的情况。其六，抄誊草率，错字较多。后人在沪本上批注改错的字，相当一部分滇本、川本不误，证明是抄誊过程中致误的。其改动者如山西黎水，原稿为："黎水，在府城西南三十五里黎侯岭下。流经州西，合故城水，注浊漳。"其后原有小字："俗名黑水河，与石子河合，西入漳。《县志》：经郡为石子河，入浊漳。"沪本将小字分散补入正文，串为："黎水，在府城西南三十五里黎侯岭下，俗名黑水河。流经州西，合故城水，经郡为石子河，入浊漳。"删"注浊漳"及"与石子河合，西入漳。县志"等十三字。又如湖广永顺宣慰司领三州，原稿为：

> 南渭州永顺州、上溪州、施溶州、南渭州，并本朝洪武二
> 年立。
> 　　施溶州
> 　　上溪州

以上不误，但沪本误读，把它们合并为一句话，即"南渭州、永顺州、上溪州、施溶州，并本朝洪武二年立"。又把前面的"州三"径改为"领州四"。此举大误。按，"永顺州、上溪州、施溶州、南渭州，并本朝洪武二年立"系南渭州项下的说明，全文并无重复。永乐七年已革永顺州，永顺

州亦不该列目。如此等等，恕不一一列举。汪士铎好心整理，但方法不当，帮了倒忙。

现今能看到的《肇域志》的零散抄本有《山东肇域记》一册，分六卷，有黄丕烈、钱大昕和韩应陛跋，藏北京图书馆。《肇域志》南畿部分十册，亦藏北京图书馆。陈作霖抄本《肇域志》金陵分志三册，藏上海师大图书馆。还有南京图书馆藏盍山精舍和竹书堂部分抄本。

一部有重要学术价值的历史地理巨著历三百多年尚未付梓，流传甚稀，一般人很难见到。我们期待着，切盼《肇域志》的新的整理本早日问世。

（原载《史学史研究》2001 年第 1 期。因版面限制，发表时作了删减，收入本书时以原稿刊出）

# 徐霞客《山中逸趣跋》的发现

云南是徐霞客一生旅游的终点，也是《徐霞客游记》中记录分量最多的省。可喜的是，云南还是杰出地理学家徐霞客墨迹保留最多的地方。《山中逸趣跋》的发现又是一例。

## 所谓徐霞客手迹的发现

今本《徐霞客游记》以外是否还有徐霞客的作品或墨迹？这是人们普遍关心的问题。笔者在校注《徐霞客游记》的过程中，千方百计搜求有关徐霞客的资料。万斯年先生20世纪40年代的发现是一个重要线索。

从1942年到1945年，万斯年先生在《学思》、重庆《益世报》文史副刊及《旅行杂志》上连续发表文章，介绍他在云南丽江发现徐霞客《山中逸趣叙》的情况和内容。1945年6月在重庆出版的《旅行杂志》第19卷6期上刊载万斯年先生的《徐霞客书山中逸趣叙跋》一文说：

> 右山中逸趣叙，徐霞客撰书，现藏丽江木世麻后裔木琼先生处。原纸长八十九公分，宽三十三公分，每字大小为二公分×二公分。原纸宣纸，已黄旧，上有水渍。连叙题及霞客题名共三十行，行二十或二十余字不等，上录原文，注以行数，以便保留原文形式，但加标点而已。原幅霞客题名下钤二方章，大小相等，同为一四公厘。两章均篆书，上章系"徐宏祖印"四字，下章为"霞客"二字（横行），上章印的略较模糊，下章则极清晰。两

章当为一人所作，俱铁线，笔致显然，刀工是很好的。（按两章仅宏祖二字为阴文，余为阳文。）

全章笔力劲道，字画飞动，应当是一挥而就的，足见霞客的书法，正同他的为人一样，绝没有一点造作。

这一发现引起学术界的关注，被人们确信不疑。纳西族女作家赵银棠在 1947 年出版的《玉龙旧话》一书中，全文收录了万斯年先生发现的《山中逸趣序》，作者署"徐宏祖"。1959 年出版的《纳西族文学史》亦引《山中逸趣序》的内容说明徐霞客对木生白的赞颂。1984 年赵银棠出版《玉龙旧话新编》，又两次详细摘录这篇据认为是徐霞客写的《山中逸趣序》。1985 年出版赵银棠辑注的《纳西族诗选》，也说《山中逸趣序》是"徐霞客撰写"。

# 所谓徐霞客手迹的流传

徐霞客手书《山中逸趣序》的原件在哪里？为了弄清这个问题，笔者对南京博物院宋伯胤先生于新中国建立初期在丽江的工作发生了兴趣。

宋先生 1950 年参加中央西南民族访问团，不远万里，到滇西访问，10 月 9 日抵达丽江，10 月 27 日离开丽江。作为一位文物工作者，这次行程的重要收获之一就是徐霞客《山中逸趣序》手迹的发现。所写《丽江区工作报告》发表在 1951 年 2 月出版的《文物参考资料》第 2 卷 2 期上。该文有一段重要的叙述：

丽江木家藏有徐霞客《山中逸趣序》墨迹一轴，1942 年万斯年先生在丽江时，曾摩刻石于南口。此物后辗转流入伪贡山设治局长陈纪手中，访问团到达后，陈纪欲出售于我局。我先请其尊重地方政府、丽江父老和木家子孙的意见，最好由他们收购，结果皆以索价过高而拒绝。后经多方动员，才以二十五万元为我局购得，从此，这件仅有的徐霞客墨迹，永为人民所公有，是值得庆幸的一件事。

1986 年 3 月 10 日，宋先生整理当时在丽江的日记及其他资料，写成《徐霞客〈山中逸趣序〉的发现、得到、留滇经过》，详细叙述了这次发现的经过。今全文录出：

1950 年五月，我随中央西南民族访问团去云南。十月九日到达丽江。过去读明史时，知道丽江木姓土司是明代云南土司中喜爱诗书并和徐霞客有过交往的人。徐霞客游滇西北时，曾在木家院住过，为木氏校书，评文。特别是对徐宏祖笔下的解脱林神往已久。因此，一到玉龙雪山这座美丽的城市后，便到处打听有关"木天王"和徐霞客的事，有没有什么东西留下来。不几天，在一个旧书摊上，买到一本赵银棠编著的《玉龙旧话》。这是 1947 年在昆明印的，有神话，有民歌，还有玉龙山文献，有名胜古迹。文献中收有杨慎的《雪山诗选序》和徐宏祖的《山中逸趣序》。我特别喜欢序中引用李景山的两句诗："丽江雪山天下绝，积玉堆琼几千叠。"后来工作一忙，也就把这事搁下来了。

根据十月二十日我的日记："丽江专署有一位北大同学叫曾孝武，曾做过什么地方的县长。昨天他托施泽早同志给我看一幅徐霞客写的《山中逸趣序》，是一个卷子，装裱过。据说这东西原藏在木家，后来卖到昆明。"

"徐霞客手迹还没有见过。天壤间所有的恐怕只有这一件。万斯年老师在这里工作时，曾在南口摹刻一石，且有专文考证。曾孝武说，这个东西要出让，我也想收，只是没有人碰头商量价钱。今天去看周汝诚先生，和他谈到南口刻石，他说他有一件原物的照片，也拿给我看了。我心里很高兴，向周先生借回，想对照一下真伪。周先生还为这件东西散失在昆明而惋惜，还不知道它又回到丽江，并且已在我的身边。"

十月二十二日日记："徐霞客手迹，对方开口要五十万，还不太贵。晚上冒雨去专署看曾孝武同志，谈了很久，价钱还没有定。曾是华坪人。"

十月二十三日日记："同李校长到南口看徐霞客石刻。"

十月二十四日日记："徐宏祖的《山中逸趣序》今天谈好了，化了二十五万元把它买回来。天壤间的唯一真迹，我总算得到了，心里很高兴。"

十月二十七日，我离开丽江去怒江。这件徐霞客墨迹也跟着爬过碧罗雪山，到了怒江，然后经保山，于1951年二月一日回到昆明。

二月一日日记："晚饭后，到云大去看方先生（即方国瑜教授），并向他谈了在丽江购到《山中逸趣序》的事。"

二月二日日记："李埏（当时是云南图书馆馆长）来，是为了徐霞客字的事。我表示：这件事我尊重云南父老的意见。"

二月六日（元旦）日记："四点钟出去看姜亮夫先生，他赠我《滇绎》三本。后去方国瑜先生家吃晚饭，谈了不少关于云南的掌故。不一会，李群杰厅长（当时是文教厅）来，谈到徐霞客墨迹，他们要留在云南。"

二月十七日日记："云南文教厅派人来拿走徐霞客墨迹。"

传为徐霞客手迹的《山中逸趣序》流传线索总算清楚了。万斯年与宋伯胤的两次发现实为一物。该件原藏丽江木氏后裔木琼处，20世纪40年代被万斯年先生加以介绍，后流失昆明，以后又回到丽江，辗转流入贡山设治局长陈纪（回忆录作曾孝武）手中。1950年十月二十四日宋伯胤以25万元买到，带在身边翻过碧罗雪山，经怒江、保山到昆明。1951年二月十七日交云南省文教厅的人拿走。宋伯胤先生给笔者来信说："有关同志均在昆明，请你走访寻找，可能找到原件。果如是，盼能见告，以免悬念。"老一辈学者搜寻徐霞客手迹的苦心，令人肃然起敬。1942年万斯年曾摹刻立石于丽江县城的南口。1950年宋伯胤在丽江曾亲见南口刻石及照片。经落实，《山中逸趣序》一幅现藏云南省图书馆，南口刻石则下落不明。

# 所谓徐霞客手迹辨伪

《山中逸趣序》是否徐霞客所作？要鉴定其真伪必须用《山中逸趣集》进行认真核对。

《山中逸趣集》传世甚少，仅云南省博物馆藏有原刻本一册，纸黄旧，有水渍印，间有蛀洞。云南省图书馆有复抄本。该书系木增所著的诗文集，收有赋 2 篇、散文 3 篇、诗 152 首，原刻眉批小字评语 100 条。正文首页署"滇西水月痴人木增长卿父吟，晋宁此置子唐泰布史甫订，云间青莲居士章台鼎吉甫评"。前有两篇序，后有两篇跋。第一篇序为章台鼎所作，第二篇序为唐泰所作。奇怪的是原书上章台鼎的序文与万斯年先生公布的序文完全一样，仅将文末的署名"云间章台鼎吉甫题"换为"霞客徐宏祖题"，将篆体阴文"章台鼎印"、阳文"章氏"两方印章换为篆体"徐宏祖印"和"霞客"字样，"宏祖"二字为阴文，余为阳文。徐霞客名弘祖，印章却作"宏祖"，显系清代人避乾隆皇帝弘历的讳，肯定不是徐霞客本人用的印章。章台鼎的序变成了"徐霞客手书序"，作伪的痕迹十分明显。章台鼎序共八叶半，每半叶四行，行八至十字不等，乌丝栏，四周有单栏线，为手书草体字影刻，与万斯年所说"全章笔力劲遒，字画飞动，应当是一挥而就的"的特点相同。看来作伪者是照章台鼎草书影刻本摹写，但整理成三十行、行二十或二十余字不等的条幅。以后在传抄过程中，改头换面的情况愈加严重，赵银棠在《玉龙旧话》中抄录的《山中逸趣序》，文末还增署"大明崇祯霞客徐宏祖题"字样。

该文的内容也与徐霞客的思想不符。文中称颂木增"智足知兵，才堪八面，所雅镇石门铁桥，丸泥可封，使金沙之涯，俨标铜柱，无疆事之忧"。徐霞客《丽江纪略》却载："乙亥秋，丽江出兵往讨之（按，指必烈管鹰犬部落），彼先以卑辞骄其师，又托言远遁。丽人信之。遂乘懈返袭，丽师大败。"《滇游日记七》亦载："然闻去冬亦曾用兵吐蕃不利，伤头目数人，至今未复，儸㑩、古宗皆与其北境相接，中途多恐，外铁桥亦为焚断。""其俗新正重祭天之礼，自元旦至元宵后二十日，数举方止。每一处祭后，大把事设燕燕木公。每轮一番，其家好事者费千余金，以有金壶八宝之献也。"《滇游日记六》又载："木氏居此二千载，宫室之丽，拟于王者。盖大兵临则俯首受继，师返则夜郎自雄，故世代无大兵燹，且产矿独盛，宜其富冠诸土郡云。"如此等等，大相径庭。

《山中逸趣集》原刻本的原收藏者为剑川鲁元齐。他在卷首的两页题记已把作伪的情况作了揭露：

> 此木长卿《山中逸趣》为曾祖蔚斋公藏书。余爱其前后诸序跋，常携之行匣。往见朝报，以章吉甫序作徐霞客文刊出，即欲抄寄订正，未果。据云系北平万斯年君在丽抄诸手述，实则一贡生伪造。万君未见刊本，遂信为真耳。今方瞿仙师撰担当年谱成，述及霞客序，亦据万抄。余乃亟将此书拣陈瞿师，俾此奇文与海内共欣赏焉！
>
> 壬辰春三月剑阳鲁元齐（印）

原来，《山中逸趣序》的作者是章台鼎而不是徐霞客，所传"徐霞客手迹"实为清代一贡生所伪造。李惠铨亦认为《山中逸趣集》那一篇"徐霞客撰书"的序实为讹传，万斯年先生却未细察，上了贡生的当①。

# 《山中逸趣跋》的发现

有趣的是，虽然《山中逸趣序》与徐霞客无涉，《山中逸趣跋》却是徐霞客写的。

《山中逸趣集》有两篇跋，第一篇即徐霞客用篆书写的《山中逸趣跋》，最末一篇为梁之翰用楷书写的《山中逸趣后跋》。徐霞客跋文版框长17.5厘米，宽11.1厘米，乌丝栏，四周有单栏线，每叶书口有"山中逸趣徐跋"六字及书叶编号，从一编到九，共九叶。每半叶四行，行八字，

---

① 李惠铨：《〈山中逸趣序〉作者辨正》，载《古籍整理研究》1989 年第 1 期。

字实大为 1～2 厘米×1.2～2.2 厘米。末署"崇祯己卯仲春朔旦江左教下后学徐弘祖云逸父顿首拜书于解脱檀林"。共 546 字。最末钤有二方章，皆篆书阴文，上一方2.2×2.2厘米，为"霞客"二字。下一方2.7×2.7厘米，为"徐弘祖印"四字。徐霞客写这篇跋的时间是崇祯十二年，岁次己卯（公元 1639 年）的二月初，写作地点在丽江解脱林。

解脱林即福国寺。《嘉庆重修一统志》丽江府寺观载："福国寺，在丽江县西北，雪山西南麓。旧名解脱林，明天启时赐此名。"至今当地人仍称解脱林。该寺藏经阁名法云阁，"八角层甍，极其宏丽"，为形制特殊的三层木结构建筑，俗称五凤楼，近年已照原样搬迁至丽江城郊黑龙潭。徐霞客于一月二十九日抵解脱林，寓藏经阁前的南庑。二月八日离开解脱林返城。据今本《徐霞客游记》将他在那里的工作整理如下：

二月初一日　木增"设宴解脱林东堂"。

二月初二日　"下午，又命大把事来，求作所辑《云薖淡墨》序。"

二月初三日　"余以叙稿送进，复令大把事来谢。"

二月初四日　"有鸡足僧以省中录就《云薖淡墨》缴纳木公。木公即令大把事传示，求为较正。其所书洪武体虽甚整，而讹字极多，既舛落无序，而重叠颠倒者亦甚。余略为标正，且言是书宜分门编类，庶无错出之病。晚乃以其书缴入。"

二月初五日　"复令大把事来致谢。""求再停数日，烦将《淡墨》分门标类，如余前所言。余从之，以书入谢。且求往忠甸，观所铸三丈六铜像。"

二月初六日　"余留解脱林校书。""闻由此而上，有拱寿台、狮子崖，以迫于校雠，俱不及登。"

二月初七日　"连校类分标，分其门为八。以大把事候久，余心不安，乃连宵篝灯，丙夜始寝。是晚既毕，仍作书付大把事，言校核已完，闻有古冈之胜，不识导使一游否？"

二月初八日　"昧爽，大把事赍册书驰去，余迟迟起。""备马，别而下山。"

以上校书的经过说得非常具体，但使人读后产生疑问：《云薖淡墨集》都没有见过，就给该书写序言吗？序已写好交了，为什么复又传示该书？《山中逸趣跋》的发现回答了这个问题。在解脱林的七天里，徐霞客实际上做了两件事：第一件是为《山中逸趣集》写跋，这是木增原先安排的；第二件是为《云薖淡墨集》校雠错讹，分门编类，这是临时追加的事。因此，《山中逸趣集》有徐霞客的跋，《云薖淡墨集》却没有徐霞客的序。传世的《徐霞客游记》二月二日应正为："下午，又命大把事来，求作所辑《山中逸趣》序。"由于后面谈到《云薖淡墨》，引起抄誊的人混淆两种书名而致误。"序"字在此并无不妥，既是大把事传话所称，带有尊敬的意思，又是徐霞客对自己文章的理解，正如他文中所说的"故喜极而为之序"。只因徐霞客得知前面已有章台鼎和唐泰的序（唐泰作序的时间为崇祯丁丑即公元1637年十二月），才把自己的序放在书末作为跋了。

《山中逸趣跋》是根据徐霞客用篆字书写的手迹雕版影刻的，保留了徐霞客精湛的书法技巧和文字风格。徐霞客选用奇诡的篆书写跋，为人们叹服。一方面，他以此向"此中无名师，未窥中原文脉"的西南边疆展示中原文化中一些寻常难见的侧面，引起他们对中原文化的惊讶、震动和膜拜；另一方面，超过常人知识水平的形式，使作伪者难于对付，堵塞了日后作伪的门径。正如孙太初先生指出的："因霞客跋尾是用奇诡的篆书写的，作伪者难于辨识，遂全抄章台鼎序言，冒充徐氏'真迹'，弄成张冠李戴。"① 赝品选用章台鼎序也是煞费苦心的。在《山中逸趣集》诸序跋中，章序是一篇献给木增的颂歌，通篇充斥谈美赞颂之词，被认为"可以作木增传略看"，且草书大字又容易摹写。然而，章台鼎的名气和社会影响却远不如写跋的徐霞客。赝品的作者使徐霞客的名和章台鼎的文合璧，意图产生出人意料的效果。因此，这件赝品才有可能长期在土司家收藏，并由土司后裔木琼出示给内地来的著名学者。

然而，徐霞客的选择却给后人带来了麻烦。奇诡的篆书难于识读，可望而不可即，耐欣赏而难辨认。文中同一个字有多种写法，甚至有的是自拟篆字；再加上雕工对篆书掌握不准，板刻过程中笔画的讹误更难避免。

① 孙太初：《徐霞客手书赠鸡足山僧妙行诗稿》，载《文物》1978年第10期。

长期以来，一批学者为识读徐霞客《山中逸趣跋》殚精竭虑，付出了大量劳动。云南大学图书馆藏方瞿仙先生手稿《师斋随笔》第二册按以下顺序全文抄录了唐泰《山中逸趣序》、梁之翰《山中逸趣后跋》、徐霞客《山中逸趣跋》和章台鼎《山中逸趣叙》，在徐霞客文后方氏注有一段题记："霞客日记，海内风行；文少见。此文以篆文书刻，而篆未专字，有自拟篆者。经剑川鲁季均、姚安由定庵悉心校释，余亦参加审定，尚有欠妥之处，录存以质后之读者。"文中有疑问的地方画了符号，并有眉批 14 条，多提出问题，悬而未决。于乃义先生生前得见《师斋随笔》，对徐霞客的跋颇感兴趣，可惜来不及识读就去世了。1982 年 10 月，笔者将有关情况向当时来昆的谭其骧先生请教，谭先生大喜，提出很多解决办法，并主动提出愿联系顾廷龙先生帮助。1983 年笔者得李孝友先生陪同，到上海图书馆请教顾廷龙先生，顾先生破读了其中一些难字。后来赴北京，又托在人民文学出版社古籍部的友人盛永祐向有关书法家请教。

徐霞客《山中逸趣跋》的发现经历了半个多世纪，笔者对这一问题的研究亦持续了十多年。现把发现经过和释读结果整理出来，作为对杰出的旅行家、地理学家徐霞客逝世 350 周年的纪念。

# 《山中逸趣跋》的内容

徐霞客的丽江之行与其说是旅游考察，不如说是被土司木增安排为他效力。在丽江境内共十六天，除赶路四天，憩通事楼候见四天，木增大宴一天，其他时间则是在解脱林校书、作序，在木家院作文、评文，还给木增写过两封信，又为木增推荐名士，写邀请吴方生的信。作为旅行家的徐霞客，他"神往而思一至"的中甸、泸沽湖等地皆被婉言拒绝，在丽江地区的考察活动多未能实现，他对此十分遗憾。但徐霞客在丽江期间，圆满完成了一个中原文化使者、木氏家塾名师的任务。为了传播中原文化，他却是尽心尽力，"连宵篝灯，丙夜始寝"。在这些文化活动中，最有意义的一项就是写成《山中逸趣跋》。今以《师斋随笔》的校释为基础，参酌诸家识读，将《山中逸趣跋》全文整理，录出供学术界赏析。

## 山中逸趣跋

自两仪肇分，重者为地，重之极而山出焉。以镇定之体，奠鳌极而命方岳，但见其静秀有常而已，未有能授之逸者。孰知其体静而神自逸，其迹定而天自逸。彼夫逃形灭影，埤圩湮谷，曾是以为逸乎？穷直与山为搆者也。进而求之，伊尹逸于耕，太公逸于钓，谢傅逸于奕，陶侃逸于甓，逸不可迹求，类若此而大舜有大焉。其与木石居、鹿豕游者谁？其逸沛然决、莫能御者又谁？迹野人求之市，复迹大舜求之不得，是所谓真逸也。千古帝皇，莫不以舜为就业，自乃鼓琴被袗，其得力于深山者固趣。但自有虞以后，山川之劳人亦久矣。神禹以之胼手胝足，秦人因之驱石范铁，焉睹所谓逸。乃丽江世公生白老先生，凤有山中逸趣者何？非天下皆劳，而我独逸，天下俱悲，而我欲趣。即以天下之劳攘还之天下，而我不与之搆；以我之镇定还之我，而天下阴受其庇。与山之不能相者，我欲迹之。是山非天下之山，乃我之能镇能定之山也；多山非我一方之山，乃天下之山，而为镇为定之山也。故文章而犄石者，逸为出岫之卷舒；雪影而飞絮者，逸为天半之璃玉；泉静而滥觞者，逸为左右之逢源；志情而宫商之音，逸为太始赋形；而金石之宣，逸为钓天。先生此集，所以卷纶藏密者，与莘渭各异，而镇意念之心，故悠然迹外。即纳之大麓，又何与于舜庭之飏歌？垂承则能赍天下于春台者此趣，能翔太酥于寰宇者此趣，而山中云乎哉？然必系之山中者，所以奠鳌极而襧方岳也。弘祖遍觅山于天下，而亦乃得逸于山中，故喜极而为之序。

崇祯己卯仲春朔旦，江左教下后学徐弘祖霞逸父顿首拜书于解脱檀林。

这不是通常的序跋，它没有堆砌对木增的大量谀颂辞藻，而是借题发挥，抒发自己的哲学观点。徐霞客认为世界"静秀有常"，是有规律而非杂乱无章的。"其体静而神自逸，其迹定而天自逸"，"体"、"迹"决定

"天"、"神"，"以镇定之体，奠鳌极而命方岳"，这些思想是唯物的。他反对历史上大规模趋赶群众服劳役，"神禹以之胼手胝足，秦人因之驱石范铁，焉睹所谓逸"，感叹"自有虞以后，山川之劳人亦久矣！"在明末社会动荡，战争频仍，人民疲惫，生活艰危，生命难保，阶级矛盾和民族矛盾都日愈激化的岁月，徐霞客提出："千古帝皇，莫不以舜为兢业，自乃鼓琴被袗，其得力于深山者固趣。"要求"以舜为兢业"，舒缓民力，实现"真逸"。这样的思想十分难能可贵。徐霞客不主张超然独善，自寻其乐，"非天下皆劳，而我独逸，天下俱悲，而我欲趣"。他希望通过自身修养影响社会，"是山非天下之山，乃我之能镇能定之山也；多山非我一方之山，乃天下之山，而为镇为定之山也"。"以我之镇定还之我，而天下阴受其庇。"这是徐霞客留下的重要哲学论文，也是徐霞客一生行世的准则，正如他自己宣称的，"弘祖遍觅山于天下，而亦乃得逸于山中，故喜极而为之序"。在《徐霞客游记》里，徐霞客用这一原则处世待人的例子随处可见。

（该文为 1991 年参加纪念徐霞客逝世 350 周年国际学术讨论会提交的论文，后载《纪念李埏教授从事学术活动 50 周年史学论文集》，云南大学出版社 1992 年版）

# "唐标铁柱"考

昆明大观楼风景如画，但更引人注目的是那副一百八十字的长联。它以生动、简练的笔触描述了云南的历史，用"唐标铁柱"四个字概括了唐在云南设治的功绩。铁柱在哪里？有人说："孙髯翁失于考史，没有史实。"又有人说："铁柱是南诏立的，不是唐立的。"历史事实究竟是怎样的呢？

唐代，云南地区各族人民心向统一。《旧唐书·韦仁寿传》说，唐高祖李渊派韦仁寿为检校南宁州都督，带兵五百人到西洱河（今洱海周围），"承制置八州十七县，授其豪帅为牧宰，法令清肃，人怀欢悦"。各部落首领为了挽留韦仁寿，大家哭着十天内就筑好了城，建起了官厅屋舍，并派子弟随同入朝，进献土特产。武则天时，派裴怀古往姚州争取各部，"归附者日以数千"。以后，各族首领又相约到京城，"诣阙颂怀古绥抚之状"。唐朝在云南遍设州县，隶戎州都督府（今四川宜宾）、姚州都督府（今云南姚安），统归剑南道（治今成都）管辖。

但是，随着吐蕃势力的发展，唐原设治的地方逐步被吐蕃占领，洱海地区成了吐蕃与唐争夺的对象。调露二年（680 年），吐蕃"并西洱河诸蛮"，吐蕃赞普器弩悉弄亲征滇西北一带，"向白蛮征税，乌蛮亦款服"。面对这种形势，唐王朝首先扶持各族中亲唐的力量。永昌元年（689 年），一度依附吐蕃的浪穹诏主傍时昔，率领所属二十五部重新归唐，唐朝任命傍时昔为浪穹州（今洱源）刺史，"又逼蕃界，兼资镇遏"，作为向北堵截吐蕃的前哨。不久，大首领董期也率所部二万户内附，充实了向唐的力量。唐朝还派大兵廓清叛乱，击退吐蕃。延载中（694 年），在金沙江以南增设泸南七镇，派蜀兵戍守，加强军事实力。神龙三年（707 年），姚州诸部又依附吐蕃，联合侵边。六月，唐派侍御史唐九征为姚嶲道讨击使，率兵对付吐蕃。刘肃《大唐新语》卷 11 载："时吐蕃以铁索跨漾水（今漾濞江）濞水（今顺备河）为桥，以通西洱河蛮，筑城以镇之。九征尽刊其城垒，焚其二桥。"唐九征"累战皆捷"，拔除了吐蕃的据点，切断了吐蕃进入洱海地区的通道，把吐蕃势力赶到漾濞江与顺备河西岸，恢复了唐在洱海区域的统治，并在波州（今祥云县）建铁柱以纪功。

唐九征铸铁柱的史实，开元宰相张九龄《曲江集·敕吐蕃赞普书》说："缘彼州铁柱，前书具报，一言不信，朕岂厚诬？更以相仍，便非义也。铁柱书唐九征所作，百姓咸知，何不审之，徒劳往复。"同书另一篇《敕吐蕃赞普书》说得更具体："近得来章，又论蛮中地界。所有本末，前书具言。赞普不体朕怀，乃更傍引远事。若论蛮不属汉，岂复定属吐蕃耶？……至如彼中铁柱州图、地记，是唐九征所记之地，诚有故事，朕岂妄言？所修城壁，亦依故地。"非常清楚，吐蕃赞普几次三番向唐提出铁柱问题，就因为铁柱是唐统一洱海地区的历史见证。唐廷反复征引铸铁柱故事，也因为铁柱上有反映唐在这一地区设置州县的地图和唐九征所作的文字说明，标明了唐朝的统治范围。铸铁柱的同时，还修建了城堡。这些，到开元年间仍为"百姓咸知"，敕书所说应该是十分可靠的。

关于铁柱的所在地，《新唐书·吐蕃传》说："建铁柱于滇池以勒功。"人们要问：标明地界的铁柱，为什么不选择在接近吐蕃的地方？假若铁柱远在滇池边，为什么又会引起吐蕃强烈的反响？其实，上引敕书讨论的地区，都在滇西吐蕃和唐争夺的"蛮中地界"，"彼中铁柱"，当然应在滇西。《旧唐书·中宗纪》说，姚嶲道讨击使唐九征击姚州叛蛮，"遂于其处"纪功，也和敕书的"彼中"意思相同，铁柱应立于姚州辖境内发生事件的洱海附近，"滇池"当系"洱海"之误。《大唐新语》说得很明确："波州铁柱，唐九征铸。"波州就是敕书中"彼州"的注释。《蛮书》卷 6 说：云南城"西隔山有贶赕，亦名清字川，尝为波州。大池绕山，长二十余里"。卷 1 又说：云南驿"至波大驿一日，至白岩驿一日"。云南城"至波大驿四十里，至渠蓝赵馆四十里"。云南驿在今祥云县东部，同今名。白岩即今红岩，在弥渡坝子北端。渠蓝赵馆即清代赵州，在今大理市凤仪镇。波州居适中处，且当通往滇西的大道上，应在今祥云县城。《大理行记》说：云南州"又西行三十余里至品甸，按唐史尝置坡（波）州，亦名清字川"，"甸中有池名曰清湖"，与唐代樊绰记录相合。"大池绕山"的清湖就是今祥云县城到云南驿间的青海，只是水面已没有二十余里长，古今水位变化，这是常事。黄炳堃《云南县志》认为："今云南县城乃旧品甸，即今品澹赕，亦曰品赕赕，亦曰波州，亦曰波大驿，皆一地也。"唐九征铁柱应立于今祥云县地。

天宝以后，南诏统一了云南地区，打破了边远各族的闭塞状态，提高了云南地区的经济文化水平，这些都有利于祖国统一的进一步发展。然而，到了南诏后期，世隆一登台就四出攻掠，《资治通鉴》说他"改元建极，遣兵陷播州（今贵州遵义）"。北边两围成都，沿途纵兵焚掠，"蜀川大扰"。南边攻安南都护府，两陷唐交趾城。又以近六万兵围邕州（今广西南宁），势力遍及邕、容等五管（今广西境）。为了替地方割据政权树碑立传，世隆也建铁柱，在今弥渡城西太花乡庙前村铁柱小学内，柱高3.3米，圆周1.05米，直立在一米多高的台上，题记为直列阳文正书二十二字："维建极十三年岁次壬辰四月庚子朔十四日癸丑建立"。建极十三年为唐咸通十三年，公元872年，这正是世隆累攻西川寇掠方酣的时候。《南诏野史》说："咸通壬辰十三年于白岩诸葛武侯所立铁柱之地铸天尊柱"，虽然误把波州铁柱认为是诸葛亮所建，但却透露了波州铁柱和弥渡铁柱的位置相距甚近。世隆也可能利用波州铁柱重铸弥渡铁柱，以致唐后期有关波州铁柱的记载就没有了，人们再也看不到波州铁柱！弥渡铁柱的位置，正当跨入南诏发迹的蒙舍川（今巍山坝子）的大道上。当时横贯云南东西的交通，不惜多花一天绕经蒙舍城。《新唐书·地理志》入边州道里载，白岩城"七十里至蒙舍城，又八十里至龙尾城"，从今红岩经巍山再到下关，刚从铁柱附近经过。我省很多民族古代都有祭柱的习俗，晋宁石寨山出土的铜鼓上就有杀人祭柱的场面，江川李家山也出土有剽牛祭柱的铜扣饰。弥渡铁柱应是南诏祭祀用的。《南诏中兴国史画卷》为我们保存了祭铁柱的场景，祭铁柱者为"巍峰刺史蒙罗盛"。这个铁柱被称为"天尊柱"，成为神化南诏统治的象征。由于南诏后期统治阶级的倒行逆施，无止境的征战抢掠，给内地群众生命财产造成严重的损失，也加剧了云南地区的社会矛盾。《新唐书·南诏传》概括当时的情况说："酋龙年少，嗜杀戮，亲戚异己者皆斩。兵出无宁岁，诸国更仇忿，屡覆众，国耗虚。"分裂的标识救不了分裂者的命运，建弥渡铁柱后三十年，画卷描述祭铁柱事后仅三年，公元902年，南诏地方割据政权就垮台了。只落得断碣残碑，都付与苍烟落照。

从波州铁柱到弥渡铁柱，这是历史的一段插曲。世隆建弥渡铁柱的事，早已被群众遗忘，广大人民心中的铁柱，已经不是南诏统治集团错铸的铁柱。元初郭松年在《大理行记》中辩解说，铁柱"或以为武侯所立，非也"。但明清著述中仍称它为"武侯纪功铁柱"，"俗以为诸葛亮铸"的说法，屡见不鲜。《僰古通记浅述》更把它故事化，说诸葛亮至白岩，捕斩了"聚兵猖獗"的雍闿，又对孟获"七擒七纵"以服其心，"后悉收之以为国属"，设立云南郡，于是铸了这根铁柱，"会诸侯夷王、僰人酋长而祭之，自是岁以为常"。铁柱庙中光绪六年（1880年）的碑说，人们认为铁柱是诸葛亮南征时立的，诸葛亮在立柱的地方擒了孟获。铁柱当然不是诸葛亮所建，所以孙髯翁长联中说："汉习楼船，唐标铁柱。"往事越千年，波州铁柱虽被毁掉，而今天珍视祖国统一、民族团结的云南各族人民，仍在追念传扬它，这是值得我们深长思之的。

（原载《思想战线》1978年第2期）

# 金马碧鸡考

## 一

金马碧鸡的故事，是一个发生在西南地区，惊动了汉朝皇帝的古老传说。它延续了两千多年，历久不衰。

《汉书·王褒传》说：

> 方士言益州有金马碧鸡之宝，可祭祀致也。宣帝使褒往祀焉。褒于道病死，上闵惜之。

此事亦载《汉书·郊祀志》。王褒的《碧鸡颂》见于《后汉书》李贤注：

> 持节使王褒谨拜南崖，敬移金精神马、缥碧之鸡。处南之荒，深溪回谷，非土之乡。归来归来，汉德无疆，兼乎唐虞，泽配三皇。

这大概不是《碧鸡颂》的全文。《水经·淹水注》朱谋㙔所录可以互相补充：

> 持节使者敬移金精神马，影影碧鸡。归来归来，汉德无疆。黄龙见兮白虎仁，归来归来，可以为伦。归兮翔兮，何事南

荒也。

金马碧鸡在哪里？《汉书·地理志》系于越嶲郡青岭县下，谓"禺同山，有金马碧鸡"。《续汉书·郡国志》亦载："青岭，有禺同山，俗谓有金马碧鸡。"汉代青岭县在今大姚、永仁县境，但对禺同山位置的说法稍有不同。《读史方舆纪要》卷116大姚县载："《汉志》青岭县禺同山有金马碧鸡，或以为即方山也。"方山在今永仁县东北部。袁嘉谷《滇绎》卷1谓禺同山为大姚县西三十里的龙山。今大姚县则指县东10公里的紫丘山为禺同山，大姚县治现名金碧镇，亦因金马碧鸡的传说而得名。

金马碧鸡是什么东西？《后汉书·西南夷传》说："青岭县禺同山，有碧鸡金马，光景时时出现。"《华阳国志·南中志》青岭县说："山有碧鸡金马，光彩倏忽，民多见之。有山神。"《水经·淹水注》谓：青岭"县有禺同山，其山神有金马碧鸡，光景倏忽，民多见之"。《太平寰宇记》卷79姚州说："《九州记》云蜻岭县有禹穴。蜻岭即云南郡废邑，有禹穴，穴内有金马碧鸡，其光倏耳，人皆见之。汉王褒入蜀祀之。""禺同山，山有金马碧鸡之祠。"汉晋以来记载不少，但都比较含糊，加之王褒在路上病死，更无法探其究竟。后来，左思的《蜀都赋》有"金马骋光而绝影，碧鸡倏忽而耀仪"的名句，突出瑞符呈祥的美好形象，更增加了这一传说的文化色彩。千百年来，对金马碧鸡的解释众说纷纭。最早进行解释的是《汉书·郊祀志》颜师古注引如淳说："金形似马，碧形似鸡。"近人任乃强、刘琳皆认为系矿产，"禺同山产金、碧，形状较奇特，方士遂诡称为神"①。汪宁生认为系该山出现反光的自然现象，古人不能解释，目为金银之化身，幻想其为马为鸡②。大姚一带的群众认为，该县紫丘山的景色随气候发生变化，似金马如碧鸡，因而被神化③。云南自古以来以其优美迷人的风光、多姿多彩的景色、丰富独特的物产令内地的人们惊讶和膜拜，

---

① 参见上海古籍出版社1987年出版的《华阳国志校补图注》及巴蜀书社1984年出版的《华阳国志校注》。

② 详见云南民族出版社1989年出版的《中国西南民族的历史与文化》。

③ 见商务印书馆1994年出版的朱惠荣主编的《中华人民共和国地名词典·云南省》。

古人的科学知识有限，很多在当时无法认识的事物便被神化。金马碧鸡究竟系何物，永远是一个谜，它将作为一个美好的神话，寓意云南的富饶和神奇，留驻在各族人民的心田。

# 二

唐代，随着南诏努力向东发展，金马碧鸡的传说也东移到滇池地区，由一山变为二山。《蛮书·山川江源》载：

> 金马山在拓东城螺山南二十余里，高百余丈，与碧鸡山东南西北相对。土俗传云，昔有金马，往往出见。山上亦有神祠。从汉界入蛮路出此山之下。

> 碧鸡山在昆池西岸上，与拓东城隔水相对。从东来者冈头数十里已见此山。山势特秀，池水清澹。水中有碧鸡山，石山有洞庭树，年月久远，空有余本。

金马山今名同，在昆明东郊。碧鸡山即今西山，在昆明西郊滇池边上。两山一左一右，拱卫着拓东城，又控扼着通往滇东、滇西的交通要道，东有金马关，西有碧鸡关。元代王昇咏道："碧鸡峭拔而岌峨，金马逶迤而玲珑。"清代孙髯翁咏道："东骧神骏，西翥灵仪。"地方志对昆明的形势累有概括，谓："左环金马，右拥碧鸡，列昆海以为池，枕螺峰而带郭。"拓东城环境条件优越，与金马、碧鸡两山有很大关系。

然而，神话所指却发生了变化，金马、碧鸡都换成了动物。正德《云南志》卷2"云南府山川"载：

> 碧鸡山在府治西南三十里。东瞰演泽，苍崖万丈，绿水千寻，月映澄波，云横绝顶，云南一佳景也。相传昔有碧凤翔萧此山，后讹为碧鸡云。汉宣帝时方士言益州有金马碧鸡之神，可祭

祀而致。遣王褒往祀，至蜀惮其路远，望而祭之。颜师古谓：金形如马，碧形如鸡。上多佛寺。

> 金马山在府治东二十五里，西对碧鸡山，中隔滇池。山不甚高，而绵亘西南数十里。麓有归化佛寺，下有金马关。相传昔有金马隐见其上，故以名山。

无法证明传说中的凤凰曾飞临此山，但孔雀却可能栖息过西山。据《后汉书·西南夷传》等，汉晋时期滇池地区"多出鹦鹉、孔雀"。到唐代，孔雀在滇池地区已变成珍稀动物，仅西山偶有所见，因而被视为祥瑞，被附会为王褒祭祀的碧鸡了。滇池地区向以产名马著称，有关神马的记载屡见不鲜。《华阳国志·南中志》载：滇池县"长老传言，池中有神马，或交焉，即生骏驹，俗称之曰滇池驹，日行五百里"。《宋书·瑞符志》载：晋孝武帝太元十四年（389年）六月二十八日，"神马二匹一白一黑，忽出于（滇池）河中，去岸百步。县民董聪见之"。金马山因马得名也不奇怪。

值得注意的是，这时金马碧鸡却与另一个传说连在了一起。对这一传说的记载，以天启《滇志》较完整，今录于下：

> 周宣王时，西竺有国曰摩揭提，王曰阿育，生三子：长福邦，次弘德，季至德。王有神骥一，其色如金，三子皆欲之。王意欲与季子而患其争，乃以辔私授至德，纵骥东驰，命三子曰：捕获者主之。三子各领部众追至滇池上。长子意马渴，饮滇池上而邀之，不获。仲子意马必至甸中，伺而邀之，亦不获。至德追至东山松林中，以辔邀之，马见辔而就，遂获之。王思滇远，恐不获归，遣舅氏神明统兵以援。将归，哀牢夷阻道，不返。既没，福邦为碧鸡山神，弘德为岩头山神，至德为金马山神。蒙氏封福邦为碧鸡景帝，弘德为上甸景帝，至德为金马景帝。

南诏时，在金马山、碧鸡山及陬山都建有神祠，主要祀阿育王三太子。《纪古滇说集》载："（南诏威成王）九年，追封阿育王三子一舅，皆谥以帝号，而神主各山，以庙祀之。长子福邦为碧鸡山主，庙山之下，谥曰伏义山河清邦景帝，次为灵伏雠夷滇河圣帝，三为金马名山至德景帝，庙于金马山麓。谥舅氏神明乃曰大圣外神明天子，庙亦碧鸡山主庙之左。""保和八年（831年），昭成王幸善阐东京，树碑于金马，以纪方物。"天启《滇志》卷16也说："金马神庙，在府城东金马山麓。碧鸡神庙，在府城西碧鸡山麓。祀阿育王长子福邦逐马至此，蒙氏僭号时建，今仍之。""天子庙，在府城北陆山之麓，祀阿育王次子弘德。"惜南诏建筑及"金马碑"今已不存。昆明东郊金马寺今有十三层密檐方塔，在金马办事处机关大院内，该寺殿屋被围在今金马寺小学内，墙上有碑，叙述阿育王三太子追马的故事。

这一神话产生于南诏扩张势力，佛教东传的背景下，不足奇怪。但却与传统的金马碧鸡说发生了矛盾，其内容就易为人们怀疑。顾祖禹重申王褒求鸡马之说谓："汉宣帝神爵元年（公元前61年）方士言益州金马碧鸡之神可祠而致，乃遣谏议大夫王褒求之，即此。"[①] 戴絅孙明确表示："金马碧鸡之说，古老传闻之，旧矣。阿育王事，余久不信之，以前《志》录，姑存其故也。"[②] 张道宗《纪古滇说集》融合两个神话为一，企图调和矛盾。兹录于下：

> 宣王时，西天竺亦有国曰摩耶提，乃王也，是净梵王摩耶之后裔也。摩耶提名阿育，生三子，长曰福邦其名也，次曰弘德，季曰至德。三子俱健勇，因父阿育王有神骥一匹，身高八尺，红鬃赤尾，毛有金色，三子共争之。王莫能决，乃曰：三子皆一也，与一则偏一，而不爱于二也。乃命左右曰：将我神骥纵驰而去，有能追获者主之。乃一纵直奔东向而去，三子各领部众相与追逐。其季子至德先至滇之东山，而获其神骥，就名其东山以为金马山。长子福邦续至滇池之西山，闻季子已获其马，停憩于西

---

① 《读史方舆纪要》卷114金马山条。
② 光绪《昆明县志》卷17杂志。

山之麓，忽有碧凤呈祥，后误目山曰碧鸡。次子弘德后到滇之北野，各主之不回。王忧思滇类众，恐未获归，乃遣舅氏神明，统兵以应援。将归，不期哀牢夷君主阻兵塞道，而不复反矣。

神爵元年春三月，汉宣帝遣谏议大夫王褒求滇金马碧鸡之神。神乃阿育王之仲季子也，因收金马，见碧鸡腾翔，各以山主之，及兄福邦、舅神明俱为神矣。王褒由川之来，路道险远，弗果，在蜀而望滇祭之。

# 三

元代以来，对金马碧鸡的纪念性建筑越来越多。《元混一方舆胜览》载："碧鸡山、金马山：俗传昔有金马、碧鸡隐现于山，汉宣令王褒祭金马、碧鸡，故二山皆有祠。"但元统治者更重视金马山的战略地位，修建了金马关城。《读史方舆纪要》卷114载："金马关，在府东七里金马山下，旧有关城，元筑，今废。"明代，金马山巅有泉水，山上有长亭，山麓有金马山神祠。祠左还有三贤祠，为万历年间巡抚陈用宾建，祀汉谏议大夫王褒、明佥事刘寅、翰林修撰杨慎。碧鸡山神祠在西山麓高峣村南。嘉靖二十五年（1546年）杨慎请友人用隶书刻王褒《移金马碧鸡颂》于西山三清阁下千步崖石壁。民国年间袁丕佑又在其旁增刻《碧鸡颂考》。王褒文还被镌于归化寺殿壁。城内亦有王子渊祠，祀王褒。金马碧鸡神祠的位置曾有变化。《寰宇通志》卷111载："碧鸡山神庙，在碧鸡山。""金马山神庙，在金马山。今土人移其庙于城中。"《明一统志》卷86亦载："碧鸡神庙，在碧鸡山东。""金马神庙，在金马山西，今移庙城中。"一千多年来，神祠累有毁建迁徙，但直至清末，始终未废。

在有关金马碧鸡的诸多纪念建筑中，最成功的要算金马碧鸡坊。明清时期在古城中轴线上巧设若干牌坊，其中金马碧鸡坊处于最显要的地位。明代，云南府城的南沿虽从玉带河向北退移到今近日公园，但三市街、金碧路一带仍是最热闹的商业街区。云南府城的交通状况，大体沿袭南诏以来的形势，受地理环境制约。滇西来的大道过碧鸡关后分为水路和陆路。水路从高峣航运到南坝起坎，经东寺街、金碧路、三市街与东来大道会合后入城；陆路须绕道黑林铺、黄土坡，从大西门进城。后来在草海中筑了一道长堤，可从马街附近的夏家窑分路走堤上，穿过草海后经土堆、红庙、六合村，从小西门入城。东边的交通皆取陆路，滇东通京大道经金马关，滇南来的干道经石虎关，会合后过云津桥，经金碧路、三市街闹市区，从南门入城。金马碧鸡坊正处在水陆通道会合的繁华街衢的转折处，既是云南府城交通的门户，又是府城中轴线的前端，既加强了中轴线，又往两边疏解人流，起着承上启下的作用。两坊始建的时间，一般认为在明宣德年间（1426—1435 年）。景泰《云南图经志书》已有记载："今城南三市街有碧鸡、金马二坊，盖表其为一方之胜也。今成都亦有碧鸡、金马二坊，盖本诸此也。"自此以后，多少重要的历史事件都发生在这条大道上。明末农民起义军孙可望、李定国等四将军率部从这里入城，人们沿街设香案迎接。南明永历皇帝也是过金马山，从这条路进城的，沿途"百姓遮塞道路，左右观者如堵"。1950 年 2 月 20 日，中国人民解放军也是从这条大道进驻昆明的，至今还留下部队通过金马碧鸡坊下的珍贵镜头。金马碧鸡坊已被人们视为昆明的象征。

金马、碧鸡两座名山是古城的重要对景，再建两座象征性的纪念建筑与之远近呼应，犹如一对守护古城的天神，真是独具匠心。牌坊的名称、方位都与两座山对应，然而旌表性质的牌坊在形象上如何与金马碧鸡沟通成了难题。终于在"金碧交辉"上得到突破，把"相思面对三十里"的金马、碧鸡变为比肩而立，甚至交辉互拥的一对。罗养儒《纪我所知集》卷 15 有一则"昆华八景中之金碧交辉"记载此事说："八景中又以金碧交辉一景为最难得见。现出此景，须秋分节在酉年之中秋日，届临酉时，日西落而月东升，日月对正而两光相射，日射碧鸡之坊影到地，向东而进，月射金马之坊影到地，向西而进，渐凑渐近，两影相接，故曰金碧交辉。但日月躔度，须经六十年而始有此一日。闻前辈人言，在道光年间，值秋分节在中秋日，是年太岁在西，届期，天气又晴朗，昆邑人士，无不知有金碧交辉之景出现，于是有不少的人伫足于三市街口，盼望坊影之相交，到酉正初刻二分，果见两个坊影现于地面。金马坊影则较碧鸡坊影为淡，然不模糊，初则相距在二丈有余，然不及二分钟之久，两影即各向前进而接合，但一经结合，两影便渐次消灭。前辈人是作为如是云云。迨至光绪之丁酉年，秋分节又在中秋日，届时，城中人士多往是处仁观奇景，讵意两坊影在地面相趋，趋近至约距尺许处，便光影消灭，可云未成交也。穷究其理者，决云岑之修此两坊，或高度未符原式也，其说近是。"

把"金碧交辉"想象为太阳、月亮光影通过金马、碧鸡两牌坊交映，这是金马碧鸡传说的又一次发展。按理论说，只要太阳—碧鸡坊—金马坊—月亮处于一条直线上，更具体说，当落山前的太阳与刚出山的月亮离地平线的高度相同，两座牌坊的高度和它们间的距离科学合理，两边的光影相交是可能的。而牌坊的位置、高度和两坊间的距离是可以测算和控制的。由于地球、月亮运行位置的变化，要实现这种交辉并非易事。越难得见，引起人们的追求越加强烈，心向往之，长久悬念，也增加了人们追求美好事物的心理效应。但是，由于阳光与月光强弱相差太大，从视觉效果说要看到太阳、月亮光影交辉很困难。有一次笔者在海埂开会，正逢阴历十五，天朗气清，傍晚选择一片开阔地，等待日落时的奇景，虽圆月当空，但直到太阳落山也形不成月亮的影子。当然，假若中秋的傍晚，人们站在金马、碧鸡两座牌坊的正中，欣赏高悬在两边互相映照的圆月和太阳，壮丽、庄严的感情会在心中油然生起。这应该也算"金碧交辉"吧！

欣悉昆明市已在原址按原来的样式及尺寸恢复金马碧鸡牌坊，特为文祝贺，并考其颠末，以飨读者。

（该文是据1997年在金马碧鸡坊街区规划评审会上的发言整理而成，后载《学术探索》1999年第3期）

# 森林考古刍议

## ——《绿色史料札记——巴山林木碑碣文集》序

森林和人类的关系十分密切，被誉为大自然赐给人类的绿色金子。随着很多林区逐渐缩小以至消失，人类对森林的关心和研究与日俱增。历史地理学、环境科学、植物生态学、林学都提出了相同的课题，要求搞清我国古代森林的状况和变化，探究其变化的原因和规律，为人类今后更好地控制、利用这绿色的金子提供科学依据。

然而，这一研究碰到了困难。我国古代虽有丰富的文献资料，但对森林状况的描述多失之笼统；我国古代森林分布很广，但具体记载当时重要林区的资料却难找到；诸书虽有大量散见的植物名录，但皆以记述性状、用途为主，缺乏对产地的精确记录。因此，不可能仅靠历史文献研究具体的林区，对古代林区现场的综合调查显得特别迫切和重要。

近年考古学的发展及地震考古、水文考古等分支学科的出现给人们新的启示。可以预言，作为一门新学科的森林考古的诞生已指日可待。森林考古的任务是从微观上探索一个个林区的兴衰，各树种的更替消长，引起森林变化的地理环境条件的变化，人与该林区的关系等。森林考古首先应该研究林区的动植物的化石，了解各地质时期的主要树种及生态环境。从该林区现存的古树名木及远古流传下来的孑遗植物窥察林区的过去，利用这些活化石复原林区不同时期的植物景观。把每一棵古树的树形及特定的生长环境逐一进行记录分析，会得出很多有价值的科学数据。特别要尽量搜集有关林木的碑碣、摩崖刻石。多数石刻可能年代较晚，但内容十分丰富。还应该考察林区古建筑，如古园林遗址、古寺庙等，通过它们也可以回答林区过去的状况。

最近喜读张浩良同志的《绿色史料札记——巴山林木碑碣文集》，使我们欣慰地看到了森林考古的端倪。四川省北部的大巴山林区，森林资源丰富。林区腹心的通江县，清代森林覆盖率达75%，1936年调查，森林覆盖率还有50%，以银耳、木耳、五倍子等著称于世；但至今森林覆盖率仅15%。人们怀念过去通江森林的盛况，也关心和思索通江林业发展的条件。为了弄清这些问题，作者在林区跋涉了四年，发现地下埋藏的多种植物种子化石，地面有正生长旺盛的银杏、珙桐、水杉、香果、巴山水青杠等珍稀树种，证明远古巴山林区正是这些植物的世界。作者调查了古树近三百株，包括古柏、连理柏、扁柏、黄连木、两熟板栗、桂树、香樟、鹅掌楸、桫椤树、铁坚油杉等。这些是历史时期巴山林区幸存下来的主要树种。桫椤树即七叶树，生长此树的地方因称桫椤坪。还有一株青风藤科泡花树属的暖木，高36米，胸径2.9米，占地面积1.7亩。相传当地原无人认识此树，秦始皇统一全国后，人们将树枝呈送皇宫，请始皇命名，但久未得回音，因称"待皇树"。作者搜集最多的是林木碑碣。这些文物遍布在四川省通江、南江、巴中、平昌、万源及陕西省南郑、镇巴等县，其中宋代1块，明代3块，清代27块，民国时期8块，新中国建立后4块。从内容分，有宣传森林重要性的劝谕碑，有纪念先人植树的功德碑，有保护风景名胜、寺庙、墓冢林木的禁伐碑，有规定处罚约章严禁盗伐山林的禁山碑，有记载采伐林木经过的刻石，还有保护林产资源的银耳碑、黑耳碑、木耳厂碑、五倍子碑等。尤为难得的是明永乐四年（1406年）"钦命"采伐楠木的摩崖石刻和川陕革命根据地"保护森林，防止敌人放火烧山"石刻，对森林的态度形成鲜明的对比。《绿色史料札记》是我国第一部地区性的林木碑碣文集。它以丰富的考古资料，记录了大巴山林区早期的林业优势，反映了古人精心保护林木的优良传统，详载了林政管理及开发林产资源的经验，为大巴山森林兴衰史和林业经营史提供了珍贵可靠的资料。

解剖一个林区，不仅具有科学意义，也让人们受到了爱林、护林的教育。相信此书会受到读者的重视。愿森林考古日臻完善并获得发展。

（原载《绿色史料札记——巴山林木碑碣文集》，云南大学出版社1990年版）

# 西南边疆历史地图编绘的拓荒历程

1956 年出版顾颉刚、章巽先生编的《中国历史地图集》，我反复摩玩，爱不释手，庆幸这新中国建立后第一本开创性的成果。然而对于边疆地区的大片空白，包括我的家乡也属于空白，实在不是滋味。其实，更早的杨守敬的《历代舆地图》也属同一种情况，边疆地区的空白屡见不鲜。边疆各图幅的编绘虽然重要，但难度太大。"非不为也，是不能也。"当然，随着历史的发展，应该有所前进，填平补缺。杨图委员会决心增加边疆图幅，邀请中央民族学院、南京大学、中国科学院民族研究所、近代史研究所、云南大学分别参加东北、蒙古、西北、青藏、西南边疆图幅的编绘，从此方得以系统、全面、科学地反映我们伟大祖国历代政区、疆域的变迁，也大大推进了我国边疆历史地理的研究，意义重大，影响深远。

云南大学作为协作单位之一，1961 年 8 月方国瑜先生参加了第一次协作会议，商讨体例、程序及分担任务。云南大学负责西南边疆，包括从秦汉以来的"西南夷"至元代的云南行省，包有现在云南全省及四川的大渡河以南、贵州的贵阳以西，明代则只限于云南省。凡收入地图的地名都要求有文字考释。从 1962 年春开始，至 1965 年完成《中国历代疆域图西南地区考释》共四册，其中第一册为从汉晋至唐宋建置考释，第二册为元明清政区及历代居民分布，第四册为唐宋元时期大渡河以南及贵州西部地理考释，皆为方国瑜撰写。第三册为历代民族分布，由尤中撰写。"文化大革命"一来，全部工作被迫停止。

1969 年，编绘《中国历史地图集》的工作在上海恢复。5 月 24 日复旦大学给云南大学历史系来信征求意见。7 月 21 日、10 月 7 日复旦大学又来函，希望继续协作。云南大学工军宣队于 11 月 18 日给省革委会的报告获准，由工军宣队连长杨德增带领方国瑜、尤中赴上海，但没有赶上编绘工作会议。他们在上海工作到1月底，仍回到弥勒县招纳村历史系师生疏散下放的驻地。

1970年2月的一天，系工军宣队通知我，去办方国瑜、尤中、郑绍钦和我的手续，回学校编绘《中国历史地图集》，由我担任组长。我到新哨把四人的户口、粮食等关系转回昆明，杨德增和我们一起回到学校。3月18日，云大工军宣队给云南省革命委员会上报《编绘〈中国历史疆域政区图〉（西南部分）工作规划》，省革委政工组办公室主任戈原批示："旅差费请行政管理局解决，表格费用由政工组经费解决。"从此，云南大学历史地图组的工作获得省革委政工组的重视和关心，由政工组直接领导。那段时间，云南大学校园里只有留守的工军宣队，十分安静。学校在图书馆三楼给了我们一间办公室，我们成为图书馆里唯一的一批读者。图书馆仅有几位留守人员，他们为这批难得的读者感到欣喜，为我们提供了支持和方便。"文化大革命"时期的喧嚣，我们充耳不闻，一头扎进图书馆，日以继夜，潜心钻研，查阅大量资料，思想之专，效率之高，至今难忘。我们参加了1970年8月在北京中央民族学院召开的第四次编绘工作会议。1971年5月和1973年1月，在上海复旦大学召开了第五次、第六次编绘工作会议。根据整个《地图集》内容的调整，完成了13个单幅，即西汉益州刺史部南部、东汉益州刺史部南部、三国蜀益州南部（庲降都督）、西晋宁州、南齐宁州、隋南宁地区、唐剑南道南部、唐南诏、五代长和、南宋大理、元云南行省、明云南、清云南，并为其他朝代的有关图幅提供西南边疆的资料。配合编图工作，编写了各图的《图幅说明》打印送审稿14份，计战国图西南地区说明、秦图西南地区说明、两汉益州南部图说明、三国蜀汉庲降都督图说明、两晋宁州图说明、南北朝时期宁州图说明、隋南宁地区图说明、唐前期剑南南部图说明、唐后期南诏图说明、五代长和图说明、南宋大理图说明、元云南图说明、明云南图说明、清云南图说明。

进行历史地理实地考察是我们编绘工作的重要环节，包括历史边界调查和一些古城址、古水道的调查，以清代为主，兼及其他各代的重点疑难问题。为此省革委政工组于4月10日—11日召开了专门会议，边疆各专州外事等部门的领导 12 人参加。第一天首先是戈原讲话，以后讨论。第二天介绍《调查提纲》，最后由政工组副组长梁文英讲话。此后，各地州都有外事部门的同志陪同配合，组织人员介绍情况，解决民族语的翻译及安全保卫等问题。他们人熟地熟，抓紧了调查时间，提高了调查质量。省里派出一辆华沙牌小车和富有经验的优秀驾驶员张智，借给了五万分之一的地图。参加调查工作的有朱惠荣、尤中、郑绍钦三人。

这次调查于 1972 年 4 月 18 日动身，当天参观李家山古墓葬后到建水，7 月 16 日经安宁回到昆明，历时三个月，到了玉溪、文山、红河、思茅、西双版纳、临沧、保山、德宏、大理、楚雄等地州，行程 7500 多公里。重点工作的有 26 个县、11 个边境站。访问了汉、壮、苗、哈尼、傣、布朗、拉祜、佤、景颇等族的 206 人（其中干部 78 人，群众 83 人，民族上层 45 人），整理访问材料 101 份。通过调查，搜集到一批文献资料和新老地图，发现了梁河土司衙署的家谱、亲供册、《铜壁关图》、《神护关图》等，寻访到散在各地的数十块碑刻。对叛朝、宣慰街、镇边厅治所、娜允城、勐卯城、西源城、不韦城、博南城等一批古城址及红河航运的变迁等进行了考察，对大量小地名进行了核查。通过调查，很多重要问题获得解决，一些原来读不懂的资料终于读懂了，大大提高了成图质量。在此次调查的基础上，吸收调查成果写成《清云南图边界说明（送审稿）》共 12 万字，1972 年 12 月打印。

按当时的情况，我们的工作条件是够好的，但旅途中的意外仍经常碰到。我们所到的区域，4、5 月酷热难耐，6、7 月进入雨季，又常冒着倾盆大雨。那些年公路质量很差，有些是晴通雨阻的简易公路，有时车子只能探着路痕缓缓开。有些地方不通公路，只得乘车绕大弯。勐海到打洛一段公路年久失修，我们换乘轻便的吉普车，仍走了半天多，路上有一米多高的土坎，热情的农民临时抬来木板，车才得以滑过去。一次，车上电路起火，驾驶员迅速用手掐断电线，才免除了危险，但他手上立即被烧起焦黑的伤痕。又一次，途经一个陡弯，为避来车，我们的车滑到路边沟里，虽免除了危难，但蹩断了排气管。在盘曲起伏的公路上长途奔波，一边还要观察地形，核对地图。为了赶路，有时在路边买些香蕉当午饭，边行车边吃。大家抓紧白天上路，晚上访谈，虽然紧张，但坚持服用长效的抗疟

云南文库·学术名家文丛

3 号，身体尚无恙。调查结束后，郑绍钦被调中国社科院工作。又过了一段时间，张智出差到下关，因脑溢血猝然长逝。

编和审是科研和出版不可或缺的两大环节，对《中国历史地图集》的审图工作具有特殊的重要性。中央曾先后委托一些高层领导及著名学者审图，都未能获满意结果。1973 年 9 月 12 日至 1974 年 6 月 6 日，外交部在北京召开了长达 9 个月的审图会议，各编稿单位都参加，云南大学出席的是我和尤中两人，还有历史博物馆、历史研究所《中国史稿》组、近代史所《沙俄侵华史》组、地理研究所历史地理组的代表等有关人员，共三四十人。

什么是中国的历史疆域？这是大家关心的问题，也是史学界长期探讨的问题。1951 年 5 月 5 日的《光明日报》，刊载了白寿彝的《论历史上祖国国土问题的处理》一文，萧超然在 5 月 19 日的《光明日报》上又发表《读〈论历史上祖国国土问题的处理〉以后》，后来皆被收入三联书店 1962 年出版的《学步集》内。1961 年 11 月 4 日的《文汇报》上发表了孙祚民《论中国古代史有关祖国疆域和少数民族的问题》，1962 年 5 月 18 日《文汇报》整理发表《关于我国历史上的疆域和民族关系等问题》的来稿综述，1962 年 8 月 2 日孙祚民又在《文汇报》上发表《再论中国古代史中有关祖国疆域和少数民族的问题》。这次审图会议，可以说是 1949 年后有关我国历史疆域规模最大、最深入的一次讨论，全面审视了有关历史疆域的各种主张，充分考虑了公开发表和尚未公开发表的各种意见，形成《中国历史地图集》处理中国历史疆域的原则，谭其骧先生后来发表的《对历史时期的中国边界和边疆的几点看法》（载《中国史研究动态》1979 年第 11 期）、《历史上的中国和中国历代疆域》（载《中国边疆史地研究》1991 年第 1 期）就是对这一重要成果的阐述。

这次会议主要审查各个朝代的边界。进行的方式是由近及远，逐册审查。每一朝代从东北到西北到东南，逆时针方向逐段审查。每一段先由编稿单位详细汇报资料依据及研究成果，有哪些不同说法，再由参会者充分发表意见，提问驳难。会议开得实在，往往一天的会要准备几天的资料。审查细致而严格，讨论深入而活跃。经过审查，又进行反复修改。

通过审图，各边疆图幅的质量又一次得到提高。在会上，我们详细汇报了方国瑜先生的意见，把方先生历次写的材料分送与会代表。方先生新写的四份材料，其中一份是交我们带到北京打印的，另三份是方先生在昆明打印后直接寄到北京，由领导在会上分发。

《中国历史地图集》的审查定稿是在中央关怀和领导下进行的。后来历史博物馆陈列有关边界地图即用本图展出；今后出版的大、中、小学历史教科书和其他历史著作，涉及疆域范围的插图，都按本图绘制。编审出版《中国历史地图集》的重要性于此可见。

审图会议后回昆明。8 月 3 日，云南省安排我们向省革委主任、副主任办公会议汇报。省委书记、省革委副主任刘明辉主持，省革委 6 位副主任及省委宣传部、省文化局、科教局、省外办、各高等学校、省博物馆、省图书馆、省历史研究所等 10 多个单位的 30 多人听取汇报。1974 年下半年，我们又参加省外办整理云南省档案馆的有关外事档案，年底编成资料汇编。随着各图幅的修改定稿，重新打样、批样的工作量很大，每个注记的名称、字体、字号，每个符号的位置和表示方法，每个要素的着色是否恰当，都要认真审查。核校地图比校一般的文字稿繁杂琐碎，必须认真细致，一丝不苟。校改涉及很多环节，必须环环相扣，才不致影响出图的进度。每接到校样，总是立即行动，无所谓节日、假日。随着批样工作的进行，根据最后定稿的结论，又把各《图幅说明》修改了一遍。以后，集中力量写成《西南历史地名考索》，收县级以上政区地名 736 条，自然地名 305 条，共 43 万字，于 1981 年底油印装订，初步完成文字资料的整理工作。《中国历史地图集》8 开本 8 册从 1975 年到 1982 年陆续出版，一批批样书寄来，我经常用一个大背篓从人民西路邮局把它们背回学校，再分送省委、校党委和历史系。西南边疆的有关图幅另有《中国历史地图集（云南地区）》抽印本，共 180 册，用材及装帧完全与 8 开本《中国历史地图集》相同，1982 年印装完成，由云南省社会科学院在省内有关单位内部发行。这是省革委政工组副组长梁文英 1972 年提出，在复旦大学和地图出版社的大力支持下实现的。地图出版社李治浩经办印装事务，邹明方编制图例，为成全此事付出了大量辛劳，未收过一分报酬。《中国历史地图集》的 16 开本公开版，共 8 册，分精装和平装两种，由地图出版社于 1982 年至 1987 年出齐。

　　《中国历史地图集》的编绘和出版，是中国历史地理研究的重大基础工程和学科发展的里程碑。云南历史地理研究有着长期的积累和雄厚的基础。参加《中国历史地图集》的编绘，使云南学者有幸登上全国的研究平台。《中国历史地图集》编绘工作的圆满完成，促进了西南边疆历史地理研究的发展，实现了从传统的沿革地理向现代历史地理学的转变，也突出了西南边疆历史地理研究在全国的地位。

　　　　　　（原载《历史地理》第 21 辑，上海人民出版社 2006 年版）

# 西南边疆历史地理研究的回顾与展望

## 一、回　　顾

　　1949 年中华人民共和国成立后，原来已有雄厚基础的历史学在云南获得蓬勃的发展，一批分支学科逐渐成形、发展和壮大。最近半个世纪西南边疆的历史地理研究①，以其坚实的步履跨入史坛，形成了自己的特色，获得了厚重的成果。

　　新中国成立后，国家确定了一批历史地理研究重点项目，云南大学有幸承担了其中有关西南边疆的部分。《中国历史地图集》是历史地理研究最早作为国家项目的大型基础工程。20 世纪 50 年代毛泽东主席提出，70 年代在周恩来总理的关怀下进行了长达 9 个月的审图工作，1982—1987 年由地图出版社出版。1992 年由香港三联书店出版繁体字本，2001 年由台湾历史语言研究所出版电子版，它的作用和影响至今还在扩大。《中国历史地图集》共 8 册，是由著名历史地理学家、复旦大学谭其骧教授主编，复旦大学、南京大学、中央民族学院、云南大学和中国社会科学院考古研究所、民族研究所、近代史研究所等单位的专家通力合作完成的我国社会科学联合攻关项目，是中国历史地理学和历史地图学的里程碑，是迄今最重大的一项历史地理研究成果②。1984 年获上海市高校文科科研成果特等

---

　　① 按，西南边疆包括今云南、贵州两省，四川省大渡河以南一片，及今境外部分地区。详见朱惠荣《汉晋时期西南边疆的地理分区》，载《面向新世纪的中国历史地理学——2000 年国际中国历史地理学术讨论会论文集》，齐鲁书社 2001 年版。

　　② 葛剑雄：《面向新世纪的中国历史地理学》，载《面向新世纪的中国历史地理学——2000 年国际中国历史地理学术讨论会论文集》，齐鲁书社 2001 年版。

奖，1986 年获上海市哲学社会科学优秀成果特等奖，1987 年获中国地理学会地图专业委员会优秀地图奖，1994 年获中国社会科学院荣誉奖，1995 年获全国高校首届人文社会科学研究优秀成果一等奖。云南大学方国瑜、尤中、朱惠荣、郑绍钦负责西南边疆各图幅的编绘，所编绘的图幅，有 8 开抽印本《中国历史地图集（云南部分）》专册。

　　《中国历史地图集》的成功编绘，大大推动了西南边疆历史地理研究，特别是疆域、政区的研究。明清以来，对先秦文献的解释多有附会；《中国历史地图集》对这些作了澄清。明清学者多以自己州县为中心进行考释，对汉晋时期西南边疆设治的解释众说纷纭，互相矛盾；通过《中国历史地图集》的编绘，尽可能平衡了各种原始资料的说法，获得科学的结论。《中国历史地图集》解决了对唐代羁縻州的评价和定位，在此基础上编出了唐前期图，这是对唐代在西南边疆设治认识的飞跃。《中国历史地图集》第一次编绘了南诏、五代长和、大理等图幅，让学术界对西南边疆各民族政权的地理形象有较清晰的认识。明清的一些地方志虽附有地图，但均简略，且不准确；用现代科学方法测量编制的地图作底图，大大提高了《中国历史地图集》的成图质量和科学性。在编绘过程中，进行了系统的边界调查，行程 7500 公里。现在，《中国历史地图集》西南边疆各图成为了解和研究西南边疆历史必备的手册，不但为专业工作者提供基础资料，也为各行各业提供方便。在编绘《中国历史地图集》的基础上，出版了方国瑜的《中国西南历史地理考释》（中华书局 1987 年出版），尤中的《中国西南边疆变迁史》（云南教育出版社 1987 年出版）、《云南地方沿革史》（云南人民出版社 1990 年出版），李寿、苏培明的《云南历史人文地理》（云南大学出版社 1996 年出版）等。《中国西南历史地理考释》被赞誉为"西南历史地理的奠基之作"①。

　　比之于内地，有关西南边疆历史地理的资料不仅数量少，而且零碎、分散，制约着研究的深入。有鉴于此，近半个世纪，历史地理古籍的搜集、整理、研究、出版受到学术界的重视，成果迭出。如中华书局 1962

---

　　① 朱惠荣：《西南历史地理的奠基之作——〈中国西南历史地理考释〉》，载《书品》1990 年第 2 期。

年出版向达经二十多年研究积累的《蛮书校注》，1985 年中国社会科学出版社又出版了赵吕甫的《云南志校释》，1995 年云南人民出版社出版了木芹的《云南志补注》，对一部书的研究异彩纷呈。辑佚古籍也受到重视。王叔武先后出版的《云南古佚书钞》（云南人民出版社 1979 年出版）和《大理行记校注、云南志略辑校》（云南民族出版社 1986 年出版），是辑佚的重要成果。各地也重视旧地方志的整理出版，玉溪市、楚雄州、大理州等都出版了一批明、清、民国年间的地方志。古永继校点的《天启滇志》、刘景毛校点的《道光云南志钞》先后出版。方国瑜主编的《云南史料丛刊》全文收录了《正德云南志》、《滇略》、《滇南界务陈牍》及其他一些历史地理古籍。云南学者参与的大型古籍整理项目首先是《肇域志》。该书以云南省图书馆所藏版本最好，共 40 册，约 130 万字。这样一部重要的历史地理名著，历三百多年至今还未付梓，一般人不易读到①。1982 年国务院古籍整理出版规划小组把它确定为全国第一项古籍整理重点项目，决定由谭其骧教授主持，上海和云南的学者共同进行整理。云南有朱惠荣、李孝友、李自强、李东平等参加，朱惠荣担任复校定稿。该书早已整理完成交上海古籍出版社，近年即将出版。另一个是全国古籍整理出版规划领导小组的重点项目《中国古籍总目提要》，要求比《四库全书总目提要》所收的书更多，水平要有提高和突破。朱惠荣参加史念海教授主编的《历史地理古籍卷》的编写，亦已完成。还有云南省教委的古籍整理重点项目《元混一方舆胜览》校点，目前正在进行中。云南充分发挥边疆图书资料的优势，历史地理古籍的整理出版工作做出了成绩，为西南边疆历史地理研究夯实了基础，也为全国的一些重点古籍的整理付出了辛劳。

边疆的文献资料稀缺，满足不了历史地理研究的需要，必须借助其他研究手段。地名的研究和利用是我们开拓的新领域。1979 年以来开展的第一次全国地名普查不但具有现实作用，也具有科学价值。云南通过地名普查和地名补更，第一次搞清楚共有约 27 万条地名。这些遍布全省的地名，有的反映山、水、地貌，有的反映动植物，有的反映民族情况，有的反映历史人物和人的活动，有的记录着古城和城门的位置，有的记录着城市中

---

① 详见朱惠荣《评〈肇域志〉》，原载《史学史研究》2001 年第 1 期，已收入本书。

的衙署祠庙或其他突出景观。现在这些地物和建筑可能已不存在，但大量的地名让这些地理景观仿佛又重现在我们面前。地名不仅是测绘、制图的符号；不仅是人们生活交往必不可少的工具；由于地名的稳定性，对于历史地理研究来说，它是自然地理和社会生活的"活化石"①。充分利用地名与文献资料和各种地图对照研究，对历史时期地理环境的复原和解释将会起到突破性的作用。二十多年中，我们应邀担任省地名委员会顾问，积极投入地名普查和地名研究，参加了云南地名工作的全过程。云南创办的《地名集刊》从 1979 年到 1992 年共出版 40 期。云南省地名志每县一本，已基本出齐，共编印了一百多本。朱惠荣主编的《中华人民共和国地名词典·云南省》系中国地名委员会、教育部、国家出版局联合发文下达的任务，集合地理、历史、民族、测绘、水利、交通、文献、文物等方面的专家参加编写，1994 年由商务印书馆出版。该书被认为是"边疆各省地名词典的样板"，1997 年获云南省高校科研优秀成果一等奖，省社科优秀成果二等奖。

西南边疆历史地理研究的特色之一是对徐霞客及其《游记》的研究。杰出地理学家徐霞客晚年进行了辉煌的"万里遐征"，其地理考察成果最具特色的是广西、贵州、云南等西部各省区，今本《徐霞客游记》仅《滇游日记》就占了全书篇幅的 40%。朱惠荣的《徐霞客游记校注》1985 年由云南人民出版社出版，受到了学术界和读者的广泛赞誉②，1994 年云南省委书记普朝柱为之作序，省新闻出版局为之举行了重印座谈会，1996 年获云南省第五届优秀图书一等奖第一名，省高校古籍整理研究优秀成果一等奖，1999 年出版增订本。朱惠荣主持完成的《徐霞客游记全译》，作为"中国历代名著全译丛书"之一，1997 年由贵州人民出版社出版，该丛书曾获中宣部"五个一工程"奖。云南出版的徐霞客研究著作还有范祖锜、王树五主编的《'94 中国云南徐霞客研究学术讨论会论文集》（云南人民出

---

① 详见朱惠荣《从云南历史地名看地名的重要性》，原载《地名集刊》1979 年创刊号，已收入本书；《云南民族语地名探析》，载《云南地理环境研究》第 6 卷 1 期（1994年 6 月）；《云南民族语地名与民族关系》，载《中国地名》1994 年第 4 期。

② 卉泉：《〈徐霞客游记〉的第一位校注者朱惠荣》，载《敢为天下先的云南人》，云南人民出版社 2002 年版。

版社 1995 年出版），卢永康的《徐霞客在云南》（云南人民出版社 1988 年出版），卢永康、祁若渝的《徐霞客诗校注》（云南人民出版社 1994 年出版），卢永康、禹志云的《徐霞客散文校注》（云南人民出版社 1997 年出版），马力主编的《千古奇人徐霞客的故事》（云南教育出版社 1996 年出版），夫巴的《千古奇人生命的最后旅程——徐霞客与丽江》（云南民族出版社 1999 年出版）等。云南学者发表的论文，如朱惠荣的《徐霞客生年订正》、《徐霞客〈山中逸趣跋〉的发现》、《徐霞客探珠江源》、《崇祯元年徐霞客游踪考》、《徐霞客与云南》、《徐霞客贵州游踪补》、《徐霞客万里西游行迹考辨》等，都为学术界所瞩目。云南的徐学研究在全国占有重要的地位，朱惠荣被选为中国徐霞客研究会副会长、云南徐霞客研究会会长。

近半个世纪西南边疆历史地理研究是以基础研究为主。项目层次高，参加人员多，进行时间长，成果丰厚。通过一批国家级、省部级重点项目的完成，大大提高了西南边疆历史地理研究的水平，积累了丰富的资料和经验，为今后进一步开展研究奠定了坚实的基础。同时开设了"历史地理概论"、"历史地理文献学"、"历史地理要籍整理"、"中国历史经济地理"等一系列课程，培养了一批具有博士、硕士学位的中青年骨干。随着经济建设的发展，历史地理越来越为社会所重视，文物保护、名城保护、城市规划和建设、旅游景区景点的开发、地名命名更名等，都和历史地理结下了不解之缘。在云南，历史地理工作者有做不完的事，从来没有受冷遇的感觉。

# 二、展　望

进入 21 世纪，历史地理学迎来新的机遇与挑战，西南边疆历史地理研究也不可避免地面临相同的背景。在新时期如何发挥优势，登上新台阶，是近年大家关心和思考的问题。

西部大开发给边疆历史地理研究提供了难得的机遇。西部 12 省区市占全国面积的大半，我国丰富的矿产、森林、水力资源多集中在西部，我国汉族以外五十多个民族的绝大多数都集中在西部。西部土地宽广，资源条件优越，对西部的开发关系到我国经济的发展，关系到边疆民族地区的安定团结。西部生态环境又很脆弱，任何对西部自然环境的破坏，不但当地难以承受，也会危及其下游的中部和东部。因此，西部生态环境的保护也是影响全局和整个国家的大事。我国西部包括黄土高原、内蒙古草原、新疆和甘肃的沙漠和绿洲、青藏高原、云贵高原等不同的地理单元，地理环境千差万别。西部各省区市的发展不能一刀切，必须根据各自的条件和特点，取其所长，避其所短，科学地发展。这些正是西部大开发向边疆历史地理研究提出的课题。

历史地理学首先是对历史时期地理环境的复原，同时也要探讨它的发展变化的规律。地理环境的变化是一个缓慢的渐进过程，研究今天的地理状况，不应忘记过去的地理状况；探究未来可持续发展的途径和规律，更少不了对于过去地理环境深刻的了解，历史地理学正可以起到"鉴往知来"的作用。

就西南边疆的地理环境而言，作长时段的考察后我们会发展，变化也是显著的。如昆明坝子的气候。石寨山出土的器物上，有孔雀、鹦鹉、鳄鱼、巨蟒、蜥蜴等在湿热环境中生活的动物的形象。出土器物中有一种冠部很大的鸟，有的学者释为孔雀，其实那与同时出土的头上为翎毛的孔雀有明显差别，这种鸟应是双角犀鸟，现今西双版纳还偶有发现，在印度尼西亚较普遍，又名钟情鸟，是一种在热带丛林中生活的形态美丽的鸟。《汉书·西南夷列传》载："河土平敞，多出鹦鹉、孔雀。"《华阳国志·南中志》也载："郡土大平敞，有原田，多长松，皋有鹦鹉、孔雀。"从先秦以来，气候湿热，汉晋时期也比今西双版纳还要热。按《南诏野史》记载，大理国王段素兴"广营宫室于东京，多植花草"，"花中有素馨者，以素兴爱之，故名。又有花遇歌则开，有草遇舞则动，兴令歌者傍花，舞者傍草，盖亦花草之妖也"①。对此明清人多有解释，皆未得其详。其实，热带地方多有此类植物生长。今西双版纳有跳舞草，和着优美的歌声，就会抖动叶片；至于含羞草则更普遍，只要轻轻触动它，叶片即害羞似地合拢来②。段素兴在位的时间，相当于北宋仁宗庆历年间，这时昆明的气候约

---

① 《滇略·杂略》、《僰古通记浅述》、《滇云历年传》皆有记载，文字略异。

② 笔者曾做过试验，从西双版纳把含羞草移栽到昆明，冬天放到家中，第二年虽未死，但触摸时已不会合拢，为了适应较温凉的气候，它的"脸皮"竟变厚了。现今昆明农村经常见到形似含羞草的小草，想即过去逐步适应昆明的气候而存活下来的。

与今西双版纳相当。昆明四季如春的气候始于元代。孙大亨的《大德桥记》说，中庆"冬不祁寒，夏不剧暑，奇花异卉，四序不歇"。明代，杨升庵在《滇海曲》中说："天气常如二三月，花枝不断四时春。"王士性在《广志绎》中也说："夏不甚暑，冬不甚寒，镇日皆西南风。"虽然都是四季如春的天气，但元明以来也有变化。明代昆明西山以产太华茶著称，海口也适于产茶，说明当时昆明还比较湿润。近代昆明已没有产茶的记录，1999 年世博园建了茶园，但必须经常用人工喷雾的方法保持茶园的湿润环境，现在昆明已比过去干燥。

西南边疆环境变迁的一个突出现象是湖泊的收缩和消亡。原先，众多湖泊星罗棋布，散在各个坝子中，成为高原上的靓丽景观。明清以来陆续被垦殖为农田的有曲靖的交水海子、东川的蔓海、泸西的矣邦池，民国年间经过有计划的垦殖而消亡的有陆良的中涎泽、嵩明的嘉丽泽、蒙自的草坝海等。其消失的速度，滇东比滇西快，民国年间比清代快，经济较发达的城镇附近比深山里的湖泊快。一些幸存的大湖被人们折腾，每况愈下，度日如年，滇池就是这样的典型。滇国以来人们即滨水而居，农牧渔并举。南诏把东京建在滇池边上，拓东城、善阐城、鸭赤城都是水边壮丽的大城。人们长期与水和谐相处，度过了漫长的利用水的时代，滇池的变化十分缓慢。元明清时期是昆明坝子传统农业经济大发展阶段，人们渴求肥沃的土地，治水的目的，从防洪、护城逐步发展到"围海造田"，与水争地。结果，垦田面积大量增加，水利建设成就突出，昆明坝子保持了全省农业中心区的地位；但滇池变小了许多，今昆明市中心以西、以南的大片平原都是这一阶段成陆的。清末近代工业传入以来，沿湖工厂逐渐增加，工业用水和水的污染成了滇池新碰到的难题，但滇池的自净能力还能抵消这种侵袭，直到 20 世纪 80 年代，水质及能见度都仍良好。近十多年，昆明坝子迅猛发展的城市化进程，滇池遭遇厄运，从点源污染发展到面源污染，水质严重恶化，触目惊心。

西南边疆各大河流水体也有收缩，通航里程减少，断碛河道增加就是例证。红河在汉晋时期出进桑关（今河口莲花滩）可直达交趾，是益州郡通交趾郡的交通干道，唐代通航的终点达步头（今红河县阿土），清代仅至蛮耗（今属个旧），现在仅至河口。南盘江直到明清都可以从曲靖乘船到陆凉，现今已完全不通航。北盘江在汉代称牂柯江，可乘船直下番禺（今广州），既是商道，又是用兵的战略通道，清代仅白层至广西境内一段通航，后来只通航到蔗香。

西南边疆的环境问题远不止此，还有荒漠化、石漠化、山体滑坡和泥石流、水旱灾、地震等等，几乎连年不断，有缓慢的渐变，也有突发性的爆发。但即使是突然发作，也有一个逐步积累的过程，而这种变化又往往与人的干预有关。因此，弄清生态变迁的情况，研究人与生态环境变迁的关系，总结历史经验和教训，探讨边疆可持续发展的规律和模式，就成为历史地理研究义不容辞的任务，也是 21 世纪带有综合性、基础性的前沿课题。西南边疆历史地理研究，应该从疆域政区为主逐步转向以地理环境为主，这个转向近年已经在进行。

近年，云南的一些县城频繁搬迁，既有经济、政治的原因，环境的承受能力也是重要因素，必须借助城市历史地理作长时段的研究，探讨规律，总结经验教训。城市历史地理研究是近年火热的城市史的基础，也是西南边疆历史地理研究的难题之一。历史上，西南边疆的各级行政中心搬迁频繁，汉晋时期的城址往往与南诏、大理的不同点，明清的城址又多与南诏、大理的不一样。由于生产水平低下，有的行政中心仅有聚落，城的基础设施较差，直至明清有的府还竖木栅为城，因而有些城址已难找到重要的建筑基址，难用考古资料印证。明清从事沿革地理研究的学者，主要着笔政区沿革，对古城的记载多有疏漏，或对古城的位置语焉不详。对西南边疆古城址的考证，经历了漫长的过程。在《中国历史地图集》的编绘过程中，解决了一大批古城的定位，有些古城址的迁移，由于标准年代所限，未能在图上反映出来。《中华人民共和国地名词典·云南省》的编写，又着意搞清并收录了一批古代政区治所，在书中优先反映。近年，陈庆江的博士论文《明代云南政区治所研究》，又解决了一些明代政区治所搬迁的问题。只有全部搞清各历史时间各级治所的搬迁情况和定位，对古代城市的规模、性质、环境状况、功能等，才能作出恰如其分的评估，我们的研究才有坚实的基础。这是在新世纪要啃的一块硬骨头，也希望它成为西南边疆历史地理研究献给新世纪的一份厚礼。

新世纪的历史地理学也面临挑战。由于数字化、信息化的迅猛发展，手工操作的方法进行研究显得落后，用传统方法绘制地图显得陈旧。其实，挑战也可以变为机遇，地理信息系统（GIS）的建设，必将大大推动历史地理研究的发展。既提高历史地图的成图质量；又便于面向国内外，提高信息的传播效率，加强国际交流和合作；还可以普及历史地理知识，为社会提供服务和咨询。西南边疆历史地理研究有必要接受新技术、新方法的武装，利用高科技手段，加强多学科合作，以新的成果形式，反映研究工作的突破。结合我们的研究领域，可以逐步推出以下成果：（一）开办云南地名网站。提供现今乡、镇（或行政村）以上的标准地名；城市收入全部街巷名，并尽量收入俗称地名；对地名的变化及时处理，保持信息的准确性和权威性。同时提供与地名相关的知识，把该网站建成认识西南边疆的窗口，为国内外的广大读者服务。在此基础上，逐步建成云南地名信息资料库，收入云南的全部今地名，并建立科学的检索系统，方便资料提取和分析，主要为专门研究人员服务。（二）编绘《云南历史地图集》。在《中国历史地图集》西南边疆各图幅的基础上加以扩大，清代扩大为一个图组，明代视情况而定，以府分幅，充实小地名，并标出治所的变迁，画出府、州、县界；新增近代和现代两个图组，收入大量小地名，画出县界，反映到 1949 年；增加一组城市历史地图，收入府级治所，不仅反映城市的平面布局，还要反映当时该城的环境状况；增加专题图组，反映历史时期水体的变迁、植被和野生动物分布、交通、农业、手工业和矿业、民族和人口分布等。《云南历史地图集》的编绘，应建立在云南历史地理信息资料库的基础上，《云南历史地图集》也应该包括电子版、网络版和印刷版，适应国际、国内的交流，各行各业的需要，方便广大读者查阅使用。这是一个庞大的工程，需要各种条件支撑，不可能一蹴而就。但愿它不仅是畅想曲，而是一份设计规划书，到它完成时，其学术水平和现代技术程度，都将无愧于新的世纪。

（原载《21 世纪中国历史学展望》，中国社会科学出版社 2003 年版）

# 后　记

　　我从事中国古代史和历史地理的教学与研究，重点研究我国西南边疆的历史地理和云南地方史。长期以来，我的精力主要集中在集体大项目上。1970年受命参加国家重点科研项目《中国历史地图集》的编绘工作，任云南大学历史地图组组长。该《地图集》系毛泽东主席提出，在周恩来总理的关怀下定稿。共8册，地图出版社1982年至1987年公开出版，以后多次重印。1992年香港三联书店出繁体字版。2001年台湾出电子版。获国家教委全国高校首届人文社会科学研究优秀成果一等奖等多项奖励。从1979年起参加我国历史上规模最大的全国地名普查工作，以后又参加了各县市地名志的编纂工作，任云南省地名委员会顾问。1983年受命主编《中华人民共和国地名词典·云南省》。该书为中国地名委员会、教育部、国家出版局联合下达的任务，1994年由商务印书馆出版，获云南省高校优秀科研成果一等奖。参加中国社会科学院历史地理研究室主持的大型地名工具书《中国历史地名大辞典》的编纂工作，负责有关云南的部分。该书2005年由中国社会科学出版社出版，温家宝总理曾致函祝贺，获首届中国出版政府奖，取代了沿用已久的地名工具书《中国古今地名大辞典》。参编《中国地名语源词典》，负责有关云南的词条，1995年由上海辞书出版社出版。顾炎武地理名著《肇域志》的整理，是1982年国务院古籍整理出版规划小组恢复以后确定的第一个重点项目，由上海和云南两地的学者协作完成。我担任整理副主编，负责云南省部分的点校并分担复校定稿工作。该书2004年由上海古籍出版社出版，16开精装4册，为该书的第一个印本，获首届中国出版政府奖。2011年该整理本被收入新出版的《顾炎武全集》。2013年被入选"首届向全国推荐优秀古籍整理图书目录"，成为新中国建立以来91种"代表目前我国古籍整理出版最高水平"的成果之一。《云南通史》为云南省社会科学"八五"规划重点项目，1991年上马，共6卷，为第二卷（秦汉—隋）主要撰稿人和主编。该书2011年由中国社会科学出版社出版。2012年，云南省委宣传部、中国社科院和云南省社科院分别在北京和昆明举行该书的出版座谈会。2013年获云南省社会科学优秀成果特等奖。这些都是关系科学发展和学科建设的基础工程和标志性工程，规模巨大，质量要求高，运作时间长。多年来，为国家科学文化的发展竭尽绵薄，全力保证集体项目完成成了我的首选。

　　1977年春接受出版社约稿，从事《徐霞客游记》的整理和校注工作，1985年云南人民出版社出版《徐霞客游记校注》。1994年云南省委书记普朝柱为该书重印作序，云南省新闻出版局举行该书重印座谈会。1999年出增订本。该书是《徐霞客游记》的第一部完整注释本，被称为"朱本"或"滇本"，获云南省第五届优秀图书一等奖第一名、云南省高校古籍整理研究优秀成果一等奖。以后完成的《徐霞客游记全译》为"中国历代名著全译丛书"之一，1997年由贵州人民出版社出版。该丛书为国家出版规划重点项目，获中宣部"五个一工程"大奖。2008年出修订本。台湾古籍出版公司用我的全译本，2002年在台湾出版繁体字直排本《徐霞客游记》，按省分为10册。中华书局2003年出版专著《徐霞客与〈徐霞客游记〉》，2009年同时在"中华经典普及文库"中推出我整理的白文普及本，在"中华经典藏书"中推出我的精选本《徐霞客游记》。我从事徐学研究时间最长，花的功夫最大。近些年徐学发展迅猛，能亲与其盛，幸甚。

　　历史研究要求充分占有资料，我追求的是"竭泽而渔"的目标。文献资料的搜集和考订必不可少，应该有扎实的历史文献学功底。但是有关边疆的文献资料稀缺零散，远不能满足研究的需要。还应该充分利用文物考古方面的成果；熟悉现今的地理状况，认真观察地貌的细微变迁；利用地名解读地理环境的变迁也很有效。我热衷于历史文献学、地名学、现代地理学、文物考古、地图、野外调查等，也缘于它们与历史地理密不可分的关系。调动更多的方法破解难题，也是我孜孜以求的，我们把它称作"多重证据法"。

　　历史地理具有"经世致用"的传统，是一门实用性很强的学科。有关单位往往对行政区划、地名、城市、河湖水利、文物古迹、风景名胜等提出问题，我都尽力给予回答，或提出解决的方案，有些方案被有关单位采纳。服务社会成了我学术生涯的一部分，一些文章的形成也与此有关。

本书共收文章37篇，占我发表文章的1/6左右。大体涵盖了我涉猎的领域，对历史地理及历史人物、徐学研究、城市研究、地名学研究、历史文献研究、文物考古等皆有所及。文章体式多样，既有长篇，也有短文，这也大体反映了本人学术活动的不同侧面。

我从事学术研究半个多世纪，至今还没有出版过一本论文集。以上诸文时间跨度大，分散在不同的书刊上，有些专业刊物发行量少，一般读者不易寻觅。常有朋友垂询或索要，只能复印奉呈。我给研究生开"历史地理专题研究"，主要讲自己的研究心得，也常借助复印机。早有遴选结集的想法，今得偿夙愿，趁文集出版，翻检选编，总结回顾，亦乐事也。省领导高瞻远瞩，狠抓学术文化基础建设，其功至伟。《云南文库·学术名家文丛》是跨世纪的文化建设工程，本人得沾其溉，幸矣。

感谢我们这个伟大的时代！

朱惠荣　识

2013 年 6 月 16 日于云南大学原农新村

云南文库·学术名家文丛

图书在版编目（CIP）数据

朱惠荣学术文选／朱惠荣著 . —昆明：云南大学
出版社，2014（2015 重印）
（云南文库·学术名家文丛）
ISBN 978 - 7 - 5482 - 0579 - 1

Ⅰ . ①朱…　Ⅱ . ①朱…　Ⅲ . ①中国历史—文集　Ⅳ.
①K207 - 53

中国版本图书馆 CIP 数据核字（2014）第 003415 号

出 品 人：周永坤
统筹编辑：柴　伟　陈　曦
责任编辑：李兴和
责任校对：严永欢
封面设计：郑　治

| | |
|---|---|
| 书　名 | **朱惠荣学术文选** |
| 作　者 | 朱惠荣　著 |
| 出　版 | 云南大学出版社　云南人民出版社 |
| 发　行 | 云南大学出版社　云南人民出版社 |
| 社　址 | 昆明市翠湖北路 2 号云南大学英华园内 |
| 邮　编 | 650091 |
| 网　址 | www. ynup. com |
| E-mail | market@ ynup. com |
| 开　本 | 787mm×1092mm　1/16 |
| 印　张 | 21. 875 |
| 字　数 | 347 千 |
| 版　次 | 2014 年 5 月第 1 版　　2015 年 8 月第 2 次印刷 |
| 印　刷 | 昆明卓林包装印刷有限公司 |
| 书　号 | ISBN 978 - 7 - 5482 - 0579 - 1 |
| 定　价 | 66. 00 元 |